권력으로 세상을 바꿀 수 있는가

존 홀러웨이 지음

조정환 옮김

번역집단 @*Theoria* 협동번역

갈무리

2002

갈무리 신서 32

권력으로 세상을 바꿀 수 있는가

초판인쇄	2002년 6월 10일
초판발행	2002년 6월 25일
지은이	존 홀러웨이
옮긴이	조정환
펴낸이	장민성
디자인	신은주
펴낸곳	도서출판 갈무리
등록번호	제17-0161호
등록일자	1994. 3. 3.
주 소	서울 마포구 서교동 467-1호 파빌리온 오피스텔 304호
전 화	02-325-1485
팩 스	02-325-1407
주문·배본	한국출판협동조합 716-5616~9
website	http://galmuri.co.kr
e-mail	galmuri@galmuri.co.kr
ISBN	89-86114-50-x 04300
	89-86114-21-6 (세트)

★ 잘못 만들어진 책은 바꾸어 드립니다.

감사의 말

이 책을 쓰면서 받은 도움에 감사해야 할 사람들은 너무나 많다.

첫째로, 엘로이나 뻴라에스(Eloina Peláez)에게 감사드린다. 그녀는 이 책에 나오는 모든 단어, 마침표와 쉼표 하나하나를 빠짐없이 검토해 주었다. 그리고 그녀가 없었다면 나는 구성과 실존의 통일(지속이 아니라 영원한 지금)을 상상할 수조차 없었을 것이다.

워너 본펠드(Werner Bonefeld), 리차드 건(Richard Gunn), 그리고 쎄르지오 티쉴러(Sergio Tischler)에게 감사드린다. 나는 지난 수년간 그들과 함께 한 무수한 세미나들과 토론들에, 그들의 후원에, 그리고 이 책의 여러 단계들에서 그들이 해준 매우 가치 있는 논평들에 빚지고 있다.

나는 뿌에블라에 있는 <사회과학 및 인문학 연구소>에서 주체성과 비판이론을 주제로 하여 열린 세미나에서 세부적인 텍스트와 연관된 주제들에 관해 세미나 그룹의 멤버들과 토론할 기회를 가질 수 있어서 매우 행운이었다. 이 세미나에 참가했던 모든 사람들에게 커다란 감사를 드린다. 두 번에 걸친 아르헨티나 여행도 내가 이 책에 포함되어 있는 생각들을 구체화하는 데 중요한 역할을 했다. 첫 번째 여행은 구스따보 르로욱스(Gustavo Roux)와 엘리세오 히아이(Eliseo Giai)가 조직한 것으로, <아르헨티나 경제 발전 연구소>에서 열린 세미나에 참석하기 위한 것이었다. 두 번째 여행은 글라디스 리미니(Gladys Rimini) 그리고 구스따보 게바라(Gustavo Guevara)가

조직한 것으로, 롯싸리오에 있는 <철학과 문학 연구소>에서 이 책의 제1 초고를 놓고 열린 한 주간에 걸친 집중적 세미나에 참가하기 위한 것이었다. 이 세미나의 조직자들과 참석자들 모두에게 깊은 감사를 드린다. 그리고 알베르또 본넷뜨(Alberto Bonnet), 마르첼라 상가로(Marcela Zangaro) 그리고 네스또르 로뻬스(Nestor Lopez)에게 깊은 감사를 드린다. 내가 아르헨티나에 있는 동안 그들은 나를 지속적으로 지원해 주었고 격려해 주었다. 아르헨티나에서 스코틀랜드로 세계의 이편저편을 넘나드는 동안, 나는 조지 윌슨(George Wilson), 에일린 심프슨(Eileen Simpson), 매기 싱클레어(Maggie Sinclair), 로드 맥켄지(Rod MacKenzie), 바실리끼 꼴로꼬뜨로니(Vassiliki Kolocotroni) 그리고 올가 턱시두(Olga Taxidou)로부터 오래 지속되는 영감과 격려를 얻었다.

또 나는, 이 책의 초고들에 대해 친절하고도 상세한 논평을 해 주었던 다른 사람들에게도 진실로 감사드린다.

뿌에블라 자율 대학의 <사회과학 및 인문학 연구소> 소장인 로베르또 벨스 쁠리에고(Roberto Velz Pliego) 씨에게 진심으로 감사드린다. 그는 나의 작업을 지원해 주었고 그 연구소를 연구하기에 매우 좋은 장소로 만들어 주었다.

나는 이 책의 한국어판 출간을 위해 노력해 준 조정환 씨와 그의 번역팀에게 매우 깊은 감사를 드린다. 이 책을 번역하고 편집함에 있어서 그들이 보인 노력에 대해서 뿐만 아니라 그들이 처음부터 나에게 보내준 격려에 대해서 깊이 감사드린다. 이것은 내게는 그들이 상상할 수 있는 것보다도 훨씬 더 소중한 것이었다.

에이던 홀러웨이, 안나매브 홀러웨이, 그리고 마리아나 홀러웨이에게 감사드린다. 이들은 희망을 포기한다는 것을 생각할 수조차 없게끔 만들어 주었다.

한국어판 저자 서문

내가 이 책을 다 쓴 후에, 이 책의 주제를 그 어느 때보다도 더 절박한 것으로 만드는 세 가지 사건이 발생했다.

첫째로, 세계 무역센터와 펜타곤에 대한 공격. 이것은 미국의 군사적 잔인성의 끔찍하고 위협적인 과시를 수반했으며, 이 과시는 실질적으로 여타의 모든 국가들에 의해 지지되었다. 학살을 하는 사람들, 폭탄을 터뜨리는 사람들, 인류를 파멸시키려는 사람들의 가당찮은 어리석음을 우리가 목격함에 따라 이 책이 시작하고 있는 절규는 더욱더 크고 더욱더 고통스럽게 되었다. 권력에 대한 추구 속으로 들어서지 않고서 우리가 어떻게 세상을 바꿀 수 있는가에 대해 생각하라는 호소는 그 어느 때보다도 더 절박하다.

둘째로, 혁명의 문법을 보여준 아르헨티나에서의 불복종의 파도, 즉 "아르헨티나소(agrentinazo)". '아니다'는 혁명의 주체이고 사회변혁의 폭발하는 추동력이다. 억압에 대한 '아니다', 자본에 의해 부과된 어리석고 위험한 파괴에 대한 '아니다', 자본주의가 의미하는 바 삶의 가련한 불구화에 대한 '아니다'. 이 '아니다'는 축복이며 새로운 삶의 폭발이며 사회 조직의 새로운 형태에 대한 실험이다. 아르헨티나 봉기의 아름다움은 그 요구의 단순성이다. "너희들 모두 꺼져 버려!" 꺼져 버려, 너희들 모두! 정치인들 뿐만 아니라 그들의 자본가 친구들도 꺼져 버려. 꺼져 버려, 자본! 우린 충분해! 이것은 아르헨티나에서뿐만 아니라 멕시코, 아일랜드, 그리고 한국에서도 나오고 있는 외침이다. 이것은 전 세계를 통합하는 외침이다. 꺼져 버려, 자본! 우린 충분해!

셋째로, 뽀르또 알레그레에서 열린 세계 사회 포럼, 또 다른 세계가 가능하다고 선언하기 위한 8만여 명의 결집. 토론과 꿈과 계획들의 축제, 희망의 축하연. 자본이 당연히 이긴다는 것은 필연적인 것이 아니다. 자본주의적 권력의 잔인한 논리 속으로 빠져들지 않고서 인간적인 세계를 창출하고 세상을 바꾸는 것은 가능하다.

권력을 장악하지 않고 세상을 바꾸는 것, 자본주의의 논리에 빠져들지 않고 자본주의를 파괴하는 것. 이것은 지금 세계 전체에서 긴급한 투쟁이다. 이 책은 그 투쟁의 작은 부분이다. 이 책이 한국에서 출판됨으로써 그것이 나로 하여금 한국에서 벌어지고 있는 그 투쟁에 참여할 수 있게 한다면, 그것은 나로서는 매우 영광스럽고 또 기쁜 일일 것이다.

2002년 2월 22일
존 홀러웨이

권력으로 세상을 바꿀 수 있는가 • 차례
Change the World Without Taking Power ‖ Contents

감사의 말 ··· 3
한국어판 저자 서문 ··· 5

제1장 절규 ··· 9
제2장 국가를 넘어서? ·· 25
제3장 권력을 넘어서? ·· 37
제4장 물신주의: 비극적 딜레마 ····························· 77
제5장 물신주의와 물신화 ····································· 129
제6장 반물신주의와 비판 ····································· 169
제7장 과학적 맑스주의 전통 ································ 185
제8장 비판적-혁명적 주체 ··································· 215
제9장 반권력의 물질적 실재성 ···························· 239
제10장 반권력의 물질적 실재성과 자본의 위기 ···· 269
제11장 혁명? ·· 309

역자후기 ··· 329
참고문헌 ··· 343
찾아보기 ··· 353

제1장
절규

1

태초에 절규가 있었다. 우리는 절규한다.

글을 쓰거나 읽을 때, 우리는 그 일의 시작이 말이 아니라 절규임을 잊기 쉽다. 자본주의에 의한 인간 생명의 절단에 직면했을 때 나타나는 공포의 절규, 분노의 절규, 거부의 절규가 바로 '아니다(No)'이다.

이론적 반성의 출발점은 반대, 부정성, 투쟁이다. 사상이 탄생하는 것은 이성의 몸짓(pose)으로부터가 아니라, 뒤로-기대앉아-존재의-신비를-이성적으로-반성함이라는 '사상가'의 전통적 이미지로부터가 아니라 바로 분노로부터이다.

우리는 부정으로부터 출발한다. 불화의 음은 다양한 모양을 띨 수 있다. 불명확한 불만의 중얼거림, 좌절의 눈물, 분노의 절규, 자신감 넘치는 외침, 불안, 혼란, 그리움, 비판적 진동. 수백만의 어린이들이 세계의 거리에 산다. 어떤 도시들에서는 거리의 어린이들이 체계적으로 살해된다. 사적 소유에 대한 존중을 강제하는 방식으로 말이다. 1998년에, 가장 부유한 200인의 재산은 세계 인구 41%의 전체 소득(2조 5천 달러)보다 더 많았다. 1960년에, 세계 인구의 가장 부유한 상위 5개국의 1인당 소득은 가장 가난한 하위 5개국의 1인당 소득의 30배였다. 1990년경에 그 비율은 60배로 두 배 증가했고 1995년에는 74배에 이르렀다. 주식 시장이 상승할 때마다 실업이 증가했다. 학생들은 무상교육을 위해 싸웠다는 이유로 투옥된 반면 수많은 사람들의 불행에 실제로 책임이 있는 사람들은 명예를 쌓았고 장성, 국방 장관, 대통령 등 고귀한 직함을 얻었다. 이 직함의 목록들은 무수히 더 열거될 수 있다. 분노나 고통을 느끼지 않고 신문을 읽는 것은 불가능하다. 당신은 당신 자신의 예를 생각해 낼 수 있을 것이다. 모욕이 차곡차곡 쌓임에 따라, 우리의 분노는 매일 변한다.[1)]

우리는, 우리를 분노케 하는 이것들이 고립된 현상들이 아니며 그것들 사이에 어떤 연관이 있음을, 그것들이 금이 간 세계, 뭔가 근본적으로 잘못된 세계의 부분들임을 희미하게나마 느낀다. 우리는, 주식 시장이 신기록을 갱신하고 회사 경영자들의 봉급이 천정부지로 상승함에 반해 더욱더 많은 사람들이 거리에서 구걸을 하고 있음을 본다. 그리고 우리는, 세계의 잘못들이 우연한 불의들이 아니라 정말로 잘못된 체제의 일부임을 느낀다. 할리우드 영화들조차도 (참으로 놀랍게도) 거의 언제나 근본적으로 부정의한 세계에 대한 묘사에서 시작한다. 그 후에야 그 영화들은 개인에게 있어서 정의는 개인적 노력을 통해 획득될 수 있음을 우리에게 다시 확신시키기 위해 나아간다. 우리의 분노는 특수한 사건들에 반대하는 것으로 정향될 뿐만 아니라 더욱 일반적인 잘못에 대항한다. 그것은 세계가 잘못되어 있으며 세계가 어딘가 진실되지 못하다는 느낌이다. 우리가 특별히 소름끼치는 어떤 것을 경험할 때, 우리는 전율하며 우리의 손을 들어 말한다. '있을 수 없는 일이다!'라고 우리는 그것이 진실임을 안다. 그러나 우리는 그것이 진실되

---

1) 마르꼬스가 제4차 세계대전이라고 서술한 것의 특징들의 일부에 관한 매우 충격적인 설명을 참조하려면 Marcos (1998)을 보라.

지 못한 세계의 진실임을 느낀다.[2)]

　진실한 세계는 어떻게 생겼을까? 우리가 이에 대한 막연한 생각을 갖고 있을 수는 있다. 그것은 정의의 세계일 것이다. 사람들이 서로 사물들로서가 아니라 사람들로 관계 맺을 수 있는 세계. 사람들이 그들 자신의 삶의 모습을 만들어 갈 수 있는 세계. 그러나 현존하는 세계가 뭔가 근본적으로 잘못되었다고 느끼기 위하여 우리가, 진실한 세계는 어떻게 생겼는가에 대한 그림을 가질 필요는 없다. 세계가 잘못되었다는 느낌을 갖고 있다고 해서, 우리가 그것을 대체할 유토피아에 대한 그림을 갖고 있다는 것을 반드시 의미하지는 않는다. 뿐만 아니라 그것은 낭만적인, 어느-날-나의-왕자가-올-것이라는 생각을, 비록 사물들이 지금 잘못되었다고 할지라도 언젠가는 우리가 진실한 세계에 도달할 것이라는 생각, 약속의 땅, 행복한 결말을 반드시 의미하지도 않는다. 우리는 우리가 잘못되었다고 느끼는 세계에 대한 거부를 정당화하기 위해 행복한 결말에 대한 어떠한 약속도 필요로 하지 않는다.

　이것이 우리의 출발점이다: 우리가 잘못되어 있다고 느끼는 세계에 대한 거부, 우리가 부정적이라고 느끼는 세계에 대한 부정. 우리가 달라붙어야 하는 것은 바로 이것이다.

2

　정말로 달라붙어야 한다. 왜냐하면 우리의 부정성을 질식시키고 우리의

---

2) Debord (1995, p. 14)가 말했듯이, '실제로 머리로 물구나무선 세계에서 진실은 거짓의 계기이다'. Horkheimer (1978a)와 Bloch (1964) II, pp. 18~53을 참조하라.

절규를 묻어 버리는 것이 너무나 많기 때문이다. 우리의 분노는 경험에 의해 끊임없이 불붙는다. 그러나 저 분노를 표현하려는 어떠한 시도도 흡수성 좋은 솜벽에 부딪친다. 우리는 매우 그럴듯하게 보이는 너무나 많은 주장들과 만난다. 우리의 절규를 다시 우리에게 되튀기는, 우리 자신을 쳐다보게 하는, 그리고 우리가 왜 절규하는가를 묻는 너무나 많은 방법들이 존재한다. 우리가 그토록 부정적인 것이, 우리의 나이, 우리의 사회적 배경, 혹은 어떤 심리적 부적응 때문인가? 우리가 배가 고파서인가? 잠을 잘못 자서인가? 혹은 생리전의 긴장 때문인가? 우리가 세계의 복잡성을, 급진적 변화를 실행하는 것의 실제적 어려움을 이해하지 못해서인가? 절규하는 것이 비과학적임을 우리가 알지 못해서인가?

그리고 그것들은 그렇게 우리로 하여금 사회를 연구하도록, (그리고 우리가 그럴 필요를 느끼도록,) 사회 이론과 정치 이론을 연구하도록 촉구한다. 그리고 한 가지 이상한 일이 일어난다. 우리가 사회를 더 많이 연구하면 그럴수록 우리의 부정성은 더욱 탕진되며 그럴수록 그것은 우리를 마치 아무 상관없는 사람처럼 옆으로 물러나게 만든다. 학술적 담론 속에는 절규를 위한 여지가 전혀 없다. 사실은 그 이상이다. 학술적 연구는 우리에게, 우리의 절규를 표현하기 매우 어렵게 만드는 언어와 사고방식을 제공한다. 절규는, 그것이 가까스로 나타난다 할지라도, 명료하게 표현되는 그 무엇으로서가 아니라 설명되어야 할 무엇으로 나타난다. 절규는 사회에 관한 우리의 질문들의 주체인 것에서부터 분석 대상으로 바뀐다. 우리가 절규하는 것은 무엇 때문인가? 아니, **우리**는 지금 사회과학자이기 때문에 그렇게 묻지 않고 이렇게 묻는다. **그들이** 절규하는 것은 무엇 때문인가? 우리가 사회적 반란을, 사회적 불만을 어떻게 설명할 것인가? 절규는 그러한 질문 맥락 속으로 용해됨으로써 그 능력을 체계적으로 잃는다. 그들이 절규하는 것은 유아기의 경험들 때문이다, 주체에 대한 근대주의적 생각 때문이다, 건강에 해로운 그들의 다이어트 때문이다, 가족 구조의 약화 때문이다, 등등. 이 모든 설명들은 통계적 연구방법에 의해 지지된다. 절규는 완전히 부정되지는 않으나 모든 유효성을 빼앗긴다. 절규는, '우리'로부터 분리되어 '그들'에게 투영됨으로써, 과학적 방법으로부터 배제된다. 우리가 사회과학자가 될 때, 우리는, 이해한다는 것은 객관성을 탐구하는 것이라고, 우리 자신의 감정들을 한쪽에 치워놓는 것이라고 배운다. 우리의 절규를 질식시키는 것은, 우리가 **무엇**을 배우는가에 있다기보다 **어떻게** 배우는가에 있는 것으로 보인다. 우리를 무장해제 시키는 것은 사유의 총체적 구조이다.

그러나 우리를 화나게 만들기 시작한 것들 중의 아무 것도 사라지지 않았다. 우리는, 어떻게 그것들이 사회적 지배 체계의 일부로 결합하는지를, 그러나 우리의 부정성이 어떻게 그 그림으로부터 슬그머니 지워지는지를 배웠다. 세계의 공포는 지속된다. 과학적으로 금기라 간주되는 것을 행할 필요가 있는 이유는 이 때문이다. 어린아이처럼 절규하고, 그것에 대한 구조적 설명으로부터 그 절규를 되찾고, '우리는 정신과 의사가 말하는 것을 개의치 않는다, 우리는 우리의 주체성이 사회적 구성물인지 아닌지를 개의치 않는다. 이것은 우리의 절규이다, 이것은 우리의 고통이다, 이것들은 우리의 눈물이다. 우리는 우리의 분노가 현실로 증류되도록 내버려두지 않을 것이다. 오히려 현실이 우리의 절규에 굴복해야 한다. 우리가 유치하다거나 불안정하다고 부르고 싶으면 그렇게 하라. 그러나 "우리는 절규한다"는 것이 우리의 출발점이다'[3]라고 말할 필요가 있는 이유는 이 때문이다.

---

3) Horkheimer (1972, p. 227)를 보라: '비판적 사회 이론은, 전체적으로 볼 때, 단순한 실존적 판단의 표명이다.

3

하여튼 '우리'는 누구인가? 한 권의 진지한 책이고자 하는 이 책의 출발점에서 우리 자신을 그토록 강력하게 주장하는 이 '우리'는 누구인가?

사회 이론에 관한 진지한 책들은 일반적으로 불특정의 '우리'에 대한 단언에서가 아니라 3인칭에서 출발한다. '우리'는, 온갖 방향에서의 공격에 문이 열려 있는, 위험한 단어이다. 어떤 독자들은 이미 이렇게 말하고 있을 것이다: '당신이 원한다면 절규하라. 하지만 나를 당신이 말하는 "우리"의 일부로 간주하지는 말라! 당신이 실제로 "나"를 의미할 때 "우리"라고 말하지는 말라. 왜냐하면 당신은 독자들에게 당신의 견해를 부과하기 위해 "우리"라는 말을 사용하고 있기 때문이다'라고 또 어떤 사람들은, 마치 세상이 방금 태어났다는 듯이 순수한 '우리'로부터 출발하는 것은 매우 부당하다는 이유로 이에 반대할 것이 분명하다. 우리는, '우리'라는 주체 자체가 결과이지 시작이 아니기 때문에, 그것은 출발하기에 적절한 장소가 아니라는 말을 듣는다. 우리는 이 '우리'의 사회적 구축에 이르는 과정을, 그리고 우리의 절규의 구성에 이르는 과정을 먼저 이해해야만 하기 때문에, 우리가 '우리는 절규한다'에서 출발하는 것은 아주 잘못된 것이라는 것이다.

그러나 그곳이 아니라면 우리는 대체 어디에서 출발할 수 있는가? 쓰기와 읽기가 창조적 활동인 한에서, 그것은 필연적으로 '우리'의 활동이다. 3인칭에서 출발하는 것은 중립적인 출발점이 아니다. 왜냐하면 그것은 '우리'에 대한, 쓰기와 읽기의 주체에 대한 억압을 이미 전제하고 있기 때문이다. 여기에서 '우리'는 출발점으로 존재한다. 왜냐하면 우리는 그 밖의 어떤 곳에서도 정직하게 출발할 수 없기 때문이다. 우리는 우리 자신의 사상과 우리 자신의 반응을 함유하지 않은 어떤 곳에서 출발할 수 없다. '우리'가, 그리고 '우리'에 대한 우리의 관념이 주체의 주체화의 전체 역사의 산물이라는 사실은 여기에서 아무 것도 바꾸지 못한다.[4] 우리는 우리가 존재하는 곳으로부터, 우리가 존재하나 그렇게 존재하기를 원치는 않는 곳으로부터, 우리가 절규하는 곳으로부터 출발할 수 있을 뿐이다.

우선, 우리들의 이 '우리'는 혼란된 '우리'이다. 우리는 불분명한 1인칭 복수이다. 쓰는 사람인 '나'와 읽는 사람인 '나' 혹은 '우리'의 흐릿한 그리고 어쩌면 일치 없는 혼합이다. 그러나 우리는 '우리'로부터 출발하지 '나'로부터 출발하지 않는다. 왜냐하면 '나'는 이미 개인화를, 사유와 감정에서의 개인성에 대한 요구를 전제함에 반해 쓰기와 읽기 행위는, 아무리 모순적이고 혼란스럽다 할지라도, 어떤 종류의 공동체의 가정에 기반하고 있기 때문이다. 우리의 출발점인 '우리'는 해답이라기보다 오히려 문제이다. 그것은 절규의 사회적 성격을 보여주지만, 그 사회성의 문제로서의 성격을 제기한다. '그것'에서 시작하지 않고 '우리'에서 시작하는 것의 장점은, 우리가, 어떤 이론적 주장의 근거에 놓여 있음에 틀림없지만 거의 제기되지 않는 문제, 즉 '그 주장을 하는 우리는 누구인가?'라는 문제와 공공연히 대면한다는 점이다.

물론 이 '우리'는 순수하고 초월적인 대문자 주체는 아니다. 우리는 대문자 남성, 대문자 여성, 혹은 대문자 노동계급이 아니다. 적어도 일단은 그렇다. 우리는 그 점에서 매우 혼란되어 있다. 우리는 적대적 사회로부터 자라나온 적대적 '우리'이다. 우리가 느끼는 것이 반드시 올바른 것은 아니다. 그러나 그것은 존중되어야 하고 비판되어야 하는 출발점이지 객관성을 위해 제쳐놓아져야 할 것이 아니다. 우리는 물론 자기모순적이다. 독자가 저자와 똑같이 느끼지 않을 수 있다는 의미에서 뿐만 아니라 우리의 감정이

---

4) Foucault (1976, p. 81)는 '서구가 인간의 주체화(subjection)를, 그 단어의 이중 의미에서 인간의 주체로서의 구성을 … 생산하기 위해 여러 세대를 바쳤던 거대한 노동'에 대해 언급한다.

모순적이라는 의미에서 말이다. 우리가 일을 할 때 혹은 우리가 독서를 할 때 느끼는 불화의 음은, 우리가 식사를 마친 후 휴식을 취할 때 느끼는 만족감 앞에 길을 양보할지 모른다. 그 불화의 음은 '세계'에 대항하는 외부적인 '우리'가 아니다. 그것은 반드시 우리 자신에게 똑같이 도달하며 우리들 자신에 맞서 우리를 분할하는 불화의 음이다. '우리'는 이 책 전체를 통해서 계속 와글대는 하나의 문제이다.

우리는 거미줄에 붙들린 파리들이다. 우리는 올가미에 걸린 상태에서, 즉 궁지에서 시작한다. 왜냐하면 달리 시작할 곳이 없기 때문이다. 우리는 우리 자신의 경험이 가져오는 불화의 음 바깥에 서 있는 것처럼 가장함으로써 시작할 수 없다. 왜냐하면 그렇게 하는 것은 거짓말을 하는 것이기 때문이다. 파리들은 우리의 통제 너머에 있는 사회적 관계들의 거미줄 속에 붙들려 있다. 우리는 우리를 묶은 새끼줄을 잘라 냄으로써 우리를 자유롭게 하기 위해 애쓸 수 있을 뿐이다. 우리는 우리가 서 있는 자리로부터 바깥으로, 부정적으로, 비판적으로 이동하기 위하여, 우리 자신을 해방시키기 위하여 노력할 수 있을 뿐이다. 우리가 이렇게 하는 것은, 우리가 비판하는 것에 우리가 잘 적응을 못해서거나 혹은 우리가 어려워지기를 원해서가 아니다. 우리가 놓여 있는 부정적 상황이 우리에게 어떠한 선택의 여지도 남겨 주지 않고 있기 때문일 뿐이다. 살고 생각하는 것은 우리 실존의 부정성을 우리가 할 수 있는 모든 방식으로 부정하는 것이다. '왜 그렇게 부정적이니?'라고 거미는 파리에게 묻는다. 그리고 '객관적이어야지. 너의 편견을 버려!'라고 말한다. 그러나 파리가 아무리 원해도, 그녀가 객관적일 수 있는 방법은 없다. 파리는 곰곰이 생각한다: '거미줄을 객관적으로, 바깥에서 바라보라고? 이것은 꿈이야, 공허하고 기만적인 꿈이야.' 그렇지만 거미줄에 대한 어떤 연구이건, 파리의 붙들림에서 시작하지 않는 것은 매우 잘못된 것이다.[5]

우리는 불균형적이고 불안정하다. 우리는, 우리가 안락의자에 기대앉아 있기 때문에 절규하는 것이 아니라 우리가 벼랑 끝에서 떨어지고 있기 때문에 절규한다. 안락의자에 앉아 있는 사상가들은, 그녀 주위의 세계가 안정적이라고, 평형의 파괴들이 설명되어야 할 변칙들이라고 생각한다. 그러므로, 어떤 사람을 불균형적이고 불안정하다고 말하는 것은 경멸적인 말이다. 즉 그들이 말하는 것의 격을 낮추는 말이다. 벼랑 끝에서 떨어져 내리고 있는 우리에게 (그리고 여기에서 '우리'는 아마도 모든 인류를 포함할 것이다) 사정은 정반대이다. 세계는 불균형의 세계이다. 오히려 설명되어야 할 것은 평형이며 세계가 평형하다는 가정이다.

4

우리의 절규는 공포의 절규만이 아니다. 우리는 거미줄에서 어떤 죽음에 직면하기 때문에 절규하는 것이 아니라 우리 자신을 해방시키기를 꿈꾸기 때문에 절규한다. 우리는 우리가 벼랑에서 떨어지기 때문에 절규한다. 하지만 우리는 아래쪽 바위들로 돌진하고 있어 체념했기 때문에 절규하는 것이 아니라 우리가 아직도 상황이 뭔가 달라지기를 희망하기 때문에 절규한다.

우리의 절규는 이 상황을 받아들이기를 거부하는 것이다. 거미가 우리를 먹어 치울 것이라는 것을 받아들이기를 거부하는 것, 우리가 바위에 떨어져 죽을 것이라는 것을 받아들이기를 거부하는 것, 받아들일 수 없는 것을 받아들이기를 거부하는 것. 점증하는 불평등, 비참, 착취, 폭력의 불가피성을

---

5) 모든 비유는 나중에 패를 버려야 하는 위험한 게임이다. Simon Susen이 초고에 대한 논평에서 지적했듯이 파리는 (자신이 붙들린 – 역자) 거미줄을 치는 일에서 어떤 역할도 하지 않는 반면 우리는 우리가 붙들린 체제의 유일한 창조자들이다.

받아들이기를 거부하는 것. 참되지 못한 것의 진리를 받아들이기를 거부하는 것, 폐쇄를 받아들이기를 거부하는 것. 우리의 절규는 억압의 제물로 되기를 거부하는 것이다. 저항적 사상에 아주 특징적으로 나타나는 '좌익 우울증'6)에 빠지기를 거부하는 것이다. 좌익 지식인들에 의해 매우 흔히 채택되는 카산드라(Cassandra)의* 역할 ― 세상의 몰락을 예언하면서, 우리가 할 수 있는 일이란 아무 것도 없음을 받아들이는 것 ― 을 받아들이기를 거부하는 것이다. 우리의 절규는 창문을 깨뜨리려는 절규이며, 갇혀 있기를 거부하는 것이며, 고상한 사회의 한계 너머로, 그 경계선 너머로의 행동, 하나의 범람이다.

우리가 받아들이기를 거부하는 것은 미래에 대해 아무 것도 말해 주지 않으며 그것의 효력에서 어떤 특수한 결과에 의존하지도 않는다. 우리가 벼랑에서 떨어질 때 우리가 절규한다는 사실은 안전한 착륙에 대한 어떤 보장도 제공하지 않으며, 그 절규의 정당성이 어떤 행복한 결말에 의존하지도 않는다. 역사(혹은 신)가 우리편에 있다는 옛 혁명가들의 확신은 사라졌다. 그러한 확신은 역사적으로 죽었으며 매장되었고 히로시마에 떨어진 폭탄에 의해 무덤으로 사라졌다. 분명히 어떤 필연적인 행복한 결말은 존재하지 않는다. 그러나 우리가 아래로 아래로 몰아넣어질 때에조차도, 심지어는 가장 암담한 절망의 순간들에조차도, 우리는 그러한 행복한 결말이 불가능하다는 것을 받아들이기를 거부한다. 절규는 열림의 가능성을 천착하며 근본적 다름(radical otherness)의 가능성이 닫히는 것을 받아들이기를 거부한다.

---

6) 이 표현은 Walter Benjamin (1931)의 것이다.
* 그리스 신화에 나오는 트로이 최후의 왕 프리아모스와 헤카베 사이에서 태어난 딸. 아폴론의 총애를 받았으며 아폴론은 그녀가 자기의 요구에 따르기만 한다면 예언의 능력을 주겠다고 약속했다. 카산드라는 그 제안을 받아들여 예언 능력은 받았지만 아폴론의 요구는 거절했다. 그러자 아폴론은 사람들이 그녀의 예언을 전혀 믿지 않게 만듦으로써 복수했다. (역자)

그러므로 우리의 절규는 이차원적이다: 현재의 경험으로부터 솟아 나오는 분노의 절규는 그 안에 희망을, 가능한 다름(possible otherness)의 투영을 내포한다. 절규는, 열려진 미래를 향해 그 자신의 바깥으로 나선다는 어원적 의미로 무아적(ecstatic ; 그리스어 ékstasis는 '밖에 서다'는 뜻 – 역자)이다.7) 절규하는 우리는 무아적으로 존재한다. 우리는 우리 자신의 한계 너머에까지 버텨 낸다. 우리는 두 개의 차원에 존재한다. 절규는 존재하는 것과 존재 가능한 것으로 생각되는 것 사이의 긴장을, 지시적인 것(즉 있는 것)과 가정적인 것(있을 수 있는 것) 사이의 긴장을 함축한다. 우리는 불공정한 사회에 살지만 우리는 그것이 그렇지 않기를 소망한다. 이 문장의 두 부분은 분리 불가능하고 서로 항상적인 긴장 속에 놓여 있다. 절규는 있을 수 있는 것의 완수에 의해 정당화될 필요가 없다. 그것은 단지 현실의 두 가지 차원의 승인일 뿐이다. 이 문장의 두 번째 부분('우리는 그것이 그렇지 않기를 바란다')은 첫 번째 부분보다 덜 실제적이지 않다. 절규에 의미를 부여하는 것은 문장의 두 번째 부분이다. 만약 이 문장의 두 번째 부분(가정적 소망)이 첫 번째 부분보다 덜 실제적인 것처럼 보인다면, 절규도 역시 실격된다. 그러므로 실제적인 것처럼 보이는 것은, 우리가 불공정한 사회에 산다는 것이다. 우리가 무엇을 소망하는가는 우리의 사적 문제이며 부차적 중요성을 갖는다. 그리고 형용사 '불공정한'은 실제로 있을 수 있는 공정한 사회에 대한 참조 속에서만 의미를 갖기 때문에, 그 말도 우리에게 '우리가 어떤 **특정한(x)** 사회에 산다'는 의미만을 남겨 둔 채 사라진다. 만약 우리가, 우리가 어떤 **특정한(x)** 사회에 산다는 이유로 절규한다면, 우리는 미쳤음에 틀림이 없다.

---

7) 무아(無我)적 사유에 관해서는, 예컨대, Gunn (1987)을 참조하라.

마키아벨리의 시대 이래로, 사회 이론은 자를 수 없는 문장을 반으로 자르는 데 관심을 가져왔다.

마키아벨리는, 자신이 '오직 있는 것에만 관심을 가지며 우리가 소망하는 바의 관념들에는 관심을 갖지 않는다'고 말함으로써, 신실재론(new realism)의 기초를 놓았다.[8] 실재는 이 문장의 첫 부분을, 즉 존재하는 것을 지칭한다. 이 문장의 두 번째 부분, 즉 있어야만 할 당위는 있는 것과는 분명히 구별되며 실재의 부분으로 간주되지 않는다. '당위'는 완전히 폐기되지 않는다. 그것은 '규범적' 사회 이론의 주제가 된다. 완전히 파괴되는 것은, 이 문장의 두 부분의 **통일성**이다. 이렇게 함으로써 거부-와-소망의 절규는 자격을 잃는다.

우리의 절규는 이 두 차원들 사이의 긴장의 연접(conjunction)을 주장하는 이차원성을 함의한다. 우리는 존재한다. 그러나 우리는, 우리가 그것을 향해 존재하지 않는, 혹은 우리가 아직 그것을 향해 존재하지는 않는 긴장의 원호(圓弧) 속에 존재한다. 동일성이 존재한다. 그러나 동일성은 비동일성을 향한 긴장의 원호 속에 존재한다. 이중 차원성은 존재(Is) 내부의, 동일성 내부의 비동일성의 아직-아님의 적대적 현전(즉 운동)이다. 절규는 긴장의 폭발, 존재 속에-봉쇄되어-있으나-그것으로부터-터져-나오는-아직-아님의 폭발, 동일성 속에-봉쇄되어-있으나-그것으로부터-터져-나오는-비동일성의 폭발이다. 절규는 부정된 것의 현재적 실존, 아직-아님의, 비동일성의 현재적 실존의 표현이다. 절규의 이론적 힘은 아직-아님의 미래적 실존에 의존하는 것이 아니라(언젠가 존엄성의 상호 승인에 기초한 사회가 있게 될 지 누가 알겠는가?) 그것의 가능성으로서의 현재적 실존에 의존한다. 절규로부

---

[8] *The Prince*, ch. 15를 보라. "군주에 관한 상상적 관념들을 버리고 진실로 존재하는 것들만 언급하는 … "(1995, p. 48).

터 시작하는 것은 단지 변증법의 중심성을 주장하는 것뿐인데, 그것은 '비동일성에 대한 일관된 감각'(Adorno 1990, p. 5) 이상의 것이 아니다.

우리의 절규는 공포-와-희망의 절규이다. 절규의 두 측면이 분리되면, 그것들은 진부하게 된다. 공포는 '역사의 쓰라림'9)으로부터 생겨난다. 그러나 저 쓰라림의 초극이 없으면 일차원적 공포는 정치적 의기소침과 이론적 폐쇄를 가져올 뿐이다. 이와 유사하게 희망이 역사의 바로 그 쓰라림에 확고하게 근거를 두지 못하면 그것은 단지 일차원적이고 어리석은 낙관주의의 표현으로 될 뿐이다. 공포와 희망의 바로 그러한 분리가 흔히 인용되는 그람시의 아포리즘('지성의 비관주의, 의지의 낙관주의'10)에 표현되어 있다. 오히려 도전은, 세계의 이차원성에 대한 이론적 이해 속에서 비관주의와 낙관주의를, 공포와 희망을 통합시키는 것이다. 정신의 낙관주의 뿐만 아니라 지력의 낙관주의가 목표이다. 우리로 하여금 희망을 배우지 않을 수 없도록 만드는 것은 다름 아닌 세계의 공포이다.11)

5

---

9) Foucault (1976), p. 14. 푸코의 주장은, '조롱에 대한 공포 혹은 역사의 쓰라림'이 '우리들 대부분'으로 하여금 혁명과 행복을 결합시키지 못하도록, 혁명과 기쁨을 결합시키지 못하도록 막는다는 것이다. 나의 주장은, 그와는 반대로, 역사의 쓰라림이 기대의 누그러뜨림보다 희망에의 더욱 진지한 참여를 가져온다는 것이다.
10) Romain Rolland의 격언인 "지성의 비관주의, 의지의 낙관주의"는 1919년 초 Ordine Nuevo에서 그람시에 의해 일종의 강령적 슬로건으로 만들어졌다.[『신질서』지에 실린 그람시 초기 글들의 한국어 번역은 『옥중수고 이전』(갈무리, 2001)에서 읽어 볼 수 있다. (역자)]
11) Ernst Bloch가, 주로 나치 독일로부터의 망명 기간 동안에 쓴, *Pinciple of Hope*(한국어판 『희망의 원리』, 솔)에 붙인 서문에서 표현했듯이, 우리가 '희망하기를 배워야만' 하는 것은 바로 그러한 무서운 세계 속에서이다. (1986 p. 3)

이 책의 목적은 부정성을 강화하는 것, 거미줄에 붙들린 파리의 편을 드는 것, 절규를 더욱 귀에 거슬리게 만드는 것이다. 우리는 매우 의식적으로 주체로부터, 아니 적어도, 이것이 함축하는 모든 문제들을 알고 있는 정의되지 않은 주체성으로부터 출발한다. 우리는 거기에서 출발한다. 왜냐하면 그 밖의 다른 곳에서 출발하는 것은 허위일 뿐이기 때문이다. 그 도전은 원래의 부정적 관점 위에 세계의 허위를 부정하는 이해 방식을 비판적으로 건설하는 그러한 사유의 방식을 발전시키는 것이다. 이것은 아래로부터, 근본으로부터 사물들을 바라보는 문제에 불과한 것이 아니다. 왜냐하면 그것이 기존의 범주들을 채택하는 것, 부정적인 기호들과 긍정적인 기호들의 단순한 뒤바꿈을 의미하는 경우가 너무 흔하기 때문이다. 우리가 맞붙어 싸워야 하는 것은 상명하달적 관점 뿐만 아니라 그러한 관점으로부터 도출되며 또 그러한 관점을 지지하는 총체적 사유 방식이다. 우리를 묶고 있는 새끼 끈들의 일부인 사회 이론을 헤치며 우리의 길을 다듬어 나가기 위해 노력하는 일에서 우리를 안내할 나침반은 단 하나뿐이다. 존재하는 것에 대한 거부와 존재해야 할 것의 투영(projection)이라는 그것의 이차원성 모두에서 우리가 행사할 수 있는 '아니다!'의 힘이 그것이다.
　부정적 사유는 절규만큼이나 오래된 것이다. 부정적 사유의 가장 강력한 조류는 당연히 맑스주의 전통이다. 그렇지만 맑스주의 전통의 발전은, 그것의 특수한 역사 때문 뿐만 아니라 부정적 사유의 하나의 규정적 '주의'로의 변형 때문에 부정성의 힘을 제한하고 방해하는 틀을 창출해 왔다. 이 책은, 그러므로, 맑스주의를 어떤 규정적인 준거틀로 받아들인다는 의미에서의 맑스주의 저작이 아니다. 이 책에 담긴 주장의 힘은 그것이 '맑스주의적'인가 아닌가에 따라 판단되어서는 안 된다. 이 책의 목적은 오히려 부정적 사유를 구체화하고 자본주의에 대한 맑스주의적 비판을 첨예화하기 위해, 흔히 '맑스주의적'이라고 서술되는 그 쟁점들을 부정적 사유의 문제틀 속에

배치하는 것이다.12)

이것은 자본주의의 공포를 묘사하려고 애쓰는 그런 책이 아니다. 그런 일을 하는 책은 많다. 게다가 우리는 우리에게 그런 이야기를 전해 주는 우리 자신의 일상적 경험을 갖고 있다. 여기서 우리는 그 점을 당연한 것으로 받아들인다. 보다 인간적인 사회에 대한 희망의 상실은 사람들이 자본주의의 공포에 맹목적으로 된 것의 결과가 아니다. 희망의 상실은, 가야 할 다른 장소, 지향할 어떤 다름이 존재하지 않는 것의 결과이다. 가장 현명한 것은 우리의 부정성을 잊는 것, 그것을 청춘의 환영으로 간주하고 버리는 것인 양 보일 수 있다. 그러나 세계는 더 나빠지고 있으며 불평등은 더욱 심해지고 있고 인류의 자기파괴는 더 가까이 다가온 것처럼 보인다. 우리가 우리의 부정성을 포기하지 말고, 오히려 절규의 관점에서 세계를 이론화하기 위해 애써야 하는 것은 아마 이 때문인지 모른다.

독자가 어떠한 불화의 음도 느끼지 않는다면 어떻게 될까? 당신이 어떤 부정성도 느끼지 않는다면 어떻게 될까? 당신이 '우리는 존재하며 세계도 존재한다'고 말하는데 만족한다면 어떻게 될까? 사람들이 세상에서 너무 편안한 나머지, 자신들을 둘러싸고 있는 굶주림, 폭력, 불평등에 대해 혐오감을 느끼지 않는다고 믿기란 어렵다. 그보다는 조용한 삶에 대한 이해관계 때문에 혹은 더 단순히 표현하면, 세계의 끔찍함을 알거나 느끼지 못하는 체 하는 것이 직접적인 물리적 혜택을 가져다 준다고 보기 때문에, 불쾌감이나 불화의 음이, 의식적으로 혹은 무의식적으로 억압된다고 하는 편이 나

---

12) 소련의 붕괴는 맑스주의에 위험 뿐만 아니라 해방도 제시한다. 위험은, 『자본론』을 읽는 사람들이 점점 줄어들고 맑스의 저작에 대한 지식을 전제하는 논쟁들을 이해할 수 있는 사람들이 점점 줄어들면서, 맑스주의가 단순히 죽은 언어가 될 것이라는 점이다. 해방은, 우리가, 최소한 소련의 전통이 제시한 맑스주의의 실증화로부터 벗어나 맑스주의를 부정적 사유로 첨예화할 수 있다는 점이다.

을 것이다. 우리들의 직업, 우리들의 비자, 우리들의 이익, 좋은 성적을 받을 우리들의 기회, 우리의 건전함 등을 지키기 위해 우리는 보지 못하는 체하며, 고통이 마치 여기에 있는 것이 아니라 저기에, 멀리 아프리카나 러시아에 있는 것처럼 혹은 수 백 년 전에 있었던 것처럼 즉 아주 멀찍이 떨어져 있어서 부정성에 대한 우리 자신의 경험을 청소하는 다름(otherness) 속에 있는 것처럼 가장함으로써 그 고통을 여과시키면서 우리 자신의 지각을 살균처리한다. 객관성의 이념, 가치 중립적 사회과학은 바로 그러한 살균처리된 지각 위에 구축된다. 착취와 폭력 앞에서 느낀 부정성, 불유쾌는 완전히 매장되며 사회과학을 구축하는 데 사용된 기초 블록들의 구체성 속에 익사한다. 마치 그것은 세계의 몇몇 부분들에서, 희생된 동물들의 몸들이, 건축가들에 의해 집을 짓거나 다리를 놓는데 사용된 기초 블록들 속에 매장되는 것과 정말 똑 같다. 그러한 이론은, 아도르노가 표현했듯이(1990, p. 365), '나치 친위대가 그 희생자들의 절규를 묻어 버린 음악 반주'와 같은 성격의 것이다. 이 책이 겨냥하는 것은 그러한 억압에 대항하는 것이다.

그러나 요점은 무엇인가? 우리의 절규는 좌절의 절규이며, 힘없는 자들의 불만이다. 그러나 우리가 힘이 없다면 우리가 할 수 있는 것은 아무 것도 없다. 그리고 만약 우리가 당을 건설하고 무기를 들고 선거에 이김으로써 겨우 힘을 얻는다면, 우리는 역사에서 힘 있었던 모든 다른 사람들과 전혀 다를 바 없을 것이다. 그렇게 되면 출구는 없으며 권력의 순환성을 깨뜨릴 길도 없다. 우리는 무엇을 할 수 있는가?

권력을 장악하지 않고 세계를 변혁하라.

하! 하! 매우 재미있다.

제2장
국가를 넘어서?

처음에 절규가 있었다. 그렇다면 그 다음은 무엇일까? 절규에는 세계를 변혁하려는 고뇌에 찬 열광이 뒤따른다. 그러나 우리가 세계를 변혁할 수 있을까? 세계를 좀더 좋은, 보다 인간적인 곳으로 만들기 위해 우리는 무슨 일을 할 수 있을까? 비참함과 착취를 모두 끝장내기 위해 우리는 과연 어떤 일을 할 수 있는 것일까?

1

이미 손안에 준비된 대답이 있다. **국가를 통해서 그 일을 하라.** 정당에 가입하여, 그 당이 정권을 쟁취하도록 도와라. 그런 방식으로 나라를 변혁하라. 아니, 만약 당신이 더 마음이 급하고 더 화가 나며 의회를 수단으로 해서 무엇을 달성할 수 있을지 더욱 의심스럽다면 혁명 조직에 들어가 그 조직이 폭력적 수단이나 비폭력적 수단을 통해 국가권력을 장악하도록 도와라. 사회를 변혁하기 위해 혁명적 국가를 이용하라.

국가를 통해 세계를 변혁하는 것. 이것은 지난 한 세기 이상 혁명 사상을 지배해 온 패러다임이다. '개혁이냐 혁명이냐'라는 쟁점을 두고 백여 년 전에 로자 룩셈부르크와 에두아르드 베른슈타인 사이에 있었던 논쟁13)은, 20세기의 대부분에 걸쳐 혁명에 관한 사고를 지배하게 된 용어들을 명확하게 정립했다. 한편으로는 개혁, 다른 한편으로는 혁명. 개혁은 선거에서 승리함으로써, 그리고 의회적 수단들에 의해 변화를 도입함으로써 달성되는 사회주의로의 점진적 이행이었다. 혁명이란, 국가권력을 장악함으로써, 그리고 그 새로운 국가에 의해 근본적인 변혁을 신속히 도입함으로써 달성되는 더욱더 빠른 이행이었다. 이 양자의 불일치들의 강렬함은 기본적인 일치점을 감추었다. 이 두 가지 접근법들은 모두 사회를 변혁할 수 있는 입지점으로서의 국가에 초점을 맞춘다. 그 둘간의 모든 차이에도 불구하고, 이 두 접근법은 국가권력의 쟁취를 목표로 한다. 물론 이 두 접근법은 배타적이지 않다. 국가권력의 쟁취는, 혁명적 관점에서 뿐만 아니라 더욱 급진적인 의회주의적 접근법들에서도 고조되는 사회적 격변의 일부로 간주된다. 그럼에도 불구하고 국가권력의 쟁취는 혁명적 과정의 중심축, 즉 거기에서부터 혁명적 변혁이 방사되어 나갈 중핵으로 간주된다. 개혁과 혁명의 이분법에서 벗어나는 접근법들은 무정부주의적인 것으로 낙인찍혔다(이것은 베른슈타인-룩셈부르크 논쟁과 거의 같은 시기에 강화된 뚜렷한 특징이다).14) 최근까지, 적어도 맑스주의 전통 안에서 이론적·정치적 논쟁은 이 세 가지 유형에 의해 지배되어 왔다. 혁명적 유형, 개혁주의적 유형, 무정부주의적 유형이 그것이다.

국가 패러다임, 즉 국가권력의 쟁취가 근본적 변혁에 핵심적이라는 가정은 20세기 대부분을 통틀어 이론 뿐만 아니라 혁명적 경험까지도 지배했다.

---

13) Luxemburg (1973)과 Bernstein (1961)의 여러 판본들을 볼 것.
14) 예컨대, 「아나키즘과 사회주의」라는 스탈린의 1905년 논문을 볼 것. 이 글에 관한 논의는 Néstor Kohan (1998, p. 33ff).

그리고, 그것은 소련과 중국은 물론 1960년대와 1970년대의 수많은 민족해방운동들, 게릴라 운동들의 경험까지도 지배했다.

국가 패러다임이 20세기의 대부분 동안 희망의 전달자였다면, 세기가 진행함에 따라 점점 더 그것은 희망의 암살자로 되었다. 21세기초에 누가 보아도 혁명이 불가능해 보이는 것은 사실상 특수한 혁명 개념, 즉 혁명을 국가의 통제와 동일시한 개념의 역사적 실패를 반영한다.

'개혁주의적' 접근법과 '혁명적' 접근법 모두는 자신들의 열광적 지지자들의 기대에 부응하는데 완전히 실패했다. 소련과 중국, 그리고 그 밖의 나라에서 '코뮨주의' 정부는 분명히 적어도 일시적으로는, 자신들이 통제한 국가들의 영토들에서 물질적 보장의 수준을 증가시켰고 사회적 불평등을 감소시켰다. 그러나 이 두 접근법은 자기-결정하는 사회를 창출하거나 코뮨주의적 열광에 항상 중심적이었던 자유의 시대를 촉진하는데 거의 이바지하지 못했다.15) 사회민주주의 정부나 개혁주의 정부들의 경우에도, 성과는 더 낫지 않다. 몇몇 경우들에서 물질적인 보장이 증가했지만, 실질적인 그들의 성과는 공공연하게 친자본주의적인 정부와 별반 다르지 않았다. 그리고 대다수 사회민주주의 정당들은 근본적인 사회 개혁의 담지자들인 체하는 어떤 태도조차 포기한 지 오래다.

백 년이 넘는 세월 동안, 청년들의 혁명적 열광은 당을 건설하거나 총쏘

---

15) 쿠바는 아마 국가 중심적 혁명의 가장 흥미로운 (흥미롭지 않은 정도가 가장 덜한) 사례일 것이다. 그렇지만 이곳에서도 혁명의 성취는 혁명가들의 열망과 거리가 멀다. 외부의 압력(봉쇄 정책, 소련에의 종속, 그리고 그 후 소련의 붕괴) 때문이 아니라, 국가와 사회간의 거리, 사회적 자기결정의 부재 때문이다. 이 주장이 단순히, (쿠바 같은) 살아남은 국가사회주의 국가들이 스스로 세계 시장에 직접 통합되어야 한다는 것을 함의하는 것이 아님은 물론이다. 오히려 혁명의 강도는 국가가 사회에 통합되고 더 이상 사회의 중심이기를 그치는 정도에 달려 있다는 것이 그 함의일 것이다. 쿠바의 관점에서 이루어진 이 문제에 대한 흥미있는 고찰로는 Acanda (2000) 참조.

기를 배우는 쪽으로 흘러갔다. 백년이 넘는 세월 동안 인간성에 적합한 세계를 희구했던 사람들의 꿈은 관료화되고 군사 화됐다. 이 모든 것은 정부에 의한 국가권력의 쟁취를 위한 것이었는데, 그 정부는 자신을 국가권력에 올려놓은 운동을 "배신한다"고 비난받을 수 있었다. 차례차례 들어선 정부들이 자신의 지지자들의 이상을 "배반한다"고 비난되어 옴에 따라, "배반"은 지난 세계 좌파들에게 있어서 핵심 어구였다. 이제 배반 개념 자체는 너무나 케케묵은 말이 되어 그 말속에는 "당연하지."16)라는 으쓱거림 외에는 아무 것도 남아 있지 않다. 이를 설명하기 위해 수많은 배반들을 살펴보기 보다는, 사회가 국가권력의 쟁취를 통해 변화할 수 있다는 바로 그 통념을 살펴볼 필요가 있다.

2

언뜻 보면, 국가에 대한 통제를 쟁취하는 것이 사회변혁을 가져오는 열쇠라는 것이 명백한 사실처럼 보일지 모른다. 국가는 자신이 당연히 주권적이라고 주장하며, 국경 내부에서 자신이 권력을 행사하는 것은 당연하다고 주장한다. 이것은 민주주의의 통념에 중심적이다. 즉, 정부는 국가의 영토 안에서 권력을 행사함으로써 인민의 의지를 수행하기 위해 선출된다는 것이다. 이러한 통념은, 근본적 변혁이 입헌적인 수단을 통해 달성될 수 있다는 사회민주주의적 주장의 기초이다.

이러한 통념에 맞서는 주장은, 입헌적 관점이 국가를 그것의 사회적 환경으로부터 분리시켜 그것이 갖고 있지 못한 행동의 자율성을 국가에게 귀

---

16) 예를 들어 트로츠키의 『배반당한 혁명』에서, '배반'은 트로츠키주의 운동의 핵심적 범주였다.

속시킨다고 비판한다. 실제로, 국가가 하는 일은 국가가 단지 사회적 관계망의 하나의 마디로 존재한다는 사실에 따라 제한되고 틀 지워진다. 중요한 것은, 이 사회적 관계망이 노동이 조직되는 방식을 중심으로 구축된다는 것이다. 노동이 자본주의적 바탕 위에서 조직된다는 사실은, 국가가 하고 있고 또 할 수 있는 일들이 국가도 그 일부인 자본주의적 조직 체계를 유지할 필요에 따라 제한되고 틀 지워진다는 것을 의미한다. 구체적으로 이것은, 자본의 이익에 대립하는 의미심장한 행동을 취하는 어떠한 정부도, 그 결과 경제 위기가 발생하고 이어 자본이 자국 영토로부터 빠져나가는 경험을 겪게 된다는 것을 의미한다.

맑스주의에 의해 고무된 혁명운동들은 국가의 자본주의적 본질을 언제나 인식해 왔다. 그렇다면 어째서 그 혁명운동들은 사회를 변혁하기 위한 수단으로 국가권력의 획득에 초점을 맞추는 것일까? 우선 한 가지 대답은 종종 이 운동들이 국가의 자본주의적 본질을 도구주의적 관점에서 파악한다는 것이다. 그 운동들은 대체로 국가를 자본가 계급의 도구로 여긴다. '도구' 개념은 국가와 자본가 계급간의 관계는 외부적인 것임을 함의한다. 즉, 지금은 자본가 계급이 자신들의 이익을 위해 마치 망치를 잡듯이 국가를 장악하고 있고, 혁명 이후에는 노동계급이 **자신들의** 이익을 위해 국가를 장악하리라는 것이다. 그런 관점은 아마 무의식적이겠지만 다시 한번 국가를 그 사회적 환경에서 분리시키거나 자율화한다. 이런 사실에 대한 비판이 혁명적 정치학의 출발점이다. 나중에 발전된 개념을 빌리면, 이러한 관점은 국가가 배태되는 권력 관계의 망으로부터 국가를 떼어냄으로써 국가를 물신화한다. 노동계급의 이익을 위해 국가를 사용함에 있어 혁명적 정부들이 겪은 어려움은, 자본주의적 사회 관계들의 망 속에 국가가 끼워 넣어져 있는 상태가 도구성의 통념이 암시하는 것보다 훨씬 더 강하고 또 훨씬 더 미묘하다는 것을 시사한다. 여러 맑스주의 혁명운동의 오류는 국가의 자본주의적 본질을 부정한 것이 아니라, 자본주의적 사회 관계들의 네트워크에 국가가 통합된 정도를 과소평가한 것이다.

이런 과소평가의 중요한 측면은 혁명적 운동이 (그리고 그보다는 훨씬 더 개혁적 운동이), '사회'가 하나의 국민적 (즉 국가에 묶인) 사회로 이해될 수 있다고 가정하는 경향을 강하게 지니고 있다는 사실이다. 만약 사회가, 영국 사회, 러시아 사회, 또는 멕시코 사회가 있다는 식으로 이해된다면, 국가가 사회 변형의 중심일 수 있다는 관점이 분명히 중시되게 된다. 하지만, 그런 가정은 국가와 사회를 그것들의 공간적 환경으로부터 선험적으로 분리하는 것을, 다시 말해 국가의 경계에서 사회 관계들을 개념적으로 잘라내는 것을 전제한다. 이런 관점에서 보면, 세계에는 아주 많은 국가적 사회들이 있으며, 각 사회는 국가간 관계들의 네트워크 속에서 다른 모든 국가들과 관계를 유지하고 있는 것으로 보인다. 그러면 각 국가는 그 자신의 세계의 중심인 것이며, 국가적 혁명을 상상하는 것, 그리고 국가를 '그' 사회의 근본적 변혁의 동력으로 간주하는 것이 가능하게 된다.

그런 관점이 지닌 문제는 사회적 관계들이 국가적 경계들과 일치할 수 없다는 점이다. 현재 진행되는 '지구화' 논의는 언제나 사실이던 것을 단순히 강조할 뿐이다. 자본주의적 사회 관계들은 본질상 언제나 영토적 한계들을 넘어서 왔다. 봉건 영주와 농노의 관계가 늘 영토적 관계였다면, 자본주의의 변별적 특징은, 자본가와 노동자 사이의 관계가 화폐를 통해 매개된다는 사실 때문에 착취를 이 영토의 한계로부터 해방시킨다는 것이다. 화폐를 통해 사회 관계가 매개된다는 것은 이 관계들이 완전히 탈영토화한다는 것을 의미한다. 고용주와 피고용자, 생산자와 소비자 또는 같은 생산 과정에 결합된 노동자들이 같은 영토 안에 있어야 할 아무런 이유가 없는 것이다. 국경이 자본주의의 여러 사회 관계들을 제한한 적이 없기 때문에, 자본주의 세계를 각기 다른 국가적 사회의 총합으로 생각하는 것은 언제나 잘못된 해석이었다.17) 특정한 국민 국가들이 끼워 넣어져 있는 사회적 관계망은 하나의 전 지구적 망이며 (자본주의의 시작 이후에 줄곧 그래 왔다).

그러므로 국가권력의 획득에 혁명의 초점을 맞추면 국가도 그 일부를 구성하는 사회 관계에서 국가를 추상하게 된다. 개념상 국가는 국가를 둘러싸고 있는 혼란스런 사회 관계들과 떨어져 있으며 최대한 자율적인 행위자의 외양을 띤 채 유지된다. 개혁주의적인 (또는 자유주의적인) 이론이 함축하는 바의 절대적 의미에서는 아니라 할지라도, 국가는 국가를 둘러싸고 있는 자본주의 사회 관계에서 **잠재적으로** 자율적인 것으로 간주된다는 최소한의 의미에서, 국가에게 자율성이 귀속된다.

그러나 이것은 혁명 전략을 조야하게 잘못 제시한 것이라고 반박될 수 있다. 맑스주의가 고무한 혁명운동은 일반적으로 국가권력의 획득을 폭넓은 사회 변화 과정의 한 요소로만 보아 왔다. 게다가 레닌도 단순히 국가권력의 장악만을 말하지 않았다. 그는 오히려 낡은 국가를 분쇄하고 그것을 노동자의 국가로 대체해야 한다고 말했다. 그리고 레닌과 트로츠키는 이에서 더 나아가 혁명이 성공적이기 위해서는 국제적이어야만 한다는 것을 알고 있었다. 이 모든 것은 진실이며 조야한 희화들을 피하기 위해서는 중요한 것이다. 하지만 일반적으로 볼 때 국가의 장악이 특별히 중요한 하나의 요소로, 사회변혁 과정에서의 초점으로,18) 사회 변형에 바쳐져야 할 에너지들의 집중을 요구하는 하나의 집중점으로 간주되어 왔다는 것은 여전히 사실이다. 이런 집중은 불가피하게 국가를 권력의 현장으로 특권화한다.

국가권력의 장악이 사회를 변화시키기 위한 배타적 경로로 간주되건 행

---

17) 이 문제는 von Braunmühl (1978), Holloway (1995)를 볼 것.
18) 예를 들어, 룩셈부르크 (1973, p. 49)를 보라: '계급투쟁을 그들의 역사의 본질적 내용으로 갖는 계급 사회들의 최초의 출현 이후로, 정치권력의 정복은 모든 상승하는 계급들의 목표였다.'

동을 위한 하나의 초점으로만 간주되건, 거기에는 반란의 회로화가 불가피하게 존재한다. 다양한 사회에서 그 사회를 위해 투쟁하는 사람들의 열정은 특정한 방향을 취하고 또 특정한 방향에 집중되는데 그것이 바로 국가권력의 획득이라는 것이다. '만약 우리가 (선거에 의해서건 군사적 수단에 의해서건) 국가를 장악한다면, 우리는 사회를 변혁할 수 있을 것이다. 따라서 우리는 먼저 핵심 목표 ─ 국가권력의 장악 ─ 에 집중해야만 한다.' 그 주장은 이런 식으로 계속되며 청년들은 국가권력의 장악을 의도하는 조직에 가입하게 된다. 그들은, 국가권력의 장악이 어떻게 이해되는가에 따라, 병사로 아니면 관료로 훈련된다. '먼저 군대를 건설하고, 먼저 당을 건설하라. 이것이 우리들을 억압하는 권력을 제거하는 방법이다.' 당 건설(또는 군대 창설)은 그 밖의 모든 것을 무색하게 한다. 최초에 부정적이던 것(자본주의 거부)이 긍정적인 어떤 것(제도의 창설, 권력의 구축)으로 바뀐다. 권력 장악에의 이끌림은 불가피하게 권력 그 자체에의 이끌림으로 된다. 신참자들은 권력의 언어, 권력의 논리, 권력의 산술(算術)을 배운다. 그리고 그들은 전적으로 권력의 집념에 의해 형성돼 온 사회과학의 여러 범주들을 이용하는 법을 배운다. 조직 내부에서의 차이들은 권력을 위한 투쟁들로 된다. 권력을 향한 조작과 책략은 삶의 방식이 된다.

　민족주의는 권력의 논리의 불가피한 보완물이다. 국가가 권력의 현장이라는 개념은 특수한 국가를 권력 관계의 전반적 맥락에서 추상하는 것을 수반한다. 혁명적 영감이 세계 혁명 개념에 의해 지배된다고 하더라도, 근본적 사회변혁을 야기하는 현장으로서 특수한 국가에 초점을 맞추게 되면, 불가피하게, 세계 속에서 그 국가가 포괄하는 부분에 세계의 나머지 다른 부분과 비교하여 우선권이 주어지게 된다. 가장 국제주의적인 혁명조차 국가권력에 방향을 맞출 경우 다른 국가에 대한 '자기' 국가의 민족주의적 특권화를, 아니 실제로는 혁명을 방어하기 위해 민족적 정서를 공공연하게 이용하는 사태를 피하는 데 거의 성공하지 못했다. 국가를 통해 사회를 변혁한다는 생각은 국가에 주권이 있거나 또는 당연히 있어야 한다는 사고에 의존한다. 국가 주권은 국가를 통해 사회를 변혁하기 위한 전제조건이다. 그래서 사회를 변혁하기 위한 투쟁은 국가 주권을 방어하기 위한 투쟁으로 바뀐다. 그러므로 자본에 맞선 투쟁은 외세의 지배에 맞선 반제국주의 투쟁이 되며 민족주의와 반자본주의는 한데 뒤섞인다.[19] 자기결정과 국가 주권이 혼동되는데, 이때 실제로는 사회 관계들 중의 한 형태인 국가의 존재 자체는 자기결정의 안티테제이다.[20]

그러한 운동에, 그리고 그것의 중요성에 말뿐인 충성이 아무리 많이 바쳐진다 할지라도 권력 장악이라는 목표는 불가피하게 투쟁의 도구화를 수반한다. 투쟁은 하나의 목표를 갖는다. 정치권력을 장악하는 것 말이다. 투쟁은 그 목표를 달성하기 위한 수단이다. 그 목표를 달성하는 데 기여하지 않는 투쟁의 요소들에는 부차적인 중요성만이 부여되거나 억제되어야만 한다. 그 결과 투쟁의 위계가 확립된다. 도구화·위계화는 동시에 투쟁의 빈곤화를 의미한다. 자본주의에 대한 우리의 거부를 표현하는 그토록 많은 투쟁들, 그토록 많은 방법들, 다른 사회에 대한 우리의 꿈을 쟁취하기 위한 투쟁의 그토록 많은 방법들은, 세계가 권력의 장악이라는 프리즘을 통해 파악될 때에는, 체로 걸러지고 또 보이지 않는 상태로 남아 있게 된다. 우리는 그것들을 억제하는 방식을, 따라서 우리 자신을 억제하는 방법을 배운다. 우리는 우리의 활동 가운데서 '혁명의 건설'에 기여하는 것들을 꼭대기에

---

[19] 수많은 나라에서 민족주의와 혁명의 결합이 반제국주의의 미명 아래 정당화된다. 그 정당화가 무엇이든 그것은 언제나 사회 관계들이 영토에 기초해 구성된다는 가정에 의거한다. 사빠띠스따 봉기와 관련하여 이 문제를 논의한 것으로는 REDaktion (1997), pp. 178~184 참조.
[20] 이런 주장은 이 책의 뒷부분에서 상술될 것이다.

배치하고, 정서적 관계, 욕정, 유희, 웃음, 사랑 같은 것들을 경박한 것으로 간주하여 밑바닥에 배치한다. 계급투쟁은 금욕적인 것이 된다. 경박함은 목표를 성취하는 데 기여하지 않으므로 억제되어야 한다는 것이다. 투쟁의 위계화는 우리 삶의 위계화이며, 따라서 우리 자신의 위계화인 것이다.

당은 이런 위계화를 가장 명확히 표현하는 조직 형태다. 전위당이건 의회주의적 당이건 당 형태는 국가에 대한 지향을 전제하며 국가 없이는 별다른 의미를 지니지 못한다. 사실 당은 계급투쟁을 기율화하는 형태이며, 무수한 계급투쟁의 형태를 국가 통제권의 획득이라는 최우선적인 과제에 종속시키는 형태이다. 여러 투쟁들 사이의 위계를 고정하는 것은 보통 당 강령의 형태로 표현된다.

투쟁의 이 같은 도구주의적 빈곤화가 특정한 당이나 조류(스탈린주의, 트로츠키주의 등등)에만 특징적인 것은 아니다. 그것은 운동의 목적이 정치권력의 장악이라는 생각 자체에 내재적인 것이다. 투쟁은 처음부터, 승리를 거둔 당이나 군대가 국가권력을 장악하고 자신이 한 약속들을 '배반하기' 훨씬 전에 패배한다. 권력 자체가 투쟁 속에 서서히 스며들고, 권력의 논리가 혁명 과정의 논리가 되며, 거부의 부정적 측면이 권력 구축의 긍정적 측면으로 전환되면, 투쟁은 패배한다. 그리고 일반적으로 여기에 연루된 사람들은 이 점을 알지 못한다. 다시 말해 권력에의 신참자들은 자신들이 어떻게 해서 권력의 논리와 습속에 그렇게 깊게 빠져 버렸는지를 알지 못한다. 그들은, 우리가 자본주의에 대항하여 반란을 일으키는 이유가, 우리가 또 다른 권력의 체계를 바라기 때문이 아니라 권력 관계들이 해체된 사회를 바라기 때문이라는 것을 알지 못한다. 우리는 권력의 장악을 통해 비권력 관계들의 사회를 건설할 수 없다. 일단 권력의 논리가 채택되면, 권력에 맞선 투쟁은 이미 패배하고 마는 것이다.

그러므로 권력 장악을 통해 사회를 변혁한다는 사고는 목표한 것의 정반대를 달성하고 끝을 맺는다. 권력 장악은 권력 폐지를 향한 일보이기는커 녕, 권력을 장악하려는 시도 자체가 권력 관계를 권력에 맞선 투쟁 속으로까지 확장하는 것을 의미한다. 권력에 대항하는, 민중의 탈인간화에 대항하는, 그리고 인간을 목적이 아닌 수단으로 취급하는 것에 대항하는 항의의 절규로 시작한 것이 그와는 정반대의 것으로, 다시 말해 권력의 논리, 습성, 그리고 담론을 권력에 대항하는 투쟁의 바로 핵심으로 인입하는 것으로 뒤바뀌는 것이다.[21] 왜냐하면 이 세계의 혁명적 변화에서 제기되는 쟁점은 **누가** 권력을 장악할 것인가가 아니라 권력의 존재 그 자체이기 때문이다. 쟁점은 **누가** 권력을 행사하는가에 있는 것이 아니라, 어떻게 인간 존엄성에 관한 상호 인정에 기반한 세계를, 그리고 권력 관계가 아닌 사회 관계들의 형성에 근거한 세계를 창조할 것인가에 있다.

사회를 변혁하기 위한 가장 현실적인 방식은 국가권력의 획득에 투쟁의 초점을 맞추고, 이 목적에 투쟁을 종속시키는 것처럼 보이곤 한다. 이에 따르면 먼저 권력을 획득하고, **그런 다음** 인간성을 존중하는 사회를 만들어야 한다. 이것은 특히 『무엇을 할 것인가』에서 제기된 레닌의 강력하고 현실적인 주장이다. 그런데, 이것은 레닌 뿐만 아니라 로자 룩셈부르크, 트로츠키, 그람시, 마오, 체 게바라 등 20세기의 주요한 혁명적 지도자들이 모두 공유한 논리이다. 그렇지만 그들의 투쟁의 경험들은, 널리 받아들여진 혁명 전통의 현실주의가 매우 비현실적인 것임을 암시한다.[22] 그 현실주의는 권

---

21) '권력의 집에서 양육되는 것은 권력의 길들을 배우는 것이며, 그것들을 **흡수**하는 것이다 … 권력의 습관, 권력의 음색, 권력의 태도, 다른 것들과 함께 존재하는 권력 나름의 방식을. 권력은 그것에 너무 가까이 다가가는 모든 사람들을 감염시키는 질병이다. 만약 권력을 쥔 자가 당신을 짓밟는다면, 당신은 권력의 발바닥에 의해 감염될 것이다.' (Rushdie, 1998, p. 211)
22) 권력을 장악하지 **않고** 세계를 변혁하려고 했던 운동들의 경험은 그러한 시도들 또한 비현실적임을 말해 준다고 주장될 수도 있을 것이다. 권력 장악 없는 세계 변혁의 가능성을 탐구하는 논의는 역사적 경험은 물론 국가의 본질에 관한 이론적 성찰에도 그 근거를 두고 있다.

력의 현실주의이며 권력을 재생산하는 것 이상의 일을 할 수 없다. 권력의 현실주의는 하나의 목적에 초점을 맞추고 있으며, 또 그것을 지향한다. 반권력의 현실주의, 아니 반권력의 반현실주의는 그것과는 아주 다른 것이 되어야만 한다. 만약 우리가 세계를 변혁하려 한다면 말이다. 그리고 우리는 세계를 변혁해야만 한다.

제3장
권력을 넘어서?

1

　세계는 국가를 통해서 변혁될 수는 없다. 이론적 반성 뿐만 아니라 한 세기에 걸친 나쁜 경험이 우리에게 그렇게 말한다. 만족하고 있는 사람들은 이렇게 말한다. '우리는 당신에게 그렇게 말했다. 우리는 처음부터 그렇게 말했다. 우리는 그것이 어리석다고 말했다. 우리는 당신에게, 당신은 인간의 본성에 대립할 수 없다고 말했다. 꿈을 포기하라, 포기하라!'고.
　그리고 전 세계의 수많은 사람들은 근본적으로 다른 유형의 사회에 대한 꿈을 포기했다. 소련의 붕괴와, 전 세계의 민족해방 운동의 실패가 수많은 사람들에게 환멸을 가져다주었음은 분명하다. 혁명의 개념이 국가에 대한 통제권을 획득하는 것과 너무나 강하게 동일시되어서, 국가에 대한 통제권의 획득을 통해 세계를 변화시키려는 그러한 시도들의 실패가 매우 많은 사람들을 혁명이 불가능하다는 결론으로 이끌었다.
　기대의 저하가 있다. 많은 사람들에게 있어서 희망은, 현실과의 쓰라리고 냉소적인 화해에 길을 비켜 주면서, 그들의 삶으로부터 사라졌다. 우리가 희망하는 자유롭고 공정한 사회를 창출하는 것은 가능하지 않을 것이다. 우리는 중도 정당이나 중도 좌파 정당이 어떤 중요한 변화도 만들지 못할 것이라는 것을 잘 알고 있다. 하지만 적어도 우리는 그러한 당에 투표할 수 있다. 그리고 적어도 그런 식으로 우리의 좌절에서 벗어날 일종의 출구를 가질 수 있을 것이다. 마르첼라 세라노(Marcela Serrano)가 쓴 어떤 소설에 등장하는 한 인물은 '우리는, 우리가 세계를 변화시킬 수 없을 것이라는 것을 안다'고 말한다. '그것은 우리 세대의 모든 이들에게 가장 커다란 타격이었다. 우리는 길을 가던 중에, 아직 우리가 변화를 이룰 시간과 에너지를 갖고 있을 때에 우리의 목표를 상실했다. … 우리에게 남겨진 유일한 것은 겸허하게 이렇게 묻는 것이다. 존엄은 어디에 있는가?'[23]

그 책에서 그 인물은 옳지 않았는가? 만약 우리가 국가를 통해 세상을 바꿀 수 없다면, 그러면 어떻게 세상을 바꿀 것인가? 국가는 권력 관계의 거미줄 속의 한 마디이다. 그러나 우리가 어디에서 출발하건 간에 우리는 권력의 거미줄 속에 언제나 붙들려 있는 것이 아닌가? 파열은 실제로 상상 가능한 것인가? 우리는 권력의 무한 원환의 덫에 걸려 있지는 않은가? 세계 전체는, 여기나 저기나 거의 나아질 것이 없는 거미줄이 아닌가? 아니 혹시 세계 전체는, 우리가 한 줄을 끊고 나면 금방 우리 자신이 또 다른 줄에 걸려들어 있음을 발견하는, 수많은 거미줄이 아닌가? 발본적 다름의 이념은 종교를 가지고 자신을 달래는 사람들에게나, 이 눈물의 골짜기를 살아 나가는 것에 대한 보상으로 천국의 꿈을 꾸며 사는 사람들에게나 남겨진 것이 아닌가?

사적(private) 존엄의 삶 속으로 퇴각하기 위해 노력하는 것의, 그리고 '우리가 획득한 것을 가장 잘 이용하자'고 말하는 것의 커다란 문제는, 세상이 가만히 멈추어 있지 않다는 것이다. 더 심한 빈곤, 더 심한 불평등, 더 큰

---

[23] Serrano (1995) p. 316. 이와 유사한 주장을 개진하고 있는 글로는 Winocur (2001) 참조.

폭력, 우리의 삶의 화폐에의 더 깊은 굴복에로 이르는 발전의 동학이 존재한다. 존엄은 사적인 문제가 아니다. 왜냐하면 그것은 다른 사람들의 존엄에 대한 인정을 포함하기 때문이다. 존엄의 부정에 기초한 세상에서, 이것은 필연적으로 급진적 변혁을 위한 투쟁을 포함한다. 우리를 혁명의 긴급성과 대면시키는 것은 바로 이 인격적(personal) 존엄의 추구이다.[24]

혁명의 이념이 유지될 수 있는 유일한 길은 내기에 거는 돈을 올리는 것이다. 혁명에 대한 전통적 개념의 문제는 아마도, 그것이 너무 높은 목표를 세웠기 때문이 아니라 너무 낮은 목표를 세웠기 때문인 것 같다. 권력의 자리를 차지한다는 통념은, 그것이 정부의 권력이건 혹은 더욱 분산된 사회 속의 권력이건, 혁명의 목표가 권력 관계를 해체시키는 것이라는 점을, 그것이 민중의 존엄성의 상호 승인에 기초한 사회를 창출하는 것이라는 점을 놓친다. 실패로 드러난 것은, 혁명이 권력을 폐지하기 위해 권력을 잡는 것이라는 생각이다.[25] 지금 의제에 올라 있는 것은 권력 관계에 대한 직접적 공격이라는 훨씬 더 많은 것을 요구하는 구상이다. 오늘날 혁명이 상상될 수 있는 유일한 길은 권력의 정복으로서가 아니라 권력의 해체로서이다. 소련의 붕괴는 수많은 사람들에게 환멸을 의미했지만 그것은 또한 혁명적 사상의 해방을, 권력 정복을 혁명과 동일시하는 것으로부터의 해방을 가져왔다.

그러므로 권력을 장악하지 않고 세상을 바꾸라는 요구는 21세기의 벽두

---

[24] 사빠띠스따 봉기가 보여준 핵심들 중의 하나가 이것이다. 그들은, 자신들로 하여금 봉기하도록 만든 것이 존엄성이라고 말한다. Holloway (1998)을 참조하라.
[25] 이 텍스트 속의 어느 것도, 세상을 변화시키기 위해 권력을 장악하는 투쟁에 자신들의 삶을 바쳐 온 사람들에 대해 존경심을 가질 수 없다는 것을 의미하지 않는다는 사실이 강조되어야만 한다. 오히려 나의 주장은, 그들을 영예롭게 하는 최선의 길은 혁명을 위한 투쟁을 계속 살아 있게 만드는 것이며, 이것이 지금은 혁명과 권력 장악 사이의 연결 고리를 끊는 것을 의미한다는 것이다.

에 나타난 혁명적 도전이다. 이것은 멕시코 남동부의 사빠띠스따 봉기에 의해 가장 명확하게 정식화되어 온 도전이다. 사빠띠스따들은, 자신들이 권력을 장악하지 않고서 세계를 새롭게 만들기를 원하며 존엄성의 세계를, 인간성의 세계를 창조하기를 원한다고 말했다.26)

권력을 장악함이 없이 세계를 새롭게 만들자는 사빠띠스따의 호소는 주목할 만한 반향을 얻었다. 그 반향은, 최근에 들어 반-권력의 영역이라고 불릴 수 있는 것이 성장한 것과 관계가 있다. 이것은 불만이 국가에 집중되는 과정의 약화에 상응한다. 이 약화는 자칭 혁명 정당들의 경우에서 뚜렷이 드러난다. 이들은, (사회적-역자) 불만을 국가권력 장악을 위한 투쟁으로 흐르게 했던 이전의 역량을 더 이상 갖고 있지 않다. 민중이 그들에게 투표를 하건 않건 간에 그들은 정치적 전투성의 초점들로서의 중요성을 더 이상 갖지 못한다. 사회적 불만은 오늘날, '비정부조직들'에의 참여를 통해, 특별한 쟁점들을 둘러싼 캠페인을 통해, 민중을 대상화하지 않는 방식으로 일을 도모하려고 하는 교사들, 의사들 혹은 기타 노동자들의 개별적이고 집단적인 관심사들을 통해, 각종의 자율적 공동체 프로젝트들의 발전 속에서, 나아가 치아빠스에서 발생하고 있는 것과 같은 오래 지속되는 대중적 반란들 속에서 훨씬 더 확산적으로 표현되는 경향이 있다. 국가를 자신의 초점으로 삼지 않는, 그리고 권력의 위치를 획득하는 것을 목표로 삼지 않는 방식으로 세계를 바꾸려는 광범위한 활동 영역이 있다. 이러한 활동 영역은 분명히 매우 모순적이며 혁명적 그룹들에 의해 '쁘띠 부르주아적'이라거나 '낭만적'이라고 서술될 수 있을 많은 활동들을 분명히 포함한다. 그것이 혁

---

26) '세계를 정복하는 것은 필요하지 않다. 우리로서는 그것을 새롭게 만드는 것으로 충분하다.' (레알리다드의 제1차 선언문, *La Jornada*, 1996년 1월 30일).

명을 명시적 목표로 갖는다는 의미에서 혁명적인 경우는 드물다. 그러나 발본적 다름의 기획은 종종 여기에 참여하는 활동들의 중요한 구성 부분이다. 그것은 종종 '자율성'의 영역이라고 불리는 것을 포함한다. 하지만 그것은 그 용어에 의해 통상적으로 지시되는 것보다 훨씬 더 폭넓다. 그것은 때때로 자본주의에 공공연히 적대적이지만 늘 그런 것은 아니다. 그러나 그것은, 이전에 혁명적 정당들이나 개량주의적 정당들이 제공했던 것과 같은 종류의, 활동의 분명한 초점을 발견하거나 찾지 않는다. 이것은 사빠띠스따의 호소가 반향하는 혼돈된 영역, 반-권력이 성장하는 영역이다.[27] 누가 국가를 통제하는가라는 문제가 관심의 초점이 아니라는 바로 그 이유 때문에, 그것은, 개혁, 혁명, 그리고 무정부주의 사이의 낡은 구별들이 더 이상 의미를 갖지 못하는 영역이다. 혁명적 초점의 상실이 있지만 그 이유는 민중이 다른 유형의 사회를 바라지 않기 때문이 아니라 예전의 초점이 신기루임이 입증되었기 때문이다. 사빠띠스따에 의해 제기된 도전은 혁명을 국가 환상의 붕괴로부터, 권력 환상의 붕괴로부터 구출하려는 것이다.

그러나 우리는 권력을 장악함이 없이 어떻게 세상을 바꿀 수 있을 것인가? 그 질문을 제기하는 것만으로도 그것은 조롱의 코방귀를, 치켜올린 눈썹을, 경양에 대한 무시를 불러온다.

어떤 사람은 말한다: "당신은 어떻게 그렇게 순진할 수 있는가? 당신은, 사회 속에 어떠한 급진적 변화도 있을 수 없음을 모르는가? 당신은 지난 30년의 세월 동안 아무 것도 배우지 못했는가? 당신은 혁명에 대한 이야기가 어리석은 것이라는 것을 모르는가? 당신은 여전히 1968년에 꾸었던 당신의 청년기적 꿈들 속에 갇혀 있지 않은가? 우리는 우리가 갖고 있는 세계와 함

---

[27] 1999년 11월 씨애틀에서 있었던 것과 같은 반자유주의적이고 반자본주의적인 시위들의 물결은 반-권력의 운동을 위한 중요한 초점을 제공했다.

께 살아야 하며 그것을 최대한 잘 이용해야만 한다."

또 다른 사람들은 이렇게 말한다: "당신은 어떻게 그렇게 순진할 수 있는가? 물론 세계는 혁명을 필요로 한다. 하지만 당신은, 선거나 혹은 다른 방식으로 권력을 장악함이 없이 변화가 초래될 수 있다고 정말로 생각하는가? 당신은 우리가 대항하고 있는 권력들을, 군대들, 경찰들, 준군사도당들을 보지 못하는가? 당신은 그들이 이해하는 유일한 언어가 권력임을 모르는가? 당신은 우리 모두가 손을 잡고 '우리가 필요로 하는 것은 사랑이다'라고 노래부르면 자본주의가 붕괴할 것이라고 생각하는가? 현실적으로 되어라."

현실과 권력은 상호 너무 긴밀히 얽혀 있어서 권력 해체라는 문제를 제기하는 것조차 현실의 바깥으로 나가는 것이다. 무엇이 현실인가에 관한, 혹은 무엇이 정치이고 경제인가에 관한 혹은 심지어 우리가 어디에 사는가 등에 관한 우리들의 모든 사고 범주들, 우리들의 모든 가정들, 혹은 권력에 의해 너무나 침투되어 있어서, 단지 권력에 대해 '아니다!'라고 말하는 것은, 우리 자신의 '아니다!'의 힘(force) 이외에 의지할 어떤 고정된 준거도 없는 현기증 나는 세계로 우리를 빠뜨린다. 권력과 사회 이론은 그러한 공생관계 속에 존재하기 때문에 권력은 이론이 세계를 바라보는 렌즈이며 그것이 세계를 듣는 헤드폰이다. 반-권력의 이론을 요구하는 것은 보이지 않는 것을 보려고 애쓰는 것이며 들리지 않는 것을 들으려는 것이다. 반-권력을 이론화하기 위해 애쓰는 것은 거의 탐사되지 않은 세계 속을 거니는 것이다.

권력을 장악하지 않고 어떻게 세상을 바꿀 수 있을까? 대답은 분명하다. 우리는 모른다는 것이다. 그 대답 속에서 작업하는 것이, 실천적으로 그리고 이론적으로, 매우 중요한 이유가 바로 이것이다. **여기가 로두스다. 여기서 뛰어라.** 그러나 **논리적 비약**은 더욱더 위험하게 된다. 점프를 하지 말라는 압력은 더욱더 커진다. 부조리의 바다 속으로 빠질 위험은 더욱더 피하기 어렵다.

'조롱의 공포'28)를 잊자. 그리고 묻자. '과연 우리는 어떻게 권력을 장악하지 않고 세상을 바꾸려고 생각하기 시작할 수 있는가?'

2

권력 장악 없이 세상을 바꾸는 것에 대해 생각하기 위해서 우리는, 권력의 개념이 매우 모순적이라는 사실을 알 필요가 있다. 그러나 이렇게 주장하기 위해서 우리는 처음으로 되돌아갈 필요가 있다.

우리는, 태초에 절규가 있었다고 말했다. 그것은 절망의 절규가 아니라 희망의 절규다. 그리고 그 희망은 신성한 개입의 형태 속에 있는 구원의 희망이 아니었다. 그것은 하나의 적극적 희망, 우리가 현실을 바꿀 수 있다는 희망, 적극적 거부의 희망, 행위를 지시하는 절규이다. 행위를 지시하지 않는 절규, 그 자신에게만 집착하는 절규는 영원한 절망의 절규로 머무른다. 더 일반적인 것이지만, 끝없이 냉소적인 불평불만은 그 자신을 배신하는 절규에 머무른다. 그것은 부정적 힘을 잃으며 절규로서의 자기긍정의 무한한 원환 속으로 빠져든다. 냉소주의 — 나는 세상을 미워하지만 할 수 있는 일이란 아무 것도 없다 — 는 맛이 사라진 절규, 즉 그 자신의 자기부정을 억제하는 절규이다.

절규는 행위를 함축한다. '태초에 행동이 있었다'고 괴테의 파우스트는 말한다.29) 그러나 행동(deed) 이전에 행위(doing)가 온다. 태초에 행위가 있

---

28) Foucault (1976) p. 14. 위의 각주 9를 보라.

었다. 그러나 행위 이전에 절규가 온다. 최초로 오는 것은 유물론이 아니라 부정성이다.30)

절규가 경험으로부터, 행위로부터 혹은 좌절된 행위로부터 나온다는 것은 사실이다. 그러나 행위는 또한 절규로부터 발생한다. 행위는 소망, 부족, 욕구, 굶주림으로부터 발생한다. 행위는 현존하는 사태를 변화시키고 부정한다. 행위는 넘어서며 초월한다. 우리의 출발점인 절규는 우리를 행위를 향해 밀어젖힌다. 우리의 유물론(만약 이 말이 조금이라도 의미가 있다면)은 행위에 뿌리박은 유물론, 부정하는 행위, 부정적 실천, 저 너머로의 투영이다. 우리의 기반(만약 이 단어가 조금이라도 의미가 있다면)은 정신보다 물질을 추상적으로 선호하는 것이 아니라 절규, 즉 현존하는 것의 부정이다.

달리 말해 행위는, 그것이 단지 삶의 물질적 전제조건이기 때문이 아니라,31) 우리의 중심적 관심이 세계를 변혁하는 것이기 때문에, 즉 현존하는 것을 부정하는 것이기 때문에 우리의 관심에 중심적이다. 절규의 관점에서 세계를 사고하는 것은 세계를 행위의 관점에서 사고하는 것이다.

그러므로 '태초에 말이 있었다'고 말한 성 요한은 이중으로 틀렸다. 전통적 용어로 표현할 때, 그의 진술은 실증적이면서 동시에 관념론적이기 때문에 이중으로 틀렸다. 절규는 부정하지만, 말은 부정하지 않는다. 절규는 행

---

29) Goethe (1969) p. 38: "태초에 행동이 있었다."
30) 긴장되고 피곤한 한 쌍인 변증법적 유물론에서, 변증법이 우선권을 갖는다. 우리의 사상은 부정적이고 그래서 유물론적이다. 이것은 중요하다. 왜냐하면 정통의 '변증법적 유물론'의 위기를 넘어서 '염증 나고 관절염에 걸린 혁명 사상 전통의 "너머"'(Negri 1991, p. xx)를 구축하려고 애써 온 다른 사람들은 유물론에 우선권을 주기를 선호했으며 변유(Diamat)가 보여준 공포의 책임을 '변증법'에 돌리기를 선호했기 때문이다. 네그리에 관한 논의로는 9장을 보라.
31) 그러므로 여기서 강조점은 『독일 이데올로기』에 등장하는 유물론에 대한 고전적 정당화와는 다르다. (Marx and Engels 1976, pp. 41~42)

위를 함축하지만 말은 행위를 함축하지 않는다. 말의 세계는, 모든 것을 변화시키려고 하는 절규와는 아주 다르게, 부정하는 행위와는 아주 다르게, 안정된 세계, 즉 안락의자에-기대앉아-잡담을-하는 세계, 책상에-앉아-글을-쓰는 세계, 만족한 세계이다.32) 말의 세계에서, 행위는 말하기와 행위로부터 분리되어 있으며 실천은 이론으로부터 분리되어 있다. 말의 세계에서 이론은 사상가의 사유, 무릎에 팔꿈치를 올리고 손에 턱을 괴고 평온한 성찰을 하고 있는 어떤 사람의 사유이다. 맑스가 포이에르바하에 관한 그의 유명한 열 한 번째 테제에서 말할 것처럼, '철학자들은 세계를 다양한 방식으로 **해석**해 왔을 뿐이다. 그렇지만 중요한 것은 그것을 변혁하는 것이다'.

맑스의 명제는 우리가 실천을 위한 이론을 포기해야만 한다는 것을 의미하지 않는다. 그것은 오히려, 우리가 이론을 실천의 일부로, 세계를 변혁하는 투쟁의 일부로 이해해야만 한다는 것을 의미한다. 이론과 행위는 부정이라는 실천적 운동의 일부이다. 이것은 행위가 넓은 의미에서, 즉 노동으로뿐만 아니라 그리고 또 물리적 행동으로뿐만 아니라 실천적 부정성의 총체적 운동으로 이해되어야 한다는 것을 함의한다. 행위의 중심성을 강조하는 것은 사유와 언어의 중요성을 거부하는 것이 아니라 그것들을 실천적 부정성의 총체적 운동의 일부로, 근본적으로 다른 세계를 위하여 현존하는 세계를 넘어서는 실천적 투영의 일부로 바라보는 것이다. 행위에 대한 강조는 아주 간단히 말해 세계를 투쟁으로 바라보는 것이다.

---

32) 요한의 말들은 성서학자들에게만 흥미 있는 것이 아니다. 왜냐하면 그것들은 언어에 대한 그것의 특권화라는 측면에서 탈근대 이론의 기초이기 때문이다. Foucault (1973) p. 306을 보라. '니체, 그리고 말라르메와 더불어, 사유는 언어 자체를 향해, 그것의 독특하고 어려운 존재를 향해, 난폭하게 회복되었다. 우리 사유의 전체적 진기함은 지금 질문 속에 존재한다. 언어는 무엇인가? 우리는 그것이 그 자체로, 그것의 모든 풍부함 속에서 나타나도록 만들기 위해 그것의 주변을 도는 길을 어떻게 발견할 수 있을까?'

어떤 의미에서는, 변화하는 사회는 행위의 관점에서가 아니라 비행위, 즉 게으름, 노동 거부, 향유의 관점에서 사고되어야 한다고 주장될 수 있을지 모르겠다. '우리, 사랑하고 마시는 일만은 제외하고, 게으름을 피우는 일만은 제외하고 모든 것에서 게으르자'. 라파르그는 자신의 고전적 저작『게으를 권리』를 이 인용문으로 시작한다. 렛싱에 의해 옹호된 게으름보다 자본주의적 착취와 양립 불가능한 것은 아무 것도 없다는 암시를 하면서. 그렇지만 자본주의 사회에서 게으름은 대안적 실천을 적극적으로 주장하기를 거부하는 것을 의미한다. 우리가 여기에서 이해하는 의미에서의 행위는 게으름과 쾌락의 추구를 포함한다. 이 양자는 그것들의 부정에 기초한 사회에서 매우 부정적인 실천들이다. 행위의 노동으로의 역전에 기초를 둔 세계에서 행위하기를 거부하는 것은 저항의 효과적 형식으로 간주될 수 있다.

인간 행위는 넘어-투영(projection-beyond)을, 따라서 이론과 실천의 통일을 함축한다. 맑스는 넘어-투영을 인간의 변별적 특징으로 간주한다. '거미는 직조공들을 닮은 작업을 수행한다. 그리고 꿀벌은 벌집을 짓는 과정에서 많은 건축가를 부끄럽게 만든다. 그러나 최상의 꿀벌로부터 최악의 건축가를 구별짓는 것은 건축가가 실제로 건축물을 짓기 전에 그것을 상상 속에 떠올린다는 사실이다. 모든 노동 과정의 끝에 이르러서야 우리는 처음에 노동자의 상상 속에 이미 존재했던 결과를 얻는다'(Marx 1965, p. 178). 노동자의 상상은 무아적(ecstatic)이다. 노동 과정의 처음에 그것은 현존하는 것을 넘어서 가능한 다름에로 투영한다. 이 다름은, 그것이 창출되었을 때에는 당연히 존재하겠지만 노동자의 투영 속에, 자신을 인간적인 것으로 만드는 그 투영 속에 실제로, 가정법적으로 이미 존재한다. 건축가의 행위는, 그 결과에서 뿐만 아니라 그것의 전체 과정 속에서 부정적이다. 그것은 존재하는 것의 부정과 더불어 시작하고 또 끝난다. 그녀가 최악의 건축가라 할지라도 그 행위는 창조적 행위이다.

우리가 아는 한에서 꿀벌들은 절규하지 않는다. 그들은, '아니다! 여왕벌들은 충분하다. 수벌들도 충분하다. 우리는 우리 노동자들에 의해 형성될 사회를 창출할 것이다. 우리는 우리 자신을 해방시킬 것이다!'라고 말하지 않는다. 그들의 행위는 부정하는 행위가 아니다. 그것은 단지 재생산할 뿐이다. 그렇지만 우리는 절규한다. 우리의 절규는 넘어-투영이며 가능한 다름의 조음(調音)이다. 만약 우리의 절규가 나는-얼마나-반역적으로-보이는가라는 잘난 체 하는 사람의 절규(그것은 결코 절규가 아니다) 이상이려면, 그것은 기획된 행위를, 우리가 그에 맞서 절규하는 것을 변화시키기 위해 무엇인가를 행위할 기획을 포함해야만 한다.33) 절규와 넘어-서기로서의-행위는 인간과 동물을 구별짓는다. 인간은 무아적이지만 동물들은 그렇지 않다. 인간은 그들 자신 속에 존재할 뿐만 아니라 그들 자신에-대립하여-그리고-자신을-넘어서 존재한다.

왜 그런가. 넘어-서기가 우리 인간의 본성의 일부이기 때문이 아니라 단지 우리가 절규하기 때문이다. 부정은 우리 인간의 본질로부터 나오는 것이 아니라 우리가 처해 있는 상황으로부터 나온다. 우리는 절규하며 너머로-밀쳐 나아간다. 그것이 인간 본성이기 때문이 아니라 오히려 우리가 인간성이라고 여겨지는 것으로부터 분리되어 있기 때문이다. 우리의 부정성은 우리의 인간성으로부터 발생하는 것이 아니라 우리의 인간성의 부정으로부터, 인간성은 아직 존재하지 않는다는 느낌으로부터 즉 그것이 쟁취되어져야 할 무엇이라는 느낌으로부터 발생한다. 우리로 하여금 행위에 집중하도록

---

33) 그러면 '태초에 절규가 있었다'라는 말과 '태초에 행동이 있었다'라는 파우스트의 말 사이에 아무런 차이가 없단 말인가? 파우스트의 말이 그 과정의 외부에 서서 어떤 결론에 도달하는 어떤 사람의 숙고된 반성을 암시하는 반면 절규에 대한 강조는 경험의('경험에 관하여'가 아니라) 더욱더 직접적인 반성이며, 이미 외부에 있으면서 설명하기를 원하는 어떤 사람의 숙고된 결론이 아니라 길을 잃고서 출구를 찾고 싶어 하는 어떤 사람의 외침인 점에서 차이가 있다.

강제하는 것은 인간 본성이 아니라 우리의 출발점인 절규이다.[34]

    존재하기나 말하기 혹은 생각하기 같은 것보다 행위를 우리 사유의 초점으로 취하는 것은 많은 함의들을 갖는다. 행위는 운동을 함축한다. 넘어-서기로서의-행위에서 시작하는 것은(바쁜-꿀벌의 재생산-으로서의 행위에서 시작하는 것이 아니라), 모든 것(혹은 최소한 인간적인 모든 것)이 운동 속에 있으며 모든 것은 생성이라는 것을 의미하며 '존재'란 결코 없다는 것을, 아니 오히려 존재는 단지 좌절된 생성일 수 있을 뿐이라는 것을 의미한다. 절규-행위의 관점은 반드시 역사적이다. 왜냐하면 인간적 경험은 끊임없는 넘어-이동으로서 (혹은 좌절된 넘어-이동으로서) 이해될 수 있을 뿐이기 때문이다. 이것은 중요하다. 왜냐하면 만약 출발점이 절규 행위(부정-으로서의-행위)가 아니라 (재생산으로서의) 행위에 대한 실증적 이해나 말 혹은 담론이면 사회를 역사적으로 이해할 가능성은 존재하지 않기 때문이다. 역사의 운동은 일련의 스냅사진들로, 통시적인 계열들로, 연대기로 부서지게 된다. 생성은 존재의 일련의 상태들로 부서진다.[35]

    그 점은, 인간들은 주체들이지만 동물들은 주체들이 아니다라는 말로 표현될 수 있다. 주체성은 현존하는 것을 넘어서는 의식적 투영을 지칭한다. 주체성은 현존하는 것을 부정하는 능력을, 그리고 아직 존재하지 않는 무엇인가를 창출하는 능력을 지칭한다. 주체성은, 즉 절규 행위의 운동은 한계

---

34) 이것은, 인간이 코뮨주의적 사회에서 무아적(ecstatic)이기를 멈추리라는 것을 의미하는가? 물론 그렇지 않다. 왜냐하면 코뮨주의는 존재의 상태로서 이해될 수 없는 것이고 오직 과정으로서만 이해될 수 있기 때문이다.
35) 예를 들어 푸코는 『사물의 질서』(1973, xii) 영어판 서문에서, 자신의 '주요한 관심사는 변화를 다루는 것이었다'고 말하면서, 자신의 저작이 변화의 가능성을 부정했다는 이유로 비판되어 왔다고 언급한다. 그렇지만 문제는, 그의 방법이 그 자신으로 하여금 운동으로서의 변화를 이해하지 못하게끔 방해한다는 것이다. 그 결과 운동은 단지 통시적인 변화로서만, 하나의 스냅사진에서 또 다른 스냅 사진으로의 변화로만 나타날 수 있다.

에 맞서며, 봉쇄에 맞서며, 폐쇄에 맞서는 운동을 의미한다. 행위자는 존재하지 않는다. 그 뿐만 아니라 행위는 존재함(is-ness)에-대항하는, 존재하는-것에-대항하는 운동이다. 그러므로 주체에 대한 모든 정의는 모순적이거나 정말로 폭력적이다. 왜냐하면 그것은 고정된 존재에 대항하는 운동을 고정시키려는 시도이기 때문이다. 민중이 주체다라는 주장으로부터 출발할 수 있다는 생각은 최근에 들어와서, 특히 탈근대주의와 결부된 이론가들에 의해 많은 비판을 받아 왔다. 그들은 주체로서의 개인이라는 생각은 역사적 구성물이라고 주장한다. 그럴지도 모른다. 하지만 우리의 출발점, 즉 자본주의 사회의 비참을 받아들이기를 완전히 거부하는 절규는 우리를 불가피하게 주체성의 개념에로 데리고 간다. 인간적 주체성을 부정하는 것은 절규를 부정하는 것이거나, 혹은 같은 이야기이지만, 절규를 절망의 절규로 바꾸는 것이다. 그들은 '하! 하! 당신은 마치 절규가 사회를 근본적으로 변화시킬 수 있는 것처럼 절규를 한다. 그러나 근본적 변화의 가능성은 없다. 출구란 존재하지 않는다'라고 조롱한다. 우리의 출발점은 그러한 접근 태도를 불가능하게 만드는 것이다. 우리의 '아니다!'의 첨예함은 많은 이론적인 매듭을 잘라 내는 칼이다.

행위는 본래 사회적이다. 내가 행하는 것은 언제나 행위의 사회적 흐름의 일부이다. 그 속에서 나의 행위의 전제조건은 다른 사람들의 행위(혹은 과거 행위)이며 그 속에서 다른 사람들의 행위는 나의 행위에 수단들을 제공한다. 행위는 본래 복수적이고, 집단적이고, 합창적이고, 공동체적이다. 이것은, 모든 행위가 집단적으로 수행된다(혹은 되어야만 한다)는 것을 의미하지는 않는다. 그것은 오히려, 다른 사람들의 행위를 전제조건으로 갖지 않는 행위를 생각한다는 것이 어려움을 의미한다. 나는 컴퓨터 앞에 앉아 이 글을 쓴다. 그것은 분명히 고독한 개인의 활동이지만 나의 글쓰기는 사회적 과정의 일부이며 나의 글과 다른 사람의 글들(각주에서 언급된 글들

및 수많은 다른 글들)을 엮어짠 것이고 또 나의 글과 컴퓨터를 설계하고 그
것을 조립하고 그것을 포장하고 그것을 운반한 사람들, 집에 전기를 가설한
사람들, 전기를 생산한 사람들, 나에게 글을 쓸 에너지를 주는 식료품을 생
산한 사람들 등등의 행위를 엮어짠 것이다. 행위의 공동체, 행위자들의 집
단, 시간과 공간을 통과하는 행위의 흐름이 존재한다. (우리 자신과 다른 사
람들의) 과거 행위는 현재 행위의 수단이 된다. 어떤 활동이 아무리 개별적
으로 보인다 할지라도 그것은 하나의 합창 행위의 일부이며 그 속에서 모
든 인류는 합창단(무정부적이고 불협화적인 합창단이라 할지라도)이다. 우
리의 행위들은 너무나 서로 얽혀 있어서 어떤 행위가 어디에서 끝나고 다
른 행위가 어디에서 시작한다고 말하는 것은 불가능하다. 분명히 다른 사람
들의 행위를 위한 조건을 창출하지 못하는, 전체로서의 사회적 행위의 흐름
속으로 되먹임 되지 않는 수많은 행위들이 있다. 예를 들어 내가 지금 행위
하고 있는 바를 그 어떤 사람도 읽지 않는 경우도 가능하다. 그렇지만 행위
의 사회적 흐름 속으로 들어가지 않는 행위들은, 바로 그 이유로 해서 사회
적이기를 중지한다. 나의 활동성은 어떤 사람이 이것을 읽건 읽지 않건 간
에 사회적이다. 사회성과 기능성(functionality)을 혼동하지 않는 것이 중요하
다.

행위의 사회적 흐름에 대해 말하는 것은 행위결과의 물질성을 부정하는
것이 아니다. 내가 의자를 만들 때 그 의자는 물질적으로 존재한다. 내가 책
을 쓸 때 그 책은 하나의 대상물로 존재한다. 그것은 나로부터 독립적인 실
존을 갖고 있으며 내가 더 이상 존재하지 않을 때에도 여전히 존재할 수 있
다. 바로 그러한 의미에서 나의 주체적 행위의 객관화가 존재한다고, 행위
결과가 행위로부터 독립적인 실존을 획득한다고, 행위결과가 행위의 흐름
으로부터 추상된다고 말해질 수 있을지 모르겠다. 그렇지만 이것은 오직
나의 행위가 개인적 활동으로 간주될 때에만 타당하다. 행위의 사회적 흐름

에서 볼 때 나의 주체적 행위의 대상화는 기껏해야 과도적인 대상화이다. 의자의 의자로서의 실존은 어떤 사람이 그 위에 앉는 것에, 그것을 행위의 흐름 속으로 재통합하는 것에 의존한다. 책의 책으로서의 실존은, 그것을 당신이 읽는 것에, 행위결과(그 책)를 행위의 사회적 흐름 속으로 재통합하기 위하여 당신의 행위(읽기)를 나의 행위(쓰기)와 엮어짜는 것에 의존한다.36)

'우리임(we-ness)'(우리의 책 전체에서 와글와글 소리치는 저 문제)이 힘을 얻는 것은, '우리는 절규한다'를 물질적인 '우리는 절규한다'로, 하나의 절규-행위로 이해할 때이다. 달리 말해, 행위는 그 '우리'의 물질적 구성, 시간을 통한 우리의 삶의 의식적이고 무의식적인, 계획적이고 무계획적인 엮어-짬이다. 우리의 삶의 이 엮어-짬, 이 집단적인 행위는, 만약 행위의 집단적 흐름이 인식되면, 서로를 행위자로, 능동적 주체들로 상호 인정하는 것을 의미한다. 우리의 개별적 행위는, 그것이 사회적 흐름의 일부로 인정받는 것으로부터 사회적 타당성을 얻는다.

3

권력에 대해, 그리고 권력(혹은 실로 그 밖의 어떤 것)을 장악함이 없이 세계를 변혁하는 것에 관해 생각하기 시작하려면, 우리는 행위로부터 출발할 필요가 있다.

행위는 할 수 있음을 함의한다. 절규는 행위 없이는 아무런 의미도 없다. 우리가 할 수 있는 능력을 갖지 못하면 행위는 생각할 수 없다. 만약 우리

---

36) 객관화의 문제와 그것의 중요성은 이 책의 여러 곳에서 여러 번 되풀이될 것이다.

가 할 수 있는 우리의 역량을 빼앗기면, 우리가 너머를-기획하고-행할 역량을 빼앗기면, 부정적으로, 무아적으로 행할 우리의 역량을 빼앗기면, 우리는 우리의 인간성을 빼앗기며, 우리의 행위는 (그리고 우리는) 꿀벌의 수준으로 내려간다. 만약 우리가 우리의 행할수있는-역량을 빼앗기면 우리의 절규는 절망의 절규가 된다.

우선 힘은 간단히 말해 다음과 같은 것, 즉 할수-있음[37], 할 수 있는-역량, 일을 할 수 있는 능력이다. 행위는 힘을, 할수-있는-힘을 함의한다. 이런 의미에서 우리는 보통, 나는 힘이 난다, 나는 기분이 좋다 등에서처럼, 뭔가 좋은 것을 지칭하기 위해 '힘'이라는 말을 쓴다. 산꼭대기에 오르려고 애를 쓰면서 '나는 할 수 있다고 생각해, 나는 할 수 있다고 생각해'라고 말하는 어린아이들의 이야기(Piper, 1978)에 나오는 작은 기차는 그 자신의 힘에 대한 점증하는 감각을 갖는다. 우리는 멋진 정치적 회합에 가서 우리 자신의 힘에 대한 향상된 감각을 가지고 돌아온다. 우리는 좋은 책을 읽고 힘을 얻은 것을 느낀다. 여성 운동은 여성들에게 그들 자신의 힘에 대한 보다 증대된 감각을 주었다. 이런 의미에서의 힘은 '할수-있는-힘', 행할 수 있는 힘이라고 이야기될 수 있다.

지향력(power-to)은, 그것이 그렇게 보이지 않을지라도, 언제나 사회적 힘이라는 점이 다시 강조되어야 한다. 작은 기차 이야기는 지향력을 개인적 결정의 문제로 제시한다. 하지만 사실은 결코 그렇지 않다. 우리의 행위는, 그것이 개인적 활동인 것처럼 보이는 경우에도, **언제나** 행위의 사회적 흐름의 일부이다. 행위할 수 있는 우리의 능력은 언제나 우리의 활동성과 다른 사람들의 과거 및 현재의 활동성을 엮어짜는 것이다.

---

[37] 많은 언어들에서 '힘'을 뜻하는 명사는 '할 수 있음'이라는 동사와 동일하다: 스페인어 poder, 프랑스어 pouvoir, 이딸리아어 potere, 독일어 Vermögen.

그러므로 지향력은 결코 개인적이지 않다. 그것은 언제나 사회적이다. 그것은 어떤 순수하고 결백한 상태에 존재하는 것으로 생각될 수 없다. 왜냐하면 그것의 실존은 언제나, 사회성이 구성되는, 행위가 조직되는 방식의 일부이기 때문이다. 행위(와 행위-할-힘)는 언제나 사회적 흐름의 일부이다. 하지만 행위의 흐름은 여러 가지 방식으로 구성된다.

지향력이 대립물로, 즉 지배력으로 변형되는 것은 행위의 사회적 흐름이 파열될 때이다.

사회적 흐름은 행위 자체가 깨어질 때 파열된다.[38] 넘어-기획-으로서의-행위는 어떤 사람들이 그들 자신에게 행위의 넘어-기획(구상)을 부당하게 요구하고 또 그들이 생각한 바를 집행하기 위하여 다른 사람들에게 명령을 할 때 파괴된다.[39] '힘센 자'가 구상은 하지만 실행하지는 않고 다른 사람들이 실행은 하지만 구상하지 않을 때에 행위는 파괴된다. '힘센 자'가 행위 결과(done)를 행위자(doer)로부터 분리시키고 그것을 착복할 때에 행위는 파괴된다. '힘센 자'가 그들 자신을 개별적 행위자들로 제시하지만 나머지 사람들이 단순히 시야에서 사라질 때 사회적 흐름은 파괴된다. 만약 우리가 역사에서 '힘센' 인간에 대해, 예컨대 율리우스 카이사르, 나폴레옹, 히틀러와 같은 사람들에 대해 생각해 보면, 힘은 개인의 속성으로 나타난다. 그러나 물론 어떤 일을 하는 그들의 힘은 그들 스스로 그 일을 하는 능력이 아니라 타인들이 하기를 원하는 바를 그 사람들에게 명령하는 능력이다. 행위

---

[38] Bublitz(1998, 22)는 이와 매우 비슷한 생각을 제시한다. '창조는 강과 같다. 그것은 하상(河床)에 물이 있는 한 계속 흐른다. 만약 당신이 물이 흐르는 길에 탄막들, 댐들, 수문들을 짓는다 하더라도 그것은 여전히 강일 것이다. 만약 당신이 그것의 자유를 훔친다 하더라도 물은 여전히 흐를 것이며 앞으로 흘러 갈 것이다. 그러나 전처럼 풍경과 강이 그들의 대화 속에서 서로를 조형하는 자유롭게 물결치는 하나의 과정은 아닐 것이다.
[39] 구상과 실행의 파열에 관해서는 Sohn-Rethel (1978)을 보라.

의 '우리'는 '나'로서 혹은 '그'로서 ('그녀'보다는 '그'로서 더 자주) 나타난다. 카이사르는 이것을 했다, 카이사르는 저것을 했다는 식으로 그 '우리'는 이제, 지배자들(가시적 주체들)과 피지배자들(비가시적이고 탈주체화된 주체들)로 분할된, 적대적 '우리'이다. 지향력은 이제 지배력으로, 즉 타자들 위에 군림하는 권력의 관계로 된다. 이 타자들인 우리가 지배력을 행사하는 사람들의 기획을 실현하느라고 우리의 나날들을 낭비하고 있는 한에서, 우리는 우리 자신의 기획들을 실현할 역량을 빼앗긴 채, 무기력하다(혹은 외관상으로 무기력하다).

그러므로 우리들 대부분에게서 힘은 그것의 대립물로 전화한다. 힘은 우리의 할수있는-역량이 아니라 할수없는-무역량을 의미한다. 그것은 우리의 주체성의 단언이 아니라 우리의 주체성의 파괴를 의미한다. 권력 관계의 실존은 어떤 미래의 선(善)을 획득할 역량이 아니라[40] 그와 정반대의 것을, 즉 미래의 선(善)을 획득할 수 없는 무역량을, 우리 자신의 기획, 우리 자신의 꿈을 실현할 수 없는 무역량을 의미한다. 그것은 우리가 기획하기를 중지해서가 아니며 우리가 꿈꾸기를 중지해서도 아니다. 그 기획들과 꿈들은 권력 관계의 '현실성'에 상응하도록 절단되지 않으면 (그리고 이 절단은 일반적으로 쓰라린 경험을 통해 이루어진다) 좌절을 맞게 된다. 타자들을 명령할 수단들을 갖지 못한 사람들에게 권력은 좌절을 의미한다. 지향력의 지배력으로서의 실존은, 행위자의 거대 다수가 '무엇을 행하기로 된 자(done-to)'로 바뀌었음을 의미하며 그들의 활동성이 수동성으로, 그들의 주

---

40) Hobbes가 『리바이어던』에서 내린 힘에 대한 정의를 참조하라. '인간의 힘은 (일반적으로 볼 때) 미래의 어떤 분명한 선(善)을 획득하려는 그의 현재의 수단들을 의미한다.' (1991, p. 62). 주류 사회 이론에서 힘에 대한 현대적 토론들에 대한 유익한 논의로는, MacKenzie (1999)를 참조하라.

체성이 객관성으로 변형되었음을 의미한다.41)

지향력이 나의 행위를 타인들의 행위와 통합하고 결합함에 반해 지배력의 행사는 일종의 분리이다. 지배력의 행사는 구상을 실현으로부터 분리시키고 행위결과를 행위로부터 분리시키며 한 사람의 행위를 다른 사람의 행위로부터 분리시키고 주체를 객체로부터 분리시킨다. 지배력을 행사하는 사람은 행위결과를 행위로부터, 행위자들을 행위의 수단들로부터 분리시키는 분리자들(Separators)42)이다.

지배력은 행위의 사회적 흐름에 대한 파괴이다. 타인들의 행위에 대해 힘을 행사하는 사람들은 그 타인들의 주체성을 부정하며 행위의 흐름 속에서 그들의 역할을 부정하며 그들을 역사로부터 배제한다. 지배력은 상호 인정을 파괴한다. 권력이 행사되는 사람들은 인정되지 않으며 (권력을 행사하는 사람들은, 그들이 인정을 줄 가치가 있다고 인정하는 사람들에 의해 인정되지 않는다43)). 행위자들의 행위는 사회적 타당성을 박탈당한다. 우리와 우리의 행위는 비가시적으로 된다. 역사는 힘센 자의, 즉 타인들에게 무엇을 하라고 말하는 사람들의 역사가 된다. 행위의 흐름은, 대부분의 사람들의 행위가 부정되는 적대적 과정으로 된다. 대부분의 사람들의 행위는 소수에 의해 전유된다. 행위의 흐름은 파괴된 과정이 된다.

행위의 파괴는 언제나 물리적 힘을, 혹은 물리적 힘의 위협을 포함한다.

---

41) 맑스는 자본주의에서 노동자의 소외된 활동성에 대해 말한다: '그것은 고통으로서의 활동성이며 연약함으로서의 강함이고 거세로서의 출산이고 그 자신에 대항하는 것으로 돌려진, 그로부터 독립적이며 그에게 속하지 않는 활동성으로서의 노동자 **자신의** 물리적·정신적 에너지, 그의 인격적 삶[삶이 활동성이 아니라면 또 무엇이란 말인가?)이다.
42) 자본주의를 '스펙터클의 사회'로 성격 규정하는 Debord (1995, p. 20)는 이렇게 말한다. '분리는 스텍터클의 알파요 오메가다.'
43) 헤겔이 『정신현상학』(1977, p. 111ff)에서 지적하듯이 말이다.

언제나, '우리를 위해 노동하라, 그렇지 않으면 당신은 죽거나 물리적 처벌을 겪을 것이다'라는 위협이 존재한다. 만약 지배가 행위자로부터 행위결과를 도둑질하는 것이라면, 저 도둑질은 필연적으로 무장한 도둑질이다. 그러나 물리적 힘의 사용이나 위협을 가능하게 만드는 것은 다양한 방식으로 이루어지는 그것의 안정화나 제도화인데, 그것에 대한 이해가 지배력의 역동성과 취약성을 이해하는 데 결정적이다.

전(前)자본주의 사회들에서, 지배력은 지배자와 피지배자 사이의 인격적 관계의 기초 위에 안정화되어 있다. 노예 사회에서 지배력의 행사는, (인격으로서의 그들의 질이 부정되는) 어떤 사람들이 다른 사람들의 소유물이라는 관념을 중심으로 제도화된다. 봉건 사회들에서, 어떤 사람들에 의한 다른 사람들에 대한 명령 행위에 형태를 부여하는 것은 인격성의 신성하게 정해진 위계들이라는 관념이다. 지배력의 관계의 인격적 성격은 힘의 사용과 위협이 지배 관계 자체 속에 언제나 직접적으로 현존함을 의미한다. 노동 거부는 언제나 어떤 사람의 소유주나 영주에 대항하는 인격적 반란 행위이며 저 소유주나 영주에 의해 처벌 가능한 것이다.

자본주의 사회(이 사회가 우리의 관심을 가장 크게 끄는 이유는 그 사회야말로 우리가 그 안에 살고 있고 또 우리가 그에 맞서 절규하는 사회이기 때문이다) 속에서, 어떤 사람들에 의한 다른 사람들의 지배가 '권리'로 안정화되는 것은 지배자와 행위자의 직접적 관계에 기초하고 있는 것이 아니라 지배자와 행위결과의 관계에 기초한다. 행위자들은 지금 지배자들에 대한 인격적 의존으로부터 자유를 얻었다. 하지만 그들은 여전히 행위의 집단적 흐름의 파열에 의해 종속된 입장에 붙들려 있다. 자본은 대중의 과거 행위를 소유물로 동결시키는 것에 기초한다. 과거 행위는 현재 행위의 전제조건이기 때문에, 과거 행위의 동결과 전유는 현재 행위의 전제조건을 그 행위로부터 분리시키며, 그것을 확인 가능한 '행위의 수단들'(더욱 익숙한 말로는 '생산의 수단들')로 구성한다. 그래서, 풀려난 농노와 노예들은, 행위의 수단들(따라서 삶의 수단들)에 접근할 수 있는 유일한 길이 그들의 행위할-역량(지금은 노동할-힘 혹은 노동-력으로 변형된, 그들의 행위할-힘)을 행위의 수단들을 '소유한' 사람들에게 파는 것뿐인 세계로 들어간다. 그들은 자유롭게 되지만 그 자유가, 그들의 행위의 종속으로부터 타자들에 대한 명령으로 그들을 자유롭게 하지는 않는다.

자본은 행위결과를 '소유'하는 것에 기초하여, 다시 말해 행위 수단들 즉 명령을 받는 그 타인들의 행위를 위한 전제조건들을 '소유'하는 것에 기초하여 타인들에 대한 명령을 주장한다. 모든 계급 사회는, 행위와 행위자들로부터 행위결과(혹은 행위결과의 일부)의 분리를 포함한다. 이 분리는 자본주의에서 지배의 유일한 축으로 된다. 자본주의에는 행위결과의 특수한 경직화, 행위결과의 행위로부터의 특별히 발본적인 분리가 있다. 만약 행위의 사회적 흐름이라는 관점에서 볼 때 행위결과의 객관화가 행위결과의 행위 흐름 속으로의 병합을 통해 직접적으로 극복되는 과도적 객관화라면, 자본주의는 저 객관화를 영속성 있는 객관화로 만드는 것에, 행위결과를 객체, 분리된 사물, 소유물로 정의될 수 있는 어떤 것으로 전환시키는 것에 의존한다. 그러므로 자본주의는 '주체'와 '객체'에 대한 새로운 정의를 의미하는데, 그 속에서 '객체'는 주체의 행위로부터 영속적으로 그리고 경직되게 분리된다.[44]

이것은, 주체와 객체가 자본주의에 의해 구성된다는 것을 의미하지 않는

---

44) 그러므로 소외와 대상화 사이에는 어떤 명확한 구별도 없다. 아도르노와 후기 루카치는 모두 양자의 구별을 주장했는데, 그것이 그들 자신을 (루카치의 경우에 매우 명시적으로 그러한데) 그들 고유의 이론의 함축들로부터 보호하는 방식으로 보일 수 있다. 『역사와 계급의식』의 1967년 판에 부친 루카치의 서론을 참조하라(Lukács, (1971), pp. xviii∼xxv ; Adorno (1990) pp. 189ff.)

다. 주체성은 부정성(절규) 속에 내재적이며 부정성은 어떤 사회(분명히 행위가 타인들에게 종속되는 어떤 사회)에나 내재적이다. 그렇지만 자본주의 하에서 주체와 객체의 분리, 행위자와 행위결과 혹은 행위됨(done-to)의 분리는, 주체성과 객체성에 대한 새로운 정의(定義)와 새로운 의식에 이르면서, 그리고 주체와 객체 사이의 새로운 거리와 적대에 이르면서 새로운 의미를 획득한다. 따라서 주체가 근대성의 생산물이기보다 오히려, 근대성이 주체와 객체의 새로운 분리 ― 그것은 사회적 지배가 행위결과에 집중되는 것에 내재적이다 ― 에 대한 의식을 표현한다.[45]

이와 동일한 것을 정식화하는 다른 방식은, 객체의 구성이 그것의 실존으로부터 분리되는 과정이 존재한다고 말하는 것이다. 행위결과는 이제 그것을 구성한 행위로부터의 영속적인 자율성 속에 존재한다. 행위의 사회적 흐름의 관점에서 보면, 객체의 실존이 주체적 구성(혹은 행위)의 흐름 속에서 하나의 과도적 계기임에 반해, 자본주의는 저 과도적 계기의 영속적 객체화로의 역전에 의존한다. 그러나 물론 영속적 자율성이란 하나의 환상, 매우 실재적인 환상일 뿐이다. 행위결과의 행위로부터의 분리는, 행위결과가 여전히 행위에 의존하기를 결코 멈추지 않는 하나의 실재적 환상, 하나의 실재적 과정이다. 이처럼, 구성으로부터 실존의 분리는, 실존이 구성에 의존하기를 결코 멈추지 않는, 하나의 실재적 환상, 하나의 실재적 과정이다. 행위결과를 사적 소유로 정의하는 것은 행위의 사회성의 부정이다. 하지만 이것은 또한, 사적 소유가 행위의 사회성에 의존하기를 결코 멈추지

---

[45] Adorno(1978, p. 498)가 표현했듯이, 주체와 객체의 분리는 '실재적이자 동시에 환상적이다. 인식 영역에서 그것은 실재적 분리, 인간 조건의 양분, 강제적 발전 등을 표현하는 데 도움을 주기 때문에 참되다. 동시에 그것은, 그에 따른 분리가 실체화되지 않고 불변적인 것으로 마술적으로 변형되지도 않기 때문에 허위다.

않는, 하나의 실재적 환상, 하나의 실재적 과정이다. 행위의 파열은, 행위가 사회적이기를 멈춤을 의미하지 않으며, 행위가 **간접적으로** 사회적임을 의미하지도 않는다.

자본은 사람들에 대한 소유권이 아니라 행위결과에 대한 소유권에 기초하고 있다. 그리고 자본은 그것을 기초로 하여 사람들의 행위할-힘을 반복적으로 구입하는 소유권에 기초하고 있다. 사람들이 소유되지 않는 이상, 그들은 어떤 직접적인 처벌을 겪음이 없이도 타인들을 위해 일하기를 아주 쉽게 거부할 수 있다. 처벌은 오히려 행위의 수단들로부터 (그리고 생존의 수단들로부터) 단절되어 있음에서 온다. 그러므로 물리적 힘의 행사는 자본가와 노동자 사이의 직접적 관계의 일부로서 나오는 것이 아니다. 물리적 힘은 행위자에게 집중되지 않으며 무엇보다도 행위결과에 집중된다. 그것의 초점은 소유물의 보호, 즉 행위결과에 대한 소유권의 보호이다. 그것은 행위결과의 개별적 소유자에 의해 행사되지 않는다. 왜냐하면 그것은 자본가와 노동자 사이의 관계의 자유로운 성격과 양립할 수 없을 것이기 때문이다. 그것은 오히려 행위결과의 소유물을 보호하는 데 책임이 있는 어떤 분리된 심급, 즉 국가에 의해 행사된다. 경제적인 것과 정치적인 것의 분리 (그리고 이 분리에 의한 '경제적인 것'과 '정치적인 것'의 구성)는 그러므로 자본주의하에서 지배의 행사에 중심적이다. 지배가 언제나 무장한 도둑질의 과정이라면, 자본주의의 특유성은, 무장을 하고 있는 사람이 도둑질을 행하는 사람으로부터 떨어진 곳에 서서, 그 도둑질이 법과 일치하도록 감독하기만 할뿐이라는 것이다. 이러한 분리가 없다면, 행위결과에 대한 (단지 임시적인 소지와는 대립되는) 소유는, 따라서 자본주의 자체는 불가능하게 될 것이다. 이것은 힘에 대한 토론에서 중요하다. 왜냐하면 경제적인 것과 정치적인 것의 분리는, 힘의 행사의 영역이 (경제적인 것을 질문 너머의 '자연적' 영역인 것처럼 남겨 둔 채) 정치적인 것의 영역인 것처럼 보이게 만들기 때문이다. 그런데 실은 힘의 행사(즉 지향력의 지배력으로의 역전)는 행위결과의 행위로부터의 분리 속에, 따라서 사회 관계의 변별적 형태들인 정치적인 것과 경제적인 것의 바로 그 구성 속에 내재한다.46)

지향력의 지배력으로의 역전은 언제나 행위의 사회적 흐름의 파열을 포함한다. 그러나 자본주의에서는 행위의 사회적 흐름의 파열이, 이전의 그 어떤 사회에서보다도 훨씬 더 큰 정도로, 사회가 구축되는 원리로 된다. 행위결과에 대한 소유가, 타인들의 행위를 명령할 권리가 근거하는 축이라는 사실은, 사회적 관계의 모든 측면들의 중심에 행위의 사회적 흐름의 파괴를 갖다 놓는다.

행위의 사회적 흐름의 파괴는 모든 것의 파괴이다.47) 아주 분명하게도, 행위의 파열은 집단적 '우리'를 파괴한다. 그 집단성은 두 계급의 인간들로 나누어진다. 행위의 수단들에 대한 소유에 기초해서 타인들에게 행위하도록 명령을 내리는 사람들과, 행위의 수단들에 대한 접근권을 박탈당했다는 사실 때문에 다른 사람들이 그들에게 행하라고 말하는 것을 행하는 사람들. 사람들을 꿀벌들로부터 구별짓는 저 기획은 지금 전자의 계급, 즉 행위의 수단들의 소유자들에 의해 독점된다. 무엇을 해야 할지를 명령받는 사람들에게서, 최상의 꿀벌로부터 최악의 건축가를 구별짓는 기획-과-행위의 통일성은 파괴된다. 달리 말해, 그들의 인간성은 파괴되고 부정된다. 주체성(기획-과-행위)은 자본가들에 의해 (아니 자본가들에 의해서라기보다는 오히려 전도된 자본 관계에 의해) 전유된다. 기획-과-행위의 통일성을 박탈당한 행

---

46) Pashukanis (1978), Holloway and Picciotto (1977), (1978b)를 보라.
47) 맑스에게서, 행위의 흐름의 파편화는 두 가지 방식으로 접근된다. 『1844년 수고』에서, 그것은 자본(명령의 적대적 관계)에 대한 논의를 통해 접근된다. 『자본론』에서 그것은 상품에 대한 논의를 통해 접근된다. 그렇지만, 그 두 접근들은 양립 불가능하지 않다. 왜냐하면 맑스는, 상품 생산의 충분한 발전이 생산의 자본주의적 관계를 전제한다는 것을 분명히 밝히기 때문이다.

위자들은 그들의 주체성을 잃고 꿀벌의 수준으로 내려간다. 그들은 객관화된 주체들이 된다. 그들은 자신들의 집단성을, '우리임'을 상실한다. 우리는 많은 나(I)들로, 더 나쁘게는, 많은 나의 것, 너의 것, 그의 것, 그녀의 것, 그리고 그들의 것으로 파편화된다. 일단 행위의 사회적 흐름이 파괴되면, 그것이 연결하여 만드는 '우리임'도 파괴된다.

 기획과 행위 사이의 단절은 행위자와 행위 사이의 단절이기도 하다. 행위는 비행위자들(행위의 명령자들)에 의해 규정된다. 그리하여 행위는, 행위를 하는 사람들에게는 소외된 활동(외적으로 강제된 활동)으로 된다. 그들의 행위는 능동적 행위에서 수동적이고 고통스럽고 낯선 행위로 변형된다. 행위는 노동으로 된다.[48] 다른 사람들에 의해 직접적으로 명령받지 않은 행위는 노동으로부터 분리되며 덜 중요한 것으로 간주된다. '당신은 무엇을 합니까?' '아, 저는 아무 것도 하지 않습니다. 저는 단지 주부일 뿐입니다.'

 행위자와 행위, 행위와 행위결과의 분리는 점증하고 있는 분리이다. 행위결과에 대한 (따라서 행위 수단에 대한) 자본주의적 통제는 증가하고 또 증가하며 쌓이고 또 쌓인다. 자본주의적 지배가 행위자들보다는 행위결과에 집중된다는 사실은, 그것이 행위자에 집중된 지배(노예제, 봉건제)와는 달리 무한히 탐욕적임을 의미한다. '축적하라! 축적하라! 저것이 모세요 예언자다!' (Marx 1965, p. 595) 행위결과(죽은 노동, 자본)에 대한 양적 축적을 증대시키려는 무한한 충동은 행위에 더욱더 빠른 리듬을 부과하며 행위결과의 소유자에 의한 행위 생산물의 더욱더 필사적인 전유를 부과한다. 행위결과는 행위와 행위자를 더욱더 많이 지배하게 된다.

---

48) 나는 '노동'(labour)라는 용어를 소외된 행위를 지칭하는 말로 사용한다.

행위되어-온-것의 '사물'로의 결정화(結晶化)는 행위의 흐름을 수많은 파편들로 조각낸다. 사물-됨(Thing-ness)은 행위의 (따라서 인간성의) 우선성을 부정한다. 컴퓨터를 사용할 때 우리는 이것을 컴퓨터를 창출한 행위의 흐름과 우리의 글쓰기의 결합으로 생각하지 않고 하나의 사물로 생각한다. 사물-됨은 결정화된 기억상실증이다.[49] 사물을 창출한 행위는 (저 특유한 행위뿐만 아니라 그것을 포함하는 행위의 전체적 흐름까지) 망각된다. 이제 사물은 그 나름의 가치를 가지고서 팔리기 위한 하나의 상품으로서 그 스스로 거기에 서 있다. 상품의 가치는, 행위로부터 상품의 자율성의 선언이다. 상품을 창출한 행위는 망각된다. 상품을 구성하는 행위의 집단적 흐름은 지하로 내몰려 지하적 흐름으로 전환된다. 가치는 그 나름의 삶을 획득한다. 행위의 흐름의 파괴는 그것의 궁극적 귀결에 이른다. 행위는 지하로 떠밀리며 행위자도 이와 더불어 지하로 떠밀린다. 그러나 그것은 그 이상이다. 지배력을 행사하는 사람들 역시, 자신들의 지배력이 기초하고 있는 파편화에 의해 옆으로 밀쳐진다. 자본주의 사회에서 주체는 자본주의적이지 않다. 결정을 내리는 것은, 행위결과를 조형하는 사람은 자본가들이 아니다. 그것은 가치이다. 그것은 자본, 즉 축적된 가치이다. 자본가들이 '소유한' 것 즉 자본은 자본가들을 옆으로 밀친다. 자본가들은 자본의 충직한 하인인 한에서만 자본가들이다. 소유권의 의미 자체는 배경으로 밀려난다. 자본은 그 자신의 동력학을 획득하며 사회의 지도적 구성원들은 아주 단순히 그것의 가장 충직한 하인, 그것의 가장 비굴한 아첨꾼이 된다.[50] 행위의 흐름의 파열은 그것의 가장 부조리한 귀결에 이른다. 지배력은 힘센 자들(powerful)로부

---

49) Horkheimer and Adorno (1972) p. 230을 보라. '모든 물화는 망각이다'.
50) 이것은 자본가들에게만 해당되는 것이 아니라 정치가들, 공무원들, 교수들 등등에게도 해당된다.

터 분리된다. 행위는 부정되며 행위의 결정화(結晶化)된 부정, 즉 가치가 세계를 지배한다.

행위가 우리의 삶을 엮어짜는 것이 아니라 행위의 부정이, 가시적이고 보편적인 등가물인 화폐 형태 속의 가치가 그렇게 한다. 화폐가 우리의 삶을 엮어짠다. 아니 오히려, 그것이 우리의 삶을 해체시키며 그런 후에 그 파편들을 금이 간 하나의 전체로 다시 이어 붙인다.

4

지향력은 본래 사회적이다. 하지만 그것은 이제 사회성의 이 형태에 의해 그것의 대립물, 즉 지배력으로 변형된다. 우리의 행위할 역량은 불가피하게 행위의 사회적 흐름의 일부이다. 그러나 이 흐름의 파열은 이 역량을 우리가 통제하지 못하는 힘들에 종속시킨다.

그러므로 행위가 그 자신에 대립함에 따라, 행위가 행위결과에 의해 지배됨에 따라, 행위가 행위자들로부터 소외됨에 따라 행위는 적대적으로 존재한다. 행위의 적대적 현존은 상이한 방식으로 정식화될 수 있다. 지향력과 지배력의 적대, 행위와 노동의 적대, 행위결과와 자본의 적대, 유용성(사용-가치)과 가치의 적대, 행위의 사회적 흐름과 파편화의 적대 등과 동일한 방식으로. 각각의 경우에 전자와 후자 사이에는 이항적 적대가 존재한다. 그러나 그것은 외면적인 적대가 아니다. 각각의 경우에, 전자는 후자로서 존재한다. 후자는 존재 양식 혹은 전자의 **형식**이다. 각각의 경우에 후자는 전자를 부정한다. 그리하여 전자는 부정된 존재 양식 속에 존재한다.[51] 각

---

51) 이에 관해서는 Gunn (1992) p. 14를 보라: '맑스주의적 생각 속에는 정지 상태가 **존재한다**.

각의 경우에 내용(전자)은 그것의 형식에 의해 지배된다. 하지만, 내용은 이 형식과의 적대적 긴장 속에 존재한다. 내용에 대한 형식의 (행위에 대한 노동의, 행위결과에 대한 자본의) 이 지배는 우리를 절규하게 하는 저 공포들의 원천이다.

그러나 부정되는 존재 형식 속에 존재하는 저것의 상태는 무엇인가? 그것은 존재하기라도 하는 것인가? 지향력은 어디에 있는가, 소외되지 않은 행위는 어디에 있는가, 행위의 집단적 흐름은 어디에 있는가? 그것들은 현재 존재하는 형식들로부터 분리된 어떤 종류의 실존을 갖는가? 그것들은 상상된 황금 시대의 단순한 이념들, 낭만적 반향들이 아닌가? 자유로운 행위의 황금시대(원시적 코뮨주의)가 지금까지 있었는가 없었는가는 지금 우리에게 실제로 중요하지 않다. 그것들은 과거를 가리키는 것이 아니라 가능한 미래를 가리키는데, 이 미래의 가능성은 현재 속의 그것의 실제적 현존에 의존한다. 부정되는 존재 형식 속에 존재하는 것은, 따라서 또 필연적으로, 이 부정에 대항하는 반란 속에 존재한다. 과거 속에 소외되지 않은 행위가 존재하지도 않고, 현재의 목가 속에 그것이 히피적으로 존재하는 것도 아니다. 그럼에도 불구하고 그것은, 결정적으로는, 그것의 부정에 대한 현재적 적대로, 지금여기에서 다른-세계를-위하여-그것의-부정을-넘어서는-기획으로, 지금은 아직-아님(not-yet)의 존재로 존재한다.[52] 부정된 존재 형식 속에 존재하는 것은 현존하는 나를 넘어서는 무아의 경지의 실체이며 절규의 물질성이고 우리로 하여금 현존하는 세계가 참되지 못하다고 말하게끔 하는 진리이다.

그러나 그것은 소외되는 방식으로 존재하는 투쟁으로, 즉 **부정되는 존재 양식 속에** 실존한다.' (강조는 원문의 것.)
[52] 아직-아님의 현재적 실존에 관해서는 Bloch (1993)을 보라.

그러나 그것은 그 이상이다. 지배력의 형태로 존재하는, 따라서 부정된 존재 형식 속에 존재하는 지향력은 그것의 부정에 대한 반란으로 존재할 뿐만 아니라 부정의 물질적 기층으로 존재한다. 그 부정은 부정되는 것 없이 존재할 수 없다. 행위결과는 행위에 의존한다.53) 행위결과의 소유자는 행위자에 의존한다. 행위결과가, 가치의 경우에서처럼, 아무리 행위의 실존을 부정한다고 할지라도 행위결과가 행위 없이 존재할 수 있는 방법은 전혀 없다. 행위결과가 아무리 행위를 지배한다 할지라도 그것은 자신의 실존을 위해서는 행위에 절대적으로 의존한다. 달리 말해 지배자들은 언제나 자신들이 지배하는 사람들에게 의존한다. 자본은 그것이 창출하는 노동에 (따라서 행위의 노동으로의 선행적 변형에) 절대적으로 의존한다. 존재하는 것은, 자신의 실존을 위해 자신의 부인(否認)의 형식 속에만 존재하는 것에 의존한다. 저것이 모든 지배 체제의 취약함이며 그것의 동력학을 이해할 수 있는 열쇠이다. 저것이 희망의 기초이다.

그러므로 '권력'이란 적대를 감추는 혼란스런 용어이다. 그것은 권력자의 권력을 반영하는 방식 속에서 적대를 감춘다. '권력'은, 지향력과 지배력이라는 두 가지 아주 다른 의미로 사용된다. 이 문제는 영어에서는, 다른 언어로부터 용어를 빌려와 **potentia**(지향력)와 **potestas**(지배력) 사이에 구별을 짓는 방식으로 설명된다.54) 그렇지만 이 용어들로 구별을 제기하는 것은 단지 차이를 지적하는 것으로 이해될 수 있을 뿐이다. 그런데 문제가 되고 있는 것은 적대, 아니 오히려 적대적 변형이다. 지향력은 지배력으로 존재한다. 그러나 지향력은 지배력에 대항하는 반란에 맡겨져 있고 지배력은 지향력의 변형에 다름 아니며 따라서 그것에 절대적으로 의존한다.

---

53) 이것이 맑스의 노동가치론의 핵심이다.
54) puissance와 pouvoir 사이에 혹은 Vermögen과 Macht 사이에도 똑같은 구별이 지어질 수 있다.

절규의 투쟁은 지배력으로부터 지향력을 해방시키는, 노동으로부터 행위를 해방시키는, 주체성을 객체화로부터 해방시키는 투쟁이다. 이 투쟁 속에서 그것이 권력에 대항하는 권력의 문제, 혹은 동종의 것에 대항하는 동종의 것의 문제가 아님을 아는 것은 결정적이다. 지향력을 지배력으로부터 해방시키는 투쟁은 행위의 사회적 흐름의 재주장을 위한 투쟁, 그것의 파편화와 부인(否認)에 대항하는 투쟁이다. 한편에서 그 투쟁은 우리의 삶을 행위의 집단적 흐름에의 참여에 대한 상호 인정의 기초 위에서 다시 엮어짜기 위한 것이다. 그리고 다른 한편에서 그 시도는 그 흐름의 파편화를, 즉 우리 행위의 부인에 압력을 가하고 또 다시 압력을 가하기 위한 것이다. 절규의 관점에서 볼 때 권력이란 '누가-누구를'(who-whom)의 문제라는 레닌주의적 아포리즘은, 권력이 총구로부터 나온다는 마오주의적 주장과 마찬가지로, 완전히 잘못된 것이다. 지배력은 총구로부터 나온다. 그러나 지향력은 그렇지 않다. 지향력을 해방시키기 위한 투쟁은 대항권력(counter-power)을 구축하기 위한 투쟁이 아니라 오히려 반권력(anti-power)을, 즉 지배력과는 완전히 다른 무엇을 구축하기 위한 투쟁이다. 권력 장악에 초점을 맞추는 혁명의 개념은 일반적으로 대항권력의 개념에 초점을 맞춘다. 그 전략은 대항권력, 즉 지배하는 권력에 대립할 수 있는 권력을 구축하기 위한 것이다. 혁명 운동은 종종 권력의 거울 이미지로, 즉 군대에 대항하는 군대, 정당에 대항하는 정당으로 구축되어 왔다. 이것은, 권력이 혁명 내부에서 그 자신을 재생산하는 결과를 가져왔다. 그러므로 반권력은 대항권력이 아니라 훨씬 더 근본적인 그 무엇이다. 그것은 지배력의 해체이며 지향력의 해방이다. 이것은 코뮨주의적 꿈의 거대하고 부조리하며 불가피한 도전이다. 지배력의 해체를 통해 권력 관계로부터 자유로운 사회를 창출하려는 것이다. 이 프로젝트는 권력의 정복에 기초한 어떤 혁명 개념보다 더욱 근본적이며 동시에 훨씬 더 현실적이다.

반권력은 근본적으로 상이한 프로젝트라는 의미에서 뿐만 아니라 그것이 지배력과 끊임없는 갈등 속에 존재한다는 사실 속에서도 지배력에 근본적으로 대립된다. 다른 사람들에 대한 권력 행사를 포함하지 않는 방식으로 지향력을 행사하려는 시도는 필연적으로 지배력과 갈등하게 된다. **지향력(potentia)**은, 그것과 단순히 평화적으로 공존할 수 있는 **지배력(potestas)**의 대안이 아니다. 우리가 단순히 우리 자신의 정원을 가꿀 수 있는 것처럼, 애정 있는 관계를 가진 우리 자신의 세계를 창출할 수 있는 것처럼, 우리의 손을 추잡한 권력 속에 담그기를 거부할 수 있는 것처럼 보일지 모른다. 그러나 이것은 환상이다. 거기에 순진함의 자리는 없다. 그리고 이것은 더욱 강도 높게 진실이다. 가치 창조에 초점을 두지 않는 방식으로 지향력을 행사하는 것은 지배력과 적대할 수 있을 뿐이다. 이것은, 지향력의 성격에 기인하는 것이 아니라 — 지향력이 본래 적대적이지는 않다 — 지배력의 '늑대인간 같은 굶주림'(Marx 1965, p. 243), 그것의 탐욕스런 성격에 기인하는 것이다. 지향력은, 만약 그것이 지배력 속으로 가라앉지 않는다면, 공개적으로 혹은 잠재적으로, 오직 반대권력으로서만, 반권력으로서만 존재할 수 있을 뿐이다.

자본주의하에서 지향력의 반대성(anti-ness)을 강조하는 것은 중요하다. 왜냐하면 사회 이론의 가장 주류적인 논의들은 사람들의 잠재력을 개발하는 것의 적대적 성격을 간과하기 때문이다. 힘의 적대적 성격은 간과된다. 그리고 자본주의 사회는 인간의 잠재력(지향력)을 최대한도로 개발할 필요를 제공한다. 화폐는, 그것이 조금이라도 의미 있는 것으로 이해되는 경우에도, (그리고 놀랍게도 그것은 일반적으로 권력에 대한 논의에서 언급되지 않는데 아마도 그 이유는 화폐는 경제학의 대상이고 권력은 사회학의 대상이라는 이유에서인 것 같다) 일반적으로 명령이라는 맥락에서보다는 불평등(예컨대 자원에 대한 불평등한 접근)이라는 맥락 속에서 이해된다. 지향력은 이미 해방된 것으로 가정된다.

주체성에 관해서도 동일한 점이 지적될 수 있다. 지향력이 지배력에 대한 적대로서만 (즉 반권력으로서만) 존재할 수 있다는 사실은, 물론 자본주의하에서 주체성은 오직 적대적으로만, 그 자신의 객체화에 대한 대립 속에서만 존재할 수 있다는 것을 의미한다. 대부분의 주류 이론 속에서 그렇듯이, 주체를 이미 해방된 것으로 취급하는 것은 주체의 현재적 객체화를 주체성으로, 자유로 칭송하는 것이다. 이런 의미에서 구조주의자들 혹은 포스트모더니스트들에 의한 주체성에 대한 많은 공격은 해방된 (따라서 자율적이고 정합적인) 주체성이라는 허구적 관념에 대한 공격으로서 이해될 수 있다.[55] 여기에서 주체성을 우리의 출발점으로 취할 필연성을 주장하는 것은 일관되고 자율적인 주체성을 주장하는 것은 아니다. 오히려 정반대로, 주체성이 오직 그 자신의 객체화와의 적대 속에서만 존재할 수 있다는 사실은, 그것이 저 객체화에 의해, 그리고 그 객체화에 대항하는 그것의 투쟁에 의해 분열되어 있음을 의미한다.

이 책은 반권력의 부조리하고 그늘진 세계에 대한 설명이다. 그것은 그늘지고 부조리한데 그 이유는 정통 사회과학의 세계(사회학, 정치학, 경제학 등등)가 권력을 너무 완벽하게 당연한 것으로 받아들여서 그 밖의 다른

---

55) Ashe (1999), pp. 92~3을 보라. '칸트의 기여 이래로, 주체성의 특정한 초월적 특징들이 존재한다는 관념이 서구 철학 전통에서 많은 저작들의 기초가 되어 왔다. … 이 견해의 현대적 적대자들은 주체의 관념을 문화, 이데올로기, 힘의 산물로 재정식화한다. 그들은 주체성을 자율적이고 고정된 것으로서의 주체성으로 보기보다 주체를 열려 있고 불안정하며 느슨하게 결합된 것으로 본다.' 그렇지만 문제는 주체성의 중요성을 부정하는 것이 아니라 주체성을 관념화된 대주체(Subject)로부터 구출하는 것이다. 아니, 아도르노가 (주체와 주체성이라는 용어들을 반대되는 것으로 사용하면서) 표현했듯이 ; ' 구성적 주체성의 오류를 깨뜨리기 위하여 주체의 힘을 사용하는 것 — 이것이 저자가 자신의 정신적 충동들을 믿게 된 이후로 자신의 과제로 느끼고 있는 바의 것이다.' (1990, p. xx)

어떤 것도 보이지 않는 세계이기 때문이다. 있는 그대로의 세계를 설명하려는, 세계가 어떻게 작동하는지를 보여주려는 사회과학에서 권력은 모든 범주들의 중추가 되어 있다. 그리하여 그러한 사회과학이 중립성을 선언하고 있음에도 불구하고(아니 바로 이 때문에), 그것은 권력의 실체인 '주체와 객체의 분리'에 능동적으로 참여한다. 우리에게 권력은, 그것이 우리로 하여금 반권력의 도전을 이해할 수 있도록 돕는 한에서만 흥미를 끈다. 권력 그 자체에 대한 연구는, 반권력의 도전과 기획으로부터 추상되는 한에서는, 오직 권력을 능동적으로 재생산할 수 있을 뿐이다.

5

우리는 지금까지 권력의 문제를 행위와 행위결과의 이항적 적대 속에서 제시했다. 그 속에서 행위결과는, 자본의 형태(외관상으로는 자본가들에 의해 통제되면서 실제로는 자본가들을 통제하는)로 존재하면서, 더욱더 탐욕스럽게 그것의 자기확장이라는 유일한 목적에 모든 행위를 종속시킨다.

그러나 이것은 너무 단순하지 않은가? 분명히 우리가 맞서 절규하는 것은 이것보다 훨씬 더 복잡하다. 의사들이 그들의 환자를 취급하는 방식은 어떤가? 교사들이 그들의 학생들을 취급하는 방식은 어떤가? 부모들이 그들의 아이들을 취급하는 방식은 어떤가? 백인들에 의해 흑인들이 취급되는 방식은 어떤가? 여성의 남성에의 종속은 어떤가? 권력이 자본이고 자본이 권력이라고 말하는 것은 너무 단순하고 또 너무 환원주의적인 것이 아닌가? 권력의 다른 많은 유형들이 있는 것은 아닌가?

특히 푸코는, 권력을 이항적 적대에 의해 생각하는 것은 잘못이며 우리는 오히려 그것을 '권력 관계의 다양성'(1976, p. 121)에 따라 사고해야 한다는 주장을 제기했다. 권력 관계의 다양성에 상응하여 '권력의 네트워크 속 어디에나 현존하는' 저항의 다양성이 존재한다. 권력과 관련하여 위대한 거부(반역의 영혼, 반란의 심장, 순수한 혁명적 법칙)의 하나의 장소만이 있는 것이 아니라 특별한 경우들인 (가능한, 필연적인, 일어날 성싶지 않은, 자발적인, 거친, 외로운, 협력적인, 사나운, 폭력적인, 비타협적인, 협상할 준비가 된, 이해관계가 있는, 혹은 희생적인) 저항들이 있다. 정의(定義) 상에서 그것들은 오직 권력 관계의 전략적 장(場) 위에서만 존재한다.(1976, p. 126)

우리가 말하고 있는 절규의 관점에서 보면, 그것은 절규들의 무한한 다양성을 암시한다. 그리고 정말로 그것은 그렇다. 우리는 여러 가지 방식으로 그리고 여러 가지 이유에서 절규한다. 우리 주장의 처음부터 '우리는 절규한다'의 '우리-임'은 동일성의 단순한 주장이 아니라 이 책에서 중심적인 문제임이 강조되었다. 그러면 행위와 행위결과 사이의 압도적 적대의 이항적 성격을 왜 강력히 주장하는가? 그것은 맑스주의적 접근법에 대한 추상적 옹호의 문제일 수 없다. 그것은 전혀 이치에 닿지 않는 일일 것이다. 그것은, 그 어떤 의미에서도, 저항의 명백한 다양성에 단일한 동일성이나 통일성을 부과하려는 의도가 아니며, 저항들의 모든 다양성을 노동계급의 **선험적** 통일성에 종속시키려는 의도도 아니다. 또 그것은 '투쟁의 다른 형식들'과 관련하여 노동계급의 경험적 역할과 그것의 중요성을 강조하는 문제일 수도 없다.

권력의 적대의 이항적 성격에 대한 우리의 주장(혹은 더욱 전통적인 용어로는, 계급 분석에 관한 우리의 주장)을 설명하기 위하여, 우리가 밟아 온 길을 되짚어 보는 것이 필요하다. 여기에서 제시된 주장의 출발점은 사회를 이해하려는 충동, 혹은 그것이 어떻게 작동하는가를 설명하기 위한 충동이 아니다. 우리의 출발점은 훨씬 더 신랄하다. 그것은 절규, 즉 사회를 근본적으로 바꾸려는 충동이다. 우리가, 사회는 어떻게 작동하는가를 묻는 것은 바로 저 입각점에서이다. 저 출발점은 우리로 하여금 우리 논의의 중심에 행위의 문제를 놓도록 이끈다. 그리고 이것이 다시 행위와 행위결과의 적대에로 우리를 이끈다.

분명히 다른 관점들도 가능하다. 사회가 어떻게 작동하는가 하는 문제로부터 실증적 방식으로 시작하는 것이 보다 일반적이다. 그러한 관점은 행위에, 그리고 행위가 조직되는 방식에 초점을 맞추는 것으로 반드시 나아가지는 않는다. 푸코의 경우는 오히려 말하기에, 언어에 초점을 맞추는 것으로 나아간다. 이 관점은 확실히 그로 하여금 현대 사회의 권력 관계의 엄청난 풍부함과 복잡성을, 그리고 우리의 관점에서 더욱 중요한 것인데, 권력에 대한 저항의 풍부함과 복잡성을 명료히 밝히도록 해준다. 그렇지만, 그 풍부함과 복잡성은 정물 사진이나 그림의 풍부함이다.[56] 푸코가 분석하는 사회에는 운동이 없다. 하나의 정물 사진에서 다른 정물 사진으로의 변화는 있지만 운동은 없다. 초점이 행위와 그것의 적대적 실존에 맞추어 있지 않으면 운동은 있을 수 없다. 그러므로 푸코의 분석에는 권력에 불가결한 수많은 저항들이 있지만 해방의 가능성은 존재하지 않는다. 유일한 가능성은 권력-과-저항의 무한히 변화하는 별자리이다.

이 장에서의 논의는 두 가지의 중요한 결론에 도달했는데 그것은 다시 한 번 반복할 가치가 있다. 첫째로 행위에의 초점맞춤은 지배력의 취약성에 대한 암시에 이르렀다. 행위결과는 행위자에 의존하며 자본은 노동에 의존한다. 바로 이것이, 빛이 스며들 결정적 틈이며 희미한 희망이고 논의의 전환점이다. 권력 있는 사람들이 '권력 없는 사람들'에 의존한다는 깨달음[57]

---

56) 우리는 『사물의 질서』 첫 부분에 나오는 벨라스께스의 *Las Meninas*에 대한 그의 매혹적 분석을 상기할 수 있다. 그것은 매혹적이지만 거기에는 운동이 없다.
57) 이것은 확실히 부정적 이론(negative theory)에 미친 맑스주의의 핵심적 기여이다.

은 절규를 분노의 절규에서 희망의 절규로, 반권력의 확신적 절규로 바꾼다.[58] 이 깨달음은 우리를, 권력에 대항하는 끝없는 투쟁이라는 단순한 급진민주주의적 관점을 넘어서, 자본의 취약성과 사회적 변형의 실질적 가능성의 문제를 제기할 수 있는 위치로 인도한다. 그러므로 이 관점에서 우리는 어떤 이론에 대해, 그것이 현재를 얼마나 해명하는가를 묻기보다 그것이 지배의 취약성에 어떤 조명을 가하는가를 물어야 한다. 우리가 원하는 것은 지배의 이론이 아니라 지배의 취약성의 이론, 지배의 위기의 이론이다. 권력을 '권력 관계의 복잡성'이라는 맥락에서 이해할 필요성을 강조하는 것은 우리에게 이 문제를 제기할 어떤 기초도 제공하지 않는다. 오히려 그것은 이 문제를 배제하는 경향이 있다. 왜냐하면 푸코의 접근법에서 (적어도 그의 후기 작품에서) 저항은 중심적이지만 해방의 의향은 불합리한 것으로 배제되기 때문이며, 그것이, 푸코 자신이 올바르게 지적했듯이, 권력 관계 내에서의 통일성이라는 가정을 전제하기 때문이다.

권력의 취약성의 문제를 제기하는 것은 그러므로 두 개의 단계를 필요로 한다. 첫째로 그것의 모순적 성격을 드러내기 위하여 권력의 범주에 구멍을 내는 것. 그것은 여기에서 지향력과 지배력 사이의 적대라는 술어로 서술되어 왔다. 둘째로 이 적대 관계를 내적 관계로 이해하는 것. 지향력은 지배력으로서 존재한다. 지배력은 지향력의 형식, 즉 그것의 실체를 부정하는 형식이다. 지배력은 오직 변형된 지향력으로서만 존재할 수 있다. 자본은 오직 변형된 행위(노동)의 산물로서만 존재할 수 있다. 이것이 자본의 허약성의 열쇠이다. 자본주의에 대한 맑스의 논의에서 매우 핵심적인, 형식의 문제는 지배의 취약성의 이해에 결정적이다. 네그리가 구성적 권력과 구성된

---

58) Holloway (1995)를 보라.

권력 사이에 설정한 (그리고 매우 훌륭하게 발전시킨)[59] 구분은 이 두 단계들 중의 첫 번째 단계를 밟는다. 그리고 그것은 혁명적 변형에 관해 말하기 위한 전제조건으로의 권력의 자기적대적 성격에 대한 이해를 열어 젖힌다. 그렇지만 구성적 권력과 구성된 권력 사이의 관계는 외적인 것으로 남아 있다. 구성(즉 구성적 권력의 구성된 권력으로의 변형)은 다중의 민주적이고 구성적인 권력에 대한 **반작용**으로 간주된다. 그렇지만 이것은 구성 과정의 취약성에 대해 우리에게 아무 것도 말해 주지 않는다. 그것은 우리에게 지배력(구성된 권력)에 대면하고 있는 다중의 절대적 투쟁의 편재성과 힘(force)에 대해 말해 주지만, 지배력(구성된 권력)의 지향력(구성적 권력)에 대한 의존성의 결정적 맥락에 대해 아무 것도 말해 주지 않는다. 이러한 의미에서 네그리는, 그의 설명의 모든 힘과 훌륭함에도 불구하고, 급진-민주주의적 이론의 수준에 머물러 있다.[60]

절규의 관점에 대한 이 강조는 그러면 우리를 사회에 대한 빈곤한 관점으로 이끄는가? 위에서의 논의는, 절규의 관점이 행위와 행위결과 사이의 적대에 대한 이원적 관점에로 이끈다는 것을, 그리고 그러한 관점 속에는, 푸코가 권력에 대한 논의에 필수적이라고 보는, '힘들의 다양성'을 위한 여지가 없다는 것을 암시한다. 이것은 혁명적 혹은 부정적 관점과 사회의 의

---

59) Negri (1999)를 보라.
60) 정치 이론의 급진 민주주의적 경향의 네그리식 회복('구성적 권력' 개념의 발전)을 아직-아님 (Not-Yet)의, 즉 민요, 예술 그리고 정치 이론의 항상적 주제인 현존 사회를 넘어서는 투영 (projection)의 블로흐식 회복과 비교하는 것은 흥미 있는 일이다. 예를 들어, Joachim of Fiore (1993, pp. 590~598)를 Savanarola와 연결시키면서 멸시조로 '마키아벨리와 더불어 나는, "세상의 모든 사기꾼들을 위한 자석인 우리들의 이 도시에서" 직업상 예언자들인 로마 카톨릭의 저 수사(修士)들에게 안 좋은 감정을 갖고 있다'고 말하는 네그리의 주장을, Joachim에 대한 블로흐의 열광적 논의와 비교해 보라. 네그리에 관한 논의는 9장에서 좀더 상세히 전개될 것이다.

심할 바 없는 풍부성과 복잡성에 대한 이해 사이의 분열을 암시하는 것처럼 보인다. 만약 우리의 이전 논의의 두 번째 결과, 즉 행위와 행위결과 사이의 적대적 관계가 없었다면, 이것이 실제로 그러한 경우일 것이다(그리고 이것이 우리의 논의에서 주요한 문제를 구성할 것이다). 그리고 특히 지배력이 행위결과의 소유권으로 존재한다는 사실 속에 내재하는, 행위의 흐름의 발본적 파열은 행위의 (그리고 사회적 관계의) 다양한 파편화를 의미한다. 달리 말해, 사회적 관계가 행위와 행위결과의 이원적 적대에 의해 특징지워지고 있는 것으로 이해하는 것은, 이 적대가 적대들의 다양성의 형식 속에, 갈등의 거대한 이질성의 형식 속에 존재한다는 것을 의미한다. 실제로 수많은 저항의 형식들이, 적대의 엄청나게 다양한 세계가 존재한다. 이것들을 자본과 노동 사이의 갈등의 경험적 통일성에로 환원하는 것, 혹은 경험적으로 이해된 노동계급 투쟁의 헤게모니를 주장하는 것, 혹은 이들 명백히 비계급적인 저항들은 계급투쟁의 아래에 복속되어야 한다고 주장하는 것은 이치에 닿지 않는 폭력일 것이다. 여기에서 제시된 주장은 정확히 그 반대다. 자본주의 사회가 행위와 행위결과의 이원적 적대에 의해 특징지워진다는 사실은, 이 적대가 적대들의 다양성으로 존재한다는 것을 의미한다. 권력이 '힘들의 다양성'으로 나타남을 의미하는 것은 (지향력과 지배력 사이의 적대로서의) 권력의 이원적 성격이다. 우리는, 다양성에서 출발하기보다, 이 다양성을 낳는 선행적 다양화에서 출발할 필요가 있다. 우리는 다양한 동일성들(여성, 흑인, 동성애자, 바스크인, 아일랜드인 등등)에서 시작하기보다 저 동일성들을 낳는 동일화의 과정에서 시작할 필요가 있다. 이 관점에서 볼 때, 푸코의 매우 고무적인 저작들의 한 측면은, 그가 그것을 그와 같은 용어들로 제시하지 않으면서도, 행위의 흐름의 파편화에 대한 우리의 이해를, 우리가 다음 장에서 물신화의 과정으로 특징지울 것에 대한 우리의 역사적 이해를 매우 풍부하게 한다는 사실이다.

물신화에 대한 논의로 넘어가기 전에 마지막으로 다루어질 필요가 있는 하나의 논점이 있다. 권력이 순수하게 부정적인 항들로 이해되어서는 안 된다는 것, 권력이 실재를 구성하고 우리를 구성하는 방식도 우리가 이해해야 한다는 것은 푸코의 주장의 중요한 부분이다. 분명히 그렇다. 우리는 권력이 없는 진공 속에서 잉태되고 탄생한 것이 아니라 권력 횡단적인 사회에서 잉태되고 탄생했다. 우리는 그러한 사회의 산물들이다. 그렇지만 푸코는 권력의 범주를, 그것을 특징지우는 근본적 적대의 지점에까지 열어 젖히지 못한다. 그 결과 우리는, 예컨대, 우리가 자본의 산물들이라고 혹은 우리가 소비하는 모든 것은 상품이라고 말할 수 있다. 분명히 그렇다. 하지만 그것은 기만적이다. 우리가 소비하는 모든 것은 상품이다라는 진술이 의미를 갖는 것은, 우리가 이 범주들을 열어 젖힐 때뿐이다. 그 진술은 가령 우리가, 상품은 가치와 사용가치(유용성)의 적대에 의해 특징 지워진다고 말할 때, 사용가치는 가치의 형태 속에 존재하면서도 이 형태에 대항하는 반란 속에 존재한다고 말할 때, 우리의 인간적 잠재력의 완전한 발전은 이 반란에의 우리의 참여를 전제한다고 말할 때 … 등등의 경우에만 의미를 갖는다. 상품 형태가 거부되고 맞서 싸워야 할 관계의 형식이라고 말하는 것이 의미를 갖는 것도 이럴 때뿐이다. 권력에 대해서도 이와 비슷하게 말할 수 있다. 우리가 지배력을 거부되고 맞서 싸워야 할 사회적 관계의 형식으로 완전히 이해할 수 있는 것은, 우리가 권력의 범주를 열어 젖혀서 지배력을 지향력의 형식으로 볼 때뿐이다.

제4장
물신주의 : 비극적 딜레마

1

바로 앞 장에서 우리는 지향력의 지배력으로의 변형이 행위의 사회적 흐름의 파열에 집중된다고 주장했다. 자본주의하에서 행위결과는 행위로부터 분리되고, 그것에 대립한다. 행위로부터 그 결과의 분리는 삶의 모든 측면들의 다양한 균열의 핵심이다.

물신주의라는 용어를 사용하지 않고서, 우리는 이미 물신주의에 대한 토론으로 진입하였다. 물신주의는, 맑스가 행위의 파열을 설명하기 위해 사용한 용어이다. 물신주의는 권력에 대한 맑스의 논의의 핵심이며, 세계 변혁에 관한 모든 토론의 중심에 놓여 있다. 이것은 이 책의 주장의 중심축이다.

물신주의는 통상적인 학술적인 담론에는 잘 어울리지 않는 범주이다. 물신주의가 맑스주의를 다른 학술적 분과학문들의 틀에 밀어 넣으려는 사람들에 의해 상대적으로 경시되어 온 것은 어느 정도는 이런 이유 때문이다. 물신주의가 맑스의 『자본론』에서 중심적인 범주임에도 불구하고, 그것은 자신을 맑스주의 경제학자라고 생각하는 사람들에 의해 거의 완전히 무시되어 왔다.61) 그것은 맑스주의 사회학자들과 정치학자들에 의해서도 마찬가지로 간과되어졌다. 이들은 항상 계급의 범주로부터 출발하는 것을 선호하였고, 그것을 자신들의 분과학문들의 틀에 적용한다. 물신주의가 논의되는 경우에도, 그것은 종종 철학이나 문화비평의 영역으로 추락하는 것처럼 보인다. 이런 식으로 좌천되고 구획되어짐으로써, 그 개념은 그것의 폭발적인 힘을 잃는다.

그 개념의 힘은, 그것이 견딜 수 없는 혐오를, 즉 행위의 자기부정을 지시한다는 사실 속에 놓여 있다.

2

청년 시절의 맑스는 행위의 자기부정을 물신주의라는 용어로 논하지 않고 소외(alienation) 혹은 낯섦(estrangement)이라는 용어로 논한다. 소외, 즉 일반적인 사회적 병폐를 서술하기 위해 흔히 사용되는 용어인 소외는, 맑스의 논의에서는, 생산의 자본주의적 조직화의 특성인 행위의 파열을 지시한다.

『1844년 경제학-철학 초고』 안에 있는 소외된 노동에 관한 논의에서 맑스는, 자본주의에서는 생산이 대상물의 생산일 뿐만 아니라 생산자에게 낯선 대상물의 생산이라고 주장하면서, 생산과정에서 출발한다. '자신의 생산물에서의 노동자의 **소외**는, 그의 노동이 대상물로 즉 **외적** 실존으로 됨을 의미할 뿐만 아니라 그것이 **자신 외부**에 독립적으로 마치 자신으로부터 소외된 낯선 무엇처럼 실존함을 의미하며, 그리고 그 대상물이 자신과 대면하고 있는 자립적 권력이 된다는 것도 의미한다. 이것은, 그가 대상에게 넘겨

---

61) 예를 들어, 두 권으로 된 하워드와 킹(Howard and king)의 『맑스주의 경제학의 역사』(1989, 1992)에서 물신주의에 대한 언급이 턱없이 부족함을 살펴보라.

준 삶이 적대적이고 낯선 그 무엇으로서 그와 대면한다는 것을 의미한다.'
(1975, p. 272 ; 강조는 원문의 것)

  행위결과로부터 행위자의 분리는 필연적으로 행위자 자신의 분리이다.[62] 소외된 대상의 생산은 필연적으로 자기소외의 능동적 과정이다. '바로 그 생산활동 속에서 그가 그 자신으로부터 자기자신을 소외시키고 있지 않았다면, 노동자가 어떻게 그 자신의 활동의 산물을 낯선 존재처럼 대면하게 될 수 있겠는가? … 그래서 만약 노동의 생산물이 소외라면, 생산자체는 능동적 소외, 활동성의 소외, 소외의 활동성임에 틀림없다.' (1975, p. 274) 인간 자신의 활동성으로부터 인간의 소외는 자기소외다. 활동적으로 그 자신의 소외를 생산하는 것은 노동자 자신이다.

  행위결과로부터 행위자의 파열은 행위자의 지향력의 부정이다. 행위자는 희생물로 바뀐다. 활동성은 수동성으로 바뀌고, 행위는 고통으로 바뀐다. 행동은 행위자와 대립된다. '이 관계는, 그에게 속하지 않는 소외된 활동성인 노동자 자신의 활동성에 대한 그 노동자의 관계이다. 그것은 수난으로서의 활동성, 연약함으로서의 강함, 거세로서의 출산, 그리고 그에게 대립하며, 그 자신으로부터 독립된, 그에게 속하지 않는 활동성인 노동자 **자신의** 육체적이고 정신적인 에너지, 즉 그의 개인적 삶 — 도대체 활동성이 없는 삶은 무엇을 위하여 존재하는가? — 이다.' (1975, p. 275)

  소외는 상처받고 불구화되어 인간성을 박탈당한 인간들의 생산이다. '그러므로 인간으로부터 그의 생산의 대상물을 떼어 내는 과정에서 소외된 노동은 그로부터 그의 **유적(類的) 삶**을, 유의 구성원으로서의 그의 현실적 대

---

62) 당분간 우리는, 사람들(people)을 '남성들(men)'로 그리고 '그(he)'로 부르는 맑스 번역자들의 스타일을 따른다. 물론, 독일어 원본에서 맑스가 '인간'(Mensch ; person)이라는 말을 사용했음을 유념하면서 말이다.

상성을 떼어 내며, 동물들과 비교하여 그가 갖는 장점을 그의 비유기적 신체인 자연이 그로부터 떨어져 나가는 단점으로 변형시킨다.' (1975, p. 277) 이러한 '인간으로부터 그의 생산의 대상을 떼어냄'은 그를 그의 집합적인 인간성, 즉 '유적 존재'로부터 소외시킨다. '소외된 노동은 … **인간의 유적 존재**를 … 그 자신으로부터 **소외된** 존재로, 그의 **개별적 실존**을 위한 **수단**으로 바꾼다.' (1975, p. 277) 이것은 집합적인 인간 주체의 파편화, '**인간으로부터 인간의 소외**'(1975, p. 277)를 의미한다. '상호 인정은 지배자와 피지배자 사이에서 뿐만 아니라 노동자 자신들 사이에서도 붕괴된다. 인간의 그의 노동에 대한 관계, 그의 노동의 생산물에 대한 관계에 적용되는 것은 인간의 타인에 대한 관계에, 그리고 인간의 타인 노동 및 타인 노동의 대상에 대한 관계에도 타당하다. 사실상, 인간의 유적 본성이 그로부터 소외된다는 명제는, 사람들이 각각 인간의 본성으로부터 소외되듯이, 한 인간이 타인으로부터 소외된다는 것을 의미한다.' (1975, p. 277) '유적 삶' 또는 '유적 존재'라는 용어는 분명히 인간 행위의 사회적 흐름, 상호 인정적인 '우리'의 물질적 끈을 지시한다.

인간으로부터 인간의 소외는 노동자들 사이의 소외일 뿐만 아니라, 비노동자, 지배자의 생산이기도 하다. '만약 노동의 산물이 노동자에게 속하지 않는다면, 만약 그것이 그에게 소외된 권력으로 대면한다면, 이것은, 그 노동의 산물이 **노동자 이외의** 몇몇 **다른 사람에게** 속하기 때문에만 가능한 일이다.' (1975, p. 278) 소외된 노동은 지배의 능동적 생산 행위이며, 지향력에서 지배력으로의 능동적 역전이다. '바로 그가 그 자신의 생산을 그의 현재성의 상실로, 그의 형벌로 만들 듯이, 그 자신의 생산물을 상실로, 그에게 소유되지 않는 생산물로 만든다. 그리하여 그는 그 생산물에 대한, 생산하지 않는 사람의 지배를 창출한다. 마치 그가 그 자신으로부터 그의 활동성을 소외시키는 것처럼, 그는 이제 그 자신의 것이 아니게 된 활동성을 낮

선 사람에게 증여한다.' (1975, p. 279)[63]

그리하여 소외의 개념은 행위의 사회적 흐름의 단절, 행위 그 자신의 대립물로의 전화를 지시한다. 이것은 운명이나 신의 간섭의 결과가 아니다. 인간 행위는 유일한 주체, 유일한 구성적 권력이다. 우리는 유일한 신, 유일한 창조자들이다. 우리가 창조자들로서 부딪치는 문제는 우리가 우리 자신의 파괴를 창조하고 있다는 것이다. 우리는 우리 자신의 창조의 부정을 창조한다. 행위는 그 자신을 부정한다. 능동성은 수동성이 된다. 행위는 비행위로, 존재로 된다. 소외는 우리의 비인간화를 가리키며, 우리의 비인간화를 생산하는 것이 바로 우리라는 사실 또한 가리킨다. 그러나 불구화되고 비인간화되고 소외된 민중이 어떻게 해방된 인간적 사회를 창출할 수 있을까? 소외는 혁명적 변혁의 긴급성을 알려 줄 뿐만 아니라, 분명히, 혁명적 변혁의 불가능성도 알려준다.

3

행위와 행위결과의 파열은 『자본론』의 첫 부분에서 곧바로 도입된다. 맑스는, 『1844년 경제학-철학 초고』에 쓰인 구절('자신의 생산물 속에서 노동자의 **소외**가 의미하는 … 바는 … 그의 생산물이 **그 자신 외부에**, 독립적으로, 자신에게 낯선 무엇으로서 존재한다는 것이며, 그의 생산물이 자신에게 대면하고 있는 독립적 권력이 된다는 것이다.')을 반복하면서 『자본론』의 두 번째 절을 이렇게 시작한다. '우선 (하나의) 상품은 우리 외부의 대상

---

[63] 사적 소유는 소외된 노동의 결과이지 그것의 원인이 아니다. '마치 신이 **본래** 인간의 지적 혼란의 원인이 아니라 결과인 것처럼 말이다. 이후에 이 관계는 상호적인 것이 된다.' (1975, pp. 279~280)

물이다.' (1965, p. 35) 그 상품은 우리에 의해 생산되었으나, 우리의 외부에 존재하는 대상물이다. 상품은 그 나름의 삶을 가지며, 그 속에서는 인간 노동이라는 자신의 사회적 기원이 사라진다. 그것은 생산물로서의 그 자신의 성격을 부정하는 생산물이며 행위에 대한 그 자신의 관계를 부정하는 행위 결과이다.

상품은 행위의 사회적 흐름의 균열점이다. 교환을 위해 생산된 생산물로서, 그것은 사회적 행위의 분리와 탈구의 지점에 존재한다. 물론 그것은 사회적 행위의 산물이다. 그러나 그것이 시장에서 교환을 위해 생산된다는 사실은, 행위의 흐름을 깨뜨리며, 사물이 그것의 생산물이자 동시에 그것의 전제조건인 행위로부터 독립적으로 존재하게 만든다. 그것은 시장에서 팔리기 위해 독립적으로 존재한다. 그것을 생산한 노동은 잊혀진다. 그것을 생산한 노동은 (타인들을 위한) 사회적 (노동)이지만, 그것은 **간접적으로** 사회적이고, 그것은 자기 자신을 위한 노동의 형태로 존재하는 타인들을 위한 노동이다. 행위의 사회성은 파열된다. 그리고 그와 함께 상호 인정과 사회적 인준의 과정도 파열된다. 상호 인정은 생산자들로부터 제거되고 그들의 생산물들에 이전된다. 그것은 교환의 과정에서 사회적으로 인정되는 생산물이다. 행위의 인정은 생산물의 가치로 표현된다. 그것은 이제, 민중의 행위에 사회적 인준을 제공하는 가치(가격)의 양적, 화폐적 척도이다. 당신이 행위한 것이 사회적으로 유용한지 어떤지를 당신에게 말하는 것이 화폐이다.

그러므로 상품은 표면 가치에 따라 취해질 수 있는 사물이 아니다. 분석은, 우리로 하여금 상품을 생산했던 노동을 식별할 수 있도록 하며, 그것이 지닌 가치의 실체인 노동을 볼 수 있게끔 한다. 그러나 그것은 우리를 훨씬 더 커다란 질문에로, 즉 '상품을 생산한 행위가 부정되는 것은 무엇 때문인가?'라는 질문에로 이끈다. '정치경제학은, 아무리 불완전할지라도, 사실상 가치와 그것의 양을 분석해 왔으며, 이러한 형태들의 이면에 놓여 있는 것을 발견했다. 그러나 그것은 왜 노동이 자신의 생산물의 가치에 의해 재현되며, 왜 노동시간이 그것의 가치의 양에 의해서 재현되는가라는 질문을 제기한 적이 결코 없었다.' (1965, p. 80)

『자본론』은 행위의 자기부정에 대한 연구이다. 맑스는, 상품으로부터 가치, 화폐, 자본, 이윤, 지대, 이자로, 행위가 은폐되는 더욱 불투명한 형태들로, 지향력을 억제하는 더욱 복잡한 형태들로 이동한다. 행위(인간적 활동성)는 시야로부터 더욱더 사라진다. 사물들이 지배한다. 사물이 지배하는 곳, 인간 창조성의 새로움이 시야로부터 사라지는 곳은 이러한 세계 속에, '마법에 걸린, 왜곡된, 전도된 이러한 세계'(Marx 1975, p. 830) 속에 존재한다. 그리하여 '자본주의의 발전 법칙들'에 대해 말하는 것이 가능해 지는 것도 이 세계 속에서이다. 정치경제학들의 범주들, 즉 비이성적이고 왜곡된 세계에 대한 그들의 분석의 합리성과 법칙들을 비판하는 것이 가능해지는 것은 이러한 정신이상에 대한 비판에 기초한다.

이 모든 것의 핵심은 행위로부터 행위결과의 분리이다. 이것은 상품 속에 내재하며, 자본 속에서, 과거의 행위결과의 (그러므로 행위의 수단들의) 전유 속에서, 행위결과 위에 행위결과를 축적하는 것 속에서, 다시 말해 자본의 축적 속에서 자신의 완전히 발전된 형태를 얻는다. 축적하라! 축적하라! 그것이 모세와 예언자들이다! 축적은 단지, 더 많은 축적이라는 유일한 목적에 자신의 현재의 행위를 종속시키기 위하여, 행위결과를 행위로부터 분리시키는, (행위의 수단으로서의) 행위결과를 행위자들에게 대립시키는 탐욕스럽고 잔인한 과정일 뿐이다. 행위에 (추상적 노동, 어떤 특별한 내용으로부터 추상된 노동, 가치 생산, 잉여가치 생산 등과 같은) 특유한 형태를 부여하고 행위결과에 (가치, 상품, 화폐, 자본 등과 같은) 특유한 형태를 부여하는 것은 이 끊임없이 갱신되는 과정이다. 이것들은 행위의 사회적 흐름의 항상 반복되는 파열의 여러 양상들이다.

맑스는 이제 이러한 파열의 과정을 소외라고 부르지 않고, 물신주의라고 부른다.『자본론』의 1권 1장의 끝에 있는 물신주의에 대한 그의 논의 속에서, 그는 설명한다. '우리는 하나의 유비를 찾기 위해 종교적 세계의 안개 덮인 영역에 의지해야 한다. 그 세계 속에서 인간 두뇌의 생산물들은 삶을 부여받고서 인간과의 관계에 들어갈 뿐만 아니라 그 생산물들 상호 간의 관계 속에 들어가는 독립된 사물들로서 나타난다.' (1965, p. 72) 상품은 '형이상학적 난해함들과 신학적 미묘함으로 가득 찬 아주 이상한 사물'(1965, p. 71)이다. 맑스는, '상품들의 신비한 특성'이 그것들의 사용가치로부터가 아니라 상품 형태 자체로부터, 즉 노동의 생산물이 상품의 형태를 띤다는 사실로부터 나온다고 말한다. '모든 종류의 인간 노동들의 동등성은 그것들의 생산물들이 모두 똑같이 가치인 것에 의해 객관적으로 표현된다. 노동력의 지출을 그 지출의 지속 시간에 의해 측정하는 것은 노동 생산물의 가치량이라는 형태를 띤다. 그리고 마지막으로 자신의 노동의 사회적 성격이 그 속에서 확인되는 생산자들의 상호관계들은 생산물 사이의 사회적 관계의 형태를 취한다. 그러므로 상품은 신비한 사물이다. 왜냐하면 그 속에서 인간 노동의 사회적 성격은 그 노동의 생산물에 각인된 대상적 성격으로서 그들에게 나타나기 때문이고, 또 그들 자신의 노동의 총합에 대한 관계가 그들 자신 사이가 아니라, 그들의 노동의 산물 사이에 존재하는 사회적 관계로서 그들에게 제시되기 때문이다.' (1965, p. 72)

맑스가 자기소외를 자기소외된 노동의 산물로 이해해야 한다고 주장했듯이, 그는 상품들의 특별한 성격이 '상품들을 생산하는 노동의 특별한 사회적 성격'(1965, p. 72)에 그의 기원을 갖는다고 강조한다. 상품 생산은 간접적으로 사회적인 노동이다. 생산물이 사회적 유용성을 위해 생산된다 할지라도 생산의 형태는 사적이다. '생산자들은 자신들의 생산물을 교환할 때까지 서로간에 사회적으로 접촉하지 않기 때문에, 각 생산자의 노동의 특유한 사회적 성격은 오직 교환 행위 속에서만 드러난다. 다시 말해 개인의 노동은, 교환의 행위가 직접적으로는 생산물 사이에, 그리고 간접적으로는 생산물들을 통해 생산자들 사이에 구축한 관계들에 의해서만 자신을 사회의 노동의 일부로 주장한다. 그러므로 후자에 있어서는, 한 개인의 노동을 다른 사람의 노동과 연결시키는 관계들이 노동하는 개인들 사이의 직접적인 관계들로서가 아니라, **그들이 현실적으로 존재하는 바대로**, 즉 사람들 사이의 물질적 관계들 및 사물들 사이의 사회적 관계들로 나타난다.' (1965, p. 73 ; 나의 강조) 사회적 관계들은 단순히 사물들 사이의 관계들로 나타날 뿐만 아니라, 이 외관은 행위와 행위결과의 실제적인 분리를, 행위 공동체의 실제적인 파열을 반영한다. 행위자들 사이의 관계는 사물들 사이의 (행위의 사회성이라는 자신의 기원을 거부하는 행위결과들 사이의) 관계들을 통해 굴절된다. 이러한 사물들은 생산자들 사이의 관계들의 물신화된 형태들이다. 그리고 그 자체로, 그것들은 사회적 관계인 자신의 성격을 부정한다. 상품들, 가치, 화폐는 '사적 노동의 사회적 성격과 개별 생산자들 사이의 사회적 관계를 드러내는 대신에' 은폐한다. (1965, p. 76)

사회적 관계들의 분리는 부르주아적 사상에 의해 강화된다. 그 사상은 이러한 물신화된 형태들을 비판하기보다는 자신의 기초로 삼는다. '부르주아 경제학의 범주들은 그와 같은 형태들로 구성된다. 그 범주들은 사회적인 유효성을 가지고 생산의, 즉 상품들의 생산의 특정한 역사적으로 규정된 양식의 조건들과 관계들을, 사회적으로 타당하게 표현하는 사상 형태들이다.' (1965, p. 76) 그래서 여기에는 사유와 현실, 이론과 실천 사이에 어떠한 명확한 구별도 없다. 이론은 행위결과로부터 행위의 분리의 생산과 재생산에 적극적으로 기여하는 실천의 한 요소이다.

우리 사유의 출발점은, 우리가 대면하는 물신화된 세계이다. 우리는 행위의 공동체가 파열되는 세계에 태어났다. 행위와 행위결과의 분리는, 세계에 대한, 그리고 우리 주위의 사람들에 대한 우리들의 모든 관계에 스며 있다. 세계에 대한 우리의 관점은, 우리가 비판적으로 성찰하기를 시작하기 전에 이미 형성되어 있다.

시장을 위한 상품 생산 속에 내재하는 것으로서의 행위와 행위결과의 분리, 즉 지배력은 여기서 스스로를 비인격적으로 제시한다. 맑스는 상품들의 생산과 교환이라는 맥락 속에 물신주의를 도입한다. 그렇지만 이것은 전(前)자본주의적 국면이 아니다. 왜냐하면 상품 생산의 일반화가 상품으로서의 노동력의 실존을, 즉 자본주의적 사회의 실존을 전제하기 때문이다.[64] 그러므로 상품 물신주의는 우리 존재의 핵심으로의, 우리 모두의 사유의 관습들로의, 다른 사람들에 대한 우리 모두의 관계들로의 자본주의적 지배력의 침투이다.

물신화된 세계에 직면해서, 우리가 할 수 있는 것은 비판뿐이다. 예컨대 가치는 '그것이 무엇인가를 서술하는 표식을 달고서 걸어다니지 않는다. 오히려 모든 생산물을 사회적 상형 문자로 바꾸는 것이 바로 가치다. 이후에, 우리는 그 상형 문자를 해독하려 할 것이며, 우리 자신의 사회적 생산물들이 지닌 비밀의 내막을 캐려 할 것이다. 왜냐하면 유용성의 대상물을 가치로서 표현하는 것은 사회적 생산물을 언어로서 표현하는 것과 똑같기 때문이다.' (1965, p. 74) '사회적 삶의 형태들에 대한 인간의 성찰은, 그리고 결과적으로 그러한 형태들에 대한 인간의 과학적 분석도 그것들의 실제의 역사적 발전 과정과는 완전히 상반되는 과정을 취한다. 인간은 사후적으로,

---

[64] '그러므로 자본주의적 신기원은 이것에 의해 특징 지워진다. 노동력은 노동자 자신의 입장에서 보면 (그의 소유인) 상품 형태로 나타난다. 그 결과 그의 노동은 임금노동이 된다. 다른 한편, 노동 생산물이 보편적으로 상품이 되는 것은 오직 이 순간부터이다.' (Marx 1965, p. 170)

그에게 넘겨질 준비가 되어 있는 그 발전 과정의 결과들에서 시작한다.' (1965, p. 75)

부르주아적 사상은, 그 최상의 경우들에서, 사회적 상형 문자의 일부를 간신히 해독해 냈다. '정치경제학은, 비록 불완전하긴 했지만, 실제로 가치와 가치량을 분석했고, 이들 형태들 저변에 놓인 것을 발견했다.' (1965, p. 80) 그러나 부르주아적 비판에는 한계가 있다. 주체와 객체의 분리, 행위와 행위결과의 분리는 필연적으로 현재의 실체화, 현재의 고정화를 내포한다. 주체와 객체의 분리가 질문되지 않는 한, 사회적 조직화의 자본주의적 형태가 과도적인 것으로 이해되지 않는 한, 비판은 비판되는 형상들의 역사성에 맹목적일 수밖에 없다. 행위의 사회성의 파열이 자연적이고 영원한 것으로 가정된다. 다시 말해 부르주아의 (물신화된) 사상은 형태의 문제에 맹목적이다. 우리가 부르주아적 사회 관계들의 역사성에 대해, 즉 자본주의가 사람들 사이의 관계들을 조직하는 특수한 역사적 형태라는 사실에 대해 깨어 있을 때에만, 형태(사회적 관계들의 형태로서의 가치, 화폐 또는 자본)의 문제가 제기된다. '만약 … 우리가 이 생산 양식을 사회의 모든 상태에서 영원히 고정된 것으로 간주한다면, 우리는 필연적으로 가치-형태의, 따라서 상품-형태의, 그리고 그것의 더욱더 발전된 형태들인 화폐-형태, 자본-형태 등의 종차(種差)를 필연적으로 간과한다. (1965, p. 81) 결과적으로, 부르주아적 비판은 비판되는 현상의 발생을 보지 않으며, 왜 사회적 관계들이 이러한 형태들로 존재하는지 묻지 않는다.

형태의 범주는 『자본론』에 등장하는 맑스의 논의에 중심적이다. 그는 '화폐-형태', '상품-형태', '자본-형태' 등등에 관하여 말한다. 이들은 유(類)-종(種) 구별(그 밖의 어떤 것의 '형태' 혹은 '유'로서의 화폐)이라는 의미에서 이해되어서는 안되고 단지 실존 양식으로서 이해되어야 한다. 화폐, 상품, 자본은 사회적 관계들의 실존 양식들이며, 사회적 관계들이 지금 존재하는 형태들이다.[65] 이들은 사람들 사이의 관계들의 얼어붙거나 굳어 버린 실존 양식이다. 그러므로 '형태'는 절규의 메아리이며, 희망의 메시지이다. 우리는 있는 그대로의 사물들에 맞서서 절규한다. 메아리가 들려 온다. 그렇다. 그러나 있는 그대로의 사물들은 영원하지 않다. 그들은 단지 역사적으로 결빙(結氷)된 사회적 관계들의 형태들일 뿐이다. '이 공식들은, 생산 과정이 인간에 의해 통제되는 것이 아니라 오히려 인간을 지배하는 그러한 사회 상태에 자신들이 속한다는 것을 분명하게 새기고 다닌다. 그러한 공식들은 부르주아 지식인에게는 생산적 노동 자체만큼 자연에 의해 부과된 것과 같은 자명한 필연성을 갖는 것으로 나타난다.' (1965, pp. 80~81) 그러나 절규하는 우리에게는, 그것들은 자명하지도 않고 영원하지도 않다.

물신주의라는 개념이 혁명적 이론 속에서 얼마나 중심적인 역할을 수행하는지는 이미 분명해졌을 것이다. 그것은 **부르주아 사회의 비판**인 동시에, **부르주아적 이론에 대한 비판이고 부르주아 사회의 안정성에 대한 설명**이다. 그것은 인간의 비인간화를 지시하는 동시에, 권력 재생산에서 우리 자신의 공모를, 그리고 혁명의 어려움(혹은 명백한 불가능성)을 지시한다.

물신주의라는 개념은 자본주의 사회에 대한 맑스의 비판에서 중심적이다.[66] 비인간화라는 주제는 『자본론』에서, 그리고 그 외의 맑스의 논의에서 지속적으로 등장한다. 자본주의에는, 인간과 사물 사이의 관계, 주체와 객

---

65) 실존 양식으로서의 형태에 관해서는 Gunn (1992)를 보라.
66) 루카치에 따르면, 물신주의의 문제는 맑스주의 이론 전체에서 중심적인 것이다. '(일정한 정당화가 없지는 않았지만) 헤겔의 『논리학』에서 존재, 비존재 그리고 생성을 다루는 유명한 장은 그의 철학 전체를 포함한다고 종종 주장되어졌다. 상품의 물신적 성격을 다루는 그 장은 그 속에 역사적 유물론 전체를, 그리고 자본주의 사회(그리고 그것에 선행한 사회들)에 대한 인식으로서의 프롤레타리아트의 자기-인식 전체를 포함한다고, 동일한 수준의 정당화를 가지고 주장될 수 있을지 모른다.' (1971, p. 171)

체 사이의 관계의 전도가 있다. 주체의 객체화와 객체의 주체화가 있다. 즉 사물들(화폐, 자본, 기계들)은 사회의 주체들이 되며, 인간(노동자들)은 객체들이 된다.

사회적 관계들은 외관상으로 뿐만 아니라 실질적으로도 사물들 사이의 (화폐와 국가 사이의, 당신의 화폐와 나의 화폐 사이의) 관계이다. 반면에 인간들은 자신의 사회성을 빼앗기고, 개인들로, 상품 교환의 필수적인 한 축으로 변형된다. ('이 소외가 상호적인 것으로 되기 위해서는, 사람들이 암묵적으로 서로를 사적 소유자들로 취급하는 것이, 그리고 사람들이 암암리에 서로를 독립된 개인들로 취급하는 것이 필수적이다(1965, p. 87).') 공장의 조건과 착취 과정의 조건에 대한 길고 상세한 논의 속에서, 강조점은 줄곧 주체와 객체의 전도에 놓여진다. '모든 종류의 자본주의적 생산은, 그것이 노동 과정일 뿐만 아니라 잉여가치를 생산하는 과정인 한에 있어서, 노동 도구를 고용하는 것이 노동자가 아니라 노동자를 고용하는 것이 노동 도구라는 점을 공통적으로 갖는다. 그러나 이 전도가 처음으로 기술적이고 뚜렷한 현실성을 획득하는 것은 오직 공장 체제 속에서 만이다.' (1965, p. 423) 맑스가 자본주의를 비난하는 것은, 그것이 가져오는 육체적 비참함 때문만이 아니라, 오히려 사물들과 인간의 전도, 다시 말해서 사회적 관계들의 물신화 때문이다.

이 전도를 당연시하여 자신의 범주들을 사회적 관계의 물신화된 형태들 즉, 국가, 화폐, 자본, 개인, 이윤, 임금, 지대 등에 기초를 두는 부르주아적 이론에 대한 비판은, 부르주아 사회 속에서 주체와 객체의 전도에 대한 비판과 긴밀히 연결되어 있다. 이러한 범주들은 사회의 표면, 유통의 공간으로부터 도출된다. 그 속에서 생산자로서의 주체의 주체성은 완전히 시야에서 사라지고 우리가 볼 수 있는 것은 사물들과 이러한 사물들의 담지자인 개인들의 상호작용뿐이다. 자유주의적 이론이 만개하는 곳은, 사회적 주체성이 시야에서 사라지는 이곳에서이다. 이 유통의 영역은 '천부인권의 에덴 동산이다. 그 곳에서만 자유와 평등, 소유와 벤담이 지배한다.' (1965, p. 176) 『자본론』 총 3권은 정치경제학 비판에, 즉 어떻게 정치경제학의 개념들이 사회적 관계들의 물신화된 현상들로부터 발생하는가를 보여주는 것에 바쳐진다. 정치경제학(그리고 부르주아 이론 일반)은, 사회적 관계들이 존재하는 형태들(상품-형태, 가치-형태, 화폐-형태, 자본-형태 기타 등등)을 당연시한다. 다시 말해, 부르주아 이론은 형태의 문제를 보지 못한다. 상품들과 화폐(그리고 기타 등등)는 존재의, 사회적 관계들의 형태나 양식인 것으로 생각조차 되지 않는다. 부르주아 이론은 사회적 관계들의 현재 형태들의 과도적 본성을 보지 못하며 자본주의적 사회 관계의 기본적인 변화 불가능성('존재함')을 당연시한다.

그러나 부르주아적 사상은 단지 부르주아의 사상 또는 자본주의의 적극적인 지지자들의 사상만이 아니다. 오히려 그것은 자본주의 사회에서 행위와 행위결과(주체와 객체) 사이의 파열된 관계에 의해 산출된 사상의 형태들을 지시한다. 부르주아 이론에 대한 비판이 단지 '그 형태들'에 대한 비판만이 아니라는 것을 아는 것이 결정적으로 중요하다. 동시에 그것은 아마 무엇보다도 우리에 대한 비판이며, 우리 자신의 가정들과 범주들의 부르주아적 성격에 대한 비판이고, 더 구체적으로는 자본주의적 권력 관계의 재생산에서 우리 자신의 공모에 대한 비판이다. 부르주아적 사상에 대한 비판은 우리 자신의 사상 속에서 주체와 객체의 분리에 대한 비판이다.

정치경제학들 및 부르주아지 이론가들의 저작에서 매우 치밀하게 가공된 물신주의는 자본주의 사회 속에서 나날의 '상식적' 생각들의 기초이기도 하다. 자본주의의 영원성이라는 가정은, 이 사회의 민중들의 일상적 사유와 실천으로 구축된다. 사회적 관계들이 사물들 사이의 파편화된 관계들로 나타나고 실존한다는 사실은 그러한 관계들의 기본적인 적대 뿐만 아니라 세계를 변혁시킬 가능성도 감춘다. 그러므로 사람들이 자본주의의 비참을 받아들일 뿐만 아니라, 적극적으로 그것의 재생산에 참여하는 방식을 지적함으로써, (어떤 '이데올로기론'이나 '헤게모니론'보다도) 물신주의 개념은, '왜 사람들은 자본주의의 비참과 폭력과 착취를 받아들이는가?'라는 오래된 질문에 대한 대답을 줄 수 있는 기초를 제공한다. 또한 물신주의의 개념은 자본주의에 대항한 혁명의 어려움이나 명백한 불가능성을 강조한다. 물신주의는 모든 혁명론이 직면하는 중심적인 이론적 문제이다. 혁명적인 사유와 실천은 필연적으로 반(反)물신주의적이다. 자본주의의 비인간화로부터 인간성의 해방을 목표로 하는 모든 이론과 실천은 필연적으로 물신주의에 대항하려 한다.

4

혁명적 변혁의 비극적인 딜레마, 다시 말해 혁명적 변혁의 긴급성과 그것의 분명한 불가능성이 동일한 과정의 두 측면이라는 사실은, 사회적 관계들의 물신주의가 더 깊어지고 더 퍼지는 만큼 강화된다.

『자본론』에 등장하는 맑스의 논의가 분명하게 보여주는 바, 행위와 행위결과의 분리, 주체와 객체의 분리는 착취계급이 '인간으로부터 그의 생산의 대상물을' 직접적으로 떼어 가는 것 이상이다. 그것은, 자본가가 노동자로부터 그녀가 생산했던 대상물을 떼어 가는 것 이상이다. 행위의 사회성이 시장(상품들의 판매와 구매)을 통해 매개된다(파편화하며 그것이 다시 접합된다)는 사실은, 행위와 행위결과의 파열이 결코 착취의 직접적인 과정에 제한되지 않으며 모든 사회로 확장된다는 것을 의미한다. 『자본론』에서 맑스의 초점이 정치경제학 비판에 놓여 있다 하더라도, 물신주의가 정치경제학에 의해 개념화된 영역으로만 퍼져 나갈 것이라고 생각하는 것은 결코 근거가 없다. 오히려 맑스의 논의의 함축은, 물신주의가 사회 전체에 스며든다는 것이며 자본주의 전체가 '마법에 걸린, 왜곡된[67], 전도된 세계'(『자본론』 3장 p. 830)라는 것이고, 대상의 주체화와 주체의 대상화가 삶의 모든 측면을 특징짓고 있다는 것이다. 맑스는, '분리'는 '자본의 실재적인 산출과정'이다라고 말한다. (1972, p. 422)

모든 곳에 퍼져 들어가는 물신주의의 특징에 대한 문제는 맑스주의 전통 속에서 활동하는 많은 저술가들에 의해 연구 주제로 채택된다. 그 논의가 더 멀리 발전되면 그럴수록, 혁명의 비극적 딜레마는 더 강렬해진다. 혁명적 변혁이 더 긴급하게 보일수록, 그것은 더욱더 불가능한 것처럼 보인다. 사물화, 도구적 합리성[68], 일차원성, 동일성, 규율 등의 용어들을 통해 여러 저술가들은 권력이 우리 실존의 모든 영역으로 침투함을, 자본주의에서의 실존이 점점 더 숨막혀 감을 강조하였다. 그들의 저작은, 혁명적 딜레마의 강렬성을 극도로 높이 제기했다.

우리는, 여러 이론가들의 기여를 설명하려고 노력하기보다, 앞장에서 말한 논점들의 일부를 발전시키기 위하여 그들의 작업을 발판으로 삼기 위해 노력할 것이다. 이것은 지금까지의 논의를 두루 되짚어 보는 것을 포함한다.

출발 지점은 행위와 행위결과의 분리이다. 이것은 행위자들과 행위결과의 전유자들 사이의 적대적 분리를 의미한다. 행위결과의 전유자들(자본의

---

67) '왜곡된(perverted)'이라는 말은 독일어 'verrückt'의 번역어이다. 그것은 '제 정신이 아닌'(verrückt) 그리고 '탈구된'(ver-rückt)을 의미한다. Backhaus(1992, pp. 61~62)를 참조하라.
68) 푸코에 관한 네그리의 언급을 참조하라. '푸코는 프랑크푸르트 학파의 교훈을 그 학파의 직접적 계승자들이 한 것보다 더욱 충실하게 해석한다'. (1999, p. 341)

소유자들)은 자신의 행위의 수단인 행위결과에 대한 통제를 사용하여 결국에는 자신들이 전유할 행위결과를 증대시킬 목적으로, 자신을 위해 노동할 행위자들을 획득한다. 다시 말해 자본가들은 노동자들을 착취한다. 즉, 자본가들은 노동자들에게 그들이 살아 남기 위하여 필요한 것(그들의 노동력의 가치)을 지불하고 그들이 생산한 잉여(잉여가치)를 전유한다. 행위와 행위결과의 분리는 이원적 계급 분석 즉 자본과 노동계급간의 적대를 함축한다. 이것은 매우 중요하다. 그리고 우리의 논의 가운데 어떤 것도 이 근본적 입장을 손상시키는 것으로 받아들여져서는 안 된다.

맑스주의와 사회주의 전통 속에서 이러한 계급 적대는 종종 외면적 관계인 것으로 종종 이해된다. 노동계급과 자본 사이의 적대는 그들 두 편을 그들의 근본에서는 건드리지 않은 채 남겨 두는 외적인 적대로 가정된다. 그럴 때 적대의 두 측은 좋은 편(노동계급)과 나쁜 편(자본가 계급)으로 된다. 그와 같은 관점 속에서 사람들은, 혁명의 문제가 상대적으로 단순한 것이며 크게는 실천적 조직화의 문제일 것이라고 생각하게 될 것이다. 그러면, 왜 지금까지 성공적인 코뮨주의 혁명이 없었던 것인가? 이에 대한 대답들은 보통 이데올로기, 헤게모니 또는 허위의식 등의 용어들로 주어진다. 노동계급은 시장이라는 이데올로기에 감염되어 있기 때문에 봉기하지 않는다는 것이다. 계급 사회에서 지배계급의 이념들은 헤게모니적이다. 노동계급은 허위의식으로 인해 고통받는다. 각각의 경우에, 이데올로기, 헤게모니 또는 허위의식의 문제는 행위의 행위결과로부터의 분리라는 문제로부터 분리된다. 이데올로기의 영역은 경제적인 것으로부터 분리된 것으로 간주된다. 노동계급의 이해의 부족을 강조하는 관점은 일반적으로(필연적으로?) 노동계급은 '그들'이라는 가정을 동반한다. '그들'은 잘못된 이념들을 가지고 있다. 그래서 우리의 역할(올바른 이념들을 가지고 있는 우리)은 그들을 깨우치는 것이며, 그들을 계몽하는 것이고, 그들에게 올바른 의식을 가져다주는 것이다.69) 그와 같은 접근법에 내재한 정치적 문제들은 참으로 명백하다.

   그와 같은 접근법의 두 번째 문제는 간단히 말하면, 그것이 세계의 복잡성에 대해 설명할 수 없다는 것이다. 선들은 너무 거칠게 그어지고, 사회적 관계들의 복잡성은 단락(短絡)된다. 그래서 맑스주의는 자신의 확신의 힘을 잃는다. 이것은 최근 몇 해 동안 사회적인 갈등 — 예컨대 성 문제나 환경 문제를 둘러싼 갈등 — 의 변화하는 형태들에 대한 토론들 속에서 특히 명백했다. 그와 같은 투쟁들을 미리 계획된 계급투쟁의 주형 속으로 밀어 넣으려는 경향도, 그것들을 '비-계급투쟁들'로 말하려는 경향도 존재해 왔다. 후자의 경우에 사용되는 비-계급투쟁의 개념은, 계급투쟁의 중요성이 감소하고 있다는 관점을 수반하거나 혹은 어쨌건 자본과 노동 사이의 근본적 갈등이 갈등의 가장 중요한 형태로 남아 있다는 관점을 수반한다. 노동과 자본간의 갈등을 이해함에 있어, 그것을 본질적으로 상대편을 건드리지 않고 남겨 두는 외적인 갈등으로 이해하는 것은 적대를 직접적인 것으로 이해하는 생각에로 나아간다. 그러한 생각 속에서 이 두 편은 직접적으로, 또 경험적으로 존재한다. 그래서 다음과 같은 문제들이 제기된다. 베트남 전쟁에 대항하는 투쟁에서, 핵무기들에 대항하는 투쟁에서 노동계급은 어디에 있는가? 사빠띠스따 봉기를 지지하는 노동계급은 어디에 있는가? 노동계급이 수적으로 감소하고 있을 때, 우리는 어떻게 노동계급 혁명에 대하여 말할 수 있는가? 등등. 물론, 이 모든 질문들은 대답될 수 있다. 그러나 경험적으로 동일화될 수 있는 집단인 '노동계급'과 반란의 가장 두드러진 형식들 사이의 분리의 누적되는 증거는, 자본주의는 기본적인 계급 적대의 맥락에서 이해되어야 한다는 생각을 점차적으로 침식하기에 이른다.

---

69) '유기적 지식인'이라는 그람시의 개념은 이 주제에서의 유일한 변이이다. Gramsci (1971), pp. 3~23을 참조하라.

여기서의 논쟁점은, 자본주의에 대한 계급적 이해가 근본적이지만, 계급 적대는 외재적인 관계로서 이해될 수 없고, 계급은 이렇게 직접적인 방식으로 이해되어질 수 없다는 점이다. 우리가 이미 앞장에서 그리고 이 장의 첫 절에서 이미 살펴보기 시작했듯이, 행위와 행위결과의 분리는 그저 행위자와, 행위결과의 전유자 간의 단순한 적대에 불과한 것이 아니다. 자본주의적 지배력 즉 행위와 행위결과의 분리는 희생물의 살에 단순히 박히는 것이 아니라, 그녀 내부에서 수천의 여러 파편들로 폭발하는 끔찍한 현대적 탄환들 중의 하나처럼 보인다. 또는 이보다는 덜 끔찍하지만, 자본주의 권력은 창공에 쏘아져서 수많은 색깔의 불꽃들로 폭발하는 로케트와 같다. 로케트나 탄환의 궤도를 보지 않고서 탄환의 섬광들이나 파편들에 대해 집중하는 것은 탈근대적 이론(아니, 사실상, 부르주아 이론 일반)이 많이 해왔던 것이다.[70] 다른 한편으로, 그저 탄환이나 로케트의 최초의 운동에 집중하거나 불꽃들이나 파편들을 외적인 어떤 것(비-계급투쟁)으로 다루는 것은 정치적으로 무익하고 이론적으로 모호한 미숙함이다.

물신주의라는 개념은, ('이데올로기'나 '헤게모니' 개념에서와 같이) 행위와 행위결과의 분리와는 구별되는 그 무엇이 아니라, 그 분리에 필수적인 그 무엇인, 우리 내부에서의 권력의 폭발에 대해 관심을 갖는다. 저 분리는 단지 자본가들을 노동자로부터 가르는 것이 아니라, 우리가 행하는 것과 우리가 생각하는 것의 모든 면을 형성하면서, 그리고 우리 삶들의 모든 숨결을 계급투쟁의 계기로 변형하면서 우리 내부에서 폭발한다. 왜 혁명이 일어나지 않았는가의 문제는 '그들'의 문제가 아니라 파편화된 '우리'의 문제이다.

---

[70] 로켓과 섬광의 총체성은 만들어진 총체성이기 때문에, 그것의 통일성은 언어의 관점에서가 아니라 오직 행위의 관점에서만 이해될 수 있다.

따라서 우리는 사람들 사이의 관계가 사물들 사이의 관계의 형태로 존재하는 '마법에 걸리고, 왜곡되고, 전도된 세상'에서 산다. 사회적 관계들은 물화되었거나 사물화된다. '사물화'라는 용어는 1923년에 출판된 『역사와 계급의식』에서 루카치에 의해 사용된 용어이다. 루카치가 '사물화'라는 용어를 제안할 때, 그는 사회적 삶의 모든 측면에 대한 그것의 관련성을 주장한다.[71] 사물화는 직접적인 노동 과정과 연결되는 것에 그치는 것만도 아니며, 노동자들에게 영향을 주는 그 무엇에 그치는 것만도 아니다. '노동자의 운명은 사회 전체의 운명이 된다.' (1971, p. 91) '상품 관계의 "유령 같은 대상성"을 가진 사물로의 변형은 … 인간의 전체 의식에 자신의 각인을 남긴다 … 그리고 인간 관계들이 주조할 수 있는 어떠한 자연적 형식도 없고, 인간이 자신의 육체적, 정신적 "질들"을 이 사물화하는 과정에 점차적으로 종속되게 하지 않고 펼칠 수 있는 길은 어디에도 없다.' (1971, p. 100)

5

행위의 행위결과로부터의 분리(그리고 그것의 행위결과에의 종속)는 존재함(is-ness)의 지배, 또는 동일성의 지배를 구축한다. 동일성은 아마도 물신성 또는 사물화의 가장 집중된 (그리고 가장 도전적인) 표현일 것이다. 행위의 흐름의 파괴는 행위로부터 그 운동을 빼앗는다. 현재의 행위는 과거의 행위결과에 종속된다. 산 노동은 죽은 노동에 종속된다. 행위는 비상하던

---

71) Jay (1984b) p. 109를 참조하라. '사실상, 맑스 자신 속에서는 발견되지 않는 이 용어는 살아 있는 과정의 죽은 사물로의 석화(石化)를 의미하는데, 이것은 마치 낯선 "제2의 본성"처럼 나타난다. 그러므로 베버가 말한 "관료적 합리화라는 철의 새장", 짐멜이 말한 "문화의 비극", 그리고 베르그송이 말한 "지속의 공간화"는 모두 더욱 일반적인 과정의 일부였다.

중에 얼어붙으며 존재로 변형된다. 마녀의 저주에 얼어붙어 자신의 운동을 상실한 아름다움은 자신의 아름다움을 잃는다. 잠자는 아름다움이란 형용모순이다. 얼어붙은 것은 절대적이지 않다. (그것은 행위의 파열이 절대적이지 않은 것과 같다.) 모든 것이 고요히 정지해 있는 것이 아니라 오히려 모든 것이 영구적인 지속성 속에 감금된다. 모든 것은 반복되며 모든 것은 궤도 위에서 앞으로 움직인다.

만약 세계가 행위의 관점으로부터 관찰된다면, '세계가 존재한다'거나, '사물이 존재한다'거나, '나는 존재한다'라고 말하는 것은 완전히 불가능하다. 행위의 관점에서 볼 때, 모든 것이 운동이라는 것은 분명하다. 세계는 존재함과 동시에 존재하지 않는 것이다. 사물은 존재함과 동시에 존재하지 않는다. 나는 존재함과 동시에 존재하지 않는다. 행위의 맥락 속에서 생각하면, 이러한 진술들에 내재한 모순은 어떤 문제도 제기하지 않는다. 행위 속에서 나는 나 자신을 넘어선다, 그리고 행위 속에서 세계는 자신을 넘어서 움직인다 등등. 나의 행위 속에 함축된 내 안의 변혁이 의미하는 바는 내가 존재하면서도 동시에 존재하지 않는다는 것이다. 그러나 일단 행위가 깨어지면, 일단 행위가 행위결과에 종속되면, 운동은 정지되며 내가 존재하면서 동시에 존재하지 않는다는 진술은 일관되지 못한 것으로 보인다. 일단 행위가 파열되면, 지배적인 것은 더 이상 행위와 모순이 아니다. 동일성이 지배하며, 모순은 고르게 펴진다. 세계는 존재한다는 것, 그것이 사물들이 존재하는 방식이 된다. 그런데 이때 만약 우리가 '세계는 존재하면서 동시에 존재하지 않는다. 그것은 사물들이 존재하면서 동시에 존재하지 않는 방식이다'라고 말한다면, 이 진술들은 이제 무의미하고 비논리적인 진술로 보일 것이다.

동일성은 시간의 동질화를 의미한다. 행위의 흐름이 파괴되고 행위가 행위결과에 종속되면, 행위는 정해진 궤도들 속으로 떠밀려 가고 정해진 변수들 속에 봉쇄된다. 행위는 노동으로 환원되고, 자본-확장에-복무하는-행위로 제한된다. 이 양자는 행위의 내용을 제한하며, 행위에게 정해진 (그리고 끊임없이 증가하는) 리듬을 부과한다. 행위가 그렇게 되면, 노동은 양적으로 측정된다. 그것이 일정 시간 동안의 노동이며, 가격으로 팔릴 수 있는 무언가를 생산하는 노동이고, 가치를 생산하는 노동이고, 임금으로 받는 화폐로 양적으로 보상되는 노동이다. 민중의 행위는 더욱더 빨리 움직이지만, 미리 설치된 궤도를 따라 움직이는 열차로 바뀐다. '시간은 자신의 질적이며 가변적이며 유동적인 성질을 벗어버린다. 그것은 측정 가능한 "사물들"로 가득찬, 정확하게 한정되고 측량 가능한 연속체로 얼어붙는다 ⋯ 간단히 말해서, 그것은 공간이 된다'(Lukács 1971, p. 90). 시간은 시계 시간이 똑딱대는 시간이 된다. 그 속에서 하나의 똑딱거림은 정확히 다른 똑딱거림과 같은 것이다. 움직이지만 고요히 머물러 있는 시간, 쳇바퀴 시간[72]. 살아온 시간의, 열정과 행복과 고통의 시간의 변화하는 강렬함은 시계의 똑딱거림에 종속된다.

동질적인 시간은 현재를 자신의 축으로 갖는다. 과거와 미래가 완전히 부정되기 때문이 아니라 과거가 그리고 특히 미래가 현재에 종속되기 때문이다. 다시 말해, 과거는 현재의 전사(前史)로 이해되고, 미래는 현재의 예견 가능한 확장으로 이해된다. 시간은 과거와 미래 사이의 선형적인 운동으로 간주된다. 미래를 위한 근본적으로 대안적인 가능성들은 허구로 치부된다. 똑딱대는 시간의 궤도밖에 놓여 있으며, 놓여 있었거나, 놓여 있을 수 있는 모든 것은 억압된다. 현재와는 근본적으로 다른 무언가를 향하고 있는 과거의 투쟁들은 망각된다. 호르크하이머와 아도르노가 말했듯이, '모든 사

---

[72] 시계 시간의 역사적 확립에 대한 논의로는 E. P. Thompson (1967)을 참조하라.

물화는 하나의 망각이다'(1972, p. 230). 동일성의 지배는 건망증의 지배이다. 기억73), 그리고 그와 더불어 희망은 어디에도 가지 않는 시간의 가혹한 운동에 종속된다. '존재에 대한 폐쇄적이고 정태적인 개념의 포기를 통해서만 희망의 진실한 차원은 생성된다'(Bloch 1993, p. 17).

동일성의 지배는 특정한 언어적 위계질서들을 함축한다. 그것은 예컨대 하나의 동사 'is'('존재하다')의 다른 모든 것들에 대한 지배를 의미한다.74) 정의된 어떤 세계 속에서, 다른 동사들은 비활성화된다. 그것들의 힘은 존재하는 것에 의해 제한된다. 행위는 존재하는 것에 의해 제한될 뿐만 아니라, 그것에 의해 침투된 행위이다. 우리의 일상적인 활동력은 존재하는 것에 의해 봉쇄되고 침투된다.75) 달리 표현하면, 존재함(is-ness)은 명사의 동사에 대한 지배를 함축한다. 존재하는 것은 명사들로 결정화되며, 공고화되고, 경화된다. 명사들 속에서 운동은 억압되거나 봉쇄된다. 시간이 똑딱대는 시간이 되듯이, 운동은 똑딱대는 운동이 되며, 주체 없는 대상의 운동이 되고, 그 자신이 사물로 되는 운동이 되고, 움직임(moving)보다는 운동(movement)이 된다.

행위의 행위결과로부터의 분리는 구성이나 발생의 존재로부터의 분리이

---

73) 기억이라는 개념의 혁명적 함의에 대해서는 Tischler (2000)을 참조하라.
74) Foucault (1973, p. 194)를 보라. '모든 종류의 동사들은 존재하다(be)를 의미하는 단일한 동사로 환원될 수 있다.' 그는 여기에서 고전적인 에피스테메를 말하고 있다. 그러나 자본주의 이전 시대에 대해서도 이와 유사한 주장을 하는 것이 가능하다.
75) 이것은 심지어 경쟁이나 정치적 갈등에 초점을 맞추는 이론들에서도 사실이라는 점에 주목하라. 갈등은 모든 것의 재생산을 촉진하는 것이라는 식으로 이해되는 경향이 있다. 심지어 불안정성이 강조되는 곳에서도 평형 상태가 지배적인 것으로 가정된다. (예를 들어 슘페터의 경우에서처럼) 위기를 비정상적인 어떤 것으로 다루는 것이 아니라 경제를 구성하는 필수적인 요소로 다루는 경제학 이론들 속에서도 위기는 재구조화로, 창조적 파괴로, 자본주의 전체를 재생산하는데 있어 필수적인 어떤 변화들을 양산하는 것으로 이해해야만 한다는 기능주의적 가정이 존재한다.

다. 행위결과는 그것을 수행한 행위로부터 분리된다. 그것은 그것을 구성하는 행위로부터 구별되는 분리된 실존을 획득한다. 나는 의자를 만든다. 행위의 사회적 흐름이라는 관점에서 보면 의자라는 과도적인 대상화가 존재한다. 그것은 사용을 통하여 (행위를 통하여) 집합적인 흐름 속으로 직접적으로 통합된다. (만약 그것이 사용되지 않는다면, 그것은 행위의 관점에서 보면 의자이기를 멈춘다.) 그러나 자본주의하에서 대상화는 과도적인 것 이상이다. 내가 만든 의자는 이제 나의 고용주의 소유물로 존재한다. 그것은 팔릴 수 있는 상품이다. 그것의 실존은 그것의 구성으로부터 완전히 분리된다. 사실상 그것의 구성이나 발생(그것을 만든 행위)은 상품으로서의 그것의 실존에 의해 부정된다. 그 의자의 실존에 대한 총체적 무차별성의 문제는 잊혀진다. 구매자는 의자를 사용하고, 그런 의미에서 그것을 행위 속으로 재통합한다. 그러나 흐름은 (사실상 그리고 명백하게) 단절된다. 사용자의 행위와 생산자의 행위 사이에는 어떤 직접적인 관계도 존재하지 않는다. 실존은 지속성을 획득한다. 의자의 실존의 시간은 지속성의 시간이다. 의자는 이제 존재하지 않음을 완전히 잊은 채 존재한다. 구성과 실존은 분리된다. 구성된 것은 구성 행위를 부정한다. 행위결과는 행위를 부정한다. 대상은 주체를 부정한다. 구성된 대상은 지속 가능한 동일성을 획득한다. 그것은 명백하게 자율적인 구조가 된다. 이러한 (실재적이면서 동시에 분명한) 분리는 자본주의의 안정성에 결정적이다. '그것이 사물이 존재하는 방식이다'라는 진술은 그 분리를 전제한다. 구성과 실존의 분리는 근본적인 대안들을 가로막는 것이다.[76]

---

76) 구성과 실존의 분리에 대해서는 Bonefeld (1995)를 보라.

6

행위의 행위결과로부터의 분리와, 그것이 함축하는 바 행위의 존재(동일성)로의 변형은 시간의 고정화에 대해서 핵심적일 뿐만 아니라, 사회적 관계들의 모든 측면들의 해체에 대해서도 핵심적이다. 만약 행위의 사회적 흐름이 민중의 삶을 함께 결합시키는 것이라면, 만약 그것이 '우리'의 물질적인 형성이라면, 자본주의가 내포하는 집합적 행위의 파열은 결합을 해체하고 결합의 개별적인 가닥들을 하나하나 분리한다. 만약 행위의 흐름이 공동체를 즉 시간과 공간을 가로지르는 공동체를 의미한다면, 저 흐름의 파괴는 공동체의 가능성 모두를 분할한다.

행위의 집합적 흐름의 파괴는 그것과 더불어 행위자들의 개별화를 초래한다. 상품들의 교환이 발생하기 위해서는, 상품들과 생산자들 모두가 행위의 집합성으로부터 추상되어야만 한다. '[상품들의] 이러한 소외가 상호적일 수 있기 위해서는, 사람들이 암묵적인 이해에 따라, 그리고 독립적인 개인들로서의 함축에 의해, 서로를 그러한 소외되어 질 수 있는 대상들의 사적 소유자들로, 암암리에 독립적인 개인들로 취급하는 것이 필요하다. 그러나 그와 같은 상호적인 독립성의 상태는 공유 자산에 기초한 원시적인 사회 속에서는 어떠한 실존도 갖지 않는다 ⋯ '(Marx 1965, p. 87). 사유(思惟)의 출발점은 공동체의-일부로서의-인격이 아니라 그 나름의[77] 분명한 동일성을 가진 인격으로서의 개인으로 된다. 그러므로 공동체는 분리된 개인들의 집계로서만, 행위들의 흐름으로서가 아니라 존재들의 결합으로서만 상상될 수 있다.

개인들은 집단성으로부터 분리되어 있다. 청년 맑스가 표현했듯이, 그는

---

77) 여기에서 남성 대명사는 소외를 강조하기 위해 사용된다.

그의 유적 존재 또는 유적 삶으로부터 분리된다. 과학에 대한 부르주아적 관념 속에서 즉, 자본주의 사회가 영원하다고 가정하는 과학관 속에서, 개인의 공동체로부터의 이러한 멀어짐은 미덕으로 칭송된다. 사회과학자들 자신부터가 자신이 연구하고 있는 사회로부터 더 멀리 떨어져 있을수록 더 좋은 것으로 간주된다. 이상적인 과학자는 아마도 달에 위치한 관찰자일 것이다. 그곳에서 그는 객관성을 가지고 사회를 분석할 수 있을 것이다. 집단성, 즉 사회는 가능한 한 멀리 주체로부터 분리된 객체로 된다.

이러한 사고방식 속에서, 과학과 객관성은 동의어로 간주된다. 어떤 것을 과학적으로 연구한다는 것은 그것을 객관적으로 연구하는 것이다. 혹은 이것이 가능하지 않음이 받아들여지면, 과학자는 객관성에 접근하기 위하여, 그리고 연구대상으로부터 거리를 유지하기 위하여 최선을 다해야 한다. 여기서 객관성이란, 가능한 한 우리 자신의 주관성을 억제하는 것을 의미한다. 주관적인 진술은 정의상 비과학적인 것으로 간주된다. 그러므로 무엇이 과학적인 것인가에 대한 생각은 명백한 기만에, 즉 사유자를 배제하는 사상을 표현할 수 있다는 관념에 기초한다. (이것은 물론, 명백히 주관적인 진술이 그 자체로 반드시 옳거나 과학적이라는 것을 의미하는 것은 아니다.)

그러므로 동일성은 3인칭 담론을 의미한다. 과학적으로 쓰기 위하여 우리는 사물에 대하여 '그것'이나 '그들'과 같은 식의 3인칭으로 쓴다. 정당들은 이러저러하다. 맑스주의는 이러저러하다. 영국은 이러저러하다. 일인칭 담론(나는 정당들이 지겹다. 우리는 더 나은 삶을 원한다. 무엇보다도 우리는 절규한다)은 비과학적인 것으로 간주된다. 그러므로 연구와 이론은 어떤 것**에 대한** 연구이거나 어떤 것**에 관한** 연구이다. 사회 이론은 사회**에 대한** 연구이다, 그것은 맑스주의**에 관한** 책이다, 오늘 우리는 19세기 멕시코에 **관하여** 배울 예정이다 등에서처럼. 각각의 경우에서 '~에 대한'(of)이나 '~에 관한'(about)은 학생이나 이론가 그리고 연구대상 사이의 분리나 거리를 표시한다.78) '~에 관한 지식'은 아주 단순히 말하면 '지배력'의 다른 측면이다. 사회를 연구하는 가장 훌륭한 학생들이나 이론가들은, 그들이 마치 사회 외부에 서 있는 것처럼 사회를 바라볼 수 있는 그런 사람들이다. (이러한 속임수가 곤란함을 느낀 학생들은 자신들의 작업을 인정받는 데에 종종 어려움을 겪는다. 그러나 다시 한 번 말하지만 이것이, 일인칭 담론이 그 자체로 올바르다는 것을 의미하지는 않는다.) 따라서 이론은 'theory'(이것은 '나는 본다'라는 뜻의 그리스어 θεω로부터 유래한다)라는 단어가 의미하는 것, 즉 외부의 대상에 대한 바라봄이나 숙고함이다. 주체는 존재하지만 관조자로서, 능동적인 주체라기보다는 수동적인 주체로서, 탈주체화된 주체로서, 간단히 말해 대상화된 주체로서 존재한다. 만약 우리가 '그것'**에 관하여** 쓴다면, 우리가 과학적으로 보일 수 있는 유일한 길은 **관찰자**로서이다.79) 따라서 이론은 그것이 이론가로부터 분리되어 존재하는 것처럼 보인다는 바로 그 이유 때문에, 세계에 '적용'될 수 있는 그 무엇으로 간주된다.

우리가 말하는 3인칭은 3인칭의 현재 직설법이다. 동일성을 자신의 기초로 취하는 사유 속에서 중요한 것은 **존재하는** 그대로의 사물들이지, 존재할 수 있을 것 같은, 존재할 것이라고 우리가 바라는 대로의 사물들이 아니다. 동일성주의자적 사유의 과학적 담론 속에는 가정법을 위한 여지는 전혀 없다. 만약 **우리**가 배제된다면, 우리의 꿈들과 소망들과 두려움들도 역시 배제된다. 가정법(假定法), 다시 말해 불확실성, 열망, 갈망, 가능성의 법, 아직 존재하지 않는 것의 법은 객관성의 세계 속에 어떠한 자리도 갖지 않는다. '있는-그대로'의 세계의 언어는 직설법(直說法) 속에 확고히 존재한다.

---

78) '~에 대한 이론'을 비판한 글로는 Gunn (1992)를 보라.
79) '이론'이라는 말의 기원과 변화하는 용법들에 관해서는 Williams (1976), pp. 266~268를 참조하라.

그러면 행위의 사회적 흐름의 파괴는, 사회과학자인 (더 이상 애매한 '우리'가 아닌) 내가 사회 속에서 나의 감정들과 나의 입장으로부터 멀어지고, 있는 그대로의 사회를 이해하려고 애쓰는 것을 의미한다. 사회는 나에게 수많은 특수자들로, 다수의 구별된 현상들로 나타난다. 내가 앞으로 나아가기 위해서는 내가 연구하고 싶은 특수한 현상들을 **정의하려고** 노력하고, 그 후에 그러한 정의된 현상들 사이의 연관을 규명해야 한다.

동일성은 정의를 의미한다. 일단 행위의 흐름이 파열되면, 일단 사회적 관계들이 구별된 사물들 사이의 관계들로 파편화되면, 파편화를 당연한 것으로 받아들이는 지식은 다만 각각의 사물, 각각의 현상, 각자의 인격이나 사람들의 집단을 정의하고 한정함을 통해서만 앞으로 나아갈 수 있다. 지식은 정의를 통해서 앞으로 나아간다. 어떤 것이 정의될 수 있으면, 우리가 그것을 아는 것이다. 무엇이 정치학인가? 무엇이 사회학인가? 무엇이 경제학인가? 무엇이 정당인가? 무엇이 맑스주의인가? 학교들이나 대학들에서 연구를 위해 하는 입문적 질문들은 일반적으로 **정의적인** 질문들이다. 졸업논문들은 일반적으로 연구대상에 대한 정의나 한정에 착수한다. 정의는 다른 동일성들과 구별되는 동일성에 대한 기술이다. 정의는 비모순적인 방식으로 동일성들을 한정하는 것을 목표로 한다. 만약 내가 X를 정의한다면, X가 X이자 동시에 X가 아니다라고 말하는 것은 정의적인 관점에서는 이해되지 않는다. 정의는 사회적 관계들을 정태적인, 파편화된, 사물화된 존재함(is-ness) 안에 고정한다. 정의적 세계는 순수한 세계, 명확한 구분들의 세계, 배제의 세계, 타자가 완전히 타자로서 분리된 세계이다. 정의는 타자를 구성한다. X에 대한 정의는 비(非)X를 타자로 구성한다. 만약 내가 내 자신을 영국인으로 정의한다면, 나는 아일랜드인이 아니다. 만약 내가 내 자신을 백인으로 정의한다면, 나는 흑인이 아니다. 만약 내가 내 자신을 아리안인으로 정의한다면, 나는 유태인이 아니다. 아일랜드인들, 흑인들, 유태인들은 타자들이며 우리가 아니다. 공포의 세계 전체는 정의의 과정 속에 봉쇄된다.

정의는 능동적 주체들인 **우리**를 배제한다. 이 책을 시작한 '우리', 세계를 변혁시키기 원하는 아직 탐구되지 않은 '우리'는 세계에 대한 정의적인 관점으로부터 배제된다. 우리가 어떤 것을 정의할 때, 우리는 통상 그것을 우리로부터 분리된 것으로 정의한다. 정의는 대상으로 정의되는 것을, 다시 말해 그것의 정의에 따라 주체로부터 분리된 대상으로 정의되는 것을 구성한다. '우리는 여성이다' 또는 '우리는 노동계급이다'에서처럼 '우리'가 정의될 때에도 사정은 다르지 않다. (적어도 정의되는 것과 관련하여) 정의는 우리를 한정하며 능동적인 주체성을 부정하고 우리를 대상화한다. 세계를-변혁시키고-싶어하는-우리는 정의될 수 없다.[80]

동일성의 세계는 개별화되고 원자화된 특수자들의 세계이다. 책상은 책상이다. 의자는 의자다. 영국은 영국이다. 멕시코는 멕시코다. 파편화는 동일성주의자의 사고에 근본적이다. 세계는 파편화된 세계이다. 이에 따라 절대적인 동일성의 세계는 또한 절대적인 차이의 세계이다. 세계에 대한 지식도 이와 마찬가지로 명백한 구분들로 파편화된다. 사회**에 대한** 연구는 분명한 하위 분과들 및 무한한 전문화들을 갖는 사회학, 정치학, 경제학, 역사학, 인류학 등등을 통해 이루어지며, 이것들은 다시 공간(영국, 멕시코, 스페인)과 시간(19세기, 1990년대) 그리고 사회적 활동(경제, 정치체제) 등에 대한 파편화된 개념들에 의존한다.

---

[80] 이와 유사한 정서에 대해서는 Smith (1996, p. 64)를 보라. "당신은, 인간이 자기창조적이고 자기의식적이며 사회적인 자연의 일부라고 말할 수 있을지 모른다. 물론 이것은 정의가 아니다. 사실상 당신은, 그것의 존재 양식이 그 자신을 지속적으로 다른 어떤 것으로 만드는 것 속에 존재하는 어떤 것에 한계를 부여하면서 글자 그대로의 어떤 정의를 만들어 낼 수는 없다."

7

 그러나 무엇이 이 파편화를 넘어서는가? 순수하게 특수자들로 구성된 세계는 개념화할 수 없으며 그 안에 들어가 살아갈 수도 없다. 행위의 파열은 사회성의 파열이다. 그러나 모종(某種)의 사회성은 개념적으로도 실천적으로도 필연적이다. 사회성은 더 이상 행위의 공동적인 결합이 아니며, (하나의 계급으로서의 농민에 대한 맑스의 유명한 묘사를 빌리면[81]) 포대기에 싸인 감자들이 마치 하나의 집합체를 이룬다고 이야기되는 것처럼) 특수자들을 동일한 가방에 모아 싸는 것도 아니다. 집합체들은 행위의 운동에 기반하기 보다는 동일성에 기초하여, 존재에 기초하여 형성된다. 이것이 분류(classification)*의 과정이다. 행위는 분류 과정의 일부일 수도 있다. 그러나 그것은 죽은 행위 다시 말해, 동일성 속에, 역할이나 성격가면 속에 가두어진 행위이다. 예컨대 의사들의 집단으로서의 분류는 말하자면 그들의 행위의 결합에 기초하는 것이 아니라, 행위자의 특정 유형으로서의 그들에 대한 정의에, 의사라는 성격가면의 부과에 기초한다. 이러한 의미에서 계급들은 언제나 다소간 임의적이다. 어떤 동일성들의 집합은 포대기 속에 함께 집어넣어질 수 있으며, 더 작은 가방으로 세분될 수 있고, 더 큰 용기들 속에 집어넣어 질 수도 있다…등등.
 정의와 분류를 통해 집단적인 동일성들을 구성하는 것은 바로 행위의 파열이다. 그 동일성이 자신의 동시적인 부정을 배제하는 것처럼, 사람들이

---

81) '이런 식으로, 프랑스 국민이라는 거대한 집합은 마치 포대기에 담긴 감자들이 감자들의 포대기를 이루는 것처럼 동질적인 양적 크기의 단순한 증가에 의해 형성되었다.' (Marx 1962, p. 334)

* 홀러웨이는 이 책에서 classification(분류)과 class-ification(계급화)을 구분하지만 늘 그런 것은 아니다. 양자는 상통적인 용어로 사용된다. (역자)

무엇 — 의사들, 교수들, 유태인들, 흑인들, 여성들 혹은 그 무엇이든 — **이다**라는 관념을 만드는 것은 바로 행위의 파열이다. 행위의 관점에서 보면, 민중은 의사들, 유태인들, 여성들 등등이면서 동시에 그것들이 아니다. 왜냐하면 행위란 우리가 무엇이든지 간에 그것에-대항하고-그것을-넘어서는 끊임없는 운동을 의미하기 때문이다. 행위의 관점에서 보면, 정의는 단지 즉각적으로 초월되어야 될 동일성에 대한 덧없는 정립일 뿐이다.82) 그러므로 어떤 사람이 무엇인지와 어떤 사람이 무엇이 아닌지 사이의 경계는, 집단적인 자신과 집단적인 타자 사이의 경계는 고정되거나 절대적인 것으로 간주될 수 없다. '흑인', '유태인', '아일랜드인' 등등과 같은 표식들이 고정된 어떤 성격을 갖는 것은 다만 어떤 사람이 동일성을 자신의 입장으로 취할 것인가 아닌가, 간단히 말해 어떤 사람이 행위의 파열에 대한 수용으로부터 출발하는가 아닌가에 달려 있다. 그와 같은 표식들을 주어진 것으로 취하는 '동일성' 정치학의 관념은 필연적으로 동일성들의 고정화에 기여한다. 그러므로 존재에 대한, 동일성에 대한, 어떤 사람이 무엇**인지**에 대한 호소는 동일성의 공고화와, 따라서 행위의 파열의 강화와, 요컨대 자본의 재강화와 항상 관련된다.83)

어떤 사람이 동일성의 개념 속에 머물러 있는 한, 그 사람이 그 동일성을 여성으로 생각하는가 남성으로 생각하는가, 흑인으로 생각하는가 백인으로 생각하는가, 동성애자로 생각하는가 이성애자로 생각하는가, 아일랜드인으

---

82) '역사의 본질은 모든 정의가 환상 속에서 산출되었다는 바로 그 점에 있다. 즉, **역사는 인간의 삶을 조형 짓는 객관적인 형태들에 대한 끊임없는 전복의 역사이다.**' (Lucács, 1971, p. 186, 강조는 원문 그대로.)
83) 예를 들어, 사빠띠스따 운동의 핵심은, 그것이 그 자신을 결코 '원주민'으로 정의하지 않았고 또 자신들의 원주민적인 성격을 결코 부정해 본 적도 없다는 것이다. 오히려 정의와 초월은 동시적으로 존재해 왔다. '우리는 원주민이며 그 이상이다.' J. Holloway (1998)을 보라.

로 생각하는가 영국인으로 생각하는가 간에 거의 차이가 없다. 어쨌든 이것은 이들 범주들이 대칭적이라는 것, 흑인들의 투쟁들이 단순하게 백인들의 투쟁과 등가적인 것으로 취급될 수 있다는 것, 또는 여성들의 운동이 남성들의 운동과 같다는 것을 의미하지는 않는다. 구별은 동일성의 기초 위에서 만들어질 수 없다. 좋은 동일성들과 나쁜 동일성들이 있다고 말하는 것은 무의미할 것이다. 오히려 구별은, 명백히 긍정적이고 동일성주의적인 진술이 부정적인 반동일성주의적인 고발을 수행하는 수많은 상황들이 있다는 사실 속에 있다. 흑인에 대한 차별에 의해 특징 지워진 사회 속에서 '나는 흑인이다'라고 말하는 것은, 그와 같은 사회 속에서 '나는 백인이다'라고 말하는 것이 분명히 도전하지 못하는 방식으로, 그 사회에 도전하는 것이다. 그것의 긍정적이고 동일성주의적인 형태에도 불구하고, 그것은 부정적인 반동일성주의적인 진술이다. 원주민의 존엄성을 체계적으로 부정하는 사회 속에서 '우리는 원주민이다'라고 말하는 것은 존엄성을 주장하는 방식이며, 존엄성에 대한 부정을 부정하는 방식이고, '우리가 존엄하며 그 이상이다'라고 말하는 방식이다. 그러나 그와 같은 진술들의 부정적인 고발은 고정된 방식으로 이해 될 수 없다. 그것은 특수한 상황에 의존하며 항상 허약하다. 나찌 독일에서 '나는 유태인이다'고 말하는 것은 현대 이스라엘에서 '나는 유태인이다'고 말하는 것과 동일하지 않다. 인종차별적인 남아프리카에서 '나는 흑인이다'라고 말하는 것은 탈인종차별화된 남아프리카에서 그렇게 말하는 것과 같지 않다. 그와 같은 긍정적-부정적 진술들 속에는 긴장이, 긍정적인 것이 부정적인 것을 삼켜 버리려고 끊임없이 위협하는 긴장이 있다. 그리하여 예컨대 억압받는 사람들은, 예컨대 억압받는 사람들의 민족주의(반제국주의적 민족주의)는 그것이 근본적인 사회변혁을 추구할지라도, 반식민주의 운동들의 역사가 분명히 보여주듯, 그것이 설정한 더 넓은 목표들로부터 단순히 '그들의' 자본가들을 '우리의' 자본가들로 대체하는 것으로 쉽사리 바뀐다. 물론 긍정적-부정적 긴장이 정반대로 분명히 반동일성주의적인 운동으로 폭발할 수도 있을 것이다. 바로 이것이 지금 멕시코 사빠띠스따 운동의 경우이다.

분류(classification), 즉 정의에 기반한 집단적 동일성들의 형성은 직접적으로 정치적 상관성을 갖는데 그치는 것이 아니다. 그것은 자본주의 사회 속에서 사고될 때 과학적 절차에 근본적이다.[84] 그것은 형식적 추상 — 운동과 모순(실질적 혹은 규정적 추상[85])에 기초하기 보다 정태적이고 비모순적인 범주들에 기초하여 세계를 개념화하려는 시도 — 의 핵심이다. 형식적 추상, 다시 말해, 동일성에 기초한 추상은 우리 사회의 교육과 학습의 제도들 속에서 과학적인 것으로 인정되는 모든 방법들과 절차들의 기초이다.

개념적 위계들은 분류를 통하여 형성된다. 특수자들은 보편자들 아래에 질서 지워진다, 보편자들은 더 높은 보편자들 아래에 질서 지워진다 등등. 이것은 책상용 의자다, 책상용 의자는 등받이가 똑바른 의자다, 등받이가 똑바른 의자는 의자다, 의자는 가구의 일부이다, 등등. 유(類)들과 종(種)들의 위계는 다음과 같은 식으로 구축된다: 책상용 의자는 등받이 똑바른 의자의 유, 유형, 형식, 종류이다. 개념의 위계적 질서화는 동시에 형식화의 과정이다. 의자(또는 가구)라는 개념은 어떤 특수한 내용으로부터 점차 분리된다. 입맞춤을 할 때 입술들은 서로 닿는다. 총탄은 표적을 향해 날아간다. 입술들의 접촉과 총탄의 비행 모두는 운동의 형식들이다. 우리는, 입맞춤과 살인이 갖는 내용의 차이로부터 완전히 멀어지는 방식으로, 이 두 가지 운동에 대하여 말할 수 있다.

---

84) 경험적인 연구(새로운 정의들에 대한 추적)와 분류(새로운 소재의 이론적 목록화) 사이의 상호 보완성에 관해서는 Horkheimer(1972)를 보라.
85) 이에 대해서는 Gunn (1987b, 1992)과 Bonefeld(1987, 1992)를 보라.

형식화 즉, 내용으로부터의 추상은 연구 대상에 대한 양화(量化)와 산술화를 가능하게 만든다.[86] 만약 입맞춤과 총탄의 비행이 운동의 형식으로 분류된다면, 다른 대상들이 움직이는 속도를 그것들의 속도와 대조함으로써 양적으로 그것들을 비교할 수 있게 된다. 양화 속에서 모든 내용들은 뒷전에 남는다. 입술들과 총알은 1=1, 2=2, 3=3 등등의 논박 불가능한 가정들 위에서 비교된다.

그렇지만 양화는 수학들이 동일화에 내재한 형식적 추상들을 전개시키는 방식의 한 측면에 불과하다. 만약 X가 X이고, Y가 Y라면, 우리가 각각을 서로와의 관계 속으로 가져갈 수 있는 유일한 길은 형식화를 통해서, 즉 그들의 특수한 내용으로부터의 멀어짐을 통해서이다. 만약 우리가 존과 제인을 사람으로 분류한다면, 우리는 그들의 특수한 동일성들(존은 존이고 제인은 제인이다)을 부정함으로써가 아니라 그것들로부터 멀어짐으로서, 존이나 제인으로서의 그들의 특수한 내용을 방치함으로써, 그리고 사람으로서의 그들의 형식적인 등가성에 집중함으로써 그렇게 한다. 형식적 추상은 이와 동시에 동질화이다. 동일성주의적 사유 속에서 어떤 사람은 하나의 시간의 똑딱거림이 다른 똑딱거림과 동일한 것과 같은 동질의 방식 속에서 또 다른 사람과 동등하다. 1 평방미터의 공간은 또 다른 1 평방미터의 공간과 동등하다. 일단 특수성들이 무시되면, 동일성과 분류의 전체 구조를 가능한 한 엄격하게 질서 짓고 비모순적인 것으로 만들기 위한 형식적 근거를 발전시키는 것이 가능하다. 형식논리학[87]과 수학들은 X=X라는 단순한

---

[86] 수학적 추상과 상품 교환 간의 관계에 대한 논의로는 Sohn-Rethel (1978)을 보라.
[87] Bublitz의 주장(1998, p. 12)에 따르면, '우리들의 세계를 꿈쩍 않는 논리적 원리들로 환원하는 것은, 원칙적으로 우리가 우리들이 행하는 방식대로 살아야 한다는 점을 증명하기에는 좋지만 이 방식이 우리의 인간성을 매장한다는 점을 이해하기에는 좋지 않다.'

동일성으로부터 출발하고, 그것의 의미를 가능한 최고의 수준으로까지 전개한다. 만약 X가 X가 아니라면, 만약 X가 X이면서 동시에 X가 아니라면 수학의 기초는 침식된다. X와 비X의 상호 배제는 이원론적 논리학(불 대수학)에서 가장 분명하게 표현된다. 그 속에서 모든 것은 1이나 0으로, 참이나 거짓으로, 예나 아니오로 표현된다. 여기서 공통 경험의 예-이면서-아니오의 여지나, 아마도(maybe)의 여지는 전혀 없다.88)

그리하여 물신주의나 사물화의 기초가 되는, 행위의 행위결과로부터의 분리는 증대되는 사회적 관계들의 형식화와 이에 상응하는 사유의 형식화를 수반한다. 계몽의 과정에서, 즉 자본주의적 사회 관계들의 확립을 위한 철학적 반주(伴奏)를 하는 과정에서 이성은 점차 형식화된다. 이전에 이성의 관념은 선이나 참에 대한 추구와 연관되어 왔는데, 이제 그것은 형식적으로 올바른 것의 확립으로 점차 한정된다. 참은 '형식적으로 올바른 것'으로 환원된다. 나아가, 참은 주관적인 판단의 문제로 간주된다. (Horkheimer 1997) 형식적으로 올바른 것은, (문제의 내용으로부터 완전히 멀어지는) 수학적 문제로 간주될 수 있다. 이론의 경향은 '상징들의 순수하게 수학적인 체계를 지향한다'. (Horkheimer 1972 p. 190) 이러한 '점차적으로 형식주의화하는 이성의 보편성 속에서 … 가치판단은 이성이나 과학과는 관련이 없다. 어떤 사람이 자유인가 복종인가, 민주주의인가 파시즘인가, 계몽인가 권위인가, 대중문화인가 진리인가 중 어느 것을 결정하든 그것은 주관적인 선호의 문제로 간주된다. (Horkheimer 1978b, p. 31) 이성은 인식으로부터 분리된다. 사유는 존재로부터 분리된다. 이성은 효율성의 문제, 즉 수단을 목적들에 가장 적합하게 적용하는 문제가 된다. (Horkheimer 1978b. p. 28)

---

88) 물론 지난 50년에 걸쳐, 이원론적 논리학은 컴퓨팅의 발전 속에서 매우 실질적인 충격을 받으면서 정교해졌다.

다시 말해, 이성은 목적 자체에 대한 조사나 비판으로 되기보다 도구적 이성이 되며, 목적을 획득하기 위한 수단으로 된다. 사물화는 의미의 상실과 관련된다. 아니 오히려, 그것은 의미가 목적에 이르는 수단을 측정하는 순수히 형식적인 과정이 된다. 핵무기에 의한 파괴는 이성적 사유의 결과물이다. 우리의 절규가 비합리적인 것으로 보이는 것은 바로 그런 합리성에 의해 판단된 때이다.

이성의 형식화는 또 존재하는 것의 존재해야 할 것으로부터의 분리이다. 이제 합리적 사유는 존재하는 것과 그것의 합리적인 (효율적인) 배치에만 관심을 갖는다. 이것은, '존재해야 함'의 제거가 아니라 '존재해야 함'의 '존재함'으로부터의 분리를 의미한다. 존재하는 것과 존재해야 할 것은 서로 별개의 것이다. 대부분의 사람들은 어떤 아이도 거리에서 살아가게 해서는 안 된다는 것에 대해 동의할 것이다. (주장은 그렇게 나타날지라도) 실제는 다르다. 사회학, 정치학, 경제학 그 어느 것이건, 사회과학의 '분과'가 그 무엇이든 간에, 사회에 대한 연구는 **존재하는** 것에 대한 연구이다. 무엇을 해야 하는가에 관한 질문도 흥미로울 수는 있겠지만 이 양자 사이의 구별을 흐려서는 안 된다. 현실과 꿈들을 혼동해서도 안 된다. 양자가 계속 분리되어 있는 한, 아무런 문제도 없다. 존재해야 할 것에 대한 도덕주의적 추론은, 존재하는 것을 침식하기는커녕, 실제적으로는 그것을 재강화한다. "존재해야 함"은, "존재해야 함"이라는 범주가 원칙적으로 **적용 불가능하게** 되는 기존의 현실을 전제한다. 주체가 그의 경험적으로 주어진 현존을 단순히 받아들이기를 거부하는 때는 언제라도, "존재해야 함"의 형태를 취한다. 이것은, 직접적으로 주어진 경험적 현실성이 철학의 수중에서 긍정되고 신성화되는 것을 의미한다. 그것은 철학적으로 불멸화된다. (Lucács 1971, p. 160)

사회적 관계들의 형식적인 추상화가 실제로 존재하는 한에서, 그 관계들은 법칙들에 의해 지배되고 있는 것으로 이해될 수 있으며, '자본주의 발전의 법칙들'에 대해 말하는 것도 그런 한에서 가능해 진다. 자본의 소유자들은 자본주의 사회를 통제하지 못한다. 아니 오히려, 그들 역시 자본주의 발전의 법칙들에 종속된다. 다시 말해 그들도 행위자의 행위로부터의 분리의 법칙들에, 즉 행위의 자율성을 반영하는 법칙들에 종속된다. 사람들이 할 수 있는 최상의 것은 그들 자신을, 자신들이 통제할 수 없는 이 '법칙들'에 적응시켜 나가는 것이다. '자본주의 사회에서 사람들은 (계급으로서의) 그들 자신에 의해 만들어진 하나의 현실에 직면하는데, 그 현실은 그에게 낯선 자연적 현상처럼 나타난다. 그들은 전적으로 그것의 "법칙들"의 처분에 맡겨져 있다. 그들의 활동은 그들 자신의 (이기적인) 이해관계를 위하여 어떤 개별 법칙들의 냉혹한 실행을 이용하는 것에 한정된다. 그러나 심지어 그러한 "활동을 하는" 동안에조차도 그들은 실상 사건들의 객체이지 사건들의 주체는 아니다.' (Lucács, 1971, p. 135) 이러한 맥락 속에서, 자유는 단순히 법칙들에 대한 지식, 그 법칙들에의 종속, 필연성의 승인에 다름 아니다.[89] 그렇다면 자본주의 사회의 법칙구속적 성격 및 이들 법칙들에 대한 과학적 연구의 가능성은 다음과 같은 사실의, 즉 행위자가 그들의 행위를 통제하지 못하며, '모든 인간 관계들이 … 점점 더 자연과학의 개념화된 체계의 추상화된 요소들의 객관적 형식을, 그리고 자연법칙들이라는 추상적 토대들의 객관적 형식을 띤다는 사실의 표현 이상이 아니다.' (Lucács 1971, p. 131)

---

[89] 이것이 칸트와 엥겔스에 의해 지지된 자유관이다. 이에 대한 비판으로는 Adorno (1990, pp. 248~249)를 보라.

8

　논의는 계속해서 더 나아갈 수 있을 것이다. 논점은 무한히 복잡한 사회적 구조의 기초에 하나의 단순한 원리가, 즉 동일성의 원리가 있다는 점이다. 동일성의 원리는 자본주의의 사회적 조직화에 너무 기초적이어서 그것의 중요성을 강조하는 것은 완전히 무의미해 보인다. 왜냐하면 그것은 너무도 명백해 보이기 때문이다. 그러나 그것은 그렇게 명백하지 않다. 어떤 사람이 x이면 동시에 x일 수 없다는 생각은 결코 자명하지 않은 어떤 것, 즉 행위결과의 행위로부터의 일상적으로 반복되는 분리에, 행위자로부터 그의 행위 생산물의 일상적으로 반복되는 강탈과 그것이 타자의 소유물로 정의됨에 기반하고 있다. 이 매우 실제적이고 매우 물질적인 동일화(이 사물은 나의 것이며 너의 것이 아니다)는 마치 어떤 균열처럼 우리의 사회적 조직화의 모든 측면과 우리의 의식의 모든 측면 속으로 퍼진다.

　동일성은 상호 인정의, 공동체와 우정과 사랑의 반명제이다.[90] 만약 내가, '나는 x다'라고 말한다면, 그것은 나의 존재 x가 그 밖의 어떤 사람에 의존하지 않고 있고, 그것은 그 밖의 어떤 사람의 인정에도 의존하지 않는다는 것을 함축한다. 나는 홀로 존재한다. 다른 사람과 나의 관계는 나의 존재에 주변적이다. 사회적 인정은 나의 외부에 존재하는 어떤 것, 즉 내가 나의 생산물을 팔 수 있을 때 혹은 일을 할 수 있는 나의 능력을 보다 높은 가격에 팔 수 있을 때 (예컨대 판촉) 시장을 통하여 실현되는 그 무엇이다. 다른 사람들은 그저 타자일 뿐이다. 동일성의 프리즘을 통해서 보면, 사람들 사이의 관계는 외적이다. 부블리츠(Bublitz 1998, pp. 34ff)가 그녀의 아리스토텔레스론에서 지적했듯이, 우정과 사랑은 동일성의 형식논리학의 기반 하

---

[90] Bublitz (1998)에 실려 있는 '정의와 우정'에 관한 Ute Bublitz의 중요한 논문을 참조하라.

에서는 개념화될 수 없다. 거기에는 상호 인정이 즉, 우리 자신에 대한 타자의 인정이나 타자에 대한 우리 자신의 인정이 존재 할 수 없다. 동일성주의자적 관점에서 볼 때, 우리가 출발했던 '우리'는 감자들의 임의의 자루, 혹은 어떤 실제적인 기초도 갖고 있지 않는 허구적인 (그리고 위태로운) 사이좋음 이상일 수 없다. 거기에는 우리가 우정이나 사랑으로 경험하는, 존재의 상호 침투를 위한 여지가 없다. 반면에 증오는 이해하기 쉽다. 타자는 타자이다. 타자는 우리의 일부가 아니며 우리는 타자의 일부가 아니다.[91]

동일화의 과정이 우리에게 외적이지 않다는 점은 명백하다. 우리는 사회적 관계들을 동일화하거나 사물화하는 과정 속에 참여하고 있다. 마치 우리가, 우리의 행위에 대립되는 행위결과를 생산하는 데에 능동적으로 참여하듯이 말이다. 순수한 주체란 없다. 지배력은 우리에게 그것의 재생산에 능동적으로 참여하도록 강제하면서, 우리 속으로 뻗치며 우리를 변형한다. 사회적 관계들의 경화, 즉 우리의 절규가 대면하는 사물들의 존재 방식은 그저 우리의 외부에 있는 것이 아닐 뿐만 아니라 우리 자신에게, 다시 말해 우리가 생각하는 방식, 우리가 행동하는 방식, 우리가 존재하는 방식, 그리고 우리가 존재한다는 사실에 영향을 미친다. 우리는 우리가 우리의 행위결과로부터, 그리고 우리의 행위로부터 분리되는 과정에서 손상을 입는다. 우리의 능동성은 수동성으로 변형되며 일을 하겠다는 우리의 의지는 화폐에 대한 탐욕으로 변형되고 동료 행위자들과 우리의 협동은 화폐나 경쟁에 의해 매개된 도구적인 관계로 변형된다. 우리 행위의 순수함, 우리 지향력의 순수함은 지배력의 행사 속으로의 유죄적 참여가 된다. 행위로부터 우리의 소외는 자기 소외이다. 여기에는 열정적으로 혁명적인 어떤 순수한 주체는

---

[91] 이런 점에서, 친구와 적 사이의 구분에 초점을 맞추고 있는 칼 슈미트의 정치 이론은 단지 정체성 논리의 일관된 발전일 뿐이다. Schmitt (1987)를 보라.

없으며 손상 입은 인간성만이 존재한다. 우리는 모두 동일성주의적 실재의 구축 과정에 깊게 관계하는데, 이 과정은 우리 자신의 구축 과정이기도 하다.

우리가 대면하는 현실은 우리 내부로 뻗어 들어온다. 우리가 절규하는 대상은 그저 거기 외부에 있을 뿐만 아니라 우리 내부에도 있다. 그것은 우리들 모두에게 침투하는 것처럼, 우리가 되는 것처럼 보인다. 그것은 우리의 절규를 그토록 고뇌에 찬 것으로, 그토록 필사적인 것으로 만드는 요인이다. 또한 그것은 우리의 절규가 그토록 가망 없는 것으로 보이게 만드는 요인이기도 하다. 때때로 우리의 절규 그 자체는 단지 희망의 균열에 지나지 않는 것처럼 보인다. 우리가 현실 즉, 자본의 현실을 벗어나는 것은 완전히 불가능한 것처럼 보인다. 마르쿠제(Marcuse 1998, p. 16)가 표현했듯이, '자유롭지 않은 개인은 그의 주인들과 그들의 명령들을 그 자신의 심적 기제 속으로 투사한다. 자유에 대항하는 투쟁은 인간의 영혼 속에서 억압된 개인의 자기억압으로 재생산된다. 그리고 그의 자기 억압이 다시 그의 주인들과 그들의 제도들을 떠받친다.' 이렇게 주인들과 그들의 명령들을 무의식적으로 내면화하는 것은 동일성주의적이고 소외된 현실성(프로이트가 현실성의 역사적으로 특유한 형식이라기보다 생물학적으로 결정된 절대적 현실성이라고 이론화한 현실성)에 대한 무의식적 내면화이다. 우리는 그것에 우리의 쾌락 추구를 종속시킨다.[92]

---

92) Marcuse (1998)는 수행 원칙으로서 현실 원칙의 역사적으로 특유한 형식을 언급한다. Paul Lapargue는 『게으를 권리』의 머리말에서 전(前) 프로이트적 용어로 같은 내용을 언급한다. '자본주의 문명이 지배하는 민족들 속에서 노동자 계급은 이상한 광기에 사로잡혀 있다. 수세기 동안 인류를 고문했던 개인적이고 사회적인 비참함들이 이 광기의 자국 속에 흐르고 있다. 이 광기는 "일에 대한 사랑"이며, 우리의 생명력과 우리 자손의 생명력을 소진시키는 데까지 나아가는 "일에 대한 열정"이다.' (1999, p. 3)

그러므로 사물화는 객체의 지배를 지시할 뿐만 아니라 특유하게 탈구된 주체의 창출을 지시한다. 행위 및 행위결과로부터 행위자의 분리는 행위로부터 벗어난 행위자, 행위결과에 종속되어 있지만 그것으로부터 완전히 독립된 것처럼 보이는 행위자를 창출한다. 행위의 사회적 직조 무늬로부터 사람들의 분리는 그들을 자유로운 개인들로 구성한다. 이 개인들은 인격적 속박으로부터 자유로우며 생존 수단들에 접근할 수 없다는 뜻에서, 즉 맑스에 의해 지적된 이중적 의미에서 자유로운 개인들일 뿐만 아니라 공동체에 대한 책임이 없고 집단적 행위에의 유의미한 참여의 감각이 없다는 의미에서도 자유로운 개인들이다. 우리의 논의에 따르면, 행위의 파열은 곧 주체의 파열, 주체의 고통, 주체의 훼손을 의미하는 반면, 부르주아 이론의 주체는 순수하며, 건강하고, 자유로운 자기결정적 개인이다. 특정한 개인들은 명백히 심리적 문제들을 갖지만, 그것들은 단지 개인적 문제일 뿐이며, 우리의 실존의 모든 측면을 관통하는 사회적 정신분열증과는 아무 상관이 없다. 행위결과에의 종속이 더욱 당연한 것으로 받아들여질수록 그 개인적 주체는 더욱 자유로워 보인다. 동일화가 단순히 질문을 넘어선 어떤 것으로, 사유를 넘어선 어떤 것으로 더욱 철저히 확립되면 그럴수록 그 사회는 더욱더 자유로운 것으로 나타난다. 우리가 더 완전히 부자유스러우면 그럴수록 우리는 더 해방된 것으로 보인다. 시민들의 환상적인 자유는 국가라는 환상적 공동체의 맞짝이다. 우리는 자유로운 사회 속에서 살아간다. 그렇지 않은가? 우리의 절규가 그토록 격렬한 것은 놀라운 일이 아니다.

그래서 우리는 주체에 대한 두 가지 개념을 갖는다. 부르주아 이론의 주체는 자유로운 개인인 반면 우리의 고려에 핵심적이었던 주체성은 행위결과로부터 행위의 분리에 의해 산산이 분열된 집합적 주체성, 깊숙이 손상된 원자화된 주체이다. 부르주아 이론의 주체는 절규하지 않는다. 반면에 우리의 주체는, 어떤 특수성 때문이 아니라 우리의 분열된 주체성 때문에, 몹시 절규한다. 부르주아 이론에서 주체성은 동일성이다. 반면에 우리의 논의에서 주체성은 동일성에 대한 부정이다.

첫 번째 개념, 즉 순수하고 건전한 주체라는 개념이 맑스주의 이론 내부의 어떤 조류들에 의해 노동계급이라는 개념으로 종종 번역되어 왔음은 물론이다. 영웅적인 노동계급이라는 소비에트 이미지가 떠오르지만, 영웅적인 혁명가의 이미지는 소비에트 경험을 더 넘어서까지 나아간다. 주체의 개념을 공격하려는 일부 이론가들(구조주의자들, 탈구조주의자들, 포스트모더니스트들)의 관심사를 이해하는 것이 가능하게 되는 것은 바로 이러한 문맥속에서이다. 주체성에 대한 공격으로 간주되는 것의 대부분은 단지 동일성에 대한, 즉 주체성과 동일성을 부르주아적으로 동일시하는 것에 대한 공격이다. 그리하여 예컨대, 푸코가 '서구가 여러 세대에 걸쳐 생산한 거대한 작업은 인간들의 주체화이다. 나는, 인간들이, 이 말의 이중적 의미에서 "주체들"로 구성되는 것을 의미한다'(1976, p. 81)라고 말했을 때, 확실히 이것은, 실제로 이 말의 이중적 의미에서 주체인, 자본주의 사회의 '자유로운' 주체의 구성과 관련해서 올바르다. 그러나 일반적으로 부르주아적 주체를 주체성 일반과 동일시하는 것은 목욕물과 함께 어린애를 아주 잔학하게 던져 버리는 셈이다. 주체성을 동일성과 혼동하는 것, 그리고 동일성을 공격하기 위하여 주체성을 비판하는 것은 오직 완전히 막다른 골목에 도달하는 길일 뿐이다. 왜냐하면 운동으로서의, 존재함에 대한 부정으로서의 주체성은 오직 동일성을 넘어서기 위한, 그러므로 부르주아적 주체를 넘어서기 위한 유일하게 가능한 기초이기 때문이다.[93]

---

93) 말년에 푸코는 그의 초기 저작이 그를 끌고 갔던 이론적이고 정치적인 궁지로부터 벗어나기 위해 투쟁했다. 이에 관한 유익한 설명으로는 Ashe et al., (1999, pp. 88ff)과 Best and Kellner (1991)을 참조하라.

9

　물신적인 것은 실제적 환상이다. 우리가 살펴보았듯이, 맑스는 상품을 생산하는 사회 속에서 '한 개인의 노동과 나머지 사람의 노동을 결합하는 관계들은 노동하는 개인들의 직접적인 사회적 관계들로서가 아니라, 실제로는 사람들 사이의 물질적 관계들로, 사물들 사이의 사회적 관계들로 나타난다.'(1965, p. 73)고 주장했다. 사유의 물신화된 범주들은 실제로 물신화된 실제성을 표현한다. 만약 우리가 이론을 실천의 계기로 보고 사유를 행위의 계기로 본다면, 거기에는 사유의 물신화와 실천의 물신화 사이의 연속성이 있다. 물신화(따라서 소외, 사물화, 동일화 등등)는 사유의 과정을 지시할 뿐만 아니라, 행위결과의 (저 개념적 과정들을 자신의 일부로 포함하는) 행위로부터의 물질적인 분리를 지시한다. 따라서 물신화는 사유 속에서만 극복될 수는 없다. 물신화의 극복은 행위와 행위결과의 분리의 극복을 의미한다.

　이것은 중요하다. 왜냐하면 만약 물신주의가, 그것이 기초하고 있는, 행위와 행위결과의 물질적 분리로부터 분리된다면, 물신주의라는 개념(소외 등등)은 그것의 힘을 잃기 때문이다. 물신화는 행위결과가 행위자로부터 분리되는 물질적 과정의 중심이다. 만약 착취의 물질적 과정과 사유의 물신화 사이에 분리가 만들어진다면, 소외나 물신화는 문화 비판의 도구로, 고도로 세련된 비탄으로 환원된다. 아도르노가 지적했듯이, 이것은 사실상 지배적 의식과 집단적 무의식에 대해 이상주의적으로 받아들여질 수 있는 비판 이론을 만드는 것이다.[94] 그것은 물신주의라는 개념이 비판하는 '경제적인

---

94) 여기에서 Adorno의 주장은 다소 혼돈스럽다. 왜냐하면 그가 물화와 소외라는 용어를 물질적 분리와 개념적 분리의 연속성을 지칭하는 데서 더 나아가 의식의 형태들을 지칭하는데 사용하기 때문이다. 그러므로 '우리가 변증법을 더 이상 물화로 환원할 수 없듯이 우리는 그것을 (아

것'과 '문화적인 것' 사이의 분리를 다름 아닌 물신화 개념 자체 속에서 재생산하는 것이다.

그러므로 동일화의 폭력은 개념적일 수만은 없다. 동일성주의적 사유의 과학적 방법은 지배력의 행사이다. 권력은 그것들의 효과적인 동일화를 통하여 민중에게 행사된다.95) 이렇게 자본주의적 생산은 동일화에 기초한다. 법률도 동일성에 기초를 둔다. 법적 소송을 당하는 사람은, 여러 가지 방식으로 공동 책임을 갖는 것으로 간주될 수 있는 타자들 모두로부터 분리되고 동일화된다. 동일화는 매우 물리적으로 표현된다. 그 사람을 범죄 혐의자로 낙인찍어 동일화하는 수갑 속에서, 그 사람을 동일화된 개인으로 취급하는 것 속에서, 그 사람을 감옥이나 독방에 물리적으로 구금하는 것 속에서, 그리고 아마도 그 사람에 대한 사형집행 속에서, 다시 말해 '너는 이러하며, 이러해 왔고, 이렇게 되지 말아야 한다'라고 말하는 동일화의 저 지고한 행위 속에서 말이다. 존재함, 동일성, 됨의 부정은 죽음이다.

동일화, 정의, 분류는 물리적 과정일 뿐만 아니라 정신적인 과정이기도 하다. 강제수용소 안에서 동일화되고 분류되고 헤아려진 유태인들은 정신적 실천 이상의 대상들이다. 동일화, 정의, 분류는 군대들의, 병원들의, 학교들의, 그리고 다른 기구들의 물리적이며 공간적이고 시간적인 조직화의 기초이며, 푸코가 훈육, 권력의 미시물리학, 세부의 정치경제학이라고 부른 것의 핵심이다.96) 관료적 권력은, 국가의 모든 작동과 마찬가지로, 동일화와 분류라는 과정에 기초를 두고 있다. 국가는 사람들을 동일화하며 그들을

무리 논쟁적일지라도) 어떤 고립된 다른 범주로 환원할 수 없다.' (1990, p. 190) 이는 물화가 행위와 행위결과의 분리의 물질적 과정으로부터 추상될 때에만 의미가 있다.
95) '분할과 통치'라고 말함에 있어, '과'는 분할과 통치간의 분리를 지시하는 것이 아니라 둘 사이의 동일화를 지시한다. 즉 분할은 통치이며 통치는 분할이다.
96) 특히 Foucault (1975)를 참조하라.

정의하고 그들을 분류한다. 국가는 시민들에 대한 정의 없이는, 그리고 이와 동시에 비시민들에 대한 배제 없이는 생각될 수 없다. 856,000명의 멕시코인이 최근 6개월 동안에 미국과 멕시코의 접경에서 체포되었다.[97] 그것은 대규모의 동일화, 정의, 분류이다.

10

이 장의 논의는 우리를 권력에 대한 이해로 인도한다. 그러나 우리는 하나의 낙담스런 딜레마를 다루지 않으면 안 된다.

권력이 장악될 수 없다는 것은 이제 분명하다. 왜냐하면 권력은 어떤 특정한 인물이나 기구에 의해 소유될 수 없기 때문이다. 오히려 권력은 사회관계들의 파편화 속에 존재한다. 이것은 행위결과의 행위로부터의 지속적으로 반복되는 분리 속에 그것의 핵심을 가지고 있는 물질적 파편화이다. 그것은 사물들을 통한 사회적 관계들의 실질적 매개를, 사람들 간의 관계의 사물들 간의 관계로의 실질적인 변형을 포함한다. 우리의 실천적 교류는 파편화되어 있다. 그와 더불어 그리고 그것의 일부로서, 우리의 사유 패턴들, 다시 말해 우리가 사회적 관계들에 대하여 생각하고 말하는 방식도 파편화되어 있다. 행위의 따뜻한 직조는, 우리를 구성하는 사랑들과 미움들과 열망들은, 사유와 실천 속에서, 제 각각 독립해 있는 매우 많은 동일성들로, 실존의 매우 많은 차가운 원자들로 파열된다. 우리의 절규를 공허한 반향으로 만들며 근본적인 변혁을 생각조차 하기 어렵게 만드는 지배력은 이러한

---

[97] La Jornada, 2000년 6월 14일. 약 300명의 사람들이 매년 그 국경을 넘으려고 시도하다가 죽는다.

파열 속에, 동일화 속에 있다.

그러므로 국가는 그것의 외관과는 달리 권력의 활동 중심이 아니다. 그것은 사회적 관계들의 파열 속에 있는 단지 하나의 요소일 뿐이다. 국가, 아니 오히려 국가들은 우리에게 민족적 동일성을 부여하면서 우리를 '시민들', 그리고 '비시민들'로 정의한다. 그런데 이 민족적 동일성은 동일화 과정의 가장 직접적으로 살인적인 측면들 중의 하나이다. 얼마나 많은 사람들이 20세기에 그들이 특수한 국가의 민족 구성원으로 정의되었다는 이유만으로 죽임을 당했던가? 억압에 대항하는 절규는 얼마나 자주, 민족해방 운동들 — 이것들은 절규가 대항했던 억압을 재생산하는 것에 지나지 않았다 — 속에서 민족적 정체성의 단언으로 바뀌었던가? 국가는 정확히 그 단어가 암시하는 바의 것, 즉 변화에 반대하며 행위의 흐름에 대립하는 방파제이며 동일성의 화신이다.[98]

권력을 사회적 관계들의 파편화로 이해하는 것은 우리를, 권력에 대한 이원적 개념에 대한 푸코의 공격으로, 그리고 권력은 힘들의 다양성으로 이해되어야만 한다는 그의 주장으로 되돌아가게 한다. 권력에 대한 이원적 관점과 복수적 관점 사이의 이항 대립이 허구적이라는 것은 이제 분명하다. 권력 관계들의 다양성은 정확히 행위와 행위결과간의 이원적 적대로부터 도출된다. 이 복잡성을 자본가 계급과 프롤레타리아트간의 단순한 이원적 적대로 환원하는 것은, 종종 그래 왔듯이, 이론적 문제들 뿐만 아니라 정치적 문제들을 야기한다. 단순히 다양성에 초점을 맞추면서 권력 관계의 기저에 놓인 통일성을 망각하는 것은 정치적 전망을 상실하게 만든다. 푸코가 애써서 지적하듯이, 해방을 상상할 수 없게 되는 것이다. 게다가 그러한 동

---

[98] 국가의 문제에 관해 우리는 뒤에서 좀더 자세히 다룰 것이다.

일성들을 발생시키는 동일화의 과정에 관하여 질문하지 않고서 동일성들의 다양성에 초점을 맞추는 것은 필연적으로 그러한 동일성들을 재생산하는 것이며 동일화의 과정에 능동적으로 참여하는 것이다. 그러므로 이원적인 것과 다양한 것의 분리-속의-통일, 통일-속의-분리를 주장하는 것이 핵심적이다.

우리는 딜레마에 봉착해 있다. 자본의 권력은 모든 부면에 침투하고 있다. 그것은 우리가 세계를 인식하는 방식을, 우리의 섹슈얼리티를, 우리가 개인적 주체로 구성되는 것 자체를 '나'라고 말할 수 있는 우리의 능력을 조형한다. 거기에는 어떤 출구도 없는 것처럼 보인다. 아도르노(1967, p. 34)가 표현했듯이, '절대적인 사물화가 … 지금 사람들을 완전히 빨아들일 준비를 갖추고 있다.'[99] 그리고 절대적인 사물화는 절대적인 죽음이다. 동일성은 가능성을 부정하며, 다른 삶에 대한 개방성을 부정한다. 동일성은 살인을 하는데 은유적 의미에서 그러할 뿐만 아니라 문자 그대로의 의미에서도 정말 그러하다. 다음과 같은 아도르노의 끔찍한 경고는 동일성에 대한 우리의 모든 성찰들보다 탁월하다. '아우슈비츠는 순수한 동일성의 철학이 죽음임을 확증해 준다.' (1990, p. 362)

우리가 자본주의 사회 속의 권력에 대해 더 많이 생각하면 그럴수록 우리의 절규는 더욱더 고뇌에 차게 된다. 그러나 그것이 더욱더 고뇌에 차게 되면 그럴수록 그것은 더욱더 절망적이고 더욱더 무기력하게 된다. 지배력에 종속되어 있는 사람들의 핵심으로 지배력이 침투하는 것은, 모든 혁명 이론이 다루어야만 하는 중심 문제이다. 행위와 행위결과의 분리가 행위자 자신 속으로 침투하는 것은 혁명이 매우 절박한 이유일 뿐만 아니라 그것

---

99) Jay (1984a, p. 49)를 재인용.

이 점차 생각하기 어렵게 되는 이유이기도 하다. 지배력이 주체의 실존의 심층으로 침투함으로써 주체가 불구화되는 것은 분노를 불러일으킴과 동시에 체념을 야기한다. 어떻게 우리가 비인간화에 기초를 둔 사회 속에서 살아갈 수 있는가? 그러나 우리가, 사람들이 그토록 비인간화되는 사회를 어떻게 변화시킬 수 있을까? 이것이 혁명의 절박한 불가능성의 딜레마이다.

딜레마로부터 탈출하는 세 가지 가능한 길이 있다.

첫 번째는 희망을 포기하는 것이다. 이 접근법은, 착취가 없고, 전쟁이 없고, 폭력이 없는 사회, 즉 상호 인정에 기반한 해방된 사회를 창출하는 것이 가능하리라고 생각하는 대신에, 세계가 근본적으로 변화될 수 없다고 생각하며, 있을 수 있는 최선의 삶에, 그리고 아무리 작은 변화라도 그것이 가능하다면 그 변화를 이루는 것에 초점을 맞춘다. 아마도 소외는 인정되며, 아마도 항구적인 것으로 간주된다.[100] 혁명과 해방이라는 개념들은 포기되고 '미시-정치학'의 관념으로 대체된다. 권력의 다양성은 특수한 쟁점들이나 특수한 동일성들에 집중된 투쟁들, 예컨대 권력 관계들의 극복이 아니라 재배치를 목적으로 하는 투쟁들의 다양성의 지지대로 간주된다.

환멸은 가장 일반적으로 포스트모더니즘의 이론 및 정치학과 연결되어 있다.[101] 그러나 그것은 그것보다 훨씬 더 멀리 퍼져 간다. 다른 경우들에서, 혁명이라는 관념이 참조 사항으로 유지될지는 모르지만, 좌파 담론은 더 우울하게 되며 더욱더 자본주의가 가져다주는 공포를 비난하는 것으로 되고 문제 해결의 가능성을 숙고하는 것에서 더욱더 멀어지게 된다. 좌파 지식인들은 카산드라의 입장을 채택한다. 그것은, 다가오고 있는 운명을 예

---

100) 구조주의와, 영구적 소외라는 그것의 가정에 관해서는 Tavor Bannet (1991)을 참조하라.
101) 1968년 5월 프랑스 사건들의 여파 속에서 나타난 포스트 모던 이론과 환멸의 연결 관계에 관해서는 Best and Kellner (1991)을 보라.

언하면서도 그 예언이 다른 사람에게 전달되리라는 희망은 거의 갖지 않는 것이다.

어쩌면 우울한 카산드라들과 포스트모더니스트들이 정말로 옳을 지도 모른다. 어쩌면 어떤 희망도 없고, 착취와 비인간화에 기초하지 않은 사회를 창출할 어떤 가능성도 없을지 모른다. 어쩌면, 인간이 마침내 핵폭발이나 여타의 방식으로 자신을 파괴할 때, 최후의 포스트모더니스트가, 희망을 가졌던 최후의 맑스주의자에게 고소해 하며 이렇게 말할 수도 있을 것이다: '봐, 내가 네게 그렇게 말했었잖아. 이제 나의 접근법이 과학적으로 옳았다는 것을 네가 알 수 있겠지'. 어쩌면 그럴 수도 있겠지만, 그러나 그것이 우리를 아주 많이 돕지는 못한다. 우리가 출발했던 절규가 선언하는 것은, 희망을 포기하는 것에 대한 완고한 거부이며 자본주의의 비참함과 비인간성이 불가피하다는 것을 받아들이기를 거부하는 것이다. 절규의 관점에서 보면, 희망을 포기하는 것은 결코 선택 사항이 아니다.

두 번째의 가능한 선택은 섬세함을 잊어버리고, 프롤레타리아트와 자본가 계급간의 적대라는 이원적 성격에만 집중하는 것이다. 그러면 권력은 단지, 레닌이 표현했듯이, '누가 누구를'의 문제일 뿐이다.

주류 맑스주의 전통 속에서, 물신주의는 언제나 다소간 의심스러운 범주였고 이단의 표시였었다. 그것은 언제나, 맑스주의 정통 교의를 정의한, 그리고 20세기의 앞쪽 3분의 2시기 동안에 공산당들에 의해 주장되었고 오늘날 맑스주의 논의의 대부분을 계속해서 지배하는 이른바 '과학성'에 대한 비판으로 제기되었다. 특히 공산당들의 통치 기간 동안에 물신주의의 문제에 대한 강조는 언제나, 그것이 함축하는 정치적 혹은 물리적 배제의 위험성들을 다분히 지닌 채, '반맑스주의적 맑스주의'라는 성격을 어느 정도는 띠고 있었다. 루카치의 책, 『역사와 계급의식』은 공산당 내부에 심각한 정치적 문제를 야기시켰다. 루카치의 저작 속에서 그의 비판의 일관성과 당에 대한 그의 충성심 사이에 이미 존재하던 긴장들은 실제로는 그로 하여금 당에 우선권을 부여하고 그 자신의 저작을 비난하도록 만들었다. 다른 저자들은, 물신주의와 형태에 관한 맑스의 관심으로 되돌아가려는 그들의 시도 때문에 훨씬 더 심각한 고통을 겪었는데 루빈(I.I. Rubin)과 파슈카니스(Evgeny Pashukanis)가 바로 그들이었다. 그들 모두는 혁명 직후에 러시아에서 저작활동을 하고 있었다. 루빈은 1924년에 처음 출간된 『맑스의 가치론에 관한 에세이』에서 상품물신주의의 중심성과 맑스의 정치경제학 비판에 있어서 형태의 개념에 관해 주장했다. 형태 문제에 관한 이러한 주장의 함축들 중의 하나는 가치관계의 특유하게 자본주의적인 성격을 강조하는 것이었다. 그리고 그 결과로 루빈은 1930년대의 숙청기간 동안에 어디론가 사라졌다. 파슈카니스도 비슷한 운명을 겪었는데, 그는 『법률의 일반이론과 맑스주의』에서, 맑스의 정치경제학 비판은 법률과 국가에 대한 비판으로 확장되어야 한다고, 즉 법률과 국가가, 가치, 자본 그리고 여타의 정치경제학 범주들과 마찬가지로 사회 관계의 물신화된 형태들로 이해되어야 한다고 주장했다. 이것은, 법률과 국가가, 가치와 마찬가지로, 사회 관계의 특유하게 자본주의적인 형태들임을 의미했다. 소비에트 국가가 자신을 강화하고 있을 때, 이 주장은 당 지도부의 호감을 얻지 못했다.

정통 맑스주의는 일반적으로 권력에 관한 더욱더 단순한 그림을 선호했는데 그 그림 속에서 국가 권력의 장악은 혁명적 변혁의 개념에 중심적이었다. 다음 장에서 우리는 이러한 전통과 그 전통에 결부되어 있는 약간의 문제들을 좀더 상세히 검토할 것이다.

혁명의 절박한 불가능성이라는 딜레마를 풀기 위한 세 번째의 가능한 접근법은 행복한 결말의 확실성이란 결코 있을 수 없음을 받아들이면서도 자본주의 권력 자체의 성격 속에서 희망을 찾는 것이다. 편재하는 권력은 편재하는 저항을 함축한다. 편재하는 '예'는 편재하는 '아니오'를 함축한다.

우리가 살펴보았듯이 지배력은 지향력에 대한 부정이며, 행위의 사회적 흐름에 대한 부정이다. 지향력은 자신을 부정하는 형태 속에 즉 지배력의 형태 속에 존재한다. 행위의 사회적 흐름은 자신을 부정하는 형태 속에 즉 개인적 수행의 형태 속에 존재한다. 행위는 노동의 형태 속에 존재하고 공동체는 수많은 개인들의 형태 속에 존재하며 비동일성은 동일성의 형태 속에 존재하고 인간 관계는 사물들 간의 관계라는 형태로 존재하며 삶의 시간은 시계 시간의 형태 속에 존재하고 가정법은 직설법의 형태 속에 존재하며 인간성은 비인간성의 형태 속에 존재한다. 인간 해방의 다양한 표현들 모두는, 그리고 인간적 존엄성에 대한 상호 인정에 기초한 사회의 저 모든 이미지들은 그것들 자신을 부정하는 형태 속에서만 존재한다. 그래도 그것들은 존재하는 것이다. 우리는 부정되는 존재의 형태 속에 실존하는 그것의 힘 속에서 희망을 찾아야만 한다. 그것은 변증법적 사유의 질료이다. 변증법은 비동일성에 대한 일관된 감각, 부정되는 것의 폭발적 힘에 대한 감각이다.

부정되는 존재의 형태 속에서만 실존하는 이 모든 범주들의 지위는 무엇인가? 확실히 그것들은 주류 사회과학에 의해 인정받지 못한다. 주류 사회과학에는 부정되는 존재의 형태 속에 실존하는 것을 위한 여지가 전혀 없다. 그렇다면 그것들은 단순한 키메라, 불만에 찬 지식인들의 단순한 공상들, 신화적 황금시대로의 낭만적 회귀에 불과한 것인가? 아니다. 그것들은 이들 중 그 어느 것도 아니다. 그것들은 인간적 사회에 대한 희망이며 열망이고 예견이다. 그러나 이 희망들이 힘을 갖기 위해서는, 우리는 그것들을 기층으로, 만약 그것이 없다면 그것들에 대한 부정도 존재할 수 없는 기층으로, 그것들의 부정하는 형태들이 의존하고 있는 기층으로 이해해야만 한다.

세 번째의 접근법은 적대 속에, 부정되는 형태 속에 실존하는 모든 것의 힘을 이해하려고 노력하는 것이며, 이를 통해 그 힘 속에 참여하는 것이다.

제5장
물신주의와 물신화

1

 물신주의에 초점을 맞춘다고 해서 모든 이론적이고 정치적인 문제들이 저절로 해결되지는 않는다. 우리가 앞장에서 살펴보았듯이, 물신주의는 우리에게 혁명의 절박한 불가능성이라는 딜레마를 남겨 준다.
 물신주의는 우리의 행위능력(power-to-do)의 부정에 대한 이론이다. 그것은 부정의 과정과 부정되는 것 모두에 주의를 돌린다. 그럼에도 불구하고 물신주의에 대한 논의들은 대부분 부정되는 것의 현존보다는 오히려 부정에 초점을 맞추었다. 우리의 이론적 곤경을 넘어서는 길을 찾기 위해서, 우리는 물신주의라는 개념을 열어 젖혀서 그 개념이 부정하는 것을 그 개념들 자체 속에서 발견하려 애써야 한다.
 부정과 부정되는 것 사이에 있는 적대의 한 계기를 강조하거나 아니면 다른 계기를 강조하게 되는 것은 물신주의에 대한 이해에서의 차이와 연관되어 있다. 달리 말해 물신주의를 이해하는 두 가지 상이한 방식이 있다고 할 수 있다. 그 하나는 우리가 '경화된 물신주의'라고 지칭할 수 있는 것이고, 다른 하나는 '과정-으로서의-물신화'라고 지칭할 수 있는 것이다. 전자는 물신주의를 자본주의 사회의 안정적인 혹은 한층 강해지고 있는 특징으로, 즉 확립된 사실로서 이해한다. 후자는 물신화를 언제나 다투고 있는, 즉 지속적인 투쟁으로 이해한다. 두 가지 접근법들의 이론적이고 정치적인 함의들은 매우 상이하다.

2

물신주의 개념을 강조해 왔던 사람들 사이에서 더 일반적인 접근법은 '경화된 물신주의'라는 접근법이다. 물신주의는 성취된 사실인 것처럼 가정된다. 자본주의 사회 속에서 사실상 사회 관계들은 사물들 사이의 관계들로 존재한다. 주체들 간의 관계들은 사실상 대상들 간의 관계들로 존재한다. 비록 사람들이 그들의 유적-특성 속에서 실천적이고 창조적인 존재들이라 할지라도, 그들은 자본주의하에서 대상들로, 비인간화된 것으로, 자신들의 주체성을 박탈당한 상태로 존재한다.

자본주의적 사회 관계들의 구성 또는 발생은 여기에서 역사적 구성으로, 즉 과거에 일어났던 어떤 것으로 이해된다. 이러한 이해에 잠재되어 있는 것은, 자본주의적 사회 관계들이 투쟁을 통해 확립되었을 때인 자본주의의 기원(맑스가 시초 축적 또는 원시 축적이라고 불렀던 것)과 자본주의적 사회 관계들이 자리를 잡은 때인 확립된 자본주의적 생산양식 사이에 구분을 짓는 것이다. 후자의 국면에서, 물신주의는 안정되게 확립된 것으로 가정된다. 이 관점에서, 형식에 대한 맑스의 주장의 중요성은 단지 자본주의적 사회 관계들의 역사성을 보여주는 것일 뿐이다. 이러한 역사성 안에서, 그리고 자본주의 생산양식 안에서, 물신화된 사회 관계들은 기본적으로 안정된 것으로 간주될 수 있다. 그래서, 예를 들어보면, 봉건제 사회에서 자본주의로의 이행은 가치 관계들을 부과하는 투쟁을 포함했지만, 이행이 성취되어

감에 따라, 가치는 사회 관계들의 안정된 형식인 것으로 가정된다. 가치는 오직 이행기에만 관련된 투쟁으로 간주된다. 그리고 그 이후에는 그것이 단순히 지배로 간주되거나 아니면 자본주의 사회의 재생산을 결정하는 법칙들의 일부로 간주된다.102)

여타의 모든 범주들과 마찬가지로, 사회 관계들의 사물화가 안정된 것으로 이해되면, 그러한 사회 관계들(그리고 그것들의 상호관계)의 모든 실존 형태들 또한 안정된 것으로 이해될 것이고, 그것들의 발전은 닫힌 논리의 전개로 이해될 것이다. 그래서 화폐, 자본, 국가 등등은 사회 관계들의 사물화된 형태들로 이해될지 모르지만, 그것들이 능동적 사물화의 형태들로 간주되지는 않는다. 이 범주들은 폐쇄적 논리에 따라 발전한다는 의미에서, '닫힌' 범주들로 이해된다.

여기에서 발생하는 것은 동일성이 우리가 마침내 그것을 내쫓았다고 생각할 바로 그때, 뒷문을 통해 다시 살며시 기어든다는 것이다. 물신주의에 대한 이야기의 본래적 요점은 이 고정성들(화폐, 국가 등등)이 단지 사회 관계들의 역사적으로 특유한 형태들, 즉 사회적 행위의 생산물들이며 사회적 행위에 의해 변화 가능하다는 것을 보여줌으로써, 자본주의하에서 사회 관계들의 외관상 극복 불가능해 보이는 그 고정성을 침식하는 것이다. 그렇지만 우리가, 이 고정성들이 자본주의의 여명에 확립되었고 자본주의가 극복될 때까지는 남아 있을 것이라고 가정하면 고정성은 재도입된다. '자본주의적 생산양식'은 지배하는 아치(arch), 정의하는 원환이 된다. 우리는 자본주의적 생산양식이 역사적으로 과도적임을 알고 있다. 그러나 그것의 한계 내에서 관계들은 너무나 사물화되어 있어서 우리는 그것들의 발전을 물신화

---

102) 이러한 접근법의 사례들로는 Jessop (1991)을, 그에 대한 비판으로는 Holloway (1991)을 참조하라.

된 현상들 사이의 법칙구속적 상호작용으로 이해하게 된다. 불안정성은 암암리에 자본주의의 도달 범위 밖으로, 시간적, 공간적, 그리고 사회적 경계에로 추방된다. 즉 원시 축적기로, 자본주의가 아직 완전히 확립되지 않은 세계의 얼마 안 되는 지역들로, 그리고 사회적 생산 과정으로부터 주변화된 사람들에로 추방된다. 자본주의의 핵심은 더욱더 사물화된 세계이다. 즉 경계들로부터 먼 곳에 자본주의는 **존재한다**.

경화된 물신주의라는 접근법은 물신주의의 물신화를 수반한다. 물신주의 그 자체는 경직된 그리고 경직시키는 개념이 된다. 사회 관계들의 물신화가 자본주의의 시초에 발생했다는 생각은, 그리고 가치, 자본 등이, 수백 년 전에, 안정된 기초 위에 확립된 사회 관계들의 형태라는 생각은 필연적으로 구성과 실존의 분리에 기초를 두고 있다. 자본은 수백 년 전에 구성되었고, 지금 그것은 실존한다. 언젠가 그것은 파멸될 것이다. 구성과 파멸 사이의 시간은 지속의 시간이고, 동일성의 시간이며, 동질화된 시간이다. 물신주의를 완성된 사실로 이해하는 것은 물신화된 형태들의 동일화를 수반한다.103) 그것은 시간의 동질화를 비판하는 사람들이 단지 물신주의를 완성된 사실로 가정함으로서 그들 자신이 저 동질화 속으로 빠져 들어간 것과 같다.

물신주의를 완성된 사실로서 이해하는 사람들에게 하나의 중심적 문제가 있다. 사회 관계들이 물신화되어 있다면, 우리가 어떻게 그것들을 비판할 것인가? 비판하는 우리는 누구인가? 우리는 우리의 통찰들에 의해 경계

---

103) 그래서 예컨대 Adorno (1990, p. 272)는, 그가 다음과 같이 말할 때에 분명히 동일화하는 동일화(즉, 동일화의 과정을 확립된 동일성으로 간주하는)의 오류를 범하고 있다. '법은, 그것의 가장 추상적 형태 속에서도, 존재하게 된다. 그것의 고통스러운 추상성은 침전된 실체, 즉 동일성의 정상적 형태로 환원된 지배이다.' 동일성이 지배의 정상적 형태라는 생각은 현상(동일성)을 실체(동일화하는 투쟁)로 잘못 알게 한다. 이것은 아도르노 주장의 비판적인 어조와 깊은 관계가 있다.

화된 지식인들로 특권화되면서 경계 위에 놓이는가? 물신주의에 대한 경화된 이해는 **우리**에게 특별한 그 무엇이 있음을, 즉 우리에게 사회의 나머지 부분의 상위에 있는 요충지를 제공하는 그 무엇이 있음을 암시한다. **그들**은 소외되고 물신화되며 사물화되어 허위의식으로 고통 받고 있으며, **우리**는 총체성의 관점에서 또는 진정한 의식의 관점에서 또는 우월한 이해의 관점에서 세계를 바라볼 수 있다. 우리의 비판은 우리의 특수한 위치 또는 경험 또는 지적 능력들에서 유래하는데, 그것은 우리로 하여금 **그들**(대중들)이 어떻게 지배되는지를 이해할 수 있게 해준다. 우리는 암묵적으로 지적인 엘리트이며 모종의 전위이다. 사회를 변화시키는 유일하게 가능한 방법은, **그들**에 대한 **우리**의 지도를 통하는 것, **그들**에 대한 **우리**의 계몽을 통하는 것이다. 물신주의가 자본주의 내부에서 안정되고 고정된 어떤 것이라면, 우리는 물신화된 대중들을 어떻게 혁명으로 이끌 것인가라는 레닌주의적 문제틀로 되돌아간다. 경화된 물신주의의 개념은, '사람들이 자본주의 하에서 대상들로 존재한다면 혁명이 어떻게 상상 가능한가? 비판이 어떻게 가능한가?'라는 명백한 딜레마에 이른다.

3

비판적·혁명적인 주체의 문제를 가장 단호하게 해결하려고 했던 저자는, 물론, 『역사와 계급의식』에서의 루카치이다.

그 문제를 해결하려는 루카치의 시도는 먼저 계급 구분에, 즉 부르주아지와 프롤레타리아트의 구분에 기초를 두고 있다. 부르주아지와 프롤레타리아트는 모두 사물화된 세계에 존재하지만, 부르주아지에게 탈출구는 없다. 그들의 계급 지위 속에는 사물화의 세계를 넘어서도록 추동하는 것이 아무 것도 없다. 왜냐하면 필연적으로 하나의 역사적 전망인 총체성의 관점은, 그것이 그들에게 자기 계급의 과도적 성격을 보여주는 한에서, 그들에게는 자살적일 것이기 때문이다.

사물화와 관련해서, 노동계급의 지위는 일단 부르주아지의 지위와 전혀 다르지 않다. '왜냐하면, 프롤레타리아트는 자신의 외관을 자본주의적 사회 질서의 산물로 만들기 때문이다. … 프롤레타리아트가 존재하는 형태들은 사물화를 그것의 가장 첨예하고 비참한 형태 속에서 저장하는 곳간들이다. 그리고 그것들은 가장 극단적인 비인간화 속에서 나타난다. 그래서 프롤레타리아트는 자신들의 삶의 모든 측면이 사물화된다는 점을 부르주아지와 공유한다.' (1971, p. 149)

부르주아지와 프롤레타리아트의 차이는, 부르주아지의 계급 이해가 그 계급을 사물화 속에서 벗어나지 못하도록 묶어 놓는 반면, 프롤레타리아트는 그것을 넘어서 나아간다는 것이다. '이렇게 현실은 서로 동일하지만 부르주아지는 자신의 계급적 이해관계라는 동력을, 자신을 이 직접성 속에 가두어 놓게끔 사용하고, 프롤레타리아트는 그 동력을 그 직접성을 넘어서게끔 사용한다. … 프롤레타리아트에게 있어서, 자신의 실존의 변증법적 성격을 인식하게 되는 것은 삶과 죽음이 걸린 문제이다. … ' (p. 167)

프롤레타리아가 사회 관계들의 물신화된 현상들을 깨뜨리고 나아갈 수 있게 만드는 것은 자신의 노동력을 상품으로 팔아야만 하는 경험, 그것이다. '노동자가 자본주의적 생산 방식에 의해, … 즉, 노동자가 자신의 총체적 인격에 반해 자신의 노동력을 대상화하도록, 그리고 그것을 상품으로 팔도록 강제된다는 사실에 의해 생산 과정의 단순한 대상으로 객관적으로 변형된다는 것은 사실이다. 그 자신을 상품으로 대상화하도록 하는 강제에 의해 인간 속에 도입된 주체성과 객체성의 분열로 인해, 그 상황은 의식될 수 있는 상황으로 된다.' (pp. 167~168) 달리 말하자면, '(노동자가 의식적으로 그것에 도전하지 않는 한) 노동자가 사물화되며 상품화되는 그 과정은 그를 비인간화시키고 그의 "영혼"을 쇠퇴시키며 불구로 만들지만, 그의 인간성과 그의 영혼 자체가 상품들로 변하지 않는다는 것은 여전히 사실이다.' (p. 172) 그래서 노동자는 '그 자신을 상품으로 지각하게' 되고, 또한 그와 함께 '상품 체계의 물신적 형태들은 해체되기 시작한다. 상품 속에서 노동자는 그 자신을, 그리고 그와 자본의 관계를 지각한다.' (p. 168)

여기에서 루카치의 주장은 물신주의의 불완전한 성격을, 더 나아가, 그것의 자기모순적인 성격을 지적한다. 대상화의 과정은 노동자의 주체성과 객체성 사이에, 즉 노동자의 인간다움과 그의 비인간화 사이에 분열을 야기한다. 노동자의 경험은 물신적이기도 하고 탈물신적이기도 하다. 이 점에서, 루카치는 노동자들의 자기해방으로서의 혁명 이론을 위한 기초를 놓고 있는 것처럼 보인다.

그럼에도 불구하고, 루카치는 이 초기적 탈물신화가 충분치 않다고 주장한다. 노동자가 자기 자신을 상품으로 의식하는 것으로는 이 문제를 해결하지 못한다. '이 전체 과정은 거대 공장들 안으로 수많은 노동자를 집중시키고, 노동 과정을 기계화하면서 규격화하며, 또한 생활수준을 평준화하는 것의 '필연적인' 결과에 지나지 않는다는 것이 이 지점에서 쉽게 드러날 수 있다. 그러므로 이 일면적 그림 뒤에 숨겨져 있는 진리를 고찰하는 것이 매우 중요하다. … 이 상품이 자신의 존재를 상품으로 지각할 수 있다는 사실은 그 문제를 제기하기에 충분하지 않다. 왜냐하면 상품에 대한 비매개적 의식, 그것이 드러나는 단순한 형태와의 일치 속에서는, 추상적 고립에 대한 지각, 즉 상품을 사회적으로 만든 저 요인들에 대한 단지 추상적인 즉 의식에 외부적인 관계의 지각일 뿐이다.' (p. 173)

물신주의를 넘어설 필요는 있으나, 그렇게 할 수는 없는 프롤레타리아들의 문제를 풀기 위하여, 루카치는 프롤레타리아트의 경험적 또는 심리적인 의식과 프롤레타리아트의 '귀속된' 의식 사이의 구분을 도입한다. 경험적 또는 심리적 의식은 개별적 프롤레타리아들의 의식이나 또는 어떤 주어진 순간에 있는 전체로서의 프롤레타리아트 의식을 지시한다. 이 의식은, 사물화되어 있기 때문에, 프롤레타리아트의 계급 위치에 대한 참된 의식을 표현하지 못한다. '**프롤레타리아 의식의 현실적, 심리적 상태를 프롤레타리아트의 계급의식으로 오인하는**' 것은 기회주의의 특징이다. (p. 74) 참된 계급의식은 '계급을 구성하는 개별적 개인들이 생각하거나 느낀 것을 종합한 것도, 평균한 것도 아니다.' (p. 51) 계급의식은 오히려 계급에게 '귀속될' 수 있는 '적합하고 합리적인 반응들'로 이루어져 있다. '만약 사람들이 직접적 행동과 사회의 전체 구조에 끼친 자신들의 영향력 안에서 특수한 상황과 그 상황에서 생겨나는 이해관계들을 평가할 수 있다면, 의식을 사회 전체에 연관시킴으로써, 그들이 그 특수한 상황 속에서 가질 사유와 감정들을 추론하는 것이 가능하게 된다. 다시 말해 자신들이 처한 객관적 상황에 적합한 사유와 감정들을 추론하는 것이 가능할 것이다.' (p. 51) 이러한 탈사물화된 계급의식이라는 관념 혹은 총체성의 관점은 명백하게 우리를 우리의 애초의 질문으로, 즉 '비판적-혁명적 주체는 누구인가? 프롤레타리아트의 심리적 의식과 구분된 이 "귀속된" 의식을 누가 가질 수 있는가?'라는 문제로 되돌려 놓는다. 루카치는 이 문제를 재빠른 (마법사의) 손놀림으로, 즉 **기계신**(deus ex machina)을 끌어들임으로서 해결한다. '프롤레타리아트의 올바른 계급의식'의 담지자는 자신들의 조직된 형태, 즉 공산당이다. (p. 75) 그리고 다른 곳에서는 이렇게 말한다: '프롤레타리아트 계급의식에 의해 취해진 형태는 **당**이다. … 당은 **프롤레타리아트 계급의식과 그들의 역사적 소명 의식의 담지자**라는 숭고한 역할을 부여받는다.' (p. 41)

당은 마치 마술에서처럼 모자에서 끄집어 내진다. 그 논문들 전체를 특징짓는 빈틈없고 엄격한 주장과는 달리, 여기에는 **어떻게** 당이 사물화를 넘어설 수 있고 총체성의 관점을 채택할 수 있는가에 대한 어떠한 설명도 없다. 부르주아지와 프롤레타리아트의 의식에 관한 길고 세분화된 주장과는 반대로 '계급의식의 담지자'라는 당의 '숭고한 역할'은 주장만 될 뿐이다. 루카치의 추론은, 자신이 부르주아 합리성의 한계로 보았던 바로 그 '캄캄하고 공허한' 공간과 부딪힌 것 같다.

그렇지만, 만약 당이 단순히 마술에서처럼 모자 속에서 끄집어내어 진다면, 그것은 처음부터 모자 속에 있었기 때문이다. 당이라는 대답은 이론적 문제가 설정되는 방식 속에 이미 함축되어 있다. 처음부터 변증법에 대한, 사물화의 극복에 대한, 계급의식에 대한, 혁명에 대한 모든 의문은 총체성의 범주 속에서 제기된다. ' … 오직 총체성의 변증법적 개념화만이 우리가 하나의 사회과정으로서의 현실을 이해하는 것을 가능하게 할 수 있다. 왜냐하면 이러한 개념화만이 … 자본주의적 생산양식에 의해 필연적으로 생산된 물신화된 형태들을 해체하기 때문이다.' (p. 13) 그렇지만, 총체성에 대한 강조는 전지자(全知者)라는 문제를 즉각적으로 제기한다. 즉 총체성을 알 수 있는 사람은 누구인가? 분명히, 사물화된 세계 속에서, 그것이 프롤레타리아트 자신일 수는 없다. 그러므로 프롤레타리아트를 **대신하여** 아는 사람은 단지 몇몇 지자(知者)일 수 있을 뿐이다. 총체성의 범주는 이미 당이라는 (반드시 답은 아닐지라도) 문제를 함축한다. 전체적인 이론적 구축물이 이미 어떤 영웅적 인물, 즉 어떤 **기계신**을 도입해야만 해결될 수 있는 방식 속에 문제를 설정한다. 물신주의가 이해되는 방식 때문에, 물신주의와 싸우려는 시도는 새로운 물신의, 즉 어떤 식으로건 사물화된 사회 관계들의 위에 서 있는 하나의 영웅(당) — 그렇지만 이것도 불가피하게 저 사물화된 사회 관계의 일부이다 — 의 관념의 창출(또는 강화)로 이끌린다.

루카치 논문들의 발본적인 성격에도 불구하고, 그는 이미 사전에 구성된 이론적이고 정치적인 맥락 속에서 작업하고 있다. 그의 접근법은 엥겔스-레닌주의적 전통의 조야한 '과학적 맑스주의'와는 전혀 다르지만[104], 그의 이론적·정치적 세계는 그와 동일하다. 저 전통 속에서, 과학적 맑스주의(또는 역사적 유물론)가 현실에 대한 지식을 제공한다는 주장은 지자(知者)로서의 당이라는 관념과 정치적으로 함께 성장한다. 루카치가 그의 전 생애 동안 그랬던 것처럼, 당 내부에서 정치적으로 작업하는 것이, 현실에 대한 지식으로서의 맑스주의라는 관념을 제기하게 되는 것이다. 그러한 정치적 맥락과 '현실에 대한 자가-지식'으로서의 이론이라는 생각은 서로를 상호 강화하고 있다. (당의 정당화는 당이 선언한 '현실에 대한 지식'에 의존하는 반면, 현실에 대한 지식으로서의 이론이라는 관념은 지자(知者), 즉 당이 있어야만 한다는 것을 암시한다.) 루카치가 자신의 주장을 제기한 것은 이러한 맥락 안에서이다. 이상하게도, '총체성'에 대한 자신의 발본적 강조에도 불구하고 전체 주장은 어떤 매개변수들 내부에서, 즉 당, 프롤레타리아트, 경제학, 맑스주의, 권력 장악 등과 같은 의심받지 않는 몇몇 범주들의 틀 안에서 발생한다. 그래서 그가, 모든 것은 과정으로서 이해되어야만 하고 '역사의 본성은 바로 규정이 환상으로 타락하는 것'(p. 168)이라고 주장했음에도 불구하고, 그는 하나의 규정적 질문에서, 즉 '정통 맑스주의란 무엇인가?'라는 제목을 단 첫 번째 논문에서 시작한다. 비록 그가 변증법에 대한 엥겔스의 생각을 (그리고 암묵적으로는, 엥겔스적 전통의 변증법을) 비판함으로써 이 논문을 시작하고 있다 할지라도, 그가 엥겔스의 실재주의적 문제틀, 즉 맑스주의 이론이 우리에게 **실재**에 대한 지식을 제공한다는 생각 안에 머무른다는 것은 분명한 사실이다. 그와 더불어, 올바름과 그릇됨 사이의 구분이 있다는 생각이 주어지고, 또 그와 더불어, 올바름의 수호자로서의 당이

---

104) 이 전통은 다음 장에서 좀더 상세히 논의된다.

라는 관념이 주어진다.

저 해결책 뿐만 아니라 저 문제들도 지금의 우리에게는 역사적으로 닫혀 있다. '당'이라는 용어 속에서 혁명적 변혁에 대해 생각하는 것이 지금까지 의미가 있었건 그렇지 않건 간에, 더 이상 저 용어로 문제를 제기하는 것조차 우리에게는 열려져 있지 않다. 당은 프롤레타리아트 계급의식의 담지자라고 지금 말하는 것은 더 이상 어떤 의미도 갖지 못한다. 무슨 당? 그러한 '당'을 건설하기 위한 사회적 기반조차 더 이상 존재하지 않는다.

그렇지만, 루카치의 연구를 그토록 매혹적인 것으로 만든 것은 그 안에 내재하고 있는 긴장들이다. 사물화에 두어진 바로 그 초점은 우리를 처음부터 그 긴장의 피할 수 없는 장 속에 놓는다. 왜냐하면 단지 사물화라는 이야기가 사물화와 그것의 반명제(비사물화 또는 반사물화)의 공존이라는 문제를, 그리고 그들 사이의 적대와 긴장의 성격이라는 문제를 암묵적으로 제기하기 때문이다. 이 긴장은 여러 경우에, '총체성을 향한 열망'의 형태 속에서, 총체성 범주 그 자체 속으로 스며들어간다. 루카치는 마치 총체성의 관점에 대한 절대주의적 주장들을 수정하기라고 할 것처럼, '총체성의 범주는 대상들의 전체적 다양성이 그 범주에 의해 조명될 수 있기 이미 오래 전부터 작용하기 시작한다. 그 범주는, 의식과 내용 모두에서 개별적 대상들에 그들 스스로를 제한하는 것처럼 보이는 행동들이, 여전히 총체성을 향한 열망을 간직하는 것을 보장함으로써 작동한다. 말하자면 그것은 행동이 객관적으로 총체성의 변형을 지향하도록 보장함으로써 작동한다.'(p. 175)라고 말한다. 그리고 다시 그는, '총체성에 대한 관계는 명시적일 필요가 없으며, 총체성의 풍부성은 행동의 동기들과 대상들 속으로 의식적으로 통합될 필요가 없다. 결정적인 것은 총체성을 향한 열망이 있어야만 한다는 것, 즉 위에서 서술된 것처럼 행동이 과정의 총체성 속에서 그 목적에 복무해야만 한다는 것이다.' (p. 198) '총체성을 향한 열망'이라는 생각은 전지적(全知的)

당이라는 문제를 잠재적으로 해체한다. 우리는 아마도 총체성을 열망하기 위해 참된 의식의 담지자일 필요는 없을 것이다.105) 그렇지만 그 논의는 발전되지 않았다.

'총체성을 향한 열망'의 도입과 프롤레타리아트 의식의 사물화의 모순적 성격에 대한 강조는 다소 다른 정치학을 제시하는데, 그 정치학 속에서 프롤레타리아트는 그 자신의 해방에서 더욱 능동적인 역할을 할당받는다. 루카치가 비록 당이라는 틀 내부에 머물렀다 할지라도, 그가 정치학에 대한 더욱 발본적이며 자기해방적인 개념화를 위해 노력했다는 것은 명백하다. 그래서 그는 '필연의 왕국에서 자유의 왕국으로의 도약'이라는 엥겔스의 혁명 관념을 비변증법적인 것이라고 비판한다. '만약 우리가 "자유의 왕국"을, 그것을 존재 속으로 불러들이도록 예정되어 있는 과정으로부터 엄격히 분리시킨다면, 그래서 우리가 모든 변증법적 이행들을 미리 배제한다면, 그로 인해 우리는 최종 목적과 그 목적을 향한 운동이 분리된 경우에서 이미 분석된 것과 유사한 유토피아적 세계관 속으로 빠져들지 않겠는가?' (p. 313) 그는 조직 형식으로서의 당을 옹호하는데, 그 근거는 당이 **전 인격의 능동적 참여**를 수반한다는 데 있다. '이러한 패턴과 단절하는, 인간의 전 인격으로부터의 이 추상화와 단절하는, 그리고 추상적 관점 아래로의 인간의 종속과 단절하는 모든 인간적 관계는 인간 의식의 사물화를 끝장내는 방향으로의 한 걸음이다. 그러나 그러한 한 걸음은 전 인격의 능동적 참여를 전제한다.' (p. 319) 이것이 없다면, 당 '규율은 권리와 의무들의 추상적이고 사물화된 체계로 타락할 수밖에 없으며, 당은 부르주아적 유형의 당에 전형적

---

105) 달리 말해 '총체성을 향한 열망'에 관해 말하는 것은 '총체성'을 긍정적 개념으로서보다는 비판적 개념으로, 지식의 관점의 채택으로서보다는 파편화에 대한 비판으로서 이해하는 것이다.

인 상태로 빠져들 것이다.' (p. 320) 그러므로 그 책이 1924년 코민테른 제15차 세계 대회에서 소비에트 당국에 의해 비난받았다는 것은 별로 놀랄 것이 없다. 그리고 루카치가 당 규율을 위해서 자기 자신의 주장을 굽혔던 것 역시 별로 놀랄 것이 없다.

사물화에 대한 루카치의 논의는 이론적으로 뿐만 아니라 정치적 문제에서도, 즉 지배를 이해하는 문제에서 뿐만 아니라 혁명에 관한 사유의 문제에서도 엄청난 장점을 가진다. 그가 혁명적 딜레마에 대한, 즉 '혁명의 절박한 불가능성'에 대한 이론적이고 정치적인 대답을 제공하려던 시도에서는 실패했지만, 적어도 그는 그 문제에 집중했다. 루카치 이후에 하나의 역사적 해체가 있다. 비판적 맑스주의가 전체적으로 점점 더 혁명이라는 문제로부터 절연하게 되고 모든 영역에 침투하는 자본주의적 지배의 성격을 비판하는 데에만 관심을 갖게 됨과 더불어, 당 내부에 비판적 맑스주의의 발전을 위한 어떠한 여지도 없다는 것이 명백해졌다.

프랑크푸르트학파와 결부되어 있는 이론가들의 저술들 속에도, 물신주의라는 개념이 함의하는 프롤레타리아트의 경험적 의식 혹은 현재적 심리상태로부터의 비판적 거리두기가 마찬가지로 나타난다. 호르크하이머가 표현했듯이, '프롤레타리아트의 상황은 이 사회에서 올바른 지식에 대한 어떠한 보장도 제공하지 않는다. 실제로 프롤레타리아트는 그 자신의 삶에서 지속적으로 증가하는 사악함과 부정의의 형태로 무의미함의 경험을 가질 수도 있다. 하지만 이러한 지각(知覺)은 위로부터 프롤레타리아트에게 여전히 부과되고 있는 사회 구조의 미분화에 의해, 그리고 매우 특수한 순간들에만 초월되는 개인적 이해 [및] 계급적 이해 간의 대립에 의해 사회적 힘으로 되지 못하도록 가로막힌다. 프롤레타리아트에게조차도, 피상적으로 본 세계는 실제로 존재하는 것과는 매우 다르게 보인다.' (1972, pp. 213~214) 그렇지만, 당은 더 이상 유의미한 형상이 아니며 루카치의 논의 속에서 수행했던 역할을 수행할 수 없다. 결론적으로 '더 최근의 자본주의의 상황 아래에서, 그리고 권위주의 국가의 억압 기구 앞에 놓인 노동자들의 무기력 아래에서, 진리는 명망가들의 소그룹들에서 피난처를 찾았다.' (1972, p. 237) 혹은 아도르노가 표현했듯이, 현대 사회에서 '특권을 비판하는 것은 하나의 특권이 된다.' (1990, p. 41) 하나의 특권과 하나의 책임. '한바탕의 과분한 행운이 몇몇 개인들의 심리 구조를 지배적인 규범들과는 아주 동떨어진 것으로 남겨 두면(그 행운은, 그들이 자신들의 환경과의 관계 속에서 종종 충분한 대가를 치러야만 하는 것이다), 도덕을 만드는 것도 이 개인들에게 달려 있으며, 그리고 이를테면 현실을 정당하게 다루는 법을 알 수 없거나 혹은 그것을 알도록 허용되지 않는 사람들을 위해 대의적 노력을 하는 것도 이 개인들에게 달려 있다.' (1990, p. 41)

마르쿠제의 저작 속에서, 물신주의의 승리는 그의 가장 유명한 책의 제목인 『일차원적 인간』에 포착되어 있다. 긍정적 사유와 도구적 합리성이 너무 절대적으로 사회에 스며들어서, 사회는 일차원적으로 되었다는 것이다. 의미심장한 저항은 주변인들, 즉 '추방자들 그리고 국외자들의 최하층, 다른 인종과 다른 피부 색깔로 인해 착취당하고 박해받는 이들, 실업자와 고용 부적격자'로부터 나올 뿐이다. (1968, p. 200) 이 '하층민'이 혁명적 의식을 갖고 있기 때문이 아니라, '비록 그들의 의식은 그렇지 않다고 할지라도 그들의 저항은 혁명적이다. 그들의 저항은 외부로부터 그 체계를 공략하고 그러므로 그 체계에 의해 조절되지 않는다.' (p. 200) 주변화된 이들의 비의식적인 정치적 실천이 어떻게든 학문적으로 주변화된 비판 이론가들의 의식적인 이론적 실천에 부합한다는 것은 이해될 수 있다.

이 저자들 사이의 차이들에도 불구하고, 우리의 주장에 있어 중요한 지점은 물신주의를 확립된 사실로 이해하는 것(현대 자본주의에서 모든 곳에 침투하는 물신주의의 성격에 대한 강조)이 다음과 같은 결론에 이른다는 것이다. 반물신주의의 유일하게 가능한 원천은 일상적인 것 외부에 놓여 있다. 그것이 당(루카치)이건, 특권화된 지식인들(호르크하이머와 아도르노)이건, 혹은 '추방자들과 국외자들의 최하층'(마르쿠제)이건 간에 말이다. 물신주의는 반물신주의를 함의하지만, 이 둘은 서로 분리된다. 물신주의는 통상적이고 일상적인 삶을 지배하는 반면, 반물신주의는 그 밖의 곳에, 즉 경계들에 존재한다. 만약 우리가 당에 대한 루카치의 신념을 이제는 역사적으로 타당성이 없는 것으로 격하시킨다면, 그 결과 물신주의에 대한 강조는 (혹은 자본주의 권력의 깊이는) 깊은 비관주의로 나아가는 경향을 띠며, 혁명의 절박한 불가능성에 대한 느낌을 강화하는 경향을 갖게 된다. 이러한 비관주의와 단절하기 위하여, 우리는 물신주의와 반물신주의가 분리되지 않는 하나의 개념을 필요로 한다. 적어도 이 점에서, 오늘날 물신주의라는 개념을 발전시키는 것은 필연적으로 물신주의를 다룬 고전적 저자들을 넘어서 나아가려고 노력하는 것을 의미한다.

4

우리가 '과정으로서의 물신화'라고 부르는 두 번째 접근법은 우리들의 자본주의 비판에 특별한 어떤 것도 없음을, 우리의 절규와 우리의 비판이 아주 일반적임을, 지식인으로서 우리가 할 수 있는 최상의 것이 목소리 없는 곳에 목소리를 주는 것이라고 주장한다.[106] 그렇지만 그것이 출발점일 때, 물신주의가 경화된 물신주의로 이해될 수 있는 길은 전혀 없다. 물신주의가 기정(既定)의 사실이라면, 자본주의가 주체의 총체적 대상화에 의해

---

106) 이 주장에 대한 비판으로는 Clarke (1999)를 보라.

특징 지워진다면, 일반적 인간인 우리가 물신주의를 비판할 방법은 전혀 없다.

우리가 비판한다는 사실은 물신주의의 모순적 성격을 (따라서 우리 자신의 모순적 성격 또한) 나타내고, (비판이 물신주의를 겨냥하고 있다는 의미에서) 반물신주의의 현재적 실존에 대한 증거를 제공한다. 에른스트 블로흐(Ernst Bloch)는 그 점을 이렇게 표현한다. "소외는, 그것이 측정될 수 있는 그것의 대립물, 가능한 자기자신에로의-생성, 자기자신과-함께-있음과 같은 어떤 척도가 존재하지 않는다면, 보일 수조차 없으며 그것이 사람들로부터 그들의 자유를 훔치고 세계로부터 그것의 영혼을 빼앗는다고 비난받을 수도 없을 것이다." (Bloch 1964 (2), p. 113)[107] 바꿔 말하면, 소외 또는 물신주의라는 개념은 그것의 대립물을 함축한다. 그것은 우리 마음 속 깊은 곳에 있는 본질적으로 소외되지 않은 '고향'이 아니라, 우리들의 일상적 실천 속에 존재하는 소외에 대한 저항, 거부, 기각을 의미한다. 우리가 소외 또는 물신주의를 생각할 수 있는 것은 비(또는 더 나아가 반)소외나 비(즉, 반)물신주의라는 개념의 기초 위에서 일뿐이다. 물신주의와 반물신주의가 공존한다면, 그것은 오직 적대적 과정으로서만 존재할 수 있다. 물신주의는 주체와 객체를 분리시키며, 행위와 행위결과를 분리시키는 과정, 즉 물신화의 과정으로서, 주체와 객체를 재통합하고, 행위와 행위결과를 재구성하려는 투쟁, 즉 반물신화의 저항적 운동과는 늘 적대하는 관계에 있다.

---

107) Adorno도 같은 주장을 한다. (1990, pp. 377~378) '우리의 마음이 부정적 전체를 지닌 다양한 색깔들, 흩뿌려진 자취들에 대한 개념을 숨기지 않는다면, 회색이 우리를 절망으로 채울 수는 없을 것이다.' 그러나 그는 '그 자취들은 언제나 과거로부터 나오며, 우리의 희망은 운명 지워졌던 것, 혹은 운명지워지고 있는 것으로부터 생겨난다'고 덧붙임으로써 그 주장에 블로흐와는 아주 다른 비관적이고 반동적인 왜곡을 가한다. 다양한 색깔들은 과거로부터 생겨나지 않는다. 그것들은 현재의 저항으로부터 생겨난다.

그러므로 우리가 우리의 절규는 전위의 절규가 아니라 자본주의 사회 속에서의 삶과 분리할 수 없는 적대의 절규, 즉 보편적인 (또는 거의 보편적인) 절규라는 생각에서 시작한다면, 물신주의의 경직성은 녹아 버리고 물신주의는 물신화의 과정으로서 나타난다. 그와 함께, 모든 범주들의 경직성은 녹아 버리고 (상품, 가치, 화폐, 국가와 같이) 사물들 또는 확립된 사실들로 나타나는 현상들 또한 과정들로 나타난다. 형태들은 삶으로 돌아온다. 범주들은 그것들의 내용이 투쟁이라는 것을 드러내기 위해 개방된다.[108]

일단 물신주의가 물신화로 이해되자마자, 사회 관계들의 자본주의적 형태의 발생은 순수한 역사적 관심사만이 아니다. 가치형태, 화폐형태, 자본형태, 국가형태 등은 자본주의의 발생기에 최종적으로 확립된 것이 아니다. 오히려, 그것들은 끊임없이 문제가 되고 있으며 사회 관계들의 형태들로서 끊임없이 의문에 붙여지며 끊임없이 투쟁을 통해 확립되고 또 재확립되고 (혹은 재확립되지 못하고) 있다. 사회 관계들의 형태들은 형성중인 사회 관계들의 과정들이다. 꼬마 아이는 사탕과의 교환으로 화폐가 주어져야 한다는 사실을 깨닫지 못한 채, 늘 가게에서 사탕을 가져온다. 노동자들은 늘, 그들의 작업장이 폐쇄되거나 또는 실직당해야 한다고 시장(市場)이 명령하는 것을 받아들이길 거부한다. 상파울로의 가게 주인들은 늘, 그들의 재산을 보호하기 위해 거리의 아이들의 살해를 조장한다. 우리는 늘 우리의 자전거들, 자동차들 또는 집들을 잠근다. 서로 관계하는 형태로서의 가치는 쟁점이 되고 있고 끊임없이 투쟁의 대상이 되며 끊임없이 파열되고 재구성되며 다시 파열되는 과정 속에 있다.[109] 우리는 우리의 왕자님-당이 우리에

---

108) 이것이 흔히 '열린 맑스주의(Open Marxism)'라고 불리는 접근법의 핵심이다. Bonefeld, Gunn and Psychopedis (1992a, 1992b)를, 또 Bonefeld, Gunn, Holloway and Psychopedis (1995)를 보라.
109) 그렇다면 시초축적은 자본주의의 기원을 지시할 뿐만 아니라, 자본주의적 형태들의 부과라

게 입맞춤하러 올 때까지, 우리의 소외 속에서 인간적 속성이 얼어붙은 채 잠들어있는 미녀가 아니다. 오히려 우리는 마녀의 저주로부터 우리 스스로를 해방시키기 위한 지속적인 투쟁 속에서 살고 있다.

    그렇다면, 우리들의 존재는 단순히 사회 관계들의 물신화된 형태 내부에 있는 존재가 아니다. 우리는 단순히 자본주의의 대상화된 희생물로 존재하지 않는다. 우리는 자본주의적 형태들 외부에 존재할 수 없다. 자본주의에서 자유로운 실존이 살아갈 영역은 없으며 비물신화된 삶의 특권화된 영역 또한 없다. 왜냐하면, 우리는 항상 타자들과의 관계들을 구성하고 있고 또 그것에 의해 구성되고 있기 때문이다. 오히려, 이 논의의 출발점으로서의 절규는, 우리가 자본 속에서-그것에-대항하며 존재한다는 점을 제시한다. 자본주의에 대항하는 우리들의 존재는 의식적 선택의 문제는 아니다. 그것은 억압적이고 소외시키는 사회 속에서의 우리들 삶의 필연적인 표현이다. 건(Gunn)이 "부자유는 오로지 피억압자의 (자기모순적인) 반란으로서만 존속한다"고 말할 때, 그는 이 점을 훌륭하게 표현한다. 우리들의 자본에-대항하는-실존은 우리들의 자본-속에서의-실존에 대한 필연적이고 끊임없는 부정인 것이다. 역으로 우리들의 자본-속에서의-실존은 (또는 더 명확하게, 우리들의 자본 내부로의 봉쇄는) 자본에 대항하는 우리들의 반란의 끊임없는 부정이다. 우리들의 자본 내부로의 봉쇄는 우리의 사회 관계들을 물신화하고 형성하는 끊임없는 과정, 끊임없는 투쟁이다.

    종종 우리가 당연한 것으로 간주하는 분명히 고정된 현상들 모두(화폐, 국가, 권력: 그것들은 거기에 있으며, 언제나 거기에 있어왔고, 또 있을 것이다. 그것이 인간본성이다. 그렇지 않은가?)는 이제 격렬한 피투성이의 전

    는 지금도 계속되고 있는 야수성을 또한 지시한다. Bonefeld (1988)와 Dalla costa (1995)를 참조하라.

쟁터로 나타난다. 그것은 오히려 무해한 한 톨의 먼지를 집어서 현미경을 통해 그것을 바라보고는, 그 한 톨 먼지의 '무해함'이 무수한 미생물들이 생존을 위한 일상의 전투에서 살고 또 죽는 하나의 총체적인 미시세계를 감추고 있는 것을 발견하는 것과 같다. 그러나 화폐의 경우에, 그것이 숨기고 있는 비가시성은 물리적 크기와는 아무 상관이 없다. 그것은 오히려, 우리가 그것을 보기 위해 사용한 개념들의 결과이다. 우리가 손에 쥐고 있는 은행권은 무해한 사물로 보인다. 그러나 그것을 더 면밀하게 살펴보면, 우리는 생존을 위해 싸우고 있는 전 세계 민중들을 본다. 어떤 사람들은 돈을 추구하는 것에 자신의 일생을 바치고, 또 어떤 (또는 많은) 사람들은 또 하루를 살아나갈 수단으로 돈을 벌기 위해 필사적으로 애쓰고 있다. 또 어떤 사람들은 화폐를 지불하지 않고 그들이 원하는 것을 가짐으로써, 또는 화폐 형식을 거치지 않는 생산 형태들을 설립함으로써 화폐를 벗어나기 위해 애쓰고 있다. 어떤 사람들은 돈 때문에 사람을 죽이고 많은 사람들은 매일 돈의 부족으로 죽어가고 있다. 행위능력이 화폐 형태로 존재한다는 사실이 말로 다할 수 없는 비참을, 질병을 그리고 죽음을 가져오는 이 피어린 전쟁터는 항상 문제가 되고 있고, 언제나 경합에 붙여져 있고, 언제나 강요되고 있다. 종종 폭력을 수반하면서까지 말이다. 화폐는 화폐화와 반화폐화의 격렬한 전투이다.

이런 관점에서 보면, 화폐는 화폐화가 되고, 가치는 가치화, 상품은 상품화, 자본은 자본화, 권력은 권력화, 국가는 국가화 등등(더욱더 추악한 신조어들을 이 목록에 추가하는 것이 가능하다)이 된다. 각각의 과정은 자신의 대립물을 함의한다. 사회 관계들의 화폐화는, 자신의 대립물(즉 사회적 관계들을 비화폐적 기초 위에서 창조하는 것)에 맞서는 끊임없는 운동으로 간주되지 않는 한, 별 의미가 없다. 예를 들어, 신자유주의는 사회적 관계들의 화폐화를 확장하고 강화하려는 충동으로, 그리고 부분적으로는 탈냉전 시대에 그리고 1960년대와 1970년대의 위기 속에서 일어난 화폐화의 이완에 대한 반작용으로 간주될 수 있다. 사회 관계들의 이러한 형태들(상품, 가치, 화폐, 자본 등등)은 물론 주체와 객체의 자본주의적 분리의 모든 형태들과 상호 연관되지만, 그것들은 정적인 형태들, 완성된 형태들 혹은 잠자는 미인의 형태들로서가 아니라 살아있는 투쟁의 형태들로 상호 연관된다. 다시 말해, 사회 관계들의 형태들의 실존은 그들의 구성으로부터 분리될 수 없다. 그들의 실존은 그들의 구성이며, 그들을 파괴하는 힘들에 대항하는 끊임없이 갱신되는 투쟁이다.

5

국가를 예로 들어보자. 사회 관계의 형태로서의 국가에 대한 비판은, 형태들이 형태-과정으로, 즉 형성의 과정들로 이해될 때 무엇을 의미하는가?

국가는 존재함이라는 고정된 천상계의 일부이다. 그것은, 인간사들을 질서 지우기 위해 분명히 필요한, 하나의 제도이다. 정치학은 국가의 존재를 아주 당연한 것으로 받아들이며, 그것은 국가의 연구에 바쳐진다. 맑스주의 전통 속에서 이루어진 비판은 종종 국가의 자본주의적 성격을 보여주는 데에, 그리고 겉모습과는 달리 국가가 자본가 계급의 이해관계 속에서 움직인다는 사실을 보여주는 데에 초점을 맞추어왔다. 이것은 다음과 같은 생각으로, 즉 국가가 노동계급의 이해관계 속에서 기능하도록 만들어질 수 있기 위해서 국가를 어떤 식으로건 정복하는 것이 필요하다는 생각으로 쉽사리 나아간다.

우리가 물신주의의 중심성으로부터, 그리고 국가를 사회 관계들의 물신화의 하나의 양상으로 이해하는 것에서 출발하면, 그 문제는 다르게 나타난다. 국가를 비판하는 것은 먼저 국가의 외관상의 자율성을 공격하는 것을, 즉 국가를 그 자체로 하나의 사물로서가 아니라 사회 형태로서, 사회적 관계들의 형태로서 이해하는 것을 의미한다. 물리학에서, 겉보기와는 다르게, 절대적 분리가 없다는 것을, 에너지가 질량으로 변형될 수 있고, 질량이 다시 에너지로 변형될 수 있다는 것을 우리가 받아들이게 되었듯이, 사회에서도 그렇게 절대적 분리들, 혹은 경직된 범주들이란 없다는 것을 받아들여야 한다. 과학적으로 생각하는 것은 사유의 범주들을 해체하는 것이며, 모든 사회적 현상들을 정확하게 사회 관계들의 형태들로 이해하는 것이다. 사회 관계들, 즉 사람들 간의 관계들은 유동적이며 예측불가능하고 불안정하며 종종 열정적이지만, 그것들은 특정한 형태들로, 즉 그것들 고유의 자율성, 그것들 고유의 역동성을 획득하는 것으로 보이는 형태들로, 사회의 안정성에 결정적인 형태들로 경직화된다. 상이한 학술 분과들은 이 형태들(국가, 화폐, 가족)을 주어진 것으로 받아들이며 그 결과 그 형태들의 외관상의 고정성에, 그리하여 자본주의 사회의 안정성에 이바지한다. 과학적으로 생각하는 것은 그 분과들을 비판하는 것이고, 이 형태들을 해체하는 것이며, 그것들을 형태들로 이해하는 것이다. 자유롭게 행동하는 것은 이 형태들을 파괴하는 것이다.

그러므로 국가는 사회 관계들의 경직되거나 혹은 물신화된 형태이다. 국가는 사람들 간의 관계로서 나타나지 않는 사람들 간의 관계이며, 사회 관계들에 외부적인 어떤 것의 형태로 존재하는 사회적 관계이다.

그러나 왜 사회 관계들은 이런 방식으로 경직화되는가? 그리고 그것이, 우리가 국가의 발전을 이해하는 데에 어떤 도움을 줄 것인가? 이것은 1970년대 동안 서독에서 시작하여 그 밖의 나라들로 퍼져나간, 약간 특이하지만 매우 중요한 논쟁인 이른바 '국가 도출 논쟁'에 의해 제기된 질문이었다.[110] 그 논쟁은 극히 추상적인 언어로, 그리고 그 논쟁의 정치적 이론적 함의들을 명백하게 밝힘이 없이 수행되었다는 점에서 특이했다. 사용된 언어의 모호성은, 그리고 참가자들이 종종 논쟁의 함의들을 발전시키지 못했다(또는 알지 못하고 있었다)는 사실은 그 논의에 대한 오해의 소지를 남겨두었다. 그리고 그 접근법은 종종 국가에 대한 '경제적' 이론으로 비난되어왔으며, 혹은 정치적 발전을 자본의 논리의 기능주의적 표현으로 이해하려고 하는 '자본-논리'적 접근법으로 비난되어 왔다. 그 논쟁에서 제시된 일부 기고문들에 대해서 이러한 비판들이 제기되는 것은 합당할 수 있지만, 전체로서 그 논쟁의 중요성은, 그것이 국가와 자본주의 사회간의 관계에 대한 수많은 토론들을 훼손시킨 경제 결정론과 기능주의로부터 단절할 기초를, 그리고 국가를 자본주의 사회의 사회적 관계들의 총체성의 하나의 요소, 혹은 기껏해야 하나의 계기로서 논의할 기초를 제공했다는 사실 속에 놓여있다.

사회적 관계들의 특수한 **형태**로서의 국가에 관한 논쟁의 초점은 예를 들어 토대-상부구조 모델(그리고 그것의 구조주의적 변이들)이 함의한 경제결정론과의 결정적 단절이다. 토대-상부구조 모델에서, 경제적 토대는 국가가 무엇을 **하는지**, 국가의 기능들은 무엇인지를 (물론 그 최종 심급에서) 결정한다. 국가의 기능들에 두어진 초점은 국가의 실존을 당연한 것으로 간주한다. 토대-상부구조 모델에는 국가의 형태에 관해 물을 여지가 없다. 다시 말해 왜 사회 관계들이 무엇보다도 외관상 자율적인 국가의 형태로 굳어져야만 하는지를 물을 여지가 없다. 국가의 형태에 대해 질문하는 것은 그것의 역사적 특수성에 대해 질문하는 것이다. 사회로부터 분리된 하나의 사물로서의 국가라는 실존은 자본주의 사회에 특유하다. 강제적인 계급 관계들과는 명확히 구분되는 그 무엇으로서 '경제적인 것'의 실존이 자본주의 사회

---

110) 국가 도출 논쟁에 대해서는 Holloway and Picciotto (1978), Clarke (1991)을 보라.

에 특유하듯이(Gerstenberger 1990) 말이다. 그렇다면 문제는 '어떻게 경제적인 것이 정치적 상부구조를 규정하는가?' 하는 것이 아니다. 오히려 문제는 '사회 관계들의 국가 형태로의 경화(또는 특수화)를 낳는 자본주의적 사회 관계들에 특유한 것은 무엇인가?' 하는 것이다. 이 질문을 통해 도출되는 결론은 다음과 같은 질문이다: 동일한 사회 관계들의 명확히 구분되는 계기들로서 경제적인 것과 정치적인 것의 구성을 낳는 것은 무엇인가? 그 대답은 확실히, (여느 계급 사회처럼) 자본주의도 기초하고 있는 사회적 적대에 변별적인 그 무엇이 있다는 것이다. 자본주의하에서 사회적 적대(계급들 간의 관계)는, 공공연하게 발생하는 것이 아니라 시장에 놓인 상품들처럼 노동력의 '자유로운' 구매와 판매를 통해 발생하는 착취 형태에 기초를 두고 있다. 계급 관계의 이러한 형태는 직접적인 착취의 과정(그것은 노동의 '자유'에 기초한다)과 착취적 사회에서 질서를 유지하는 과정(그것은 강압의 가능성을 함의한다) 사이의 분리를 전제한다. (Hirsch 1978을 참조)

국가를 사회 관계들의 형태로 간주하는 것은 분명히, 국가의 발전을 사회 관계들의 총체성이 발전하는 계기로 이해할 수 있음을 의미한다. 그것은 자본주의 사회의 적대적이고 위기에 찬 발전의 일부이다. 자본주의적 사회 관계들의 형태로서 국가의 실존은 그 관계들의 재생산에 의존한다. 그래서 국가는 자본주의 사회 속에서의 국가일 뿐 아니라 자본주의적 국가이기도 하다. 왜냐하면 국가 자신의 지속적 실존은 전체로서의 자본주의적 사회 관계들의 재생산의 촉진에 묶여있기 때문이다. 그럼에도 불구하고, 국가가 사회 관계들의 특수한 또는 경화된 형태로서 존재한다는 사실은 국가와 자본주의의 재생산 사이의 관계가 복잡한 것임을 의미한다. 기능주의적 방식으로, 즉 국가가 하는 모든 것은 반드시 자본에게 최상의 이익이 될 것이라거나, 혹은 국가가 자본주의 사회의 재생산을 보장하기 위하여 필요한 바의 것을 달성할 수 있다고 가정될 수는 없다. 국가와 자본주의적 사회 관계들의 재생산 사이의 관계는 시행과 착오의 관계인 것이다.

　사회 관계의 형태로서의 국가에 대한 비판은 국가와 일반적 자본 재생산과의 상호관계를 지적할 뿐만 아니라 인간사를 조직하는 형태로서의 국가의 역사적 특수성을 지적한다. 비록 그 비판이 삶을 미래에 상이한 방식으로 조직할 가능성을 분명히 제시한다 할지라도, 그 같은 접근법은 국가의 현재적 실존을 의문시하지는 않는다. 즉, 국가의 현재적 실존은 당연한 것으로 간주될 뿐이다. 비판은 비판의 대상에서 물러나 있다.

　그럼에도 불구하고, 국가가 사회적 관계들의 형태로서 뿐만 아니라 사회적 관계들을 형성하는 과정으로서 이해된다면, 국가와 자본의 재생산 사이의 관계에 대해 위에서 이야기되어온 모든 것들은 여전히 유효하다. 그러나 자본의 재생산과 국가의 실존 모두는 끊임없이 쟁점이 되고 있는 것으로 나타난다.[111] 국가의 실존은 사회 관계들의 특정한 양상들을 분리시키는, 그리고 그것들을 '정치적인 것'으로 규정하며, 그리하여 그것들을 '경제적인 것'으로부터 분리된 것으로 규정하는 끊임없는 과정을 함축한다. 이리하여 사회가 기초하고 있는 적대는 파편화된다. 투쟁들은 정치적 형태로 흘러가거나 경제적 형태로 흘러가는데, 그것들 모두는 전체로서의 사회 구조에 관한 질문을 제기할 여지를 남겨놓지 않는다. 사회적 투쟁들에 한정들을 부과하는 이 과정은 동시에 국가에 의한 자기한정의 과정이기도 하다. 사회 관계들의 경화된 형태로서의 국가는 동시에 사회 관계들을 경화하는 과정이며, 국가가 사회로부터 분리된 심급으로서 부단히 재구성되는 것은 이러한 과정을 통해서이다.

　국가는 사회적 갈등의 국가화 과정이다. 갈등이 일단 '정치적인 것'으로

---

111) 형성-과정으로서의 국가라는 개념의 발전에 대해서는 Holloway (1991b)와 Holloway (1995b)를 참조하라.

정의되면, 갈등은 사적 소유라는 '경제적' 영역을 즉 지배력의 기반 구조를 의문시할 모든 것으로부터 분리된다. 갈등은 정의되며 또 하위-정의된다. 그리하여 갈등은 적당한 회로들을 통해 흘러갈 수 있으며 조직화하는 사회적 관계들의 형태로서 자본의 실존이 의문시되지 않는 방식 속에서 (행정적으로 또는 공공연한 억압을 통해서) 취급될 수 있다. 지향력의, 즉 자기 자신들의 삶을 통제하려는 사람들의 요구의 초기적 표현들은 국가를 통해 지배력의 부과로 변형된다. 때로는 노골적인 억압을 통해서, 때로는 그 요구들에 부응하는 변화들을 '제공'함으로써, 때로는 자기조직화의 초기적 형태들을 국가 행정과 국가 재정(財政)의 구조 속으로 통합하고 (또 종속시키는) 새로운 행정적 구조들을 발전시킴으로써. 그러나 회로화는 결코 완전하지 않다. 왜냐하면 국가가 새로운 갈등들에, 그리고 정의(定義)에 반항하는 인간적 반란의 새로운 폭발들에 끊임없이 반작용하고 있기 때문이다.

일반적으로 국가 도출 논쟁에 의해 간과되어진 한 측면, 즉 국가들의 복수성으로서의 국가의 실존이라는 측면이 국가를 국가화의 과정으로 이해함에 있어 핵심적이다. 국가와 사회의 관계에 대한 (맑스주의적 그리고 비맑스주의적) 논의들 속에서 국가와 사회는 동일한 외연을 갖는다고, 즉 국가는 **자신의** 사회에 관계하며, 사회는 **자신의** 국가에 관계한다고 종종 가정된다. 국민국가, 국민경제 그리고 국민사회 등의 개념들은 당연한 것으로 간주될 뿐이다. 아마도 이러한 기초 위에서만, 국가 기구에 대한 통제력을 획득하는 것이 권력의 장악을 나타내는 것으로 상상될 수 있을 것이다. 권력 장악을 통한 혁명이라는 생각은 국가가 국경들 내에서 주권적이고, 자율적이라는 국가의 주장을 액면 그대로 받아들이는 경향이 있다.

국가와 사회가 동일한 외연을 갖는다는 가정은 지배형태로서의 자본이 계급지배의 이전 형태들과는 구분된다는 것을, 즉 자본의 본질적인 유동성을 완전히 간과한다. 봉건 영주와는 달리, 자본은 어떤 특수한 노동자들의 집단이나 어떤 특수한 장소에 묶여있지 않다. 봉건주의에서 자본주의로의 이행은 지배력의 행사를 영토적 끈으로부터 해방시켰다. 봉건 영주는 그의 영토 내에서만 일꾼들을 명령할 수 있었지만, 런던의 자본가 계급들은 부에노스아이레스나 서울에 있는 노동자들을 스윈던에 있는 노동자들만큼이나 쉽게 명령할 수 있다. 사회적 관계들의 자본주의적 구성은 본질적으로 지구적이다. 그것의 비영토성은 '지구화'라는 현재적 국면의 산물일 뿐만 아니라 자본에 본질적인 것이다.

그러므로 국가들의 복수성의 하나로서 국가의 실존 그 자체는 사회 관계들의 지구적 구성을 은폐하며, 따라서 지배력의 자본주의적 행사의 본성을 은폐한다. 국가가 무언가를 행하기 전에도 경찰, 관료들 또는 정치가들이 어떤 조처를 취하기 전에도, 국가는 파편화하며 구획하고 정의하며 사물화한다. 국가의 실존 그 자체는 '자신의' 영토, '자신의' 사회, '자신의' 시민들에 대한 영토적 정의이다. 국가의 실존 그 자체는 '외국인들'인 비시민들에 대한 차별이다. 그렇지만 국가의 실존은 단순히 주어진 것이 아니다. 그것은 국경들이 설정되고 나서 성립되는 어떤 것이 아니라, 자기구성의, 자기 정의의 부단한 과정이다. 오히려 모든 국민국가들은 파편화되는 지구적 사회 관계들의 끊임없이 되풀이되는 과정 속에 묶이어있다. 국민주권의 선포를 통해서, '국민됨'에 대한 장려를 통해서, 국기 게양식을 통해서, 국가(國歌)의 연주를 통해서, '외국인들'에 대한 행정적 차별을 통해서, 여권의 통제를 통해서, 군대의 유지를 통해서, 전쟁을 통해서. 예컨대, 라틴 아메리카에서처럼, 사회의 이러한 국민적 파편화의 사회적 기초가 더욱 연약하면 할수록, 그 파편화의 표현 형태들은 그만큼 더 분명해진다. 파편화의 이 형태, 즉 분류와 동일화의 이 형태는, 지난 세기 내내 쌓인 시체들의 산들이 증명하듯이, 분명히 자본의 지배의 가장 잔인하고 야만적인 표현들 중의 하나이다.

그러나 수많은 '좌파' 담론들은 국가의 실존이 수반하는 폭력에 맹목적이다. 예를 들어, 많은 좌파 담론에 의해 국가기구에 대한 통제권의 획득으로 해석되고 있는 권력 장악의 개념은 필연적으로 사회 관계들의 국민적(즉 국가에 묶인) 구성이라는 관념을 지지하며, 그리하여 사회의 국민 단위로의 파편화에 동참한다. '시민들'과 '외국인들' 사이의 차별에 능동적으로 참여하지 않는, 또한 그와 같은 방법으로 민족주의자가 되지 않는 국가 지향적 정책들을 상상하는 것은 어렵다. 볼셰비키적 대의(大義)에 대한 배반으로 종종 묘사되는 스탈린의 '일국 사회주의' 전략은 실제로는 사회 변화에 대한 국가 중심적 개념의 논리적 귀결이었다.

국가의 실존은 정의(定義)와 배제의 운동이다. '시민들'은 정의되며, '외국인들'은 배제된다. 주류 논의들 속에서, 초점은 통상 '국가'와 '그 국가의 시민들' 사이의 관계에 맞춰진다. 그러나 사실상 시민권이라는 개념은 비시민들 혹은 외국인들에 대한 정의와 배제를 의미한다. 사람들이 자신들의 노동력을 팔기 위해 혹은 다른 이유들로 인해 더욱더 많이 여행을 하는 세계에서 외국인들에 대한 배제는, 사람들이 더 큰 공포 속에서, 그들의 잠재력이나 무언가를 행할 능력의 금지 속에서 살고 있음을 의미한다. 포함된 사람들, 정의된 사람들, 시민들에게 있어서 시민권의 개념은, 국가들의 실존이 특히 민주주의 국가들의 실존이 기초하고 있는 허구의 한 요소이다. 민주주의의 이념은 사회 관계들이 국민적 (국가에 묶인) 기초 위에서 구성되어지거나 혹은 구성되어야만 한다고 가정한다. 즉 권력이 국가 내부에 자리 잡고 있다고 가정한다. 이 허구가, 사회 관계들(즉 권력 관계들)이 전 지구적 차원에서 구성된다는 사실과 갈등하게 될 때 민중('민중'은 '시민'을 의미한다)의 민주적으로 표현된 희망과 국가의 행동 사이의 파열은 외부 세력들(세계 경제, 금융 시장들)이나 외국인들(미 제국주의, 취리히의 투기적 은행가들)의 개입에 의해 설명될 수 있을 뿐이다. 따라서 시민권이라는 개념은 민주주의적 망상(다음 선거까지 기다리기)의 재생산에 기여할 뿐만 아니라, (거리에서의 인종주의적 공격에서부터 이민 당국에 의한 수많은 가족들의 강제적 분리에 이르는) 외국인들에 대한 일상적 폭력에도 기여한다.

이 주장이 국가에 너무 많은 것을 귀속시킨다고, 다시 말해 인종주의와 민족주의는 국가보다는 사회 속에 훨씬 더 깊이 스며들어 있다고 이의제기될 수 있을지도 모르겠다. 이것은 사실이다. 우리가 '나는 이스라엘인이다', '나는 영국인이다' 등등이라고 말하게 되는 그 과정은 분명히 매우 복잡하며 사회의 일반적인 동일화의 일부인 것이다. 국가의 실존은 단지 물신화의 한 형태일 뿐이다. 국가를-통한-동일화는 생산과 창조의 과정 속에서의 주체와 객체의 기본적 분리로부터 분리 불가능한 동일화의 여타의 형식들과 뒤섞인다. 국가는 제 발로 서지 못한다. 그것은 자본주의적 사회 관계들의 형태들 중 하나인 것이다. 그것은 형성중인 사회 관계들의 상호연결, 상호 혼합의 과정 중 하나이며, 지향력을 지배력의 형태로 재생산하는 과정들 중의 하나이다.

(사회 관계들의 모든 여타의 형태들의 운동처럼) 하나의 형성과정으로서의 국가의 운동은 순종하지 않는 현실 위에 패턴들을 부과하는 운동이다. 물신화의 운동은 반-운동의, 즉 반물신화 운동의 맥락에서만 이해될 수 있다. 민족성이라는 국가적 정의들의 부과는, 아주 명백하게도, 그러한 정의들에 대항하는 경험들 및 그러한 정의들에 대항하는 공공연한 운동들에 직면한다. '어떤 사람도 불법적이지 않다'는 슬로건에서, 혹은 프랑스에서 전개된 '체류권 없는 사람들'의 운동에서, 1968년에 프랑스 학생들이 외친 '우리는 모두 유대인이다'라는 함성에서 표현된 것처럼 말이다. 더욱 미묘한 것은, 시민화가 지향력 운동의 재정의 과정이라는 것이다. 우리 자신의 삶에 대해 통제를 해야 한다는 주장은 민주주의로 재정의되는데, 이때 민주주의는 선거에 의한 의사결정이라는 국가적으로 정의된 과정으로 이해된

다. 사회적 활동과 조직들의 수많은 형태들 속에서 표현되는 운동, 즉 우리 자신의 삶을 조형하려는 지향력의 운동은 민주주의를 위한 운동으로, 즉 시민들의 운동으로 재정의됨으로써 가두어진다. 그 결과 이 운동은 사회적 관계들의 조형화를 통제할 일체의 가능성을 박탈당한다. 그러나 지향력의 운동은 봉쇄됨과 동시에 봉쇄되지 않는다. 왜냐하면 지향력의 운동은 지속적으로 새로운 모습들로 재등장하기 때문이다. 국가의 운동은, 사회 전체의 운동처럼, 물신화와 반물신화 간의 적대의 운동이다. 반권력을 찾기 위해, 우리는 지배의 운동 외부를 살펴볼 필요는 없다. 반권력, 반물신화는 지배 그 자체의 운동 내부에서-그에-대항하며-그것을-넘어서 현존한다. 그것은 경제적 힘들로서, 객관적 모순들로서 혹은 미래로서 현존하는 것이 아니라 현재로서, 바로 우리들로서 현존한다.

6

이처럼 물신주의를 물신화로 이해하는 것은, 그리하여 자본주의 사회 속에서 우리들의 실존을 자본-속에서-그것에-대항하는 실존으로 이해하는 것은, 모든 사유의 범주들에 대한 우리의 이해에 영향을 미친다. (정치경제학자들의 범주들 속에서 표현된) 사회 관계의 형태들이 형성중인 사회 관계의 과정으로, 그리하여 투쟁으로 이해된다면, 분명히 그 범주들은 개방된 범주들로 이해되어야 한다. 예를 들어, 가치가 경제적 범주로 이해되지 않는다면, 즉 지배 형태로서가 아니라 투쟁 형태로서 이해된다면, 그 범주의 현실적 의미는 투쟁의 과정에 좌우될 것이다. 만약 사유의 범주들이 대상화된 사회 관계들의 표현으로서가 아니라 그것들을 대상화하는 투쟁의 표현으로서 이해되면, 예측불가능성의 거대한 폭풍이 그 범주들을 관통할 것이다.

화폐, 자본, 국가 등이 형태를 부과하려는 투쟁, 훈육하려는 투쟁 이외에 아무 것도 아닌 것으로 되면, 그것들의 발전은 오직 실천으로서만, 사전에 결정되지 않은 투쟁으로서만 이해될 수 있음이 분명하다. (Bonefeld, Gunn and Psychopedis 1992 참조) 투쟁 이론으로서의 맑스주의는 필연적으로 불확실성의 이론이다. 투쟁이라는 생각은, 부정-의-부정이라는 보장된 행복한 결말에 관한 어떠한 생각과도 합치될 수 없다. 변증법이 이해될 수 있는 유일한 방법은 부정의 변증법(Adorno 1990 참조)으로서, 참되지 못한 것에 대한 끝없는 부정으로서, 비자유에 대항하는 반란으로서이다.

그렇다면 비판은, 외부에-서있는-사람들의 목소리가 아니라 물신주의에 대항하는 일상적 투쟁의 일부이며, 사회 관계들을 인간적 기초 위에 확립하기 위한 일상적 투쟁의 일부일 뿐이다. 비판은, 삶과 세계를 입맞추게 할 희망을 가지고 백마에 올라타는 것이 아니다. 비판은 세계의 삶**이다**. 비판은 우리 자신들로부터 외부로의 이동일 수 있을 뿐이다. 마치 거미줄에 걸린 파리처럼, 우리는 우리를 계속 감금하는 사물화된 끈을 끊는다. 우리가 거미줄 외부에 서있을 방법은 없으며, 냉정하게 사물을 볼 수 있는 방법은 없다. 거미줄에 걸려 있는 한, 우리가 전지적일 수 있는 방법은 없다. 우리가 현실을 알 수 있는 방법은 없으며, 우리가 총체성을 알 수 있는 방법은 없다. 루카치는 우리에게 총체성의 관점을 채택하라고 말하곤 했지만, 우리는 총체성의 관점을 채택할 수 없다.[112] 우리는 기껏해야 총체성을 열망할 수 있을 뿐이다. 총체성은, 거기에 서 있을 수 있는 사람이 아무도 없다는 단순한 이유 때문에, 하나의 관점이 될 수 없다. 총체성은 행위의 사회적 흐름이라는 비판적 범주일 수 있을 뿐이다. 아직 황혼은 아니다. 미네르바의 올빼

---

[112] Lukács (1971, p. 27)을 보라. '부르주아적 사유와 맑스주의적 사유 사이의 결정적인 차이를 구성하는 것은 역사적 설명에서 경제적 동기들의 우선성이 아니라, 총체성의 관점이다.'

미는 그녀의 날개를 펄럭이며 땅을 벗어나려는 투쟁을 할 수 있을 뿐이다.113) 우리가 주장할 수 있는 유일한 진리는 비진리의 부정이다. 우리가 확신을 위하여 매달릴 수 있는 고정된 것은 아무 것도 없다. 그것은 계급도, 맑스도, 혁명도 아닌, 비진리에 대한 지속적인 부정에 불과하다. 비판은 묶인 프로메테우스의 쉼 없음이며, '삶의 순수한 불안정'(Hegel 1977, p. 488)의, '생성의 절대적 운동'(Marx 1973, p. 488)의 필사적임이다. 우리의 비판은 어지럽다. 어지러운 세계에 대한 어지러운 이론이다.114)

정말 어지럽다. 물신주의를 물신화의 과정으로 이해하자고 주장하는 것은 동일성을 직접적으로 공격하는 것이다. 동일성은, 우리가 이해하기에는, 구성과 실존의 분리, 즉 행위와 행위결과의 분리이다. 동일성은 존재함의 공간이며 지속의 시간이고 행위결과가 그것을 구성했던 행위와는 독립적으로 실존하는 영역이다. 물신주의가 과정으로 이해되어야 한다고 말하는 것은 구성과 실존 사이의 어떤 분리를 거부하는 것이다. 화폐는 화폐화의 과정이다. 왜냐하면, 사회 관계의 한 형태로서의 화폐의 구성을 그것의 실존과 분리하는 것이 불가능하기 때문이다. 다시 말해, 화폐의 실존은 그것의 구성의 과정, 즉 격렬한 투쟁이다. 여기에 중단은 없다. 화폐가 자신이 획득한 영예에 의지할 수 있는 순간이란 없다. 또한 화폐가 '화폐 관계들이 확립되었으므로, 나는 존재하며, 또 자본주의가 폐지될 때까지 계속 존재할 것이다'라고 자신에게 말할 수 있는 순간 역시 없다. 화폐가 그런 식으로 현상한다 할지라도, 그 현상은 현재적 행위와 현재적 투쟁의 부정일 뿐이다. 우리가 커다란 빵 위에 편안하게 기대 앉아있는 것으로 보는 자본가는,

---

113) 이것은 법철학 서문의 끝에 나오는 Hegel의 유명한 문장 '미네르바의 올빼미는 오직 땅거미가 질 때에만 자신의 날개를 편다.' (1967, p. 13)와는 대조적이다.
114) '이것(비판)이 야기하는 어지러움이야말로 진리의 눈금이다.' (Adorno, 1990, p. 33)

그가 바로 그 순간에 착취를 위한 격렬한 투쟁에 가담하고 있기 때문에만 한 사람의 자본가이다.

그렇다면, 동일성이란 없다. 아니 오히려 동일화하기 위한 지속적인 투쟁 이외에는, 행위결과의 행위로부터의 분리가 필연적으로 수반하는 들끓는 폭력 위에 안정성의 층을 부과하는 지속적인 투쟁 이외에는 동일성이란 없다. 자본은 안정적인 것처럼 나타난다. 그들이 말하는, **그리고 우리가 받아들이는** 계급투쟁은 우리로부터 나온다. 아래로부터의 계급투쟁이 자본주의의 안정성을 파열시키는 것으로 보인다. 이 얼마나 터무니없는 것인가! 대부분의 맑스주의적 논의들이 그랬던 것처럼, 계급투쟁을 주로 아래로부터 발생하는 것으로 이해하는 것은 실제로 세계를 물구나무 세우는 것이다. 자본의 실존 그 자체는 행위결과를 행위로부터 분리하는 격렬한 투쟁이다. 하지만 이러한 투쟁의 바로 그 폭력, 행위결과를 행위로부터 떼어내는 것, 실존을 구성으로부터 떼어내는 것이 자본주의의 현상적인 안정성, 동일성을 창출하는 것이다. 안정성이라는 현상은 투쟁 그 자체의 본성 속에 주어져있다. 행위결과의 행위로부터의 분리는 행위결과를 행위로부터 분리시키는 끝없는 투쟁의 산물이며, 그 투쟁이 성공적인 한에서 그것은 자기자신을 보이지 않게 만든다. 동일성은 비동일적인 것들을 동일화하려는 투쟁에 의해 실제로 발생한 하나의 환상이다. 우리는, 즉 비동일적인 것들은 이러한 동일화에 대항하여 싸운다. 자본에 대항하는 투쟁은 동일화에 대항하는 투쟁이다. 그것은 대안적인 동일성을 추구하는 투쟁이 아니다.

물신주의를 물신화로 이해하는 것은 실존의 허약성을 주장하는 것이다. 사회 관계의 형태들이 형성의 과정이라고 말하는 것은 그것들이 투쟁의 형태들임을 의미할 뿐 아니라, 형태들로서의 그것들의 실존이 그것들의 지속적인 재구성에 의존한다는 것을 의미한다. 자본의 실존은, 행위결과의 행위로부터의 분리를 통한 그것의 지속적인 재구성 과정에 의존한다. 자본의 실존은 따라서 언제나 문제가 되고 있으며 언제나 투쟁의 문제이다. 어느 날 자본이 행위를 노동으로 바꾸는 데 실패하거나 혹은 노동을 착취하는 데 실패한다면, 자본은 실존을 멈춘다. 자본의 실존은 언제나 불안정하며 그것의 투쟁의 포악성은 이 불안정성의 결과이다.

자본주의는 양면적이다. 그것의 불안정성(행위결과를 행위로부터 분리하기)이라는 성격은 안정성(행위결과의 행위로부터의 분리)이라는 현상을 발생시킨다. 자본주의의 동일성(존재함)은 실제적 환상이다. 즉 생산의 과정(행위결과를 행위로부터 분리하는 과정)에 의해 야기된 실제적인 환상인 것이다. 구성의 실존으로부터의 분리는 실제적 환상이다. 생산의 과정(실존을 구성으로부터 분리하는 과정)에 의해 야기된 실제적인 환상인 것이다. 그 환상은 실제적이다. 왜냐하면, 그것은 자본주의의 허약성을 숨기기 때문이다. 자본주의는 '존재하는' 것처럼 보인다. 그러나 자본주의는 결코 '존재하지' 않는다. 자본주의는 항상 그 자신을 구성하는 투쟁이다. 자본주의를 '존재하는' 생산양식으로 간주하는 것, 혹은 같은 것이지만, 계급투쟁을 자본주의의 안정성에 대항하는 아래로부터의 투쟁으로 간주하는 것은 물신주의의 가장 불결한 수렁 속으로 곤두박질하는 것이다. 자본은 그 본성상, '존재하는' 것처럼 보이지만, 결코 '존재하는' 것이 아니다. 자본의 폭력(맑스가 '시초축적'이라고 부른 것의 지속적 현존)을 이해하는 것 그리고 그것의 허약성을 이해하는 것은 중요하다. 혁명의 절박한 불가능성은 절박한 가능성을 향해 열리기 시작한다.

그러나, 구성을 재구성으로부터 구분할 필요가 있다는 이의가 제기될 수 있을 것이다. 자본의 실존이 끊임없이 갱신되는 투쟁임을 받아들인다 하더라도, 애초의 구성과, 사회 관계들의 자본주의적 형태들의 실존을 유지하기 위해 필요한 재구성 사이에 차이는 없는 것일까? 사랑의 관계가 그것의 끊임없는 재구성에 의존한다고, 즉 매일 사랑에 빠지는 것에 의존한다고 우리가 말할 수는 있겠지만, 사랑에 처음 빠진 것과 그것의 일상적 반복 사이에 차이는 없는 것일까? 화폐가 존재하기 위해서 매일 재구성되어야만 한다 할지라도, 사회 관계로서의 화폐의 기원적 부과(賦課)와 그것의 일상적 반복 사이에 차이는 없는 것일까? 우리가 가게에 가서 돈을 지불할 때마다 우리는 화폐의 폭력을 의식하고 있는지 모른다. 그러나, 우리가 이전에 수없이 사회 관계들의 그 같은 화폐화를 경험했다는 사실은, 우리의 행위를 화폐화하려는 (자본 측으로부터의) 투쟁이 그 전보다도 덜 격렬한 것임을 의미하지는 않는가? 우리가 구성과 재구성 사이의 구별을 부인한다면, 우리는 경험의 축적이 불가능한 건망증의 세계 속으로 빠져들 위험에 처하는 것은 아닌가?

그렇다. 자본을 구성하려는 투쟁(즉, 행위결과를 행위로부터 분리시키려는 투쟁)이 발생하는 조건들은 늘 변화한다. 착취 과정의 반복은 착취하려는 투쟁이 발생하는 조건들을 변화시키며, 이와 똑같이 착취(혹은 착취를 강화하려는 노동과정의 가속화)를 저지하려는 공장 점거들의 파도도 착취하려는 투쟁이 발생하는 조건들을 변화시킨다. 실제로 투쟁의 양측에는 (비록 선형적 축적은 아닐지라도) 경험의 축적이 있다. 그러나 그것은 우리의 기본적 주장에 거의 아무런 영향도 미치지 않는다. 자본은 결코 '존재하지' 않는다. 그것의 경험은 결코 지속의 경험이 아니다. 자본은 항상 그 자신을 재구성하려는 투쟁에 의존한다. 재구성은 결코 당연한 것으로 가정될 수 없다.115)

그러나, 이 주장은 다시, 이것은 물신주의에 대한 맑스의 이해방식이 아니라는 이의에 부딪힐 수 있다. 맑스는 『자본론』에서 사회 관계들의 자본주

---

115) 자본주의의 재생산이 부단히 쟁점이 되는 것이 아닌 것처럼 보면서, 맑스주의를 자본주의의 재생산에 대한 연구로 생각하는 것은 일반적이고 심각한 왜곡이다.

의적 형태들을 마치 안정된 형태들인 것처럼 취급한다. 이것이 실제로『자본론』에 대한 전통적 독해이다. 그러나 첫째로, 맑스가 무엇을 생각했느냐 하는 것이 그 자체로 이 주장에 대한 논박으로 유효할 수는 없다. (중요한 것은 맑스가 무엇을 생각했느냐가 아니라, 우리가 무엇을 생각하는가이다.) 둘째, 『자본론』에 대한 전통적 독해는 그것이 갖는 비판으로서의 성격을 간과한다. 맑스의 작업은 정치경제학에 대한 비판이며, 그 범주들의 정치경제학적 본질화에 대한 비판이다. 『자본론』에서, 맑스는 사회 관계들의 형태들을 구성된 형태들로 설명한다. 왜냐하면, 그는 그 형태들을 실제적 환상들이라고 비판하고 있기 때문이다. 맑스는 생산과정 속에서, 구체적 노동과 추상적 노동의 노동과정 내부에서의 적대적 실존 속에서, 이러한 형태들의 역사적이고도 연속적인 발생을 보여줌으로써 그것들을 비판한다. 맑스는 이러한 형태들의 연속적인 발생을 보여줌으로써, 사회 관계들의 형태들이 안정된 것으로 이해될 수 없음을, 물신주의가 완료된 사실로서 이해될 수 없음을 암시적으로 보여준다. 사회 관계들의 형태들은 형태과정들, 즉 사회 관계들이 형성되는 과정들이다.[116]

그러나, 자본에 대항하는 투쟁을 반동일성주의적으로 생각하는 것은 우리를 이론적으로 뿐만 아니라 실천적으로도 불가능한 입장에 놓는 것이라는 이의가 제기될 수 있다. 모든 개념화는 동일화를 동반한다. 즉, 우리가 동일화할 수 없다면, 우리는 생각할 수 없다는 것이다. 또, 모든 투쟁은 동일화를 동반한다는 것이다. 아니면, 우리가 차별에 반대하는 흑인들의 투쟁을, 여성들의 운동을, 원주민의 운동들을 잊어버려도 좋은 것인가?

거기에 멈추려는 동일화와, 동일화 과정 속에서 그 자신을 부정하는 동

---

116) Holloway (1991) p. 239와 Sohn-rethel (1978) p. 17을 참조하라.

일화 사이에는 차이가 있다. 존재에 기초를 두는 개념화와 행위에 기초를 두는 개념화 사이에는 차이가 있다. 위에서 논의되었듯이, 행위는 동일성과 비동일성의 적대적 운동이다. 행위자는 존재하면서 동시에 존재하지 않는다. 행위결과가 존재하면서 동시에 존재하지 않는 것처럼. 순간적으로 대상화되었다가 행위의 사회적 흐름 속으로 재통합되듯이. 존재에 기초를 두고 생각하는 것은 단지 동일화하는 것이다. 행위에 기초를 두고 생각하는 것은, 동일화하면서 동시에 그 동일화를 부정하는 것이다. 이는 개념화되는 것에 대한 개념의 부적합성을 승인하는 것이다. '변증법이라는 이름은 우선 대상들이 어떤 잔여를 남기지 않고 그 개념들 속으로 들어가지 못한다는 것 이상을 말하지 않으며, 그 대상들이 적합성에 대한 전통적 규범과 모순된다는 것 이상을 말하지 않는다.' (Adorno 1990. p. 5) 그러므로 행위에 기초를 두고 생각하는 것은 우리 자신의 사유에 대항하고 또 그것을 넘어서 생각하는 것을 의미한다. '우리는 우리 자신의 사유에 대항하여 사고할 수 있다. 그리고 그것이 변증법을 정의할 수 있다면, 이것은 주장할 만한 가치가 있는 정의일 것이다.' (Adorno 1990. p. 141)

이것은 투쟁에도 해당된다. 단순히 동일화하는 투쟁(이러한 투쟁은, 마치 흑인, 아일랜드인, 바스크인 등이 투쟁의 계기라기보다 고정된 동일성인 것처럼, '우리는 흑인이다', '우리는 아일랜드인이다', '우리는 바스크인이다'라고 말한다)과, 동일화하면서 동일화의 순간 속에서 그 동일화를 부정하는 투쟁 사이에는 차이의 세계가 있다. 우리는 원주민이지만-그-이상이다. 우리는 여성이지만-그-이상이다. 후자가 동일화를 단언하는 바로 그 과정에서 동일화에 대항하여 움직이는 반면, 전자는 동일성들의 파편화된 세계 속으로 손쉽게 흡수된다. 자본주의의 안정성을 위해 중요한 것은, 동일성들의 특수한 합성(흑인은 백인과 동등하다. 바스크인은 스페인인과 동등하다. 여성들은 남성들과 동등하다)이 아니라 동일성 그 자체이다. 동일화 그 자체

에 대항하는 방향으로 움직이지 않는 투쟁은 자본주의적 지배의 변화하는 양식들에 손쉽게 뒤섞여버린다.117)

그러나 다시, 우리의 투쟁이 사유와 실천에서 반동일성적이라고 주장하는 것, 즉 우리의 투쟁이 구성과 실존의 분리에 대항하는 것이라고 주장하는 것은 삶을 견딜 수 없을 정도의 강렬함으로 끌어올리는 것이라는 이의가 제기될 수 있다. 그렇다. 동일성은 삶을 견딜 수 있게 만든다.118) 동일성은 고통을 죽인다. 동일성은 감정을 둔화시킨다. 우리가 아프리카에서 창궐하고 있는 AIDS 유행병과 함께 사는 것을 가능하게끔 만드는 것, 혹은 우리가 치료 가능한 질병인데도 매일 수많은 아이들이 그 때문에 죽어 가는 것과 함께 사는 것을 가능하게 만드는 것은 '그들은 그들일 뿐이다'라는 동일화이다. 자본주의의 실존은 우리들의 감정의 둔화라는 기초 위에서만 생각할 수 있다. 이것은 (매우 중요하지만) 마약의 문제만은 아니다. 이것은 무엇보다도 우리로 하여금 사적 도덕률의 방벽을 세우고 세계의 고통 바깥에 서 있을 수 있도록 하는 동일성의, 즉 파편화의 문제이기도 하다. 절규는 사회적 고통의 자각이자 동시에 그것과의 대면이다. 코뮤주의는, 자본주의의 공포들을 가능하게 만들어주는, 감정의 둔화에 대항하는 강렬함의 운동이다.

이의들이 계속 제기될 수 있다면, 그것은 그 주장이 결함이 있기 때문이 아니라 우리가 가능성의 경계에서 걷고 있기 때문이다. (권력 장악 없는 세계 변혁이라는 문제를 제기하는 것은 이미 미친 불가능성의 심연의 경계 위에서 이리저리 움직이는 것이다.) 그렇지만 여기에는 어떠한 대안도 없다.

---

117) 사빠띠스따 봉기와 관련하여 이것을 논한 것으로는 Holloway (1996)을 참조하라.
118) '위험은, 잘못된 세계의 모든 시민들이 올바른 것을 견딜 수 없는 것으로 받아들이게 되리라는 것이다. 그는 너무나 손상되어서 그것을 감당하지 못하게 될 것이다.' (Adorno 1990, p. 352)

물신화를 과정으로 이해하는 것은 권력 장악 없는 세계 변혁을 사유하는 열쇠이다. 우리가 과정-으로서의-물신화를 포기한다면, 우리는 자기해방으로서의 혁명을 포기하는 것이다. 물신주의를 경화된 물신주의로 이해하는 것은, 혁명은 피억압자를 **위하여** 세계를 변혁하는 것이라는 이해에 이를 수 있을 뿐이다. 이것은 필연적으로 권력 장악에 초점을 맞추는 것을 의미한다. 권력 장악은 '위하여'라는 대리주의적 혁명 관념을 유의미하게 만드는 정치적 목표이다. '위하여'가 아닌 자기운동으로서의 혁명은 '권력 장악'을 생각조차 할 필요가 없다.

다른 한편, 우리가 물신주의를 완전히 간과하면, 우리는 영웅으로서의 주체로 되돌아가게 된다. 권력이 우리 안으로 침투하지 않고 우리를 분리시킨다면, 또는 그와는 반대로 건강한 주체가 병든 사회 속에서 실존하는 것이 가능하다면, 우리는 주체를 건전하고 건강하며 온전한 것으로 간주할 수 있다. 악한 사회에 대항하여 싸우고 있는 선한 영웅처럼 말이다. 이러한 관점은 다양한 변형들로 나타나는데, 그것들은 처음에 보이는 것만큼 그렇게 서로 멀리 떨어져 있지는 않다. (공산당들의 이론 뿐만 아니라 그것을 훨씬 넘어서 있는 이론들을 포함하는) 정통 맑스주의 이론 속에서 영웅은 노동계급이 아니라 당으로 나타난다. 자율주의적(autonomist) 이론은 정통 이론을 비판하지만, 그 비판을 그것의 모든 결론까지 밀고 가지는 않는다.[119] 건전한 영웅은 노동계급 전사로서 나타난다. 나쁜 사회에 대항하여 싸우는 좋은 영웅은 자유주의 이론의, 할리우드-이론의 주요한 특징이기도 하다. 유일한 차이는 그 영웅이 이제 계급이나 당이 아니라 개인이라는 것이다. 그러나 문제는 개인주의만이 아니라, 영웅-주체 그 자체이다.

---

[119] 자율주의 이론에 대한 좀더 상세한 논의에 관해서는 9장을 참조하라.

영웅이란 결코 존재하지 않는다. 무엇보다도 이론가는 영웅이 아니다. 그녀는 지자(知者)가 아니다. 이론은 사회적 갈등의 상위에 서 있는 것이 아니며 투쟁하고 있는 우리의 일상적 실존의 절합의 일부일 뿐이다. 그것은 위에서 사회를 내려다보는 것이 아니라 우리의 주체성을 부정하는 형태들과 싸우는, 해방을 위한 일상적 투쟁의 일부인 것이다. 이론은 실천적이다. 왜냐하면 그것은 삶의 실천의 일부이기 때문이다. 이론은 실천이 되기 위하여 심연을 가로질러 건너야 할 필요가 없다. 물신주의가, 사회 전체에 침투하는 국가로서가 아니라 반물신화에 대항하는 물신화의 적대적 운동으로서 이해된다면, 그리고 비판 이론이 물신화에 대항하는 반물신화 운동의 일부로서 행위의 집합적 흐름을 방어하고 복원하고 창출하려는 투쟁의 일부로 이해된다면, (우리가 저 운동의 일부인 한) 우리 모두는 여러 가지 방식으로 비판 이론의 주체임이 분명하다. 비판의 주체는 자유주의적이고 민주주의적인 이론 혹은 당맑스주의의 순수하고 개인적이며 명백하게 비물신화된 주체가 아니다. 내가 주체인 것이 아니라 우리가 주체이다. 순수한 나(I)들의 단순한 결합인 우리가 아니라, 우리의 우리임(we-ness)을 위하여 투쟁하고 있는 불구화되고 파괴되고 왜곡된 나들인 우리이다. 비판은 우리임을 향한 이러한 투쟁의 일부이며, 우리의 나임(I-ness)을 온전한 것으로 만들어줄 우리임을 향한 열망의 일부이다.

그러므로, 물신주의는 절대적인 것이 아니며 오히려 물신화와 반물신화 간의 연속적인 투쟁이라고 말하는 것과, 물신주의가 물신화되지 않은 일정한 영역들 또는 사람들을 남겨 놓는다고 말하는 것에는 대단한 차이가 있다. 우리가 물신화되지 않는 것이 아니다. 우리는 물신화에 대항하는 적대적 운동의 일부이다. 물신주의에 대항하는 투쟁은 우리의 파편화를 극복하려는 투쟁, 우리들의 우리임을 절합할 적합한 형태들을 발견하려는 투쟁, 즉 상호 존중 속에서 우리의 독특한 존엄성들을 결합할 방식들을 발견하려는 투쟁을 함의한다. 우리의 존엄성은 바로 존엄성으로서의 우리 자신이 부정됨을 인식하고 그 부정을 부정하는 것에 놓여 있다. 민주주의적 투쟁이라는 말이 (흔히 그러하듯) 모든 개인들의 결합으로 이해된다면, 이것은 민주주의적 투쟁은 아니다. 오히려 물신화에 대항하는 투쟁은, 우리가 온전한 개인들이기 때문이 아니라 우리가 바로 우리를 불구화하고 왜곡하는 그 과정에 대항하는 운동의 일부이기 때문에 서로를 존중하는 그러한 사람들의 투쟁이다. 바로 이 때문에 투쟁들은 부르주아 민주주의에 전형적인 개인들의 총합과는 아무런 공통점도 없는 사회관계의 형태들을, 그리고 나그리고-우리-임(I-and-we-ness)을 절합하는 방식들을 계속해서 산출한다. 맑스에 의해 논의된 파리 코뮌, 판네쾨크에 의해 이론화된 노동자 평의회, 사빠띠스따의 부락 평의회 등, 이 모든 것은 반물신주의의 운동 속에서의 실험들이며 행위의 집합적 흐름을 위한, 자기결정을 위한 투쟁이다.

제6장
반물신주의와 비판

1

이론은 존엄하게 살기 위한 일상적인 투쟁의 일부일 뿐이다. 존엄은 행위를 해방하기 위한, 그리고 부정되고 있는 형태 속에 실존하는 것을 자유롭게 하기 위한 투쟁을 의미한다. 이론상으로, 이것은 행위의 회복을 위하여 비판을 통해 투쟁하는 것을 의미한다. 이것이 바로 맑스가 사용하는 과학이라는 말의 의미이다.

2

비판은 동일성에 대한 공격이다. 사물들이 존재하는 방식에 대항하는 절규는 '왜?'라고 하는 물음이 된다. 세상에는 왜 그토록 많은 불평등이 존재하는가? 과도하게 노동하는 사람들이 그토록 많은데, 왜 실직한 사람들은 또 그렇게 많은가? 그토록 풍족한 세상에 왜 그토록 많은 굶주림이 있는가? 왜 거리에서 살아나가고 있는 아이들이 그토록 많은가?

우리는 세 살 배기 어린이의 고집 센 호기심으로 세상을 공격한다. 차이가 있다면 아마도, 우리의 '왜들'은 분노에 의해서 답변된다는 것일 터이다.

우리의 왜는 이유를 요구한다. 우리의 왜는 이성의 판단을 견뎌내는 이유들을 붙잡는다. 치유 가능한 병으로 죽는 아이들은 왜 그토록 많은가? 왜 그토록 많은 폭력이 있는가? 우리의 왜는 존재하는 것에 대항하는 방향으로 나아가며 존재하는 것에게 자기자신을 정당화해 보라고 요구한다. 적어도 처음에는 우리의 왜는 동일성을 공격하며, 존재하는 것이 존재하게 된 이유를 묻는다. '적어도, 처음에는' 그렇다. 왜냐하면 우리의 왜는 곧 세 살 배기의 호기심을 충족시키려고 애쓰는 어떤 사람이 직면하는 것과 동일한 문제에, 즉 무한 소급의 문제에 봉착하기 때문이다.

무한 소급의 문제는 동일성주의자의 사고의 중심에 놓여있다. 그 문제는 동일성 속에 내재한다. 특수한 동일성들로 구성된 세계에서, 우리로 하여금 저 동일성들을 개념화할 수 있도록 하는 것은 무엇인가? 우리가 보았듯이 그 대답은 분류 속에, 특수한 동일성들을 부류들로 집단화하는 것에 놓여있다.[120] 문제는, 분류적 개념들이 제 삼차 담론에 의해 비준될 수 있고 다시 그것이 제 사차 담론에 의해 비준될 수 있고 … 하면서, 이론적 기반화의 잠재적으로 무한한 소급이 이루어지지 못하면, 그것들이 임의적인 것으로 남게 된다는 것이다(Gunn 1991 참조).

동일성주의적 사고는 말할 것도 없이 (마치 계란들이 계란들인 것만큼 확실하게) 'x는 x다'라는 상식적 관점에 기초를 두고 있는데, 그럼에도 불구하고 그것이 자신에게 확고한 기반을 제공할 수 없다는 것은 역설적이다.

---

[120] 동일성주의자의 과학은, 동일화와 분류라고 하는 서로 연관된 두 가지 활동을 포함하는 것으로 이해될 수 있다. Horkheimer (1972, p. 188)는 과학의 전통적 개념과 장서작업을 비교한다. 실험 과학자들과 경험적 연구자들은 새로운 자료를 수집하는 역할을 맡으며 새로운 자료를 제공함으로써 지식을 풍부하게 한다. 그와는 반대로, 이론은 목록을 작성하고 자료를 분류하고 그것에 장서 번호를 매긴다. 이 구분은 때때로는 '일차 담론'과 '이차 담론' 사이의 (혹은 이론과 메타이론 사이의) 구분으로 된다. 전자는 동일화의 '경험적' 작업을 지시하며 후자는 (분류적) 개념들의 형성과 평가를 지시한다.

하나의 분류 체계가 합리적인 근거를 가질 수 있음을 보여주려는 시도들은 자신이 의도한 그 확고한 기반들을 제공하는 것의 불가능성에 반복해서 직면해 왔다. 동일성주의적 사고를 위한 합리적 기반의 추구는 필연적으로 하나의 비합리적 소여(所與)로, 설명되어질 수 없는 물자체(칸트)로, 경제작용 배후에 놓여있는 '숨은 손'(스미스)으로, '어둠과 공허'(피히테)의 공간으로 나아갔다. 수학이 정합적이고 비모순적 체계임을 입증하려한 20세기 초 힐버트(Hilbert)의 시도는 괴델에 의해서 수행 불가능한 것으로 판명되었다. 그 결과 동일성주의적 사고는 대개 자신의 기반의 합리성에 대해서는 걱정하지 않으면서 그 대신 그 자신의 파편화된 분과들의 '정확성'을 높이는 데에 몰두했다. '그리고 이 과학들이 "정확하다"는 사실은 틀림없이 이 상황에서 기인하는 것이다. 이 과학들의 기저에 놓여있는 물질적 기초는 침범당하거나 방해받지 않으면서 자신의 비합리성('창조되지 않음', '소여성') 속에서 살아남도록 허용된다. 그리하여 그것의 결과인 방법론적으로 순화된 세계 속에서 비문제적인, 합리적인 범주들을 가지고 작업하는 것이 가능하게 된다. 그리하여 이 범주들은 실제적인 물질적 토대(심지어는 개별 과학의 실제적인 물질적 토대)에 적용되는 것이 아니라 '지성으로만 이해할 수 있는' 주관적 문제에 적용된다. (Lukács 1971, p. 120)

이것은 우리의 '왜'에 의해 폭로된 문제이다. 우리의 왜에 직면하여 동일성은 언제나 손실을 제한하려고, 만회하려고, 심문을 자신에 유리하게 만들려고, 공격을 동일성주의자의 틀 내에 가두려고 한다. 우리 모두는 이것에 익숙하다. '왜 거리에서 그토록 많은 아이들이 살고 있단 말인가?'라는 집요한 심문은 결국에는 '사적 소유'(사적 소유란 바꿀 수 없는 것이라는 이해를 깔고 있는)라는 대답에 직면할지도 모르며, 아니 어쩌면 '신이 그것을 그런 식으로 만들었다'('신은 신이다'라는 이해를 깔고서)라는 대답에 직면할지도 모르고, 아니 어쩌면 가장 단순하고도 가장 직접적인 대답, 즉 '세상만사는 다 그런 것이다' 혹은 '존재하는 것은 필연적인 것이다'라는 대답에 직면할지도 모른다.

종종 우리들은 그러한 제한들을 받아들인다. 우리는 우리의 '왜' 속에 함축되어있는 투쟁이 한계를 갖고 있음을 받아들인다. 우리는 대학 내에서 더 나은 조건들을 위해 투쟁하지만 그 기관의 실존을 문제 삼지는 않는다. 우리는 더 나은 주거를 위해 투쟁하지만 주거 조건들을 형성함에 있어서 매우 근본적인 사적 소유의 실존 자체를 반드시 문제 삼지는 않는다. 우리의 투쟁은 '그것이-만사가-존재하는-방식이다' 식의 수용된 틀 내에서 일어난다. 우리는 이 틀이 우리가 성취할 수 있을지 모르는 어떤 것을 제한하거나 부분적으로는 무효화시킴을 알지만 우리는 구체적인 결과들을 획득하기 위하여 그것을 받아들인다. 우리는 동일성의 경계들을 받아들이며, 역설적이게도 그렇게 함에 있어서 그 경계들을 다시 강화한다.

그러나 만약 우리가 제한을 받아들이지 않는다면 어떻게 될까? 만약 우리가 고집 센 세 살 배기의 진실한 태도로 우리의 왜에 집착한다면 어떻게 될까? 무한 소급문제의 해결은 단지 존재가 행위로 재전환될 때에만 올 수 있다. 신이 그것을 그렇게 만들었다고 말하는 것은 존재로부터 행위로의 진실한 이행이 아니다. 왜냐하면 신은 '나는 나다'라고 하는 존재 속에 불변인 채로 영원히 가두어지기 때문이다. 우리를 동일성의 원환 밖으로 끄집어 낼 수 있는 유일한 대답은 변화 가능한 창조자, 즉 창조의 과정 속에서 창조자 스스로를 창조하는 창조자를 지시하는 것이다. 그 대답은 끔직한 것이지만, 희망을 위한 유일한 기초이다. 거리에서 살아가는 아이들이 그토록 많은 것은 우리 인간들이 그렇게 만들었기 때문이다. 우리는 유일한 창조자들이며 유일한 신들이다. 죄지은 신들, 부정된 신들, 훼손된 신들, 정신 분열증적 신들이지만 무엇보다도 스스로를 바꾸어 나가고 있는 신들이다. 그리고 그 대답은 모든 세계를 역전(逆轉)시킨다. 우리의 행위는 이제 모든 이해의 중심축이 된다.

맑스는 '왜'의 이 최초의 운동, 비판적 분석의 운동, 현상의 배면으로 나아가려 하는 운동을 『자본론』의 서문들에서 매우 서둘러 다룬다. 상품에서 시작하여, 그리고 유용한 물건(사용가치)인 동시에 교환을 위해 생산된 대상(교환가치)이라는 그것의 모순된 성격에서 시작하여 그는 이 모순 배후에 (사용가치를 창조하는) 유용노동 또는 구체적 노동과 (가치를 생산하는, 교환 속에서 교환 가치로서 나타나는) 추상적 노동이라는 노동의 이중적 성격이 놓여 있음을 발견하였다. '상품들 속에 포함되어 있는 노동의 이 이중적 성격은, 정치경제학에 대한 명확한 이해가 이것을 중심으로 회전하는 축이다.' (K. Marx 1965, p. 41) 상품의 존재는 행위로, 구체적 노동과 추상적 노동으로서의 그것의 실존으로 신속하게 가져가 진다. 상품은 우리가 그것을 그렇게 만들어 왔기 때문에 그러하다. 중심축은 인간 행위이며 그것이 조직되어진 방식이다.

그러나 우리의 왜는 전환한다. 우리가 유일한 창조자들이라면, 우리는 왜 그토록 무기력한가? 우리가 그렇게 강력하다면, 우리의 생산물들이 왜 독립적인 삶에게 덤벼들어 우리를 지배하는가? 우리는 왜 우리 자신의 노예화를 생산하는가? 왜 우리는 사회를 수백만 명의 아이들이 거리에서 살아가도록 강제되는 방식으로 만들었는가? (우리는 '신 때문에'라고 말하고 싶어 하지만, 실제로는 어떤 신도 없으며 단지 우리자신들만이 있을 뿐이다.)

처음에는 사물들의 현상의 배면으로 나아가려 하며 그것들의 기원을 발견하려고 한 왜가, 이제 그 사물들의 현상을 재구성하려고 하며 그것들의 기원(인간 행위)이 그 자신의 부정을 어떻게 낳는가를 이해하려고 한다. 비판은 이중적 운동을 획득하는데 그것은 분석적인 운동과 발생론적 운동, 즉 현상의 배면으로 나아가는 운동과 비판된 현상의 기원 또는 발생을 추적하는 운동이다.

이해가 발생론적 비판을 포함한다는 생각은 맑스에게서 시작된 것이 아니다. 홉스 시대 이래로 철학자들은, 이해가 현상의 구축 과정을 추적하는 것을 포함하며 증명을 '구축하는 것'이 수학의 발전에 기본적인 것이라고 주장해 왔다. 18세기 철학자 지암밧띠스따 비코(Giambattista Vico)가 '진리와 행위는 호환 가능하다'는 생각을 자신의 중심원리로 삼았을 때, 그는 특수한 힘들에 대한 이해와 특수한 힘들의 형성 사이의 연계를 정식화한 것이다. 참된 것과 만들어진 것은 호환될 수 있으며 그리하여 우리는 우리가 창조한 것을 확실한 것으로 알 수 있을 뿐이다. 지식의 대상은 인식하는 주체의 창조물인 한에서만 충분히 알려질 수 있다. 지식과 창조물간의 연계는 헤겔에게 중심적인데, 그에게 있어서 지식-창조의 주체-객체는 절대정신의 운동이다. 하지만, 진리-행위의 원리가 충만한 비판적인 힘을 획득한 것은 맑스에게서이다.

어러한 관점에서 볼 때, 지식은 주체에 의한 객체의 재전유, 즉 지향력의 만회이다. 객체는 우리로부터 분리된 그 무엇으로서, 저 밖에 있는 그 무엇으로서 우리와 대면한다. 그러므로 지식 과정은 비판적이다. 우리는 객체의 저기-바깥에-있음을 부정하며 우리가, 즉 주체가 그것을 어떻게 창조했는지를 보여주려 한다. 예를 들어보자. 우리는 화폐를 보며, 그것은 외적 힘으로서 우리와 대면한다. 그것을 이해하기 위하여 우리는 그것의 외재성을 비판하며 화폐가 실제로 어떻게 우리 자신의 생산물인지를 보여주려고 한다. 이러한 유형의 비판은 반드시 탄핵을 포함하지는 않지만 훨씬 더 깊게 나아간다. 그것은 객체로서의 객체의 실존 자체를 의문에 붙인다. 그것은 객관성을 그것의 기반들에 도달할 때까지 뒤흔든다. 이러한 의미에서의 비판은 반권력의 꿈틀거림이며, 주체와 객체의 재통합의 시작이다.[121]

맑스에게서는, 이러한 의미의 비판이 그의 모든 접근법에 중심적이다. 그는 『헤겔 법철학 비판을 위하여』의 초기 서문에서 그 논지를 명확하게 한다. '비종교적 비판의 기초는 다음과 같은 것이다: **인간이 종교를 만들지, 종교가 인간을 만들지는 않는다**'(K. Marx 1975, p. 175, 강조는 원문의 것). 종교 비판은 나쁜 행위 또는 사악한 효과들에 대한 비판이 아니라 종교의 실존 자체에 관한 비판이다. 그것은 인간성의 배타적인 주체성으로부터 나오는 비판이다. 비판의 논점은 잃어버린 주체성을 만회하는 것이며, 부정되는 것을 되찾는 것이다. 종교에서, 신은 자기자신을 우리의 창조물로 제시하는 것이 아니라 우리를 (대상으로) 창조한 독립된 주체로 제시한다. 비판의 목적은 주체성을 역전시키는 것이며, 주체성을 존재해야할 자리에 회복시키는 것이며, '우리는 주체이며, 신을 창조한 자는 우리이다'라고 말하는 것이다. 그러면 신의 주체성은 인간 주체성의 자기소외로서 드러난다. 비판은 주체와 객체를 결합시키는 행위이며, 인간 창조성의 중심성에 대한 단언이다. '종교 비판은 인간을 환상에서 깨어나게 하여 인간이 환상에서 깨어나 이성에 도달한 사람처럼 자신의 현실을 생각하고 행동하고 만들어나가도록 한다. 그리하여 인간이 자기자신을 중심으로, 즉 자신의 진정한 태양을 중심으로 돌도록 한다. 종교는 인간이 자기자신을 중심으로 돌지 않는 한에서만 인간을 중심으로 도는 환상적 태양일 뿐이다.' (K. Marx 1975, p. 176) 비판의 목적은 인간들을 우리 자신의 진정한 태양으로서 우리의 고유한 자리로 회복시키는 것이다. 청년 맑스에게는, '자기소외를 그것의 **비신성한** 형태들 속에서 밝혀내기 위하여 자기소외의 "신성한 형태"에서 그 다음으로 이동하는 것이 중요했다. 그리하여 천상 비판은 지상 비판으로, **종교 비판**은 **법 비판**으로, **신학 비판**은 **정치(학) 비판**으로 전환된다.' (K. Marx 1975, p. 176, 강조는 원문의 것.)

---

121) 영어에서 이러한 의미에서의 비판(criticism)은 때때로, 비판(critique)이라고 불린다. 여기에서 두 용어는 호환적으로 사용된다.

맑스는 그 스스로가 설정한 기획에 충실했다. 그에게 있어, '과학'은 올바르고 객관적인 지식이 아니라 오히려 비판의 운동이며, 따라서 반권력의 운동이다. 비판은 현상의 배면으로 나아가며 그것을 분석하려고 할 뿐만 아니라 무엇보다도 어떻게 그것이 구성되어져 왔는지를 이해하려고 한다. "현실적인 것과 구체적인 것에서 시작하는 것, 실제적인 전제에서 시작하는 것, 요컨대, 경제에서, 예를 들어, 인구(이것이 사회 전체 생산 활동의 기반이자 주체이다)에서 시작하는 것이 올바른 것처럼 보인다. 그렇지만, 더 자세히 살펴보면, 이것은 잘못된 것임이 드러난다. 예컨대 인구는, 내가 그것을 구성하는 계급들을 무시하면, 하나의 추상이다. 이 계급들은, 다시, 내가 그것들이 의거하고 있는 요소들(예를 들어, 임노동, 자본 등)을 알지 못하면, 공허한 구절이다. 이것들은 다시 교환, 분업, 가격 등을 전제한다. 예를 들어, 자본은 임노동 없이는, 가치, 화폐, 가격 등이 없이는 아무 것도 아니다. 요컨대, 만약 내가 인구에서 시작한다면, 이것은 전체에 관한 혼란스러운 표상일 것이다. 나는 더 자세한 규정을 통해, 분석적으로 이전보다 더 단순한 개념들로, 즉 상상된 구체로부터 점점 구체성이 희박한 추상들로 나아가며, 마침내 **가장 단순한 규정**들에 도달한다. 여기에서부터 내가 마침내 인구에 다시 도달할 때까지의 여행이 추적되어야 하지만, 이번에는 전체에 관한 혼란스러운 개념으로서가 아니라 많은 규정들과 관계들의 풍부한 총체성으로서 추적될 것이다. … 후자가 명백히 과학적으로 올바른 방법이다. 구체적인 것은 그것이 많은 규정들의 통일, 따라서 다양한 것들의 통일이기 때문에 구체적이다. 그러므로 그것은 비록 그것이 현실에서의 출발점이고 따라서 직관과 표상을 위한 출발점이라 할지라도, 사유의 과정 속에서는 집중의 과정으로, 결과로서 나타나지, 출발점으로 나타나지는 않는다. 첫 번째 경로에서 충만한 표상들은 증발하여 추상적 규정들을 산출한다. 두 번째 경로에서는 추상적 규정들이 사유의 경로를 통해 구체적인 것의 재생산을 향하여 나아간다. … 그러나 이것은 구체적인 것 자체가 발생하는 과정이 결코 아니다." (Marx 1973, pp. 100~101, 강조는 인용자.) **'가장 단순한 규정들'**은 행위(또는 노동의 이중적 실존)로서 이해되어질 수 있을 뿐이다. 이것은 확실히 그 여행의 추적에 의미를 부여하는 중심축, 즉 전환점이다.

이와 동일한 주장이 『자본론』에서 반복해서 이루어진다. 예를 들어, 맑스가 기술 비판에서 시작하여 종교 비판으로 나아가는 『자본론』 각주의 간명한 언급에서 보여주듯이. "실제로 종교의 몽롱한 창조물들의 세속적 핵심을 분석에 의해 발견하는 것은, 역으로 삶의 실제적인 관계들로부터 그 관계들에 상응하는 신성화된 형태들을 전개시키는 것보다 훨씬 더 쉽다. 후자의 방법이 유일하게 유물론적이며 따라서 유일하게 과학적인 방법이다." (Marx 1965, pp. 372~373)

맑스는 왜 이것만이 유일하게 과학적인 방법이라고 주장하는가? 그것이 이론적으로 더 큰 노력을 요구하는 것은 분명하지만 왜 이것이 중요한가? 그리고 우리는 어떻게 발생론적 연관을 이해할 수 있는가? 종교 비판에 관한 언급은 하나의 대답을 암시한다. '종교의 몽롱한 창조물들의 세속적 핵심'을 분석에 의해 발견하는 것에 관한 언급은, 신의 존재에 대한 믿음이 인간의 자기소외의 표현이라는, 바꾸어 말하면, 인간의 자기소외가 종교의 '세속적 중심'이라는 포이에르바하와 그의 주장에 관한 언급이다. '삶의 실제적인 관계들로부터 그러한 관계들의 신성화된 상응형식들'로의 전개를 다루고 있는 맑스의 문장의 두 번째 부분은 맑스 자신의 포이에르바하에 대한 비판을, 자기소외는 추상적 의미에서가 아니라 실질적 의미에서 (그러므로 역사적 의미에서) 이해되어야만 한다는 취지를 지시한다. 포이에르바하는 신은 인간의 창조물이라고 (그러나 그 역은 아니라고) 지적하는 점에서 올바르다. 하지만, 창조의 과정은 실천적으로, 감각적으로 이해되어야만 한다. '신'이라는 개념은 인간 사유의 생산물로서 이해되어야만 하며 다시 이 사유는 개인적인 반역사적 행위로서가 아니라 특정한 역사적 상황들 속에서의 사회적 실천의 양상으로 이해되어야 한다.

포이에르바하의 비판은 중요한 정치적 함의를 지니고 있다. 종교는 인간을 객체로, 즉 유일한 창조자, 만물의 근원, 모든 힘의 원천, 유일한 **주체**인 신에 의해 창조된 존재로 제시한다. 포이에르바하의 종교 비판은 인간을 세계의 중심에 놓는다. 그러나 포이에르바하의 인간은 영원한 자기소외의 덫에 걸려있다. 인간은 신으로 받들어짐과 동시에 무력하게 되었다. 그러나 일단 신의 생산이 사회적이고 역사적인 인간 실천으로 이해되면, 인간은 더 이상 영원한 무력함의 진공상태라는 덫에 걸려있지 않다. 비소외의 시간을, 인간이 더 이상 신을 생산하지 않고 그들 자신의 객체화를 발생시키지도 않을 상이한 사회-역사적 조건의 시간을 생각하는 것이 가능해지는 것이다.

정치경제학자들에 대한 맑스의 비판은 포이에르바하에 대한 그의 비판과 동일한 유형을 따른다. 『자본론』에서, 그의 관심은 종교의 신보다 훨씬 강력한 신, 즉 화폐(가치)로 이동했다. 화폐는, 일상적 사유 속에서, 그 자신을 세계의 통치자로, 권력의 유일한 원천으로 선언한다. (포이에르바하의 위치를 점하고 있는) 리카도는 사실이 그렇지 않음을 보여주었다. 그는 '분석에 의해' 경제학(화폐의 종교)의 애매한 창작물들의 세속적 핵심이, 가치의 실체인 인간노동임을 발견하였다. 그러나 리카도는 가치를 포이에르바하가 신을 다루는 것과 같은 방식으로, 즉 인간 조건의 영원한 초역사적 특징으로 다뤘다. '정치경제학은 가치와 그것의 크기를 비록 불완전하다 할지라도 실제로 분석했고 이 형태들 아래 존재하는 것을 발견해냈다. 그러나 그것은 단 한번도 왜 노동이 그것의 산물의 가치로, 노동시간이 그 가치의 크기로 재현되는지를 묻지 않았다. 이 공식들은, 생산과정이 인간에 의해 통제되지 않고 오히려 그것이 인간을 지배하는 상태의 사회에 속해 있다고 그 자신 위에 분명한 문자로 새기고 다니는데, 그러한 공식들은 부르주아적 지성에게는 생산적 노동 자체만큼이나 자연에 의해 부과된 자명한 필연성처럼 나타난다.' (1965, pp. 80~81) 결과적으로 리카도도 포이에르바하처럼 인간을 세계의 중심에 놓지만, 인간성을 영원하고 변치 않는 무력함의 진공 상태의 덫에 걸린 채로 내버려둔다. 가치와 화폐의 생산을 사회적 역사적 인간 실천에 따라 추적함으로써만, 화폐의 권력(그리고 인간의 무력함)에 대한 비판은 인간적 반권력의 이론, 인간적 실천의 반권력의 이론이 된다.

그러므로 발생론적 비판은 현존하는 현상들을 역사적으로 특수한, 따라서 변화 가능한 사회적 관계의 형태들로 이해하는 데에 결정적이다. 방금 인용한 바 있는 정치경제학에 관한 단락에 붙인 각주에서 맑스는 다음과 같이 말한다: '그 학파의 가장 훌륭한 대표자인 아담 스미스와 리카도조차도 가치형태를 중요하지 않은 것으로, 상품의 내재적 성격과는 아무런 연관을 갖지 않는 것으로 취급한다. 이렇게 된 것은 비단, 그들의 관심이 가치량의 분석에 완전히 쏠려있었기 때문만은 아니다. 그 이유는 좀더 깊은 곳에 있다. 생산물의 가치형태는, 부르주아적 생산에서 생산물이 가지는 가장 추상적일 뿐만 아니라 가장 보편적인 형태이다. 그리고 그것은 부르주아적 생산을 사회적 생산의 특수한 종(種)으로 각인하며, 그리하여 그것에 그것의 특유한 역사적 성격을 부여한다. 그러므로 우리가 이 생산양식을 사회의 모든 상태에 적합하게 자연에 의해 영원히 고정된 것으로 여긴다면, 우리는 필연적으로 가치형태, 따라서 상품형태, 그리고 그것이 한층 발전된 것인 화폐형태, 자본형태 등의 유적 차이를 간과하게 된다.' (1965, p. 81) 형태의 문제는 우리로 하여금 우리의 지향력이 부정되는 존재의 형태 속에 존재한다는 것을 이해하도록 도와주며 부정되는 형태 속에 존재하는 것의 힘과 실재성에 관한 모든 중요한 질문으로 우리를 데려가는데, 그 형태의 문제를 제기하는 것이 바로 발생론적 비판이다.

이러한 예들은, 발생론적 방법이 단지 더 우월한 논리를 적용하는 문제에 불과한 것이 아니라는 것을 분명히 보여준다.122) 맑스의 방법은 간혹 범주들의 논리적 '도출'(가치로부터 화폐, 화폐로부터 자본 등)에 기초한 것으로 말해지기도 한다. 이것은 옳다. 그러나 도출 또는 발생론적 연계가 순전히 논리적 관점에서 이해되는 한, 맑스의 접근법의 핵심은 오해되는 것이다. 맑스의 방법이 과학적이라는 주장은 그것의 논리가 뛰어나다거나 그것이 더 엄밀하다는 말이 아니라 사유 속에서 행위 과정의 운동을 따라간다는 것(그러므로 그 운동에 의식적으로 참여한다는 것)이다. 발생은 오직 인간적 발생, 인간적 지향력으로서만 이해될 수 있다. 맑스의 방법은 무엇보다도 정치적으로 중요하다.

3

분석적이고 발생론적인 운동으로 이해된 비판은 탈물신화의 운동, 절규의 이론적 목소리이다. 비판은 파괴적인 동시에 재생적이다. 그것은 **존재하는** 모든 것에 단호하게 대항하기 때문에 파괴적이다. 그것은 '있음' 자체를 파괴한다. 어떤 동일성주의적 진술도, '어떤 것은 어떤 것**이다**'라는 어떠한 주장(좌든 우든 중도든 간에)도 비판의 파괴적 힘으로부터 자유로울 수 없다. 그러나 비판이 오직 파괴적이기만 한 것은 아니다: 존재의 파괴는 동시에 행위의 만회, 인간적 지향력의 회복이다. 비판이 부정되는 것을 파괴하는 한, 그것은 또한 부정되는 것의 해방이다. 비판은 그것이 파괴적인 정도

---

122) 가치에 관한 Rubin의 저작(1973)은 맑스의 방법의 발생론적 측면을 강조하는 데 근본적으로 중요하지만, 그는 왜 맑스의 방법론이 정치적으로 중요한지를 설명하지 못한다. Holloway (1995)를 보라. 이와 유사한 관점에서 루빈을 더 상세하게 논의한 것으로는 De Angelis (1995)를 보라.

만큼 해방적이다.

　행위의 만회는, 물론, 정확히 이론적인 만회이다. 우리가 비판하는 존재, 우리가 비판하는 객체성은 단순한 환영이 아니라 실제적인 환영이다. 행위와 행위결과의 실제적 분리, 주체와 객체 사이의 실제적 분리가 존재한다. 우리가 창조하는 객체들은 정말로 낯선 무엇으로서, 존재하는 사물들로서 우리에게 맞서 군림하고 있다. 발생론적 비판은 우리의 잃어버린 주체성의 만회, 그리고 저 낯선 객체들이 우리 자신의 자기소외적 주체성의 산물이라는 사실에 대한 이해를 수반한다. 그러나 오직 우리의 비판으로 인해서만 객체들이 소외된 객체들이기를 그치는 것은 아니다. 그것들의 객체성은 우리의 이해 부족의 결과가 아니라 그것들을 생산한 작업의 자기소외적 과정의 결과이다. 이렇게 말하는 것은 이론의 중요성을 축소하기 위해서가 아니라, 이론은 행위의 진정한 만회를 위한 좀더 보편적인 투쟁의 한 부분으로 이해될 때만 의미를 지닌다는 점을 분명히 하기 위해서이다.

　이러한 투쟁의 맥락에서 볼 때, 회복되는 행위가 개인적 행위가 아니라 사회적 행위라는 사실을 강조하는 것은 중요하다. 현상들의 발생을 이해하기 위하여, 물신화된 외관들의 기원을 이해하기 위하여 우리는 항상 사회적 행위로, 그리고 그것이 존재하는 형태로 되돌아 가야한다. 예컨대 화폐의 기원을 이해하는 것은 'x가 그것을 만들었다'라고 말하는 문제가 아니라, 인간의 행위를 시장을 위해 상품을 생산하는 노동으로 조직하는 것에 의해 화폐가 발생된다는 사실을 아는 문제이다. 맑스가 지적했듯이 화폐는 가치, 국가, 자본 등과 마찬가지로 사회적 관계들의 형태이다. 그러나 사회적 관계들이 행위자들 사이의, 활동적 주체들 사이의 관계임을 이해하는 것이 결정적이다. 발생론적 비판을 통해 회복되는 행위는 사회적 행위, 우리가 '행위의 사회적 흐름'이라고 불렀던 것이다.

　이 사회적 행위는 단지 과거 속의 어떤 것일 뿐만 아니라 현재적 토대이다. 그것이 우리의 절규가 가진 힘을 이해하는 데에 결정적으로 중요하다. 부정되는 것, 즉 사회적 행위는 단지 그 행위를 부정하는 존재의 역사적 기원이 아니라 그것의 불가피한 현재적 토대이다. (『자본론』 1장에 서술된) 화폐에 대한 발생론적 비판은 단순히 화폐의 역사적 기원을 가리키는 것만은 아니다. 그것은 오히려, 사회적 행위의 상품 생산 노동으로서의 실존을 통한, 화폐의 지속적인 재생을 드러낸다. 행위가 추상적 노동으로 존재하지 않으면 화폐는 존재할 수 없다.

물신주의를 물신화로 이해하는 것은, 발생이 역사적 발생으로서 뿐만 아니라 무엇보다도 현재적 발생으로서 이해되어야 한다는 점을 분명히 해준다. 우리는 '어떻게 가치, 화폐, 국가가 사회적 관계들의 형태로 발생했는가?'라고 묻지 않는다. 우리는 오히려 다음과 같이 묻는다. '어떻게 가치, 화폐, 국가가 사회적 관계들의 형태로 발생**하는가?** 이 형태들은 어떻게 매일 파열되고 재창조되는가? **우리는** 어떻게 매일 이 형태들을 파열시키고 재창조하는가?' 절규에서 시작하여 그 다음으로 나아가면서 우리는 이제 고정된 세계, '있음'의 세계와 맞선다. 비판은 우선 모든 현상들이 **형태들**임을, 사회적 관계들의 역사적 실존 양식들임을 밝힘으로써, 그리고 이제 이 형태들이 매우 변하기 쉽고 매우 불안정하며 계속해서 도전 받고 파열되고 재형식화되고 또 다시 도전 받는 것이라는 사실을 밝힘으로써 저 고정성을 깨뜨린다.

발생론적 비판에 의해 드러난 행위는 '순수한 주체성'이 아니다. 그것은 우리가 아는 유일한 종류의 주체성인 훼손된 주체성이다. 비판은 인간의 창조성의 관점에서, 그리고 그 창조성이 존재하는 형태들의 관점에서 사회적 현상을 이해하려 한다. 종교를 만든 인간[123]은 완전한 인간이 아니다. 그는 병든, 훼손된, 자기소외된 인간이다. '종교는 자기자신을 아직 발견하지 못했거나 혹은 이미 자기자신을 상실해버린 인간의 자기의식이고 자기감정이다 … 종교는 곤궁한 피조물의 한숨이며 무정한 세계의 감정이고 무정신적 조건들의 정신이다.' (Marx 1973, p. 175) 이와 유사하게 맑스는 『자본론』에서 정치경제학의 모든 범주들을 인간의 창조성으로부터가 아니라 오히려 인간의 창조성의 추상노동과 구체노동으로의 자기분열적이고 자기적대적인 이중적 실존으로부터 도출해낸다.

발생론적 비판은 배타적 인간 주체성을 가리킨다. 그러한 의미에서 그것은 지향력의 장대하고 자부심 넘치는 외침이다. '사회를 창조하는 것은 신도, 자본도, 우연도 아닌 바로 **우리** 자신이다. 그러므로 **우리**가 그것을 변화시킬 수 있다.' 우리가 처음에 질렀던 좌절의 절규는 여기서 반권력의 절규로 되기 시작한다. 만약 이렇게 하지 못하고 우리가 사회를, 소원한 어떤 것으로 즉 우리에게 맞서고 우리 위에 군림하는 것으로 창조한다면, 또 우리 주체들이 우리 자신의 주체성의 표현으로 인정하지 못하는 객체성을 창조한다면, 그것은 다름 아니라 우리가 우리 자신에 대립하여 스스로 소원해지고 스스로 소외되었기 때문이다.

자본주의에 대한 좌파적 비판가들은 도덕적으로 높은 입장을 취하려는 경향을, 우리 자신을 사회보다 높은 곳에 두려는 경향을 가지고 있다. 사회는 병들었다, 그러나 우리는 건강하다. 우리는 사회가 무엇이 잘못되었는지 알고 있다, 그러나 사회가 너무나 병들어 있어서 다른 이들은 그것을 보지 못한다. 우리는 옳다, 우리는 올바른 의식을 가지고 있다. 우리가 옳다는 사실을 알지 못하는 사람들은 병든 사회에 의해 기만당하고 거짓된 의식 속에 봉해져 있다. 이렇게 우리가 출발점으로 삼았던 분노의 절규는 너무도 쉽게 사회에 대한 독선적인 비난, 도덕주의적 엘리트주의가 된다.

---

123) 당분간 우리는 맑스 자신이 'Mensch'라는 중성적 용어를 사용했다는 점을 명심하면서, 맑스의 영역어를 사용한다.

현실을 시인하는 사람들이 우리의 절규를 우리에게 되돌려 주며 우리에게 우리가 병들었고, 비이성적이고, 미성숙하고, 정신분열증적이라고 말할 때, 우리는 그들의 말에 귀 기울여야 한다. 우리가 사는 사회가 병들었는데 우리는 그렇지 않다고 어떻게 말할 수 있겠는가? 이 무슨 오만함인가! 이 얼마나 터무니없는 소리인가! 우리는 사회 바깥에 서 있을 수 없기 때문에 사회가 병들었다면 당연히 우리도 병든 것이다. 우리의 울부짖음은 사회의 병인 우리 자신의 병에 대한 울부짖음이요, 또한 우리 자신의 병인 사회의 병에 대한 울부짖음이다. 우리의 울부짖음은 단지 '저기 바깥에' 있는 사회에 대한 울부짖음만은 아니다: 그것은 동시에 우리 자신에 대한 울부짖음이다. 왜냐하면 우리는 사회의 '저기-바깥에-있음'에 의하여, 그리고 현실의 '우리에게-맞서-군림하고-있음'에 의하여 형성되기 때문이다. 주체가 비판당하는 객체의 일부일 때 (그리고 일부가 아닐 때), 또 여하튼 주체가 그 객체로부터의 분리(그리고 비분리)에 의하여 구성되었을 때, 주체가 객체를 '나는 당신보다 더 성스럽다'는 방식으로 비판하는 것은 아무런 의미가 없다. '나는 당신보다 더 성스럽다' 식의 비판은 애당초 주체와 객체 모두의 병의 원인이었던 양자의 분리를 전제하며, 따라서 그것을 강화한다. 따라서 처음부터 다음을 전제하는 것이 바람직하다. 사회에 대한 비판은 동시에 우리자신에 대한 비판이어야 하고, 자본주의에 대항하는 투쟁은 동시에, 자본주의에 맞설 뿐 아니라 그것에 속해있기도 한 '우리'에 대항하는 투쟁이어야 한다는 것을. 비판한다는 것은 우리가 분열된 자아임을 인식하는 것이다. 사회를 비판한다는 것은 그 사회의 재생산에 우리 자신이 연루되어있음을 비판하는 것이다.

그러한 깨달음은 우리의 절규를 조금도 약화시키지 않는다. 반대로 그것은 우리의 절규를 강화하고, 그것을 더욱 절박한 것으로 만든다.

제7장
과학적 맑스주의 전통

1

　물신주의라는 개념은 과학의 부정적 개념을 함의한다. 만약 인간들 사이의 관계가 사물들 사이의 관계처럼 존재한다면, 사회 관계들을 이해하기 위한 시도는 사회 관계들이 나타나는 (그리고 실제로 존재하는) 형식에 대항하며, 또 그것을 넘어섬으로써 부정적으로 나아갈 수 있을 뿐이다. 과학은 비판적이다.
　따라서, 물신주의라는 개념은 '부르주아적' 과학과 비판적 또는 혁명적인 과학 사이에 근본적인 구별이 있음을 함축한다. 전자는 자본주의적 사회 관계들의 영원성을 가정하며, 모순을 논리적 불일치의 특징으로 간주하면서 동일성을 당연한 것으로 간주한다. 이 관점에서의 과학은 현실을 이해하기 위한 시도일 뿐이다. 후자의 경우, 과학은 현존하는 현실의 허위에 대한 비판으로 부정적일 수 있을 뿐이다. 그것의 목적은 현실을 이해하는 것이 아니라, 그것의 모순들을 세계를 변화시키기 위한 투쟁의 일부로 이해하는 것 (그리고 그 이해를 통해 그 모순들을 강화하는 것)이다. 사물화가 더욱 전면적으로 침투하고 있는 것으로 우리가 이해하면 그럴수록, 부정적 과학은 더욱더 절대적이 된다. 만약 **모든 것**이 사물화에 의해 침투된다면, 모든 것은 죄다 행위의 강제적 파열과, 행위의 만회를 위한 비판적-실천적 투쟁 사이의 투쟁 현장인 것이다. 어떠한 범주도 중립적이지 않다.

맑스에게 있어서, 과학은 부정적이다. 과학의 진리는 거짓 현상들, 그 허위에 대한 부정이다. 그러나, 맑스 이후의 맑스주의 전통 속에서, 과학의 개념은 부정적 개념에서 긍정적인 개념으로 바뀐다. 맑스에게 그토록 중심적이었던 물신주의의 범주는 주류 맑스주의 전통에 의해 거의 완전하게 망각되었다. 과학은 물신주의의 허위에 대항하는 투쟁임으로 해서 현실에 대한 지식으로 이해되게 된다. 과학의 실증화와 더불어서, 지배 권력은 혁명적 이론 속으로 침투하고, 혁명 조직에 침투한 정권의 어떤 비밀 첩보원보다도 더욱 효과적으로 혁명 이론을 침식한다.

2

과학의 실증화를 맑스주의 전통에 끼친 엥겔스의 영향으로 보는 것은 편리하다. 하지만 맑스와 엥겔스 사이의 차이를 지나치게 강조하는 것은 분명히 위험하다. 모든 비난을 엥겔스에게 뒤집어씌우려는 시도는, 맑스 자신의 작업 속에 의심할 바 없이 존재하고 있던 모순들로부터 딴 곳으로 주의를 돌린다.[124]

주류 전통에서 맑스주의의 과학적 성격에 대한 고전적 주장은 엥겔스의 팸플릿 『공상적 사회주의에서 과학적 사회주의로』인데, 그것은 아마도 '맑스주의'를 정의하려는 다른 어떤 저작보다도 더 많은 역할을 수행했을 것이다. 맑스주의 전통에서 과학주의에 대한 비판은 흔히 엥겔스에 대한 비판

---

[124] '역사적 유물론'에 대한 Gunn의 비판을 보라: Gunn (1992).

이라는 형식을 띤다. 그러나, 사실상 '과학적' 전통은 엥겔스가 제시하곤 한 것보다 훨씬 더 깊은 뿌리를 갖고 있다. 그것은 확실히 맑스 자신의 저작들 중 일부에서 (가장 유명하게는 그의 『정치경제학 비판을 위하여』의 '1859년 서문'에서) 그 표현을 발견한다. 그리고 그것은 맑스주의의 '고전' 시대에 카우츠키, 레닌, 룩셈부르크, 판네쾨크 등과 같은 다양한 저자들에 의해서 발전된다. 비록 엥겔스의 저작들이 아마도 오늘날 상대적으로 소수에 불과한 명시적 옹호자들을 갖고 있다할지라도, 엥겔스로 대표되는 전통은 많은 맑스주의 논의가 기초로 삼고 있는 암묵적인 가정들을 계속해서 제공한다. 이하에서 우리의 주요 관심은 누가 무엇을 말했는가를 밝히는 것이 아니라 과학적 전통의 주된 구성 요소들을 추출하는 것이다.

엥겔스가 맑스주의는 '과학적'이라고 말할 때 그는, 맑스주의가 자연 발전에 관한 과학적 이해만큼 정확한 사회 발전에 대한 이해에 기초를 두고 있음을 의미하는 것이다. 자연적 발전의 과정과 인간적 발전의 과정 모두는 똑같은 항구적 운동에 의해 특징 지워진다. '우리가 전체로서의 자연이나 인류의 역사 또는 우리들 자신의 지적 활동을 성찰할 때, 우리는 가장 먼저 여러 가지 관계들과 반작용들, 치환들과 조합들의 무한한 얽힘의 형상을 본다. 거기에는 그 어느 것도 있었던 것으로, 있었던 곳에, 있었던 것처럼 남아있지 않다. 모든 것은 움직이고, 변화하며, 생성하고, 소멸한다. … 이 원초적이고 소박하나 본질적으로는 정확한 세계관은 고대 그리스 철학의 세계관이다. 그것은 헤라클레이토스에 의해 처음으로 분명히 정식화되었다. 모든 것은 존재함과 동시에 존재하지 않는다. 왜냐하면 모든 것은 유동하며, 끊임없이 변화하고 있고, 끊임없이 생성하고 있으며, 또 소멸하고 있기 때문이다.' (Engels 1968, p. 43)

변증법은 지속적인 운동 속에 있는 존재로서의 자연과 사회에 대한 개념화이다. 변증법은 '사물들과 그들의 표상들, 관념들을 그들의 본질적인 연관, 연쇄, 운동, 발생, 그리고 소멸 안에서 파악한다. … 자연은 변증법의 증명대상이다. 근대 과학은 이 증명 대상에 매일 늘어나는 매우 풍부한 자료를 제공해왔다. 그래서 우리는 근대 과학이, 자연은 최종심급에서는 형이상학적으로가 아니라 변증법적으로 작동한다는 것을 보여 왔다고 말해야만 한다.' (Engels 1968, p. 45) 변증법을 통해서 우리는 자연 발전과 사회 발전에 대한 정확한 인식에 도달할 수 있다. 그러므로, '우주에 대한, 우주의 진화에 대한, 인류의 발전에 대한, 인류의 지성 속에서 이 진화의 반영에 대한 정확한 재현은 오직 변증법의 방법들에 의해서만 획득될 수 있다. 그것은 삶과 죽음의, 진보적 변화와 퇴보적 변화의 무수한 작용과 반작용에 관해 끊임없이 고려하는, 변증법의 방법들에 의해서만 얻을 수 있다.' (Engels 1968, p. 45) 엥겔스에 있어서, 변증법은 자연과 사회의 객관적 운동을, 주체로부터 독립적인 운동을 파악한다.

그러므로 과학의 임무는 자연과 사회 양자의 운동 법칙을 이해하는 것이다. 18세기의 기계적 유물론과는 달리 근대 유물론은 변증법적이다. 즉 '근대 유물론은 [역사] 속에서 인류의 진화과정을 보며 그것의 법칙을 발견하는 것을 목표로 삼는다. … 근대 유물론은 자연과학의 더욱 최신의 발견들을 포함한다. 이에 따르면, 대자연도 시간 속에서 자신의 역사를 갖고 있으며 천체들도, 좋은 조건하에서 그 속에 거주하는 유기체들처럼, 태어났다가는 사라진다. … 이 두 측면에서, 근대 유물론은 본질적으로 변증법적이다. …' (Engels 1968, pp. 47~48)

변증법적 방법에 대한 엥겔스의 이해가 매우 약화된 것이라는 사실은 강조될 필요가 거의 없다. 루카치는 『역사와 계급의식』에서 이점을 지적함으로써 당의 분노를 샀다. '그[엥겔스]는, 변증법이 하나의 규정에서 다른 규정으로의 지속적 이행과정이라고 주장한다. 결론적으로 일면적이고 엄격한 인과관계는 상호작용에 의해 대체되어야만 한다. 그러나, 그는 가장 결정적인 상호작용, 즉 **역사과정에서 주체와 객체의 변증법적 관계에** 그것이 받아 마땅한 중요성을 부여하기는커녕 그것을 언급 조차하지 않았다. 그러나 이 요소 없이 변증법은, '유동적' 개념들을 유지하려는 (최종분석에서는 환상적인) 시도들에도 불구하고, 혁명적이기를 중지한다. 왜냐하면 그것은, 모든 '형이상학'에서 대상은 건드려지지도 변경되지도 않은 채 남아있으며 그 결과 사유는 관조적인 것으로 머무르고 실천적인 것으로 되지 못함을 인식함에 있어서의 실패를 함의하기 때문이다. 이에 반하여, 변증법적 방법에 있어서 중심문제는 **현실을 변화시키는 것**이다.' (Lukács 1971, p. 3) 엥겔스에게 있어서 변증법은 반란의 이성, '비동일성의 일관된 감각', 즉 거부된 것의 폭발적 힘의 감각이 아니라 일종의 자연법칙으로 된다. 정통 맑스주의 전통에 대한 비판 속에서, 몇몇 저자들이 변증법적 방법의 이념 전체를 비판하는데 관심을 가져온 것이 바로 이 이유 때문임은 의심의 여지가 없다.[125]

엥겔스에게 있어서, 맑스주의가 과학적이라는 주장은 맑스주의가 사회의 운동법칙을 이해했다는 주장인 셈이다. 이러한 이해는 두 가지 핵심 요소에 근거를 둔다. '이 두 가지 위대한 발견들, 즉 역사에 대한 유물론적 개념화와 잉여가치를 통한 자본주의적 생산의 비밀의 폭로를 우리는 맑스에게 빚지고 있다. 이 두 발견에 의해 사회주의는 과학이 된다. 그 다음 일은 이 과학의 모든 세부 사항들과 연관들을 밝혀내는 것이었다.' (Engels 1968, p. 50)

'맑스주의'로 알려지게 된 엥겔스적 전통 속에서, 과학은 주체성의 배제로 이해된다. '과학적'은 '객관적'과 동일시된다. 맑스주의가 과학적이라는 주장은 주체적 투쟁(오늘날 사회주의자들의 투쟁)이 역사의 객관적 운동 속

---

[125] 변증법에 대한 이 조야한 이해는 분명히, 예컨대, 변증법에 대한 네그리의 거부의 기초에 놓여 있다.

에서 지지를 발견한다는 것을 의미하기 위해 채택된다. 자연과학과의 유비는 그것의 근저에 놓여있는 자연관 때문이 아니라, 그것이 인류사의 운동에 대해 이야기하는 바 때문에 중요하다. 자연과 역사는 모두 '인간의 의지로부터 독립적인 힘들' 즉, 객관적으로 연구될 수 있는 힘들에 의해 지배되고 있는 것으로 간주된다.

맑스주의를 과학적 사회주의로 이해하는 것은 두 가지 측면을 가지고 있다. 엥겔스의 설명에는 이중의 객관성이 존재한다. 맑스주의는 객관적이고 필연적인 과정에 대한 객관적이고 확실하며 '과학적'인 지식이다. 맑스주의는, 그것이 인간의 의지로부터 독립적으로 발생하고 있는 역사 과정의 운동법칙을 정확하게 이해했다는 의미에서 과학적인 것으로 이해된다. 맑스주의자들에게 남아있는 일이 있다면 그것은 역사에 대한 과학적 이해를 적용하여 그것의 세부를 채우는 일이다.

자본주의에 대항하는 투쟁에 자신들의 삶 전체를 바치고 있었던 사람들에게, 혁명에 대한 과학적으로 객관적인 이론으로서의 맑스주의라는 생각의 매력은 명백하다. 맑스주의는 역사적 운동에 대한 정합적인 개념을 제공할 뿐 아니라 역사가 우리 편이라는 엄청난 정신적 지지를 제공했다. 엥겔스주의적 개념의 거대한 힘, 그리고 그 시대의 투쟁들 속에서 그것이 수행한 역할의 중요성은 간과되지 말아야 한다. 그렇지만 그와 동시에 과학적 사회주의라는 개념의 두 측면(객관적 지식, 객관적 과정)은 맑스주의의 투쟁 이론으로서의 발전에 막대한 문제들을 제기한다.

맑스주의가 역사에 대한 정확하고 객관적이며 과학적인 지식으로 이해되면, 이것은 '누가 그렇게 말하는가?'라는 문제를 회피하게 한다. 정확한 인식은 누가 획득하고 그들은 그러한 지식을 어떻게 얻는가? 지식의 주체는 누구인가? '과학'으로서의 맑스주의라는 생각은 아는 사람과 모르는 사람 사이의 구별을, 참된 의식을 갖는 사람들과 그릇된 의식을 갖는 사람들 사이의 구별을 함축한다.

  이러한 구별은 즉각적으로 인식론적 문제와 조직적 문제들을 제기한다. 정치적 논쟁은 '올바름'과 '올바른 노선'의 문제에 집중하게 된다. 그러나, '아는 사람들'의 지식이 올바르다는 것을 우리는 (그리고 그들은) 어떻게 알 수 있는가? 알고 있는 사람들(그들이 정당, 지식인들 또는 그 무엇이건 간에)이 역사적 운동에 대한 특권적 지식을 획득했던 것과 같은 식으로 그들이 사회적 시·공간의 조건들을 초월했다고 어떻게 말해질 수 있는가? 아마도 정치적으로 더욱더 중요한 것은 다음과 같은 문제들일 것이다. 즉, 알고 있는 사람들과 알지 못하는 사람들 사이에 구별이 지어져야만 한다면, 또 이해 또는 지식이 정치투쟁을 이끎에 있어서 중요한 것으로 간주된다면, 무엇이 알고 있는 사람들과 나머지 사람들(대중들) 사이의 조직적 관계이어야만 하는가? 알고 있는 사람들이 (전위당의 개념에서처럼) 대중을 지도하고 교육하는 것인가, 아니면 코뮨주의적 혁명은 반드시 (판네쾨크와 '좌익 코뮤니스트들'이 주장했듯이) 대중 자신의 과업인가?

  과학적 맑스주의의 다른 개념, 즉 사회가 객관적 법칙들에 따라 발전한다는 생각 또한 투쟁의 이론에 분명한 문제들을 야기한다. 인간 의지와는 독립된 역사의 객관적 운동이 존재한다면 투쟁의 역할은 무엇이란 말인가? 투쟁하는 사람들은 단지 자신들이 통제하지 못하는 인간의 운명을 수행하고 있을 뿐인가? 아니면 투쟁은 객관적 운동들의 틈새들에서 생산력과 생산관계의 충돌에 의해 열려진 크고 작은 간극들을 채우는 정도의 중요성만을 갖는 것인가? 객관적 법칙들이라는 생각은 구조와 투쟁 간의 분리를 드러낸다. 반면 물신주의라는 생각은 **모든 것**이 투쟁이고 사회 관계의 적대와 떨어져서 존재하는 것은 아무 것도 없다는 것을 제시한다. '객관적 법칙들'이라는 생각은, 한편에는 인간 의지로부터 독립된 역사의 객관적인 구조적 운동, 그리고 다른 한편에는 더 나은 세계를 향한 주체적 투쟁들, 이 양자 사이의 이중성을 제시한다. 엥겔스적 개념화는 두 운동이 합치하며, 전자가 후자를 지지하지만, 그것들은 분리되어 있기를 중단하는 것은 아니라고 우리에게 말해준다. 이러한 이중성은 맑스주의 전통에서 생겨나는 끊임없는 이론적이고 정치적인 문제들의 원천이다.

목적을 향하는 역사의 객관적 운동이라는 엥겔스의 생각은 투쟁에 이차적 역할을 부여한다. 투쟁이 단지 역사의 운동을 지지하는 것으로 간주되건, 아니면 투쟁에 더욱 적극적인 역할이 부여되건, 그 어떤 경우이든지 투쟁의 중요성은 객관적인 법칙들의 작동에 대한 그것의 관계로부터 도출된다. 강조되고 있는 차이점이 무엇이건 간에, 이 관점 속에서 투쟁은 자기해방적인 것으로 간주될 수 없다. 다시 말해 그것은 목표 실현에 대한 관계 속에서만 중요성을 획득한다. 그래서 투쟁에 대한 총체적 개념은 도구적이다. 목적을 성취하려는 투쟁, 그것은 어딘가에 도달하려는 투쟁이다. 과학 개념의 실증화는 투쟁 개념의 실증화를 의미한다. 투쟁은 무엇에 대항하는 투쟁에서 무엇을 위한 투쟁으로 변형된다. 무엇을 위한 투쟁은 코뮨주의적 사회를 창출하기 위한 투쟁이다. 그러나, 실증적·과학적 접근법이 함축하는 도구주의적 관점 속에서 투쟁은 결정적인 단계 혹은 혁명의 요점으로 간주되는 '권력 정복'과의 관계 속에서 단계론적으로 사고된다. 그러므로, '권력 정복'이라는 생각은 독립적이고 특수한 목표이기는커녕 이론과 투쟁에 대한 모든 접근법의 중심에 놓여있는 것이다.

3

엥겔스의 분석, 즉 코뮨주의로의 이행이 생산력의 발전과 생산관계 사이의 갈등의 결과로 필연적으로 발생할 것이라는 분석이 갖는 함의는, 그 세기 초반의 혁명적 이론가들·활동가들을 만족시키지 못했다. 그들은 코뮌주의를 향한 적극적 투쟁의 중요성을 주장했다. 그렇지만, 그들도 '맑스주의'에 대한 엥겔스적 서술이 갖는 이원론의 상당부분을 지니고 있었다.[126]

주체와 객체의 이원적 분리에 의해 제기된 그 문제들은 금세기 초반의 혁명적 소용돌이 속에서 전면에 부상했다. 실질적으로 맑스주의의 '고전' 시대(20세기 초의 대략 25년)의 모든 논쟁들은 맑스주의에 대한 '과학적' 해석이라는 가정된 기반 위에서 발생했다. 그 시대의 모든 주요 이론가들은, 그들 사이의 매우 중요한 정치적이고 이론적인 차이들에도 불구하고, 맑스주의의 의미에 관한 특정한 공통 가정들을, 즉 '역사적 유물론', '과학적 사회주의', '객관적 법칙들', '맑스주의 경제학' 등과 같은 핵심 단어들을 결합시킨 가정들을 공유했다.

이것은 이론적 발전이 전혀 없었다고 말하려는 것이 아니다. 아마도 가장 중요한 것은, 이 격변의 시대에 대한 주목이 주체적 행동의 중요성에 집중되었다는 사실일 것이다. 제2 인터내셔널의 주요 조직체에 의해서 애호된 역사적 필연성에 대한 정적주의적 관망적 해석들에 맞서, 그 시대의 모든 혁명적 이론가들(룩셈부르크, 레닌, 트로츠키, 판네쾨크 등등)은 적극적인 혁명적 개입의 필요성을 강조했다. 그러나, 주체에 대한 이러한 강조는 모든 경우들에서 자본주의의 객관적 운동에 (비록 종속적이지는 않다 할지라도) 보완적인 것으로 간주되었다. 이제는 엥겔스를 맑스의 '왜곡자'로 보는 이론적 비판이 너무나 널리 확산되었기 때문에, 과학적 맑스주의의 가정들이 제2 인터내셔널의 개량주의자들에 의해서 뿐만 아니라 모든 주요한 혁명적 이론가들에 의해서도 받아들여졌었다는 점이 강조되어야만 한다.

---

126) 이 시기에 대한 유익한 논의로는 Smith (1996)의 2장을 참조하라.

지금까지 보아온 것처럼, 과학으로서의 맑스주의의 이원론적 개념은 두 축선, 객관적인 역사적 과정이라는 생각과 객관적인 지식이라는 생각을 갖고 있다. 이 두 축들과 연결된 이론적·정치적 문제들은 이 시대의 이론적 논쟁의 소재를 제공했다.

이 축들 중의 첫 번째, 즉 인간 의지로부터 독립된 객관적 과정으로서의 역사라는 개념은 베른슈타인의 개량주의에 맞서 로자 룩셈부르크가 수행한 맑스주의에 대한 고전적 방어인데, 그것은 1900년에 처음 출판된 『혁명인가 개량인가』라는 그녀의 팸플릿에서 중심 논제였다. 룩셈부르크의 팸플릿은 무엇보다도 과학적 사회주의에 대한 방어이다. 그녀에게 있어서, 사회주의를 객관적인 역사적 필연성으로 이해하는 것은 혁명 운동에 핵심적 중요성을 갖고 있었다. '발전하고 있는 프롤레타리아 운동의 가장 위대한 성과물은 자본주의 사회라는 경제적 조건 속에서 사회주의 실현을 위한 지지의 근거들을 발견해 온 것이다. 이 발견의 결과로서, 사회주의는 수천 년 동안 인류가 꾸어온 '이상적' 꿈에서 역사적 필연성의 문제로 변화되었다.' (1973, p. 35)

과학적 사회주의와 공상적 사회주의사이에 엥겔스가 그은 구별을 되풀이하면서, 룩셈부르크는 정의에 대한 끝없는 호소들이 공허하지 않으려면 경제적 또는 역사적 필연성이라는 개념이 필요불가결하다고 본다. 베른슈타인을 비판하면서 그녀는 다음과 같이 서술한다. '그는 "왜 사회주의를 경제적 충동의 결과로 묘사하는가?"라고 불평한다. "정의를 향한 인간의 인식, 정의를 향한 인간의 감정, 정의를 향한 인간의 의지를 왜 타락시키는가?"(『전진』, 1899년 3월 26일) 베른슈타인이 말하는 최상의 공정한 분배는 인간의 자유의지 덕분에 달성될 수 있다. 인간의 의지는 (그것은 단지 도구에 불과하기 때문에) 경제적 필연성 때문에 작동하는 것이 아니라 오히려 정의에 대한 인간의 이해력 때문에, **인간의 정의 관념** 때문에 작동한다. 이리하여 우리는 아주 행복하게, 믿을 수 있는 역사적 교통수단의 부족으로 인하여 지구의 개혁가들이 오랫동안 요란스레 타고 다녔던 늙은 전마에게로, 즉 정의의 원리로 되돌아온다. 우리는 역사의 돈키호테들이 지구의 위대한 개혁을 향하여 타고 돌진했던 그 가엾은 로시난테에게로 되돌아온다. 그들은 늘 눈을 가린 채 귀향한다.' (1973, pp. 44~45)

그리하여 맑스주의의 과학적 성격은 그것의 규정적 특징으로 간주된다. 사회주의의 과학적 기초는 "자본주의 발전의 세가지 원칙적 결과들에, 첫째, 필연적으로 그 자신의 파멸로 인도하는 자본주의 경제의 성장하는 무정부상태에, 둘째, 미래 사회질서의 배아를 창조하는 생산과정의 점진적 사회화에, 그리고 셋째, 다가오는 혁명에서 능동적인 요소를 구성하는 프롤레타리아 계급의 증가되는 조직화와 의식화"(1973, p. 11)에 의거한다고 이야기된다.

세 번째 구성요소, 즉 '능동적인 요소'가 룩셈부르크에게는 중요하다. '사회주의가 노동계급의 일상적 투쟁으로부터 자동적으로 발생할 것이라는 것은 사실이 아니다. 사회주의는 (1) 자본주의 경제의 점증하는 모순들, (2) 사회적 변형을 통한 이러한 모순들의 지양의 불가피성에 대한 노동계급의 자각 등의 결과일 것이다.' (1973, p. 31) 그러므로 비록 룩셈부르크가 모든 혁명적인 이론가들과 공통적으로, 독일 사회민주당 다수파에 의해 지지되어 온 사회주의의 필연성에 대한 정적주의적 해석을 거부하지만, 주체적 행동의 중요성에 관한 그녀의 강조는 사회주의의 객관적 역사적 필연성이라는 배경에 반하여 설정된다. 사회주의는 (1) 객관적인 경향들, 그리고 (2) 주체적인 자각과 실천의 결과일 것이다. 주체성에 대한 강조는, 맑스주의를 사회주의의 역사적 필연성에 대한 이론으로 이해하는 것 위에 덧붙여진다. 아니 어쩌면 더 정확하게는, 객관적 필연성의 이론인 맑스주의가 주체적 계급투쟁을 강화하고 보완한다. 그것이 어떤 방식으로 배치되든지 간에 주체적인 것과 객관적인 것 사이의 동일한 이원론적 분리, 즉 '경제적 법칙과 주체적 요인의 고전적인 이원론'이 존재한다. (Marramao 1978, p. 29)

이러한 이원론으로부터 발생하는 핵심적인 쟁점은 이원론의 두 축들 사이의, 즉 역사적 필연성과 '능동적 요인' 사이의 관계라는 문제였다. 과학적 사회주의에 의해 제기된 그 문제의 술어들은 결정론과 자유의지론 사이에, 주체적 개입에 적은 중요성을 부여하는 사람들과 그것을 결정적인 것으로 간주하는 사람들 사이에 이미 끝없는 논쟁을 불러일으켰다. 그러나, 그 논쟁은 객관적으로 결정된 틀 내부에서 주체에게 할당된 공간에 관한 것이다. 그 공간은 본질적으로 균열적인 것이며, 논쟁은 그 균열들의 성격에 관한 것이다.

'능동적 요인'에 부여된 비중이 얼마이건 간에 그 논쟁은 객관적으로 결정된 '최종목표'에 어떻게 도달하는가에 관한 것이다. 룩셈부르크는 『개량인가 혁명인가』에서, 베른슈타인이 사회주의 운동의 '최종목적'을 포기한다고 비난하는 것으로 그에 대한 자신의 논쟁을 시작한다. 그녀는 '최종목적은 그것이 무엇이든지 간에 아무 것도 아니다. 즉 운동이 모든 것이다'라고 한 베른슈타인의 말을 인용한다. (1973, p. 8) 룩셈부르크는 이것에 반대한다. '사회주의의 최종목적은 사회민주주의 운동을 부르주아 민주주의로부터, 부르주아 급진주의로부터 구별하는 단 하나의 결정적 요인을 구성한다. 그리고 그것은 전체 노동운동을 자본주의 질서를 수선하기 위한 헛된 노력으로부터 질서에 대항하며 이 질서의 지양을 지지하는 계급투쟁으로 변형하는 유일한 요인을 구성한다…' (1973, p. 8) 룩셈부르크에 따르면 이 최종목적은 무엇인가? '정치 권력의 정복과 임금 노동의 지양'. (1973, p. 8)

그러므로 룩셈부르크에 따르면, 그 최종 목적은 정치 권력의 정복을 통해 사회 혁명을 가져오는 것이다. 계급투쟁을 자신의 역사의 본질적인 내용으로 갖고 있는 계급사회들의 최초의 출현 이래로 정치 권력의 정복은 모든 상승하는 계급들의 목적이었다. (1973, p. 49) '계급투쟁의 자본주의적 껍질로부터 사회주의 사회의 핵을 도출하는 것이 필요하다. 정확하게 이러한 이유 때문에 프롤레타리아는 정치 권력을 획득해야 하고, 자본주의 체제를 완전히 지양해야 한다.' (1973, p. 52) 계급투쟁은 도구적이다. '사회주의 사회의 핵을 그것의 자본주의적 껍질로부터 추출하는 것'이 그 목표이다. 투쟁은 사회주의 사회(그것이 그 무엇으로 입증되건 간에)를 창출할 자기해방의 과정이 아니라 오히려 그 반대이다. 투쟁은, 모든 사람을 위해 자유를 제공할 미리 구상된 목적을 달성하기 위한 하나의 수단일 뿐이다.

맑스주의의 고전적인 논쟁들 속에서, '능동적 요인'과 '역사적 필연성' 사이의 관계라는 쟁점은 자본주의의 붕괴를 둘러싼 논의들에 가장 분명하게 집중되었다. 이러한 논의들은 중요한 정치적 함의들을 가졌다. 왜냐하면 그것들은 자본주의에서 사회주의로의 이행에, 따라서 (비록 상이한 입장들이 어떤 단순한 좌·우 분열의 결과로 나온 것은 아니라 할지라도(Marramao 1978 참조)) 혁명과 혁명적 조직화에 집중되었기 때문이다.

한쪽 극단의 입장은 일반적으로 제2인터내셔널과 동일시되었고, 1890년대 말경에 큐나우(Cunow)에 의해 가장 명백하게 정식화되었다. (Cunow 1898~99) 자본주의의 붕괴가 자본주의 자체의 모순 관철의 필연적 결과인 이상, 혁명적 조직화의 필요는 없다는 것이었다. 그렇지만, 자본주의의 붕괴가 불가피했다고 주장했던 사람들이 모두 동일한 결론을 이끌어 낸 것은 아니다. 우리가 살펴보았듯이, 룩셈부르크에게 있어, 자본주의의 필연적 붕괴(그녀는 이것을 자본주의가 비자본주의적 세계로 확장할 가능성이 소진한 탓으로 돌렸다)는 혁명적 조직화의 필요를 줄이기보다 오히려 반자본주의 투쟁을 부양하는 것으로 보였다.

그 반대의 관점, 즉 붕괴는 불가피한 것이 아니라는 관점은 또한 각양각색의 정치적 결론들에 이르렀다. 몇몇 사람들(예를 들어, 베른슈타인)에게서 그것은 사회적 향상이 모색될 수 있는 틀로서의 자본주의에 대한 수용과 혁명적 전망의 포기를 이끌었다. (판네쾨크 같은) 여타의 사람들에게서, 자본주의 붕괴의 필연성이라는 관념의 거부는 혁명적인 조직화의 중요성에 대한 강조의 일부분이었다. 그는 자본주의적 모순들의 객관적 운동은 붕괴로가 아니라 더욱더 강렬한 위기들로 이끌며 그 위기들은 자본주의를 무너뜨릴 주체적 행동을 위한 기회들로 이해되어야 한다고 주장했다(1977). 『좌익 코뮨주의: 유아적 무질서』에서 레닌에 의해 비난당했던 좌익 코뮨주의 또는 평의회 코뮨주의의 지도적 이론가인 판네쾨크가, '능동적 측면'의 발전의 중요성에 관한 그의 모든 강조에도 불구하고, 맑스의 '경제적 유물론'의 틀을 자본주의의 객관적 운동에 대한 분석으로 받아들였다는 사실은 흥미롭다. 행동주의에 대한 그의 강조는 맑스에 대한 객관주의적 해석에 도전하는 형태를 취한 것이 아니라, 객관적 발전이 주체적 행동에 의해 보완되는 것이 필요하다고 주장하는 형태를 취했다.

과학적 맑스주의의 두 번째 축, 즉 과학적 지식과 그것의 조직적 함축이라는 문제는 레닌과 그에 대한 비판자들 간의 토론의 핵심을 형성했다.

레닌의 전위당론에서, 과학적 지식에 대한 긍정적 견해가 갖는 조직적인 함의는 알고 있는 사람들(참된 의식을 가진 사람들)과 알지 못하는 사람들(허위의식을 가진 대중들) 사이에 첨예한 조직적 구분을 하는 지점으로까지 발전된다. 전위당론을 상세히 설명한 팸플릿『무엇을 할 것인가?』에서 레닌은 그 점을 매우 분명히 주장한다. 1890년대 파업 운동의 한계들을 논한 후에 그는 계급의식과 사회주의에 관한 자신의 핵심적 논점을 제시한다. "우리는 노동자들 사이에 사회민주주의적 의식은 **아직 있을 수 없다**고 말했다. 이러한 의식은 외부로부터 그들에게 가져가질 수 있을 뿐이다. 모든 나라의 역사는, 노동계급은 그 자신만의 노력으로는 오직 노동조합 의식만을 발전시킬 수 있을 뿐임을 보여준다. 노동계급은 노동조합 속에서 단결할 필요성, 고용주들에 맞서 싸울 필요성, 정부로 하여금 필요한 노동입법을 제정하도록 강제하기 위하여 노력할 필요성 등을 깨달을 수 있을지 모른다. 그러나 사회주의 이론은 유산계급의 교육받은 대표자들, 즉 지식인들에 의해 가공된 철학적, 역사적, 그리고 경제학적 이론들로부터 성장하였다. 근대 과학적 사회주의의 창시자인 맑스와 엥겔스도, 그들의 사회적 지위에 따르면, 부르주아 지식인에 속했다. 이와 유사하게 러시아에서도 사회민주주의의 이론적 교의는 노동운동의 자연발생적 성장으로부터 완전히 독립적으로 발생했다. 그것은 혁명적인 사회주의 지식인들 가운데서 이루어진 사상 발전의 자연스럽고 필연적인 결과로서 발생했다.' (1966, pp. 74~75)

(노동자들의) 경험과 (부르주아 지식인들에 의해 발전된) 이론의 명확한 분리는 러시아 혁명운동의 특수한 역사의 반영이었다는 주장이 (델바스코에 의해) 제기된 바 있다. 하지만 레닌 자신의 언급들은 자신의 생각이 맑스주의 전통 내에서 보다 폭넓은 기초를 갖고 있음을 암시한다. 그는 엥겔스와 카우츠키 두 사람을 상세히 인용한다. 카우츠키의 한 논문으로부터 인용된 것이면서 레닌이 분명한 찬동을 보내고 있는 한 구절은 특히 중요하다. 그 단락에서 카우츠키는 이렇게 쓰고 있다. '물론, 사회주의는 하나의 이론으로서, 근대의 경제 관계들에 자신의 뿌리를 두고 있는데, 그것은 프롤레타리아의 계급투쟁이 근대의 경제 관계들에 자신의 뿌리를 두고 있는 것과 마찬가지이며, 후자가 자본주의가 창출한 대중들의 빈곤과 비참에 대항하는 투쟁으로부터 발생하는 것과 마찬가지이다. 그러나 사회주의와 계급투쟁은 다른 하나에서 또 다른 하나가 나오는 것이 아니라 나란히 발생하며, 그 각각은 상이한 조건들 하에서 발생한다. 근대 사회주의적 의식은 심오한 과학적 지식의 기초 위에서만 발생할 수 있다. 실상, 근대 경제학은, 이를테면, 근대적 테크놀로지만큼이나 사회주의적 생산을 위한 조건이다. 그리고 프롤레타리아는, 자신이 아무리 그렇게 하려고 열망한다 할지라도 전자나

후자 중 그 어느 것도 창출할 수 없다. 이 양자는 근대의 사회적 과정으로부터 발생한다. 과학의 담지자들은 프롤레타리아트가 아니라 **부르주아 인텔리겐치아이다**(칼 카우츠키의 강조). 근대의 사회주의가 기원한 것은 이 계층의 몇몇 구성원들의 정신 속에서였다. 근대 사회주의를 지적으로 좀더 발전된 프롤레타리아트들에게 소통시킨 것이 바로 그들이었고, 그 프롤레타리아들이 다시 그것을, 조건들이 허락되는 곳에서, 프롤레타리아 계급투쟁 속으로 도입했다. 따라서 사회주의 의식은 프롤레타리아트의 계급투쟁에 외부로부터 도입된 어떤 것이며, 그 내부에서 자연발생적으로 생성된 어떤 것이 아니다. 그래서 이전의 하인펠트 강령은, 사회민주주의의 임무는 프롤레타리아트에게 자신의 위치에 대한 **의식**과 자신의 임무에 대한 의식을 스며들게 하는 것이라고 아주 정확하게 진술했던 것이다. 만약 의식이 계급투쟁으로부터 자연적으로 발생했다면, 이렇게 할 필요는 전혀 없었을 것이다.' (1966, pp. 81~82)

카우츠키로부터의 인용은, 핵심적인 문제가 러시아 혁명 전통의 특이성이 아님을 분명하게 만들어 준다. 그 특이성이 아무리 중요하다 할지라도, 레닌주의의 문제를 그것의 탓으로 돌리는 것은 주류 맑스주의로부터 책임을 면제시키는 것이다. 핵심적인 문제는 오히려 맑스주의 운동의 주류에 의해 받아들여졌던 과학의 개념 혹은 이론의 개념이다. 만약 과학이 사회에 대한 객관적으로 '올바른' 이해로 이해된다면, 그러한 이해를 가장 쉽게 획득할 것으로 보이는 사람들은 (예상컨대, 최소한 잠재적으로는 과학적일 것이라고 여겨지는) 교육에의 접근기회를 가장 많이 갖고 있는 사람들일 것이라는 결론이 나온다. 자본주의 사회에서의 교육 조직을 생각해보면, 이들은 부르주아지의 구성원들일 것이다. 결과적으로 과학은 오직 외부로부터만 프롤레타리아에게 올 수 있다. 만약 사회주의에로의 운동이 사회에 대한 과학적 이해에 기초를 둔다면, 그것은 부르주아 지식인들에 의해, 그리고 그

부르주아 지식인들이 자신들의 과학적 지식을 전달한 '지적 발전 수준에 의해 구별되는 프롤레타리아들'에 의해 지도되어야만 한다. 이런 방식으로 이해된 과학적 사회주의는 프롤레타리아 해방의 이론이긴 하지만, 분명히 프롤레타리아트의 자기해방의 이론은 아니다. 계급투쟁은 자기해방의 과정으로서가 아니라 프롤레타리아트가 해방될 사회를 창조하는 투쟁으로 도구적으로 이해된다. 여기에서 '권력 정복'은 중추적 역할을 담당한다. 권력 정복의 요점은 그것이 다른 사람들을 해방시키는 수단이라는 것이다. 권력 정복은 정당으로 조직화된 계급의식적 혁명가들이 프롤레타리아를 해방시킬 수 있는 수단이다. 노동계급이, 혁명의 필요성을 의식하고 있는 '우리'와는 구별되는, '그들'인 이론 속에서, '권력 장악'이라는 생각은 '그들'과 '우리'를 결합시키는 관절일 뿐이다.

그러므로 레닌의 전위당론의 천재성은 과학적 사회주의에 대한 엥겔스의 구상이 갖는 조직적 결과들을 그것들의 논리적 결론에까지 발전시켰다는 점이었다. 맑스에게서 과학은 (물신화된 현상들의 부정으로서) 부정적 개념이었던 반면, 엥겔스에게서 과학은 (객관적 과정에 대한 객관적 지식으로서) 긍정적인 그 무엇으로 된다. 그리하여 '비과학적'이라는 것은 어떤 것의 부재, 즉 지식의 부재 혹은 계급의식의 부재를 나타낸다. 맑스가 우리에게 남긴 문제('물신화된 사회적 관계들 안에서 그리고 그것에 대항하며 사는 우리가 어떻게 이 물신주의를 부정할 수 있는가?')는 '어떻게 노동자들이 계급의식을 획득할 수 있는가?'로 방향을 바꾸게 된다. 레닌은 이 물음에 '간단하다'고 대답한다. '그들의 의식이 노동조합적 의식에 한정되어 있기 때문에, 참된 의식은 외부로부터 (우리들) 부르주아 지식인들로부터 올 수 있을 뿐이다.' 여기서 부르주아적 지적 의식의 물질적 원천이라는 불편한 문제는 사라진다. 왜냐하면 그것은 바로 과학적 지식의 습득과 동일한 것으로 간주되기 때문이다.

이리하여 맑스주의적 실천은 노동자들에게 의식을 가져다주는, 그들에게 설명을 해주는, 그들의 이익이 어디에 있는지를 그들에게 말해주는, 그들을 계몽하고 교육하는 실천이 된다. 전 세계의 혁명 운동들에 그토록 널리 확립되어 있는 실천은, 그 뿌리를 레닌주의의 권위주의적 전통 뿐만 아니라 엥겔스가 확립한 과학에 대한 긍정적 개념에 박고 있다. 무엇에-관한-지식은 무엇에-대한-권력이다. 과학이 무엇에-관한-지식으로서 이해되면, 이 지식을 (그래서 '올바른 노선'에의 접근 기회를) 가진 사람들과 그것을 갖지 못한 사람들(대중들) 사이에 분명한 위계적 관계가 있게 된다. 대중들을 이끌고 교육하는 것이 알고-있는-사람들의 임무인 것이다.127)

과학적 맑스주의는 부르주아 이론을 재생산하는 것만은 아니다. 분명히 그것의 전망은 혁명적 변혁이며 준거점은 코뮨주의 사회이다. 그것은 사유의 새로운 범주들을 도입한다. 하지만, 그 범주들은 긍정적으로 이해된다. 이론의 혁명적 성격이 방법에 의해서가 아니라 내용에 의해서, '어떻게'에 의해서가 아니라 '무엇'에 의해서 이해되는 것이다. 그래서, 예컨대 '노동계급'이 중심 범주이긴 하지만, 그것이, 부르주아 사회학의 방식으로, 다시 말해 적대적 관계의 극점을 지시하기보다는 오히려 한정 가능한 민중 집단을 지시하기 위해 채택된다. 이와 마찬가지로, 국가는 사회 관계들의 보편적 물신화 속의 한 계기로 간주되기보다는 지배 계급의 도구로 간주된다. 그리고 '러시아', '영국'등과 같은 범주들은 아무 문제점이 없는 것처럼 사용된다. 혁명적 이론이라는 개념은 너무나 소극적이다. 혁명적 과학은 부르주아

---

127) 그람시에 의해 도입된 '유기적 지식인'이라는 자주 인용되는 개념은 이 점에서 거의 차이가 없다. 유기적 지식인은 단지 프롤레타리아 계급투쟁 속으로 올바른 노선을 도입하는 임무를 가진 '지적으로 더욱 발달된 프롤레타리아들'중의 하나일 뿐이다. Gramsci (1971), pp. 3~23을 참조하라.

과학과의 급진적 단절로서보다는 그것의 연장으로 이해된다.

엥겔스적 과학 개념은 독백적인 정치적 실천을 함의한다. 여기에서 사유의 운동은 독백, 즉 정당이 대중에게 의식을 일방적으로 이전하는 것이다. 반면, 과학을 물신주의에 대한 비판으로 이해하는 개념은 정치학에 대한 더욱 대화적인 개념을 이끈다(또는 이끌어야만 한다). 그 이유는 간단하다. 우리 **모두가** 물신주의에 종속되어 있고, 과학은 행위와 행위결과의 파열에 대항하는 투쟁, 즉 우리 모두가 다양한 방식으로 개입되어 있는 투쟁의 일부이기 때문이다. 과학을 비판으로 이해하는 것은 말하기의 정치학으로보다는 대화의 정치학으로, 말하고-듣기의 정치학으로 더욱 쉽게 이끈다.[128]

레닌주의의 커다란 매력은, 말할 것도 없이, 우리가 혁명의 비극적 딜레마라고 부른 상황을 그것이 헤치고 나갔다는 것이다. 레닌은 '부족한 계급의식을 가진 사람들이 어떻게 혁명을 일구어 낼 수 있는가'라는 문제를 정당의 지도력을 통해서 해결했다. 한 가지 문제는, 그것이 우리가 (또는 그들이) 원한 혁명이 아니었다는 것이다. '우리는 권력을 장악하고 프롤레타리아트를 해방시킬 것이다'라는 문장의 두 번째 부분은 실현되지 못했고, 또 실현될 수도 없었다.

4

---

128) 부사령관 마르꼬스는 사빠띠스따 민족해방군이 라깡도나 정글의 원주민으로부터 배운 중요한 교훈은 귀 기울여 듣는 것이었다고 주장한다. '저것이 원주민 공동체들이 원래의 EZLN에게 가르친 위대한 교훈이다. 1983년에 형성된 원래의 EZLN은, 그것이 말을 하고 자신이 말한 것이 행해져야만 한다는 의미에서 하나의 정치 조직이다. 원주민 공동체들은 EZLN에게 귀 기울여 듣기를 가르쳤다. 바로 그것이 우리가 배운 것이다. 우리가 원주민으로부터 배운 주요한 교훈은 듣기를, 귀 기울여 듣기를 배워야만 한다는 것이다. 크라스띠안 깔로니꼬 루치오의 1995년 11월 11일 미발간 인터뷰, Holloway (1998) p. 163에서 인용함.

과학적 사회주의라는 개념은 자신을 엥겔스, 카우츠키 혹은 레닌과 동일시하는 사람들을 훨씬 넘어서까지 확장되는 자취를 남겼다. 과학적 사회주의의 이념이 함의하는 주체와 객체의 분리는, 자본주의가 근대의 많은 맑스주의적 논쟁 속에서 이해되는 방식을 계속적으로 형성했다. 과학적 사회주의는 그것의 근대적 형태 속에서 때때로 '구조주의'라고 지칭되지만 '과학적' 입장의 영향력은 그들 스스로를 구조주의자로 인정했던 사람들에게 한정되지 않는다. 오히려 주체와 객체의 '과학적' 분리는 엥겔스에 대한 혹은 근대 구조주의에 대한 비판들에 의해서 어떤 식으로든 자신이 호명되지 않는다고 느끼는 사람들에 의해 발전된 전문적 연구 분야들과 범주들의 모든 계열들에서도 표현된다. 그러므로, 근대 맑스주의가 과학적 사회주의의 가정들에 의해 얼마나 많이 각인되어 왔는가에 대한 일정한 감각을 획득하는 것이 중요하다.

과학적 사회주의의 기본적 특징은 과학이 객관성과, 즉 주체성의 배제와 동일시될 수 있다는 가정이다. 지금까지 보아온 대로, 이러한 과학적 객관성은 판단의 두 가지 준거축들 혹은 두 가지 준거점들을 가지고 있다. 객관성은 사회적 발전의 과정을 지시하는 것으로 이해되는데, 거기에는 민중들의 의지로부터 독립적인 역사적 운동이 있다. 그것은 또 우리(맑스주의자들)가 이 역사적 운동에 대해 갖는 지식을 지시하는 것으로 받아들여진다. 맑스주의는 사회적 발전을 지배하는 객관적 운동 법칙에 대한 정확한 '발견'이다. 이 두 축들 각각에서, 객관성은 객체와 주체 모두에 대한 이해를 구성한다.

비록 과학적 맑스주의 개념이 주체와 객체 양자를 이해하는 데에 일정한 함의들을 갖는다 할지라도, 과학이 객관성과 동일시되는 한, 그것은 특권화된 객체이다. 이러한 관념 속에서 맑스주의는 일반적으로는 역사의, 그리고 특수하게는 자본주의의 객관적 운동법칙들에 대한 연구가 된다. 노동계급

투쟁과의 관계 속에서 맑스주의의 역할은 투쟁이 발생하는 틀에 대한 이해를 제공하는 것이다. 일반적으로 맑스주의자들은 계급투쟁의 중요성에 대한 부정에서 출발하지는 않지만 실질적으로는 동일한 결과에 이르게 되는 하나의 가정에서 출발한다. 계급투쟁은 '당연한 것'[129]이라는 가정이 그것이다. 그 결과 계급투쟁은 너무나 명백한 것이라서 당연하게 받아들여질 수 있을 뿐인 요소로 되고, 실제의 주의는 자본주의에 대한 분석에로 돌려지는 것이다.

역사에 대한 분석에서 그리고 특히 자본주의에 대한 분석에서 특별한 역할은 '맑스주의 경제학'에 부과된다. 왜냐하면 역사 발전의 추진력은 사회의 경제적 구조에 있는 것처럼 간주되고, (엥겔스가 말했듯이) 사회변화의 열쇠는 철학에서가 아니라 경제학에서 찾아질 수 있는 것으로 생각되기 때문이다. 맑스주의 경제학 연구는 자본주의와 그것의 발전을 이해함에 있어서 중심적이다.

이런 관점에서 보면, 맑스의 『자본론』은 맑스주의 경제학의 핵심 텍스트이다. 그것은 가치, 잉여 가치, 자본, 이윤, 이윤율 저하 경향 등과 같은 중심적 범주들의 발전에 기초를 두고 있는 자본주의 운동 법칙들에 대한 분석으로 이해된다. 그러므로, 맑스주의 경제학에서 최근의 논의들은 가치 범주의 타당성, (가치의 가격으로의 전형을 다룬 맑스의 분석을 문제로 삼는) '전형문제', 이윤율 저하경향의 타당성, 그리고 경제적 위기에 대한 다양한 이론들에 집중해왔다. 많은 주의는, 주류 경제학 논의에서와 마찬가지로, 용어들을 정의하는 것에, '불변자본', '가변자본' 등에 대한 엄밀한 정의를 확립하는 것에 기울여졌다.

---

[129] 계급투쟁을 '당연한 것'으로 취급하는 것에 관해서는 Bonefeld (1991)을 참조하라.

『자본론』을 경제학에 관한 책으로 이해하는 경향은 확실히 맑스 자신이 한 약간의 말들에 의해서도 지지되지만, 실제로는 엥겔스의 영향에 크게 힘입고 있다. 맑스 사후에『자본론』2권과 3권의 편집과 출판의 책임을 맡았던 엥겔스는 그의 편집과 논평들을 통해서 맑스의 작업을 경제학으로 해석하는 특정한 경향을 조장했다. 예를 들어, 2권(1884)의 출판과 3권(1894)의 출판을 분리시킨 그 10년 동안에, 그는 다른 저자들이 '전형 문제', 즉 가치와 가격 사이의 양적 관계의 문제에 대한 (따라서 가치에 대한 양적 이해에 주의를 집중하는 문제에 대한) 맑스의 해법을 만족시킬 수 있는지 없는지를 알아보기 위한 이른바 '현상 논문 경쟁'을 조장했다. (Haward and King 1989 pp. 21ff, 그리고 엥겔스의 『자본론』 3권 서문을 참조하라.) 그가 "가치법칙과 이윤율"에 대해 기술한 3권의 부록에 따르면, 그는 가치를 자본주의 사회에 특유한 사회 관계들의 형태로서가 아니라 "단순 상품-생산의 전 시기에 … 5천년에서 7천년에 이르는 시기에" 타당한 경제법칙으로 제시한다 (Marx 1972a, pp. 899~900). 『자본론』 2권과 3권이 세상에 제시된 것은 바로 엥겔스의 해석을 통해서였다. 하워드와 킹이 서술한 바에 따르면 '그는 맑스의 글들에 대한 그의 편집본과 그가 미출간 상태로 남겨둔 것에서 이후의 사회주의자 세대들이 맑스의 경제학을 바라보는 방식을 조건지웠다.' (1989, p. 17)

금세기 초반의 맑스주의자들에게 있어서, 맑스주의 경제학은 과학적 맑스주의의 총체적 구조의 주춧돌이었다. 맑스주의 경제학은 그들의 투쟁들을 위한 결정적인 도덕적 지지물이었던 확실성을 제공했다. 더 최근에도, 맑스주의 경제학은 맑스주의 논쟁 속에서 중심적 역할을 계속 수행했다. 하지만, 그것은 대학의 분과 구조와도 들어맞는 새롭게 중요해진 차원을 획득했다. 많은 학자들에게 있어서 맑스주의 경제학이 경제학의 더욱 확장된 분과 내에서의 특수한 (비록 비정규이지만) 학과로 간주되게 된 것이다.

맑스주의 경제학의 규정적 특징은 자본주의가 어떤 규칙성들(이른바 자본주의 발전의 운동 법칙들)에 따라 이해될 수 있다는 관념이다. 이 규칙성들이란 자본 재생산의 규칙적인 (그러나 모순적인) 양태들을 가리킨다. 그리고 맑스주의 경제학은 자본과 그것의 모순적인 재생산에 대한 연구에 집중한다. (이윤율 저하 경향, 과소 소비 또는 상이한 생산 부분간의 불비례성 등의 맥락에서 다양하게 이해된) 자본주의 재생산의 이 모순적 본질은 주기적인 위기 속에서 그리고 이 위기들의 격화를 향한 (혹은 자본주의의 붕괴를 향한) 장기 경향 속에서 표현된다. 계급투쟁은 이러한 자본주의 분석에서 어떤 직접적인 역할도 수행하지 않는다. 맑스주의 경제학의 역할은 일반적으로 투쟁이 발생하는 틀을 설명하는 것이라고 가정된다. 계급투쟁은 틈새의 것이다. 그것은 경제적 분석이 남긴 틈을 메운다. 그것은 자본주의의 재생산 또는 위기를 조형하는 것이 아니라 재생산과 위기가 발생하는 조건에 영향을 미칠 뿐이다.[130] 그래서, 예컨대, 금세기 초의 좌익 맑스주의자들은 지금까지 우리가 살펴본 것처럼 자본주의의 위기를 혁명으로 전환하기 위해서는 계급투쟁이 필수적이라고 주장하면서도 계급투쟁을 자본의 객관적 운동에 대한 이해에 덧붙여지는 요소로 간주했다.

맑스주의 경제학을 어떤 특수한 분과(경제학)에 대한 대안적 접근법으로 이해하는 것은, 그것이 맑스주의 사회학이나 맑스주의 정치학과 같은 맑스주의의 여타 지류 분과들을 통해 보완될 수 있을 가능성을 암시한다.[131] 이 두 개의 분과들은 최근에, 어느 정도는 대학의 분과 구조들 내부에서 제기

---

130) 이러한 의미로 Hirsch의 저작을 비판하는 글로는 Bonefeld (1991)와 Holloway (1991c)를 참조하라.
131) 특히 Poulantzas는 '정치적인 것의 상대적 자율성'이라는 구조주의적 관념 속에서 맑스주의 정치학에 대한 기초를 제공하는 것에 상당한 노력을 쏟았다. 특히 Poulantzas (1973)을 참조하라.

되어 온, 맑스주의적 교과 과정들에 대한 수요에 부응하여 발전되었다. 맑스주의 사회학은 주로 계급의 문제와 계급 구조의 분석에 집중하는 반면, 맑스주의 정치학은 국가를 주요한 초점으로서 삼는다. 이 분과적 접근법들 중 어느 것도 맑스주의 경제학만큼 잘 발전되지는 못했다. 그러나 그것들은 맑스의 저작과 맑스주의 전통에 대한 기본적으로는 동일한 이해로부터 출발한다. 그것에 따르면, 『자본론』은 경제에 대한 연구이며, (맑스가 살아서 그것을 다하지 못했기 때문에) 그 연구는 이제 정치, 사회 등에 대한 유사한 연구들에 의해 보완될 필요가 있다.

맑스주의의 이러한 근대 분과적 조류들 모두가 공유하는 생각, 그리고 그것을 과학적 맑스주의의 기본적 개념과 결합하는 생각은 맑스주의가 사회**에 대한** 하나의 이론이라는 가정이다. 사회**에 대한** 이론 속에서, 이론가는 사회를 객관적으로 바라보고 그것의 기능 작용을 이해하려고 한다. '~**에 대한** 이론'이라는 관념은 이론가와 이론의 대상 사이의 거리를 암시한다. 사회**에 대한** 이론이라는 개념은 주체의 억압에 기초를 두고 있거나 아니면 (결국은 같은 것이지만) 아는 주체가 연구 대상 외부에 서있을 수 있고, 달 위의 유리한 지점에서 있는 그대로의 인간 사회를 바라볼 수 있다는 관념에 기초를 두고 있다(Gunn 1992). 객관성으로서의 과학이라는 이해방식에 제기될 수 있는 것은 이렇게, 아는 주체를 연구되고 있는 사회에 **외적인 것**으로 정립하는 것의 기초 위에서일 뿐이다.

일단 맑스주의가 사회에 대한 이론으로 이해되면, 그것은 사회에 대한 여타의 이론들과 나란히 정렬될 수 있고 사회를 이해하려고 하는 여타의 이론적 접근법들과 비교될 수도 있다. 이러한 비교를 통해서, 강조점은 맑스주의와 주류 사회과학 이론들 사이의 불연속성보다는 오히려 연속성에 두어지게 된다. 그 결과, 경제학자 맑스는 리카도에 대한 비판적 제자로 간주되며, 철학자 맑스는 헤겔과 포이에르바하의 비판적 제자로 간주된다. 맑스주의 사회학에서는 베버의 통찰들로 맑스주의를 풍부화하려는 논의가 있어왔다. 맑스주의 정치학에서는, 특히 자신들의 영감을 그람시로부터 끌어왔다고 주장하는 많은 저작들 속에서는, 국가론의 목적이 자본주의 사회의 재생산을 이해하는 것이라고 가정되었다.

맑스주의를 분과학문적 술어로 이해하거나 사회에 대한 이론으로 이해하는 것은 거의 언제나 주류 분과들에 의해 제기된 또는 여타의 사회 이론들에 의해 제기된 문제들을 받아들이는 것으로 귀착한다. 주류 사회과학에 의해 제기된 핵심적인 질문은, '사회의 기능방식을, 그리고 사회구조들이 재생산되는 방식을 우리가 어떻게 이해할 것인가?'라는 것이다. 맑스주의가 **사회에 대한** 이론으로 이해되는 한에서, 그것은 이러한 질문들에 대한 대안적 대답들을 제공하기 위해 노력한다. 레닌주의 전통의 조야한 정통교의들로부터 벗어날 길을 제공하기 위한 방법으로 그람시를 연구했던 저자들은 맑스주의를 자본주의 재생산에 대한 이론으로 발전시키기 위하여 노력하는 데에 특별히 적극적이었는데, 이들은 자본주의적 질서가 어떻게 유지되는가에 대한 설명으로서 '헤게모니'라는 범주에 강조점을 두었다.

그렇지만, 맑스주의의 범주들이 재생산이 아니라 자본주의의 파멸에, 긍정성이 아니라 부정성에 기초를 두고 있는 너무나도 상이한 문제로부터 유래하는 한에서, 자본주의 재생산의 이론을 발전시키기 위해 맑스 자신의 범주들을 사용하려는 시도는 항상 문제적이다. 사회과학의 문제들에 대답하기 위해 맑스주의의 범주들을 사용하는 것은, 필연적으로 이러한 범주들의 재해석(예를 들어, 가치의 경제학적 범주로서의 재해석 또는 계급의 사회학적 범주로서의 재해석)을 수반한다. 대안적 경제학 또는 대안적 사회학을 세우기 위해 맑스주의의 범주들을 사용하려는 시도는 항상 문제적이다. 그것이, 진정한 맑스주의의 '진정한 의미'로부터의 일탈을 포함하고 있기 때문이 아니라 그 범주들이 언제나 그러한 재해석을 견뎌내지 못했기 때문이다. 그래서, 그러한 재해석들은 상당한 논쟁을, 그리고 범주들 그 자체의 타당성에 대한 의심을 자주 불러 일으켰다. 예를 들어, 가치가 가격론을 위한 기초로서 재해석된다면, 그것의 적절성에 대한 의문들이 제기될 수 있고 (또 제기되었다). '노동계급'이 확인가능한 사람들의 집단을 묘사하는 사회학적 범주로 이해되면, 오늘날의 사회 발전의 역학을 이해함에 있어서 '계급투쟁'이 갖는 중요성에 의문들이 제기될 수 있다. 사회과학 내부로 맑스주의를 통합하는 것은 그것을 안전한 곳으로 데려가기는커녕, 실제로는 맑스주의자들이 사용하는 범주들의 기초를 훼손한다.132)

맑스주의를 사회에 대한 이론으로 이해하는 것은 기능주의적 이론이라고 서술될 수 있는 사회 이론의 특수한 유형을 낳았다. 맑스주의가 사회발전의 규칙성을 그리고 사회적 총체성의 일부인 현상들 사이의 상호연관성을 강조하는 한에 있어서, 그것은 자본주의를 비교적 부드럽게 자기재생산하는 사회로 보는 관점으로 너무 쉽게 넘어가 버린다. 그러한 관점 속에서 자본주의의 재생산에 필요한 것은 그것이 무엇이든지 자동적으로 발생한다. 맑스주의는, 이상하게 왜곡되어, 자본주의 사회에 대한 파괴의 이론으로부터 그것의 재생산에 관한 이론으로 전화한다.133) 자본주의의 운동법칙들로부터 계급투쟁의 분리는 혁명과 자본주의 사회의 재생산 사이의 분리에 이르게 된다. 이것이 반드시 혁명에 대한 생각을 포기하게 된다는 것을 의미하지는 않는다. 혁명이 (현실주의의 이름으로) 실제로 포기될 수도 있

---

132) 반복하건대, 분과 학문적 관점 내에서 맑스주의 범주들을 옹호하는 것에서 시작하는 논의들은, 분과 학문적 관점 그 자체의 회의에 이르게 된다. 예를 들어, 가치라는 맑스주의 개념의 옹호는 경제학 연구와 경제학에 대한 맑스주의적 비판 사이의 차이, 그리고 리카도와 맑스 사이의 연속성의 부재에 관해 주장하기에 이른다.
133) 이것의 중요하고 영향력 있는 사례는 조절이론인데, 그것은 자본주의를 일련의 '조절 양식들'로 이해하려고 한다. 이에 대한 비판으로는 Bonefeld and Holloway (1991)을 참조하라.

겠지만, 때때로 그것은 (계급투쟁이 수많은 맑스주의적 분석들 속에서 당연한 것으로 받아들여지는 방식에서 보이듯) 당연한 것으로 간주되거나 또는 미래의 문제로 넘겨져 버린다. 그 결과 미래에는 혁명이 있을 것이지만 그때가 오기까지는 자본주의 재생산의 법칙들이 작동한다. 미래에는 근본적인 단절이 있을 것이지만, 그때가 오기까지는 우리는 자본주의를 자기재생산하는 사회로 취급할 수 있다. 미래에는 노동계급이 사회발전의 주체일 것이지만, 그때가 오기까지는 자본이 지배한다. 미래에는 사물들이 달라질 것이지만, 그때가 오기까지는 우리는 맑스주의를 하나의 기능주의적 이론으로 취급할 수 있다. 이 이론 속에서는, 맑스주의적 토론들에서 빈번하게 되풀이되는 '자본의 요구들'이라는 구절이, 무엇이 실제로 일어나는지에 대한 또는 무엇이 일어나지 않는지에 대한 적절한 설명으로 간주될 수 있다. 계급지배로서 재생산에 대한 분석과 결합된 재생산에 관한 강조는, 자본이 명령하고 자본의 의지들(또는 요구들)이 지배하는 사회라는 견해에 이른다. 그러한 생각이 어쨌건 유지되면, 파열은 외적인 어떤 것으로, 외부로부터 도입되는 어떤 것으로 간주될 수 있을 뿐이다.

    기능주의는, 혹은 사회가 그것의 재생산의 맥락에서 이해되어야 한다는 가정은 필연적으로 사유에 울타리를 친다. 그것은 사회가 사유될 수 있는 지평선들 위에 경계들을 지운다. 맑스주의적 기능주의에서, 다른 유형의 사회의 가능성이 배제되는 것은 아니지만, 그것은 별개의 영역으로, 즉 미래로 추방된다. 자본주의는 '~까지는'(until), 즉 혁명적 변혁의 위대한 순간이 올 때까지는 닫힌 체제이다. 결과적으로, 사회적 활동성은 이렇게 울타리 쳐진 한계 내부에 있는 것으로 해석된다. 혁명을 별도의 영역으로 추방하는 것은 사회적 실존의 모든 측면들을 이해하는 방식을 규정한다. 범주들은, 그들 고유의 모순들의 폭발력으로 터질 듯한 범주들로서보다는, 즉 담을 수 없는 것을 담고 있는 범주들로서보다는, 폐쇄된 범주들로 이해된다.

존재할 수 있는 것(가정법적인 것, 부정되는 것)은 존재하는 것(직설법적인 것, 부정을 행하는 긍정적인 것)에 적어도 '~까지는' 종속된다.

우리가 그 문제를 비틀고 뒤집을 수 있을지는 모르지만, 객관적 역사과정에 대한 객관적 이해라는 관념에 기초를 둔 과학적 맑스주의의 관념은 극복할 수 없는 이론적이고 정치적인 반론들에 직면한다. 이론적으로 볼 때, 이론가의 주체성에 대한 배제는 불가능하다. 이론가는, 그가 맑스이건 엥겔스건 레닌이건 마오이건 간에, 사회를 외부에서 바라볼 수는 없으며 달 위에 서 있을 수는 없다. 더욱더 심각한 것은, 주체성의 이론적 종속화가, 역사의 객관적 과정에 대한 그리고 저 과정에 대한 특권적 이해(理解)를 갖고 있다고 주장하는 사람들에 대한, 주체의 정치적 종속을 가져온다는 것이다.

5

'과학적 맑스주의' 전통은 물신주의의 문제에 맹목적이다. 만약 물신주의가 출발점으로 채택된다면, 과학이라는 개념은 부정적, 비판적 그리고 자기비판적일 수 있을 뿐이다. 만약 사회 관계들이 사물들 간의 관계들의 형태로 존재한다면, '나는 실재에 대한 지식을 갖고 있다'고 말하는 것은 불가능하다. 왜냐하면, 우리가 실재를 이해하기 위하여 사용하는 범주들은, 그 역시 실재의 일부일 뿐인, 역사적으로 특정한 범주들이기 때문이다. 우리는 오직 비판함으로써만, 즉 실재를 비판할 뿐만 아니라 우리가 저 실재를 이해하기 위하여 사용하는 범주들까지 비판함으로써만 앞으로 나아갈 수 있다. 비판은 필연적으로 자기비판을 의미한다.

과학적 맑스주의 전통 속에서, 비판은 중심적 역할을 수행하지 못한다.

자본주의의 병폐들에 대한 탄핵이라는 의미에서의 비판이 있는 것은 분명하다. 하지만 동일성에 대한 발생적 비판이라는 의미에서의 비판은 존재하지 않는다. 물신주의에 맹목적이 되는 것은 물신화된 범주들을 액면 그대로 받아들이고, 물신화된 범주들을 우리들 자신의 생각 속으로 아무런 문제제기 없이 받아들이는 것이다. 정통 맑스주의 전통 속에서 이 범주가 가장 재앙적이었던 곳은, 국가가 사회적 권력의 중심점으로 간주될 수 있다는 가정에서였다. 물신주의의 문제에 맹목적인 맑스주의는 필연적으로 물신화된 맑스주의이다.134)

정통 맑스주의의 핵심은 확실성을 우리의 편으로 끌고 오려는 시도에 있다. 이러한 시도는 근본적으로 잘못 생각된 것이다. 확실성은 오직 다른 편에, 즉 지배의 편에 있을 뿐이다. 우리의 투쟁은 내재적이고, 그리고 매우 불확실하다. 왜냐하면 확실성은 사회 관계들의 사물화라는 기초 위에서만 생각될 수 있기 때문이다. 사회 관계가 사물들 간의 관계라는 형태를 취하는 한에서만 사회의 '운동법칙들'에 대해 말하는 것이 가능하다.135) 비물신화되고 자기결정하는 사회 관계들은 법칙구속적이지 않을 것이다. 자본주의 사회를 법칙에 의해 결박되어 있는 것으로 이해하는 것은, 사람들 사이의 관계가 실제로 물화된 한에서, 그러나 오직 그런 한에서만 타당하다. 만약 우리가, 자본주의는 그것의 운동법칙들에 대한 분석을 통해서만 완전하게 이해될 수 있다고 주장한다면, 이때 우리는 사회 관계들이 완전하게 물신화되었다고 말하는 것이기도 하다. 그러나, 사회 관계들이 완전하게 물신

---

134) 최근의 맑스주의 논쟁들과 관련하여 맑스주의의 물신화에 대한 유익한 논의로는 Martínez (2000)을 참조하라.
135) 그러므로, 엥겔스가 그랬듯이, 자유를 필연성에 대한 통찰력으로, 즉 사회의 운동 법칙들에 대한 지식으로 환원하는 것은 인간들을 대상들로 다루는 것이다. 아도르노의 지적대로, 이것은 '매우 커다란 정치적 결과들'을 가져왔다. Adorno (1990) p. 249를 참조하라.

화되었다면, 우리가 어떻게 혁명을 생각할 수 있겠는가? 혁명적 변혁은 아마도 확실성의 경로를 따라 사고될 수는 없는 것이다. 왜냐하면 확실성은 혁명적 변혁의 바로 그 부정이기 때문이다. 우리들의 투쟁은 사물화에 대항하는 투쟁이며, 따라서 확실성에 대항하는 투쟁이다.

정통 맑스주의의 커다란 매력은 그것의 단순성에 있다. 그것은 혁명적 딜레마에 대한 대답을 제공했다. 잘못된 대답이긴 하지만, 적어도 그것은 하나의 대답이었다. 그것은 혁명운동을 위대한 승리로, 종국에 이르러서는 결코 승리가 아니었고 끔찍한 패배였을 뿐인 그러한 승리로 이끌었다. 그렇지만, 우리가 우리에게 위안을 주는 정통교의들의 확실성을 포기한다면, 우리에게 남는 것은 무엇이겠는가? 그렇게 되면, 우리의 절규가 정의의 관념이라는 어린아이 같이 순진하고 자기기만적인 호소로 환원되지는 않을 것인가? 룩셈부르크가 조소를 섞어 경고한 것처럼, '역사의 돈키호테들이 지구의 위대한 개혁을 위해 올라타고 돌진했으나, 늘 눈이 먼 채 귀향할 수밖에 없었던 저 가엾은 로시난테에게로' 돌아가지는 않을 것인가? 아니다. 그렇지 않다. 오히려 우리는 대답이 아니라 질문인 혁명의 개념으로 돌아간다.

제8장
비판적-혁명적 주체

1

비판하는 우리, 그 우리는 누구인가?

그 논의의 과정에서, 우리는 이 책의 저자 및 독자들의 이종 혼합체인 우리에 대한 앞서의 서술로부터 비판적 주체인 '우리'에 대한 이야기로 이동한다. 하지만, 그러면 그 비판적 주체인 우리는 누구인가?

우리는 신이 아니다. 우리는 역사적 과정에 대한 심판관의 자리에 앉아 있는 초월적, 초역사적 주체(Subject)가 아니다. 우리는 전능하지 않다. 우리의 주체성은 우리가 사는 사회라는 늪의 일부이며 우리는 거미줄에 붙잡힌 파리들이다.

그렇다면, 우리는 누구이며, 또 우리는 어떻게 비판할 수 있는가? 가장 분명한 답은, 우리의 비판 그리고 우리의 절규가 자본주의 사회에 대한 우리의 부정적 경험으로부터, 즉 우리가 억압당한다는 사실로부터, 우리가 착취당한다는 사실로부터 생겨난다는 것이다. 우리의 절규는 행위와 행위결과의, 주체와 객체의 일상적으로 반복되는 분리의 경험으로부터 나온다. 그 분리는 착취의 과정 속에서 가장 강렬하게 경험되지만, 삶의 모든 측면에 스며 있는 분리이다.

2

 우리는 노동계급이다. 우리는 창조하는 사람들이며 동시에 우리의 창조 행위(창조된 대상과 창조의 과정)가 약탈당하도록 하는 사람들이다. 그렇지 않다면 우리는 누구인가?[136]

 노동계급에 관한 대부분의 토론들은 노동계급이 물신화된 형태들로 미리 구성된다는 가정에 기초를 두고 있다. 자본과 노동의 관계(혹은 자본가 계급과 노동계급의 관계)는 종속의 관계로 받아들여진다. 이러한 기초 위에서 계급투쟁을 이해하는 것은, 첫째로는 노동계급을 정의하는 일을, 둘째로는 그들이 투쟁하는가 하지 않는가를, 그리고 그들이 어떻게 투쟁하는가를 연구하는 일을 포함한다.

 이러한 접근법 속에서 노동계급은, 그것이 어떻게 정의되든 간에, 자본에 대한 그것의 종속에 기초하여 정의된다. 그것이 노동계급으로 정의되는 이유는, 그것이 (임금 노동자들로서, 또는 잉여가치의 생산자들로서) 자본에게 종속되어 있기 때문이다. 실제로, 정의의 문제가 제기될 수 있는 것은, 노동계급이 이미 종속되어 있다고 가정되기 때문일 뿐이다. 정의는 단지, 닫혀져 있는 것으로 가정되는 세계에 자물쇠를 채울 뿐이다. 노동계급은 **정의됨**으로써 민중의 특수 집단과 **동일시된다**. 사회주의자들에게서 '노동계급'은 긍정적 개념으로 취급되고, 노동계급 동일성은 높이 평가되어야 할 그 무엇으로 취급된다. 그리하여 그 동일성의 강화는 자본에 대항하는 계급투쟁의 일부가 된다. 물론 노동계급의 정의나 자본가 계급의 정의에 부합되지 않는 사람들은 어떻게 할 것인가 하는 문제가 존재한다. 그러나 이것은,

---

[136] 이 장에서 서술된 논의는 Gunn (1987c)와 Bonefeld (2001)에서 발전된 논의와 밀접하게 연관되어 있다.

이 나머지 사람들을 어떻게 정의할 것인가, 새로운 쁘띠 부르주아지, 봉급 생활자, 중간계급으로 정의할 것인가, 아니면 또 다르게 정의할 것인가에 관한 정의를 위한 보충 논의에 의해 다루어진다. 이러한 정의 혹은 분류의 과정은 계급 운동 및 비계급 운동들에 대한, 계급투쟁과 '다른 형태'의 투쟁에 대한, 노동계급과 여타 집단들의 '연합'에 대한, 그리고 기타 등등에 대한 무한한 토론들의 기초이다.

모든 종류의 문제들은 계급에 대한 이러한 정의적 접근법으로부터 생겨난다. 첫째로, '귀속'의 문제가 있다. 대학들에서 연구를 하는 우리는 노동계급에 '속'하는가? 맑스와 레닌은 노동계급에 속했는가? 치아빠스의 반란자들은 노동계급의 일부인가? 페미니스트들은 노동계급의 일부인가? 동성애 운동에서 활발하게 활동하는 사람들은 노동계급의 일부인가? 경찰은 어떠한가? 각각의 경우에는, 이 사람들이 속하거나 속하지 않는 미리 정의된 노동계급 개념이 존재한다.

계급을 정의하는 것의 두 번째 귀결은, 잇따르는 투쟁들에 대한 정의이다. 관련된 사람들에 대한 분류로부터, 그들이 포함된 투쟁들에 관해 특정한 결론들이 도출된다. 사빠띠스따 반란자들을 노동계급의 일부가 아닌 것으로 정의하는 사람들은 그 결론들로부터 봉기의 성격과 한계에 대해 추론한다. 참가자들의 계급 위치에 대한 정의로부터 그들의 투쟁들에 대한 정의가 도출된다. 계급에 대한 정의는, 그것을 정의하는 사람이 타당한 것으로 이해하거나 타당한 것으로 받아들이는 적대를 정의한다. 이러한 것은 사회적 적대를 인식하지 못하게 만든다. 예를 들어 어떤 경우에, '노동계급은 공장에서 직접적으로 착취를 당하는 도시 프롤레타리아트이다'라는 정의는, 이 정의에 부합하는 인구의 비율이 점차 줄어들고 있다는 증거와 결합되면서, 계급투쟁이 더 이상 사회의 변화를 이해하는 데 적절치 않다는 결론으로 사람들을 이끌어 왔다. 다른 경우에, 노동계급에 대한, 그리고, 따라서,

노동계급 투쟁에 대한 특정한 방식의 정의는 투쟁의 새로운 형태들(학생운동, 페미니즘, 생태주의 기타 등등)의 발전에 대처할 수 없는 무능력을 가져왔다.

노동계급에 대한 정의는 노동계급을 '그들'로 구성한다. 우리가 '우리는 노동계급의 일부이다'라고 말할지라도, 우리는 우리 자신으로부터 뒷걸음질침으로써, 그리고 우리가 '속하는' 집단(학생들, 대학 강사들, 기타 등등)을 분류함으로써 그렇게 말하는 것이다. 우리의 출발점인 '절규한다'는 '그들은 투쟁한다'로 바뀐다.

계급에 대한 정의적 접근법의 틀은, 자본주의가 '존재하고 있는 하나의 세계'라는 생각이다. 좌파적 관점에서 보면, 자본주의는 존재하지 말아야 하고 그것이 늘 존재하지는 않겠지만 당분간은 그것이 존재한다는 것은 분명하다. 이러한 관점은 분명히 두 계급 간에 존재하는 갈등들(임금, 노동조건, 노동조합 권리 등을 둘러싼 갈등들)을 설명하는 수단을 제공한다. 하지만 만약 그 틀이 동일성주의적 세계의 틀이라면, 즉 현존하는 세계의 틀이라면, 거기에서 이러한 세계를 넘어설 관점이 나올 가능성은 전혀 없다. 혁명 이념은 폐기되어야만 하거나 초월적인 혁명적 요소가 기계신(機械神)의 형태로, 흔히 당의 형태로 도입되어야 한다. 우리는 다시 노동조합 의식과 혁명적 의식 사이를 가르는 레닌의 구별에로 되돌아간다. 우리가 보기에 차이가 있다면, 레닌에게서 노동조합 의식의 노동계급에의 귀속이 존재하고-있는/존재하지-않는 세계로부터 나왔음에 반해 이제는 그것이 동일성주의적인 이론적 관점에서 나온다는 것이다. 이 경우에 보여지는 내용은, 우리가 보려고 하는 대상보다는 그것을 보기 위하여 사용한 안경에 의해서 조형된다.

3

 다른 한편, 우리가 사회적 관계들의 물신적 성격이라는 가정에서 출발하지 않고, 오히려 우리가 물신화는 하나의 과정이며 존재는 구성으로부터 분리될 수 없는 것이라고 가정한다면, 이것이 계급에 대한 우리의 관점을 어떻게 변화시키는가?
 국가, 화폐, 자본과 마찬가지로 계급은 과정으로서 이해되어야 한다. 자본주의는 끊임없이 갱신되는 계급 산출의 과정, 즉 끊임없이 새롭게 이루어지는 인간의 계급화(class-ification)이다. 맑스는 『자본론』의 축적론에서 이점을 매우 분명히 밝힌다. '그러므로 자본주의적 생산은, 지속적으로 연결된 과정의 국면들, 그리고 재생산 과정의 각 국면들에서 상품들과 잉여가치를 생산할 뿐만 아니라 자본주의적 관계(한편에서는 자본가를, 다른 한편에서는 임금 노동자를)를 생산하고 또 재생산한다.' (1965, p. 578) 바꾸어 말하면, 계급들의 존재와 그들의 구성은 분리될 수 없다. 계급들이 존재한다고 말하는 것은 그들이 구성되는 과정 중에 있다고 말하는 것이다.
 계급의 구성은 주체와 객체의 분리로서 간주될 수 있다. 자본주의는 주체로부터 객체의 나날이 반복되는 폭력적 분리이고, 주체-창조자-생산자로부터 객체-창조물-생산물의 나날의 탈취이고, 행위자로부터 그녀의 행위물뿐만 아니라 그녀의 행위 활동, 그녀의 창조성, 그녀의 주체성, 그녀의 인간성의 나날의 강탈이다. 이러한 분리의 폭력은 단지 자본주의 최초 시기의 특징에 그치는 것이 아니다. 그것은 자본주의의 핵심이다. 바꾸어 말하면, '시초 축적'은 단지 지나간 시기의 특징만이 아니다. 그것은 자본주의의 존재에 중심적이다.[137]

---

137) 이처럼 맑스가 시초축적이라고 부른 것은 하나의 역사적 국면이 아니라 자본주의의 영속적

주체와 객체의 분리, 또는 인류의 계급화를 수행하는 폭력은, '재생산'이라는 말이 부드럽게 반복되는 과정 즉 순조롭게 진행되는 그 무엇의 이미지를, 원만하게 진행되는 그 무엇을 떠오르게 하는 한에서 우리를 오도하는 말임을 시사한다. 그런데 실제로 자본주의의 폭력은, 자본주의적 사회 관계들의 생산을 반복하는 것이 언제나 심각한 문제가 되고 있음을 시사한다.

따라서 계급투쟁은 계급화하는 투쟁이고, 동시에 계급화에 저항하는 투쟁이다. 왜냐하면 그것은 바로 구성되는 계급들 간의 투쟁이기 때문이다.

계급투쟁에 대한 보다 정통적인 논의들은 계급들이 이미 구성되어 있다고, 노동계급이 실질적으로 종속되어 있다고 가정하는 경향이 있으며 거기서부터 계급투쟁의 분석을 시작하는 경향이 있다. 하지만 갈등은 종속이 확립된 후에, 사회적 관계들의 물신화된 형태들이 구성된 후에 시작하지 않는다. 오히려 그것은 사회적 실천의 종속을 둘러싼, 사회적 관계들의 물신화를 둘러싼 갈등이다. 계급투쟁은 자본주의적 사회 관계들의 구성된 형태들 내부에서 발생하지 않는다. 오히려 그 형태들의 구성 자체가 계급투쟁이다. 모든 사회적 실천은, 자본주의의 물신화되고 왜곡된 정의에 실천이 종속되는 과정과 그러한 형태들에 대항하며-그것을-넘어서 살려는 시도 사이의 끊임없는 적대이다. 그러므로 투쟁의 비-계급적 형태들의 존재에 대해서는 의문이 있을 수 없다. 그러므로 계급투쟁은 소외와 비소외, 정의와 반정의, 물신화와 탈물신화 사이의 끊임없는 일상적 적대(그것이 인식되건 아니건 간에)이다.

우리는 노동계급으로서 투쟁하지 않는다. 우리는 노동계급인 것에 맞서 투쟁하며 계급화되는 것에 맞서 투쟁한다. 우리의 투쟁은 노동의 투쟁이 아

이고 중심적인 특징이다. 이것에 관해서는 Bonefeld (1988)을 참조하라.

니다. 그것은 노동에 대항하는 투쟁이다.[138] 우리의 투쟁에 통일성을 주는 것은 계급화 과정의 통일성(자본축적의 통일성)이지 공통 계급의 구성원들로서의 통일성이 아니다. 그러므로 예를 들어, 사빠띠스따 투쟁에 계급투쟁으로서의 중요성을 부여하는 것은 자본주의적 계급화에 대항하는 그 투쟁의 의미이지 라깡도나 정글의 원주민들이 노동계급의 구성원인가 아닌가의 문제가 아니다. 우리가 노동계급의 구성원이라거나 우리가 명령받고 지배되며 우리의 생산물, 우리의 생산과정으로부터 분리된다는 점에 좋은 것이라곤 아무 것도 없다. 투쟁은 우리가 노동계급이라는 사실로부터 발생하지 않는다. 오히려 그것은 우리가 노동계급이자 동시에 노동계급이 아니라는 사실로부터 발생한다. 그것은 우리가 노동계급임에 저항하고 그것을 넘어서 존재한다는 사실로부터, 그들이 우리에게 명령을 내리고 또 우리를 지배하기 위하여 애쓰지만 우리가 명령당하거나 지배당하기를 원치 않는다는 사실로부터, 우리를 우리의 생산물로부터, 우리의 생산행위로부터, 우리의 인간성과 우리 자신으로부터 분리시키려 하지만 우리가 저 모든 것들로부터 분리되기를 원치 않는다는 사실로부터 발생한다. 이런 의미에서 노동계급 동일성은 소중히 여겨질 '좋은' 어떤 것이 아닌, '나쁜' 어떤 것, 그에 맞서 싸워야할 어떤 것, 대항하여 싸워질 어떤 것, 끊임없이 문제가 되는 어떤 것이다. 아니 오히려 노동계급 동일성은 비-동일성으로 간주되어야 한다. 노동계급이 아니기 위한 투쟁의 공동체로 간주되어야 한다.

우리는 (대학교수들이건 자동차 노동자들이건 간에) 노동계급이자 노동

---

138) '코뮨주의 혁명은 기존의 활동 **양식**에 대립한다. 그것은 **노동**을 폐지하고, 모든 계급들의 지배를 폐지함과 동시에 계급 자체를 폐지한다. 왜냐하면 그 혁명은, 사회 안에서 더 이상 계급으로 간주되지 않으며 계급으로 인식되지 않고 또 그 자체로 현존하는 사회 내부의 모든 계급들, 모든 민족성들, 기타 등등의 용해의 표현인 계급을 통해 수행되기 때문이다.' (Marx and Engels 1976, p. 52)

계급이 아니다. 계급이 계급화로서 이해되어져야 한다고 말하는 것은 계급투쟁(우리를 계급화하는 투쟁과 계급화되고 있는 것에 대항하는 우리의 투쟁)이 우리를 개별적으로, 집합적으로 꿰뚫고 흐르는 어떤 것임을 의미한다. 만약 우리가 완전히 계급화되었다면, 우리는 아무런 모순 없이 '우리는 노동계급이다'라고 말할 수 있을 것이다. (하지만 그러면 계급투쟁은 불가능할 것이다.)

우리는 이 두 측면 모두에서 계급투쟁에 참여한다. 우리가 자본을 생산하는 한에서, 우리가 화폐를 존중하는 한에서, 우리가 우리의 실천을 통하여, 우리의 이론을 통하여, 우리의 언어(노동계급을 정의하는 우리의 언어)를 통하여 주체와 객체의 분리에 참여하는 한에서 우리는 우리 자신을 계급화한다. 이와 동시에 우리가 인간인 한에 있어서 우리는 우리의 계급화에 저항하여 투쟁한다. 우리는 자본 안에서-그것에-맞서-그것을-넘어서, 그리고 우리 자신 안에서-그것에-맞서-그것을-넘어서 존재한다. 인간성은 정신분열적이고, 화산처럼 격렬하다. 모든 사람은 계급적대에 의해 분열된다.

이것은 계급구별들이 인간성의 정신분열적 성격에 관한 일반적 서술로 환원될 수 있음을 의미하는가? 아니다. 왜냐하면 계급적대가 우리를 횡단하는 방식에 명확한 차이점이 있고 또 우리가 적대를 억누르는 것이 가능한 정도에도 차이점이 분명히 있기 때문이다. 계급화(축적)의 과정으로부터 물질적 혜택을 받는 사람들에게 있어서, 계급화에 대항하려는 어떤 것을 혹은 계급화를 넘어서려는 어떤 것을 억누르는 것은, 다시 말해 물신주의의 경계 내부에서 사는 것은 비교적 쉽다. 저항성의 요소가 훨씬 잘 나타날 수 있는 사람들은 축적에 의해 그들의 삶이 뒤집혀진 사람들(치아빠스의 원주민들, 대학 강사들, 석탄 광부들, 사실상 거의 모든 사람들)이다. 무의미한 직업들에서의 무한한 반복이 가져오는 불구화를 통해서든, 생존을 위한 투쟁 외에는 다른 어떤 것도 할 수 없는 빈곤을 통해서든, 가장 잔인하게 탈주체화된 그 사람들이야말로 저항성의 긴장이 가장 밀도 높게 결집될 사람들이다. 그러나 아무도 순수하게 저항하면서 존재하거나 저항하고-넘어서며 존재하지는 않는다는 것은 여전히 사실이다. 우리 모두는 주체와 객체의 분리에, 인간의 계급화에 참여한다.139)

우리가 노동계급이자 동시에 노동계급이 아닌 한에서만, 노동계급의 자기 해방으로서의 혁명이 사고될 수 있다. 노동계급은, 그것이 노동계급인 한에서는 자신을 해방시킬 수 없다. 해방의 문제가 제기될 수 있는 것은, 우리가 노동계급이 **아닌** 한에서일 뿐이다. 그러나 해방의 욕구가 발생하는 것은 우리가 노동계급(자신의 객체들로부터 분리된 주체들)**인** 한에서일 뿐이다. 우리는 이미 확립되어 있는 모순적인 결과로 되돌아온다. 우리, 비판적 주체는 노동계급이자 동시에 노동계급이 아니다.

우리가 도달한 결론은, 동일성주의적 사고로 바라보면, 즉 '임'과 '아님'을 상호 배타적인 것으로 생각하면 터무니없는 생각이다. 그러나 '임'과 '아님'의 모순은 논리적 모순이 아니라 실제적 모순이다. 그것은 우리가 실제로 물화되며 동시에 물화되지 않는다는 사실을 가리킨다. 우리는 실제로 동일화되며 동시에 동일화되지 않는다. 우리는 실제로 계급화되며 동시에 계급화되지 않는다. 우리는 실제로 탈주체화되며 동시에 탈주체화되지 않는다. 요컨대, 우리는 실제로 임과 동시에 아니기도 하다. 우리가 우리의 절규를, 우리의 비판을 이해할 수 있는 것은 우리의 주체성을 분할된 주체성으로, 우리의 자아를 분할된 자아로 이해하기 때문이다.

---

139) 계급 구성, 탈구성 그리고 재구성 등의 개념은, 그러므로, 서로 다른 집단들의 변화하는 입장으로서가 아니라 우리 모두를 횡단하는 적대(물신화와 반물신화 사이의 그리고 계급화와 반계급화 사이의 적대)의 변화하는 배열로서 이해되어야만 한다. 이것은 9장에서 좀더 자세히 논의될 것이다.

우리가 지금까지 본 바처럼, 물신주의 개념은 순수한 주체에 대한 신념과 양립할 수 없다. 지배력은 우리를 우리 자신에게 대립시키면서 우리 속으로 들어온다. 노동계급은 자본의 외부에 있지 않다. 오히려, 그것(우리)을 노동계급으로 정의하는 것이 바로 자본이다. 노동은 자본에 대립해 있다. 하지만 그것은 내적 대립이다. 혁명이라는 문제가 제기될 수 있는 것은 노동이 노동 이상의 그 무엇인 한에서 노동자가 노동력의 판매자 이상의 그 무엇인 한에서일 뿐이다. 물신주의 개념이 불가피하게 함축하는 것은 우리가 분열되어 있다는 것, 즉 우리가 우리 자신에게 대립하여 분열되어 있다는 것이다. 노동/반노동과 계급/반계급은 자기분할적이다. 그것은 억압낭하고 있다. 하지만 그것은 저 억압 속에 존재하고 있을 뿐만 아니라 저 억압에 대항하며-그것을-넘어서 존재하고 있으며, 저 억압에 대항하며-그것을-넘어서 존재하면서도 또 저 억압 속에 존재한다. 물신주의와 반물신주의의 투쟁은 우리 모두의 내부에 집합적으로 그리고 개별적으로 존재한다. 그러므로 물신화된 대중들을 이끄는 비물신화된 전위라는 문제는 있을 수 없다. 적대적 사회 안에서 산다는 사실로 인하여 우리 모두는 물신화되어 있으며 동시에 저 물신주의에 대항하는 투쟁 속에 있다.

우리는 자기분할적이고 자기소외적이고 정신분열적이다. 절규하는-우리는 또한 묵종(默從)하는-우리이기도 하다. 혁명의 개념은, 진정한 계급의식을 가진 영웅을 바라보고 있기보다, 우리 모두를 분열시키는 혼란들과 모순들로부터 시작해야만 한다.

이것은 맑스의 접근법과 완전히 일치한다. 자본주의에 대한 그의 이해는 인간의 두 집단들 간의 적대가 아니라 인간의 사회적 실천이 조직되는 방식의 적대에 기초를 둔다.[140] 자본주의 사회 안에서 존재는 갈등적인 존재, 적대적인 존재이다. 이러한 적대가 갈등들의 거대한 다양성으로 나타난다 할지라도, 우리는 이러한 적대와 그것의 발전을 이해하는 열쇠는, 현존하는 사회가 인류의 고유한 특징인 행위가 조직되는 방식에서의 적대 위에 구축된다는 사실을 이해하는 것이라고 주장했다(그리고 맑스도 그렇게 주장했다). 자본주의 사회에서 행위는 자기자신에게 대립하게 되며 자기 자신으로부터 소외된다. 우리는 우리의 창조적 활동성에 대한 통제력을 상실한다. 인간적 창조성에 대한 이러한 부정은 인간적 활동성의 시장에의 종속을 통해 발생한다. 시장에의 이러한 종속은 다시, 창조적으로 일할 능력이 자본을 가지고 그것을 사려고 하는 사람들에게 시장에서 팔릴 상품들로 될 때에 완벽하게 발생한다. 인간의 창조성과 그것의 부정 사이의의 적대는, 이와 같이, 그들의 창조성을 팔아야 하는 사람들과 저 창조성을 전유하고 그것을 착취하는 (그리고 그렇게 하는 과정에서 저 창조성을 노동으로 변형시키는) 사람들 사이의 적대에 집중된다. 요컨대, 창조성과 그것의 부정 사이의 적대는 노동과 자본 사이의 갈등이라고 불려질 수 있다. 하지만 이 갈등은 (맑스가 밝힌 것처럼) 두 개의 외적 힘들 사이의 갈등이 아니라, 행위(인간의 창조성)와 소외된 행위 사이의 내적 갈등이다.

그러므로 사회적 적대는 인간의 두 집단들 간의 갈등은 아니다. 그것은 창조적인 사회적 실천과 그것의 부정 사이의, 또 다른 말로 하면, 인간성과 그것의 부정 사이의, 한계의 초월(창조)과 한계의 부과(정의) 사이의 갈등이다. 그 갈등은 종속이 확립된 후에, 사회적 관계들의 물신화된 형태들이 구성된 후에 시작하지 않는다. 오히려 그것은 사회적 실천의 종속을 둘러싼, 사회적 관계들의 물신화를 둘러싼 갈등이다. 모든 사회적 실천은, 실천을 자본주의의 물신화되고 왜곡된 정의에 종속시키는 것과 그러한 형태들에 대항하며-그것을-넘어서 살려는 시도 사이의 끊임없는 적대이다.

---

140) 맑스가 정의 가능한 인간집단으로서의 계급 개념을 거부했다는 것은 계급에 관한 미완성의 장인 『자본론』 제3권 52장에서, 그리고 실제로는 『자본론』 전체에서 매우 분명히 나타난다.

계급투쟁은 인간 실존 전체에 퍼져있는 갈등이다. 우리 모두는, 갈등이 우리 모두의 내부에 존재하는 것처럼 그 갈등의 내부에 존재한다. 그것은 우리가 회피할 수 없는 분극적(分極的) 적대이다. 우리는 하나의 계급 혹은 다른 계급에 '속하지' 않는다. 오히려 계급 적대는 우리 안에서 우리를 분열시키며 존재한다. 적대(계급 분할)는 우리 모두를 횡단한다. 그럼에도 불구하고, 그것은 분명히 매우 다른 방식으로 우리 모두를 횡단한다. 어떤 사람들, 극소수의 사람들은 타인 노동의 전유와 착취에 직접적으로 참여하고 혹은 그것으로부터 직접적으로 이익을 얻는다. 다른 사람들, 우리들 대다수의 사람들은 직접적으로 혹은 간접적으로 전유와 착취의 대상들이다. 이처럼 적대의 분극적 본질은 두 계급의 분극화(分極化) 속에 반영된다.[141] 하지만 적대는 계급들에 뒤따르는 것이 아니라 그것들에 우선한다. 계급들은 적대를 통하여 구성된다.

4

공장의 노동자들, 즉 산업 프롤레타리아는 어떠한가? 그들은 계급투쟁의 개념에 중심적이지 않은가? 노동은 자본주의 사회의 적대를 총체적으로 이해함에 있어서 중심적이지 않은가? 행위와 행위결과를 분리시키는 중심적 장소는 생산이다. 상품 생산은 주체와 객체의 분리를 생산하는 것이다. 자본주의적 생산은 노동자들에 의한 잉여가치의 생산이다. 그 잉여가치는 노

---

[141] 이처럼, 맑스에게 있어서 자본가들은 (그가 『자본론』에서 반복해서 지적하듯이) 자본의 인격화이다. 프롤레타리아트도 그의 저작에서는 정의 가능한 집단으로 나타나지 않고 오히려 적대적 관계의 극으로 나타난다: '인간의 **완전한** 상실인 … 계급, 그래서 인간의 완전한 **재획득**을 통해서만 승리할 수 있는 계급'. Marx and Engels (1975) p. 186.

동자들에 의해 생산됨에도 불구하고 자본가들에 의해 전유된다. 잉여를 잉여가치로 생산함으로써, 노동자들은 생산된 객체들로부터 그들 자신의 분리를 생산하고 있다. 달리 말해 그들은 계급을 생산하며, 임금 노동으로서의 그들 자신의 계급화를 생산하고 있다. '면화공장의 직공은 오직 면화 상품만을 생산하는가? 아니다. 그는 자본을 생산한다. 그는 그의 노동에 새로운 명령을 부과하는, 그러한 명령에 의해 새로운 가치들을 창출하는 가치들을 생산한다.' (Marx, 1965, p. 578)

그러므로 생산하는 과정에서 객체를 생산하는 노동자는, 동시에 그 대상물로부터 그녀 자신의 소외를 생산한다. 그리고 그것에 의하여 그녀 자신을 임금 노동자로, 탈주체화된 주체로 생산한다. 자본주의적 생산은 주체와 객체의 끊임없이 갱신되는 분리를 포함한다. 그것은 또한 주체와 객체의 끊임없이 갱신되는 결합을, 그러나 소외된 주체와 객체로서의 결합을 포함한다. 주체와 객체 사이의 관계는 경첩이 빠진 관계인데 여기에서 가치는 그 관계의 경첩 혹은 탈경첩이다. 가치의 범주는 두 가지의 길에 직면한다. 한편에서, 가치가 추상적 노동의 산물이라는 사실은 노동과 그것의 추상화에 대한 자본의 절대적 의존성을 나타낸다. 다른 한편으로 가치는, 노동으로부터 상품의 분리를 즉 상품이 생산자로부터 완전하게 독립된 자율적인 실존을 획득한다는 사실을 뜻한다. 따라서, 가치는 노동자의 힘을 그녀의 자립화된 생산물의 지배에 종속시키는 과정이다.

그러나 생산수단들로부터 노동자의 분리는 정확히 주체와 객체의 더욱 일반적인 분리의, 즉 사람들이 그들 자신의 활동을 스스로 결정할 가능성으로부터 더욱 일반적으로 멀어지는 것의 일부(비록 중심적 일부이지만)이다. 생산수단들로부터 노동자의 분리에 대한 생각은 우리의 지성을 창조적 활동성의 특수한 유형에로 향하게 한다. 하지만 사실상 생산과 행위 일반 사이의 바로 이러한 구별은 행위와 행위결과의 분리로부터 결과하는 행위의 파편화의 일부이다. 주체의 탈주체화가 단순히 생산 수단들로부터 노동자들의 분리로 나타난다는 사실은 사회적 관계들의 물신화의 표현이다. 생산 수단들로부터 노동자의 분리는 (고전적 의미에서) 주체의 탈주체화의 더욱 일반적인 과정 즉 노동의 더욱 일반적인 추상화의 일부이며, 그 분리는 이 추상화를 발생시킬 뿐만 아니라 그것에 의해 지탱된다. 그러므로 가치 생산, 잉여가치 생산(착취)이 계급투쟁 분석의 출발점일 수는 없다. 왜냐하면 착취는 창조성의 노동으로의 전환에, 특정한 활동들의 가치 생산으로의 정의에 논리적으로 우선하는 투쟁이기 때문이다.

착취는 노동의 착취인 동시에 행위의 노동으로의 변형이고, 주체의 탈주체화이고, 인간성의 탈인간화이다. 이것은, 창조성, 주체, 인간성 등이 자본주의적 형태들로 변형되기를 기다리면서 어떤 순수한 영역 속에 존재한다는 것을 의미하지는 않는다. 그 자본주의적 형태(노동)는 행위/창조성/주체성/인간성의 존재양식이다. 하지만 존재의 저 양식은 모순적이다. 행위가 노동으로 존재한다고 말하는 것은, 그것이 또한 반노동으로 존재한다는 것을 의미한다. 인간성이 종속으로 존재한다고 말하는 것은 그것이 또한 비종속으로 존재한다는 것을 의미한다. 계급의 생산은 비종속의 억압(-그리고-재생산)이다. 착취는 비종속적 창조성의 억압(-그리고-재생산)이다. 창조성의 억압은, 일반적으로 이해되는 것처럼 생산의 과정에서 발생할 뿐만 아니라, 자본주의 사회를 구성하는 행위와 행위결과의 총체적 분리 안에서 발생한다.

그리하여 노동은 계급을 생산한다. 그러나 노동은 이전의 계급화를 전제한다. 이와 마찬가지로 생산은 계급 구성의 영역이다. 그러나 생산의 영역의 실존, 즉 생산의 인간 행위 일반으로부터의 분리는 또한 이전의 계급화를 전제한다.

그러므로, 노동의 중심성에 관한 우리의 질문에 관한 답은 확실히 중심적인 것은 노동이 아니라 행위라는 것이다. 그 행위는 노동 속에서-그것에-저항하며-그것을-넘어서 존재한다. 노동으로부터 무비판적으로 시작하는 것은 처음부터 우리 자신을 물신화된 세계 속에 가두는 것이다. 그 결과, 대안적인 세계의 어떠한 투영도 순수한 환상으로, 즉 외부로부터 도입된 그 무엇으로 나타날 수밖에 없다. 노동으로부터 시작하는 것은 계급투쟁에 대한 우리의 개념을 축소시키는 것이고, 행위가 노동으로 구성되는 과정 속으로 들어가는 적대적 실천의 전 세계를 도외시하는 것이다.

그러나 우리들이, 여기에서 제안된 계급투쟁에 대한 광의의 개념을 채택한다 할지라도, 그 개념에는 잉여가치의 생산이 중심적이라는 어떤 생각이, 생산을 둘러싼 투쟁들이 해방을 위한 투쟁의 핵심이라는 어떤 생각이 들어 있지 않은가? 만약 잉여가치의 직접적 생산자들이 자본에 대항하는 공격에서 특별한 역할을 수행한다는 사실이 확인될 수 있다면, 그것은 그러한 위계를 확립하기 위한 하나의 사례일 수 있을 것이다. (대공장의 노동자들이나 운수 노동자들처럼) 자본에게 특별한 상처를 가할 수 있는 노동자들의 핵심 부문이 있다고 때때로 주장된다. 이러한 노동자들은 자본의 노동에 대한 의존성을 매우 직접적으로 부과할 수 있다. 하지만 그러한 노동자 집단들(예를 들면, 은행 노동자들)이 반드시 잉여가치의 직접적 생산자들인 것은 아니다. 사빠띠스따 봉기가 (예컨대 1994~1995년 사이에 있었던 멕시코의 페소화 평가절하와 세계의 금융 격변을 통하여) 자본에 미친 충격은, 자본 축적을 붕괴시키는 능력이, 투쟁 주체가 생산 과정 속에서 차지하는 직접적 위치에 반드시 의존하는 것은 아니라는 것을 분명히 보여준다.

5

 비판적-혁명적 주체를 정의하는 것은 가능하지 않다. 왜냐하면, 비판적-혁명적 주체는 정의 불가능하기 때문이다. 비판적 혁명적 주체는 정의된 '누구'가 아니라 정의되지 않는, 정의 불가능한, 반정의적인 '무엇'이다.

 정의는 종속을 의미한다. 주체를 정의하는 것이 가능한 것은 오직 가정된 종속의 기초 위에서일 뿐이다. 비판적-혁명적 주체에 대한 정의는 불가능하다. 왜냐하면, '비판적-혁명적'이라는 말은 주체가 종속되어 있지 않음을, 종속에 대항하는 반란 속에 있음을 의미하기 때문이다. 종속으로부터가 아니라 투쟁으로부터 시작하는 접근법은 반드시 반정의적이다. 비종속은 필연적으로 정의에 대항하는 운동이며 넘쳐흐름이다.142) 부정, 거부, 절규.

 절규를 한정된 집단의 사람들에게 제한할 이유는 없다. 그렇지만 절규는 '대항하는-절규'이다. 억압이 강하면 강할수록 절규도 그만큼 강해진다. 절규는 끊임없이 변화하고 있기 때문에, 그 절규를 정의하려는 모든 시도는 절규 그 자체의 변화하는 형상에 의해 곧바로 극복된다.

 우리의 출발점이자 항상적 귀환점은 우리의 절규이다. 이것이 비판적-혁명적 주체에 대한 질문을 시작해야만 하는 곳이다. 절규는 추상 속의 절규가 아니다. 그것은 대항하는 절규, 즉 억압에 대항하고 착취에 대항하고 비인간화에 대항하는 절규이다. 우리 모두가 자본주의에 의해 억압되는 한에서, 우리 모두의 안에 존재하는 것은 대항하는-절규이다. 하지만 대항하는-절규의 강도와 힘은 대항하여 절규되는 것의 강도와 힘에 달려있다.143) 절

---

142) '저수지는 담고 있으며, 분수는 넘쳐흐른다.' (William Blake, 'Proverbs of Hell': Blake 1973, p. 97) 우리는 분수이지 저수지가 아니다.
143) 자본주의가 그들에 대한 절대적 부정이기 때문에 그들의 존재 조건이 그들을 자본주의에 대한 절대적 부정으로 만드는 사람들인 프롤레타리아트의 형상을 맑스가 도입한 것은 바로

규는 누군가의 절규가 아니며, 다른 누군가의 절규도 아니다. 그것은, 서로 다른 수준의 강도를 가진, 모든 사람들의 절규이다.

무엇보다, 대항하는-절규는 부정적이다. 그것은 거부이고, 종속의 부정이다. 그것은 비종속의 절규, 즉 불복종의 웅얼거림이다. 비종속은 일상적 경험의 중심적 부분이다. 아이들의 반항에서부터 일어나 일을 하러 가라고 우리에게 말하는 자명종에 대한 저주에 이르기까지, 현장에서 전개되는 모든 종류의 계획적 결근과 사보타지, 꾀병 부리기에서부터 '이제는 그만!'이라는 조직된 외침에서와 같은 공공연한 반란에 이르기까지. 명백하게 잘 훈육되고 종속된 사회들에도 비종속은 있다. 그것은 언제나 거기에 있으며 언제나 숨겨진 저항문화로 나타난다.[144]

종종 우리의 절규는 조용하며, '억눌린 화산들의 내적 피흘림'(Johnson 1975, p. 36)이다. 비종속의 절규는 기껏해야 불만의 낮은 웅얼거림으로, 불복종의 투덜거림으로 들린다. 불복종은 우리의 삶을 형성하는 단순하고, 평범한 투쟁이다. 불복종은 사람들이 단순한 기쁨들을 포기하기를 거부하는 것이고, 기계가 되기를 거부하는 것이고, 일정 정도의 지향력을 주조하고 유지하려는 결정이다. 이런 종류의 불복종은 반드시 공공연하게 혹은 의식적으로 대립적인 것은 아니며, 자본의 실존이 수반하는 지향력의 탐욕스런 확장과 강화에 대한 강력한 방해물로 남아있는 것이다.

비종속의 절규는 비동일성의 절규이다. 자본은 우리를 계급화하면서, 우리를 정의하면서, 우리의 주체성을 부정하면서, 현재 직설법의 연장이 아닌

이런 의미에서이다. '**지금까지 존재해 온 세계질서의 해체**를 선언함으로써 프롤레타리아트는 자기 자신의 존재의 비밀을 진술한다. 왜냐하면 프롤레타리아트는 **사실상** 그러한 세계질서의 해체이기 때문이다.' (Marx and Engels, 1975, p. 187)

144) 이에 관해서는 Scott (1990)을 참조하라.

어떠한 미래도 배제하면서 '당신은 … 이다'라고 우리에게 언제나 말한다. 우리는 '우리는 … 이 아니다'고 대답한다. '세상은 그런 것이다'라고 자본은 우리에게 말한다. 우리는 '그것은 그렇지 않다'고 대답한다. 우리는 명시적일 필요가 없다. 우리의 실존 자체는 부정, 즉 아님(not-ness)이다. 가장 단순하고, 가장 어두운 부정은 '우리가 이것을 혹은 저것을 좋아하지 않는다'가 아니라, 단순하게 '우리는 … 이 아니다, 우리는 부정한다, 우리는 어떠한 개념의 경계들도 넘어 선다'이다. 우리는 … 인 것처럼 보이지만 우리는 … 이 아니다. 우리가 … 이 아니라는 사실은, 가장 근본적인 지점에서, 희망의 추동력 즉 존재하고 있는 것을 부식시키고 변형시키는 힘이다. 우리는 동일성이라는 물신적 양상 아래에 존재하고 있는 비동일성의 힘이다. '모순은 동일성의 양상 아래에 있는 비동일성이다'(Adorno 1978, p. 5).

반란적 이론의 핵심에 놓여있는 것은 무엇인가? 희망의 실체는 무엇인가? 어떤 사람은 '우리는 노동계급을 볼 수 있고 우리는 그것을 연구할 수 있고 우리는 그것을 조직할 수 있다. 그 계급은 희망의 실체이며 우리가 정치적으로 작업하기 시작할 수 있는 지점이다'고 말한다. 우리는 대답한다: '그것을 노동계급이라고 불러라. 하지만 우리는 그것을 볼 수 없고 그것을 연구할 수 없으며 그것을 조직할 수 없다. 왜냐하면 혁명적 계급으로서의 노동계급은 … 이 아니기 때문이다. 그것은 비동일성이다.' 그것은 마치 공허한 대답처럼 보인다. 우리의 훈련은 우리에게 희망의 실체로서의 긍정적 힘을 찾으라고 말한다. 하지만, 우리가 발견한 것은 피히테의 '캄캄한 공허'와 더 유사하다: 비동일성, '나는 … 인 사람이다'라고 말하지 않고, '우리는 … 인 사람이 아니다'라고, 그리고 '우리는 … 이 아닌 사람이다'라고 말하는 신. 저것이 이 논의 전체에서 우리를 어지럽히는 요소이다. 우리는 우리가 매달릴 긍정적 힘을 원한다. 그런데 이 책은 비동일성이라는 부정적 공허만을 제안하는 것처럼 보인다.

우리가 매달릴 어떤 긍정적 힘도, 어떤 보호수단도, 어떤 보장도 없다. 모든 긍정적 힘들은, 우리가 그것들을 잡으려 하자마자 해체되는 키메라들(chimeras)이다. 우리의 신은 유일신 즉 우리 자신이다. 우리는 세계가 그 주위를 선회하는 태양이며 유일신이며 부정의 신이다. 우리는 '언제나 부정하는 정신이다.'145)

아직 여기에 문제는 남아있다. 절규가 대항하는-절규라는 사실은 그것이 결코 순수한 절규일 수 없음을 의미한다. 절규는 그것이 대항하는-절규이기 때문에 항상 오염된다. 부정은 항상 부정되는 것의 포섭을 포함한다. 그것은 권력에 대항하는 어떠한 투쟁에서도 찾아볼 수 있다. 권력에 대한 단지 부정적일 뿐인 대응은, 권력이 갈등을 조정한 조건들을 자기자신 내부에서 단순히 부정적으로 재생산함으로써 권력을 재생산한다. 이 책의 거의 모든 구절에서 자신의 머리를 치켜들어 우리를 위협한 그 용이 다시 갑자기 나타난다. 우리는 끝없이 반복되는 원에 붙잡혀 있는 것처럼 보인다.

실제로 부정 속에는 무한성이 있다. 하지만 그것은 원의 무한성은 아니다. 그것은 오히려 코뮨주의를 위한 투쟁의 무한성이다. 심지어 권력으로부터 자유로운 사회를 위한 조건들이 창조될 때조차도 지배력의 재연에 대항하는 투쟁이 늘 필요할 것이다. 어떤 긍정적 변증법도, 모든 모순들이 해결되는 어떤 최종적 종합도 존재할 수 없다. 인간적 잠재력이 아주 크게 질식 당해 있을 때조차도 자본주의가 존재의 상태로서보다 오히려 과정으로 이해될 수 있다면, 인간의 지향력이 해방된 사회에서는 이것이 훨씬 더 타당할 것임은 분명하지 않은가?

---

145) '언제나 부정하는 정신'이란, 메피스토펠레스가 자신을 파우스트에게 서술하는 방식이다. (Goethe 1969, p. 40) '인간은 현재의 그이기를 거부하는 유일한 창조물이다.' (Camus 1971, p. 17)

하지만 그 이상으로 이야기되어야 할 것이 있다. 우리는 무한히 회귀하는 원 속에 붙들려있지 않다. 왜냐하면, 우리의 실존이 단지 회귀적이거나 원환적이지 않기 때문이다. 우리의 대항하는-절규는 억압에 대항하는 절규이다. 그리고 그러한 의미에서 그것은 억압에 의해 조형된다. 하지만, 그것 이상의 것이 있다. 왜냐하면 억압에-대항하는-절규는 우리 자신의, 우리의 인간성의, 우리의 창조적 지향력의 부정에 대항하는 절규이기 때문이다. 비동일성은 우리의 절규의 핵심이다. 하지만 '우리가 … 이 아니다'라고 말하는 것은 단지 캄캄한 공허인 것만은 아니다. 존재함(Is-ness)을 부정하는 것은 생성, 운동, 창조, 지향력의 해방을 주장하는 것이다. 우리는 **존재하지 않는다**. 우리는 있지 않다, 우리는 생성한다.

그러므로 '우리는 … 이 아니다'는 '우리는 … 아직 … 이 아니다'로 된다. 하지만 '아직 … 이 아니다'가 확실한 미래로서나 혹은 보장된 귀향으로서가 아닌 가능성으로서, 어떠한 보장도 어떠한 안전함도 없는 생성으로 이해되어질 때에만 그러하다. 만약 우리가 아직 … 이 아니라면, 우리의 아직-아님(not-yet-ness)은 이미 기획으로서, 넘쳐흐름으로서, 저 너머로의 밀침으로서 존재한다. 긍정적 현재 직설법의 지배는 붕괴되며, 세계는 현재와 미래 사이의 구별이 해체되는 부정적 가정법으로 가득 차 있는 것으로 보인다. 인간의 실존은 부정의 실존일 뿐만 아니라 아직-아님의 실존이다. 그것 안에서 부정은 우리 인간성의 부정의 부정임으로 해서 동시에 저 인간성을 향한 기획이다. 그것은 잃어버린 인간성도 아니고 현존하는 인간성도 아니다. 오히려 그것은 창조되어야 할 인간성이다. 이러한 아직-아님은 명백한 정치적 전투성에서 뿐만 아니라 일상생활의 투쟁들 속에서, 우리가 갖고 있는 꿈들 속에서, 우리의 기획들에 대한 부정에 대항하는 우리의 기획들 속에서, 가장 단순한 기쁨의 꿈들로부터 가장 개척적인 예술적 창조물들에 이르는 우리의 판타지들 속에서 찾아질 수 있다.146) 아직-아님은 임-으로-된

(is-ified) 실재성에 대항하는 끊임없는 충동이며, 억압되었던 쾌락원칙의 현실원칙에 대항하는 반란이다. 아직-아님은 시간을 해방시키려는 투쟁이며, 지향력을 해방시키려는 투쟁이다.

우리의 비동일성의 절규는 단지 인간주의의 주장에 불과한가? 비동일성의 '캄캄한 허공'은 단지 인간 본성의 주장에 불과한가? 인간주의에게 문제가 있다면 그것은, 인간주의가 인간성의 개념을 갖고 있다는 것이 아니라, 인간주의자들이 일반적으로 인간성을 긍정적인 것으로 생각한다는 점이다. 다시 말해 그들이 인간성을, 그것이 부정되는 존재의 형태로 즉 꿈으로, 투쟁으로, 비인간성에 대한 부정으로만 존재한다는 이해로부터 출발하기보다 그것을 현재 존재하는 그 무엇으로 생각한다는 점이다. 우리의 논의의 근저에 인간성의 관념이 놓여 있다면, 그것은 부정으로서의, 속박당하는 지향력으로서의 인간성이라는 관념이다. 인간성을 위해 투쟁한다는 것은 부정의 해방을 위해, 잠재력의 해방을 위해 투쟁하는 것이다.

지배의 원을 깨뜨리는 관점을 제공하는 것은 지향력의 운동, 즉 인간 잠재력의 해방을 위한 투쟁이다. 지배력은 오직 지향력의 해방을 위한 실천을 통해서만 극복될 수 있다. 그러므로 일(work)은 혁명에 대한 어떠한 논의에서도 중심적인 것으로 남아 있다. 하지만, 이것은, 논의의 출발점이 노동(labour) 즉 물신화된 일이 아니라 오히려 일(행위, 노동에 저항하며-그것을 넘어서는 창조성 혹은 지향력)일 때에만 그러하다. 만약 일이 이러한 의미로 이해되지 않는다면, 초월은 외부적 힘의 신성한 개입을 통하지 않고는 불가능하다.

대항하는-절규와 지향력의 운동(이 책의 두 가지 주축)은 불가분하게 얽

---

146) 이에 관해서는 Bloch (1986)을 참조하라.

혀있다. 대항하는-투쟁의 과정 속에서, 투쟁이 겨냥하는 권력 관계들의 거울 이미지가 아닌 관계들이 형성된다. 동지애의, 연대의, 사랑의 관계들 즉 우리가 쟁취하려고 투쟁하고 있는 사회의 성격을 미리 보여주는 관계들이 그것이다. 이와 마찬가지로, 인간 잠재력을 발전시키려는 (즉 지향력을 해방시키려는) 시도는 언제나 대항하는-투쟁이다. 왜냐하면, 그것은 지배력(자본)의 끊임없는 확장과의 공공연한 혹은 은폐된 갈등 속으로 들어갈 수밖에 없기 때문이다. 대항하는-절규와 해방을 위한 투쟁은 분리될 수 없다. 투쟁에서 그것들이 서로간의 연결을 의식하지 않고 있을 때조차도 양자는 분리될 수 없다. 그렇지만 가장 해방적인 투쟁들은 분명히 이 양자가 의식적으로 연결되는 투쟁이다. 의식적으로 예시적(豫示的)인 투쟁들에서처럼, 다시 말해 투쟁을 통해 극복하고자 하는 것의 구조들과 실행들을 자신의 형태 속에 재생산하지 않으면서 욕구되는 종류의 사회 관계들을 창출하는 것을 목적으로 삼는 투쟁들에서처럼 말이다.

대항하는-절규와 지향력의 통일은, 사빠띠스따 봉기의 언어에 따르면, 존엄성이라고 불려질 수 있을 것이다.[147] 존엄성은 굴욕, 억압, 착취, 비인간

---

147) '그러므로 우리를 결합시키는 저 고통이 우리로 하여금 말하게 했다. 그리고 우리는, 우리의 말들 속에 진리가 있음을 인식했으며, 우리는 고통과 아픔이 우리들의 혀 속에 살아왔을 뿐만 아니라 우리들의 가슴 속에 아직도 희망이 있음을 인식했다. 우리는 우리들 자신과 더불어 이야기하며 우리의 내면을 들여다보고 우리의 역사를 살펴보았다. 우리는 우리의 오래된 선조들이 고통 받고 투쟁하고 있는 것을 보았으며 우리의 할아버지들이 투쟁하고 있는 것을 보았으며 우리의 아버지들이 그들의 손에 분노를 쥐고 있는 것을 보았다. 우리는 우리가 모든 것을 빼앗기지는 않았음을 알았다. 우리는 우리가, 우리로 하여금 살아가게 하고 우리의 걸음이 나무들과 동물들보다 더 높이 솟구치게 만들고 돌이 우리의 발밑에 있게 만든 가장 가치 있는 것을 갖고 있음을 알았다. 그리고 형제들이여, 우리는 우리가 가진 것이라곤 **존엄성**뿐임을 알았다. 그리고 우리는 우리가 존엄성을 가졌다는 사실을 망각한 것의 수치가 매우 큼을 알았다. 그리고 우리는, 다시 인간이 되고자 하는 사람들에게 **존엄성**이 훌륭한 것이며 존엄성이 우리의 가슴 속에 살기 위하여 되돌아 왔으며 우리가 다시 새로워 졌음을 보았다. 그리고 죽은 자들, 우리의 죽은 자들은, 우리가 다시 새로워 졌으며 그들이 우리를 다시 존엄성으로, 투쟁으로

화를 받아들이기를 거부하는 것이다. 그것은 인간성의 부정을 부정하는 거부, 그러므로 (지금은 부정되고 있는) 인간성의 기획으로 가득 찬 거부이다. 이것은, 거부하는 만큼 기획하며 기획하는 만큼 거부하는 정치학을 의미한다. 그 정치학은 상호존중과 존엄성의 세계를 창조하려는 꿈으로 응집된 정치학이다. 그 정치학은 그 꿈이 자본주의에 대한 파괴를, 그리고 우리를 비인간화시키거나 비주체화시키는 모든 것에 대한 파괴를 포함한다는 것에 대한 지식으로 충만한 정치학이다.

불러내었음을 보았다.' (Ejército Zapatista de Liberación Nacional, 1994, p. 122 ; 강조는 원문의 것.) 자기가치화라는 자율주의의 개념은 아마도, 맑스주의 전통이 자본에 대항하며 자본을 넘어서는 투쟁을 긍정적으로 표현하는 개념에 가장 가깝게 도달한 것 같다. 그러나 그 용어는 어색하며 애매모호하다. 자기가치화에 대해서는 Cleaver (1992)를 보라.

제9장
반권력의 물질적 실재성

1

'낭만적이다.' '고상하지만 매우 실재적이지는 않다.' '우리는, 반권력과 관련한 추상들이 아니라 계급투쟁의 실재성을 취급해야만 한다'.

우리가 권력을 장악하지 않고 어떻게 세계를 변화시킬 수 있을 것인가. 그 생각은 매력적인 꿈이다. 그리고 우리 모두는 매력적인 꿈들을 좋아한다. 그러나 그 꿈들의 실재성은 무엇인가? 우리는, 그토록 많은 꿈들이 실패했고, 그토록 많은 꿈들이 비참과 재앙으로 끝난 20세기의 경험 이후에 어떻게 꿈을 꿀 수 있는가?

인류의 희망인 이 반권력은 어디에 있는가? 반권력의 물질적 실재성은 무엇인가? 우리가 이렇게 묻는 것은, 그것이 어떠한 물질적 실재성도 갖고 있지 않다면 우리는 우리 자신을 속이고 있는 것이기 때문이다. 우리 모두는, 또 다른 유형의 사회가 가능하다는 꿈을 꾸기를 원한다. 그러나 그것은 실제로 존재하는가? 지난 세기의 초반에 혁명가들은 프롤레타리아 대중조직들 위에 그들의 꿈을 세웠다. 그러나 그 조직들은 더 이상 존재하지 않는다. 아니 그것들이 지금도 존재한다면 그것들은 이미 꿈들의 소재가 아니다.

우리는 수많은 목욕물을 버려왔다. 그리고 우리는 얼마나 많은 어린아이들도 버려왔는가? 정의된 주체는 정의 불가능한 주체성에 의하여 대체되어 왔다. 프롤레타리아 권력은 정의되지 않은 반권력에 의해 대체 되어 왔다. 이런 종류의 이론적 이동은 종종 환멸과, 이론적 세련화를 위한 혁명 이념의 포기와 연결된다. 그것은 이 책이 의도하고 있는 바가 아니다. 그러나, 그렇다면, 이 반권력은 어디에 있는가?

나는 절규한다. 그러나 나는 고독한가? 이 책을 읽는 독자들 중의 일부도 똑같이 절규한다. 우리는 절규한다. 그러나 그 절규의 물질적 힘은 무엇을 나타내는가?

2

첫 번째 요점은 반권력이 편재적이라는 것이다.

텔레비전, 신문들, 정치가들의 연설은 반권력의 실존에 대해 거의 아무 것도 보여주지 않는다. 그들에게 있어서, 정치는 권력의 정치이다. 정치적 갈등은 권력을 획득하는 것에 관한 것이다. 정치적 실재성은 권력의 실재성이다. 그들에게 있어서, 반권력은 비가시적인 것이다.

그러나 좀더 자세히 살펴보라. 우리들 주변의 세계를 살펴보라. 신문들 너머를, 정치적 당들 너머를, 노동운동 단체들 너머를 쳐다보라. 그러면 당신은 투쟁의 세계를 볼 수 있다. 치아빠스의 자율의회들, UNAM의 학생들, 리버풀의 부두노동자들, 화폐자본의 권력에 대항하는 국제적 시위의 물결, 이민노동자들의 투쟁, 사유화에 대항하는 전 세계 노동자들의 투쟁 등을. 결코 권력 획득을 목표로 삼지 않는 투쟁의 전체 세계가 존재한다. 지배 권력에 대항하는 투쟁의 전체 세계. '아니다!'(예컨대 사보타주)라고 말하는 것 이상으로 더 멀리 나아가지 않으나 '아니다!'라고 말하는 과정에서 자기 결정의 형식들을 때때로 발전시키며 세계가 어떠해야만 하는가에 대한 대안적 구상들을 분명히 표현하는 투쟁의 전체 세계가 존재한다. 그러한 투쟁들은, 그것들이 주류 미디어에서 어떻게 해서 보도될 때에도, 권력의 스펙터클들을 통해 걸러지며 권력정치를 침해하는 것으로 간주되는 한에서만 가시적으로 된다.148)

반권력에 대한 이야기 속에 깃들어 있는 첫 번째 문제는 그것의 비가시성이다. 그것이 비가시적인 이유는, 그것이 상상적이기 때문이 아니라, 세계를 바라보기 위한 우리의 개념들이 권력의 (동일성의, 직설법의) 개념들이기 때문이다. 반권력을 바라보기 위하여, 우리는 이와는 다른 개념들을, 비동일성의, 아직 아닌 것의, 가정법의 개념들을 필요로 한다.

모든 반란적 운동들은 비가시성에 대항하는 운동들이다. 그것의 가장 명확한 사례는 아마도 페미니스트 운동일 것이다. 그 운동에서 많은 투쟁들은 비가시적이었던 것을 가시적인 것으로 만드는 것이었다. 여성에 대한 착취와 억압을 가시적인 것으로 만들며, 나아가 이 세계에서 여성들의 현존을 가시적인 것으로 만들고 그들의 현존이 거의 제거되다시피 해 온 역사를 다시 쓰는 것이었다. 그러므로 가시성을 위한 투쟁은 현재의 원주민 운동에도 중심적이다. 그것은 방풍 마스크를 쓴 사빠띠스따에게서 가장 강력하게 표현되었다. 우리는, 우리가 보일 수 있게 하기 위하여 우리의 얼굴을 가린다. 우리의 투쟁은 얼굴 없는 사람들의 투쟁이다. 그러나 여기에서 이루어져야 할 중요한 구별이 있다. 반권력의 문제는 억압된 동일성(여성, 원주민)을 해방시키기 위한 것이 아니라 억압된 비동일성을, 일상적인 것을, 나날

---

148) 다양한 예들에 관한 흥미 있는 논의로는 Stratman(n.d)를 참조하라.

의 것을, 비가시적인 '아니다'를, 우리가 거리를 거닐 때에 만나게 되는 전복의 불평불만들을, 의자에 걸터앉아 있는 조용한 화산을 해방시키는 것이다. 우리는 불만에 '우리는 여성이다', '우리는 원주민이다' 식의 동일성을 부여함으로써 이미 그것에 새로운 한계를 부과하고 있다. 우리는 이미 그것을 정의하고 있다. 그러므로 사빠띠스따의 방풍 마스크의 중요성은, '우리는 우리의 동일성이 인정되도록 하기 위하여 싸우고 있는 원주민이다'라고 말할 뿐만 아니라, 더욱더 심원하게, '우리들의 투쟁은 비동일성의 투쟁이며 우리들의 투쟁은 비가시적인 것의 투쟁, 목소리도 얼굴도 없는 사람들의 투쟁이다'라고 말하는 데 있다.

비가시성에 대항하는 투쟁에서의 첫걸음은 세계를 뒤엎는 것, 투쟁의 관점에서 사고하는 것, 편을 드는 것이다. 급진적 사회학자들, 역사가들, 사회인류학자들 등의 작업은 우리로 하여금 권력에 대한 저항이 공장에, 가정에, 거리에 편재함을 알도록 해주었다. 최상의 순간에 그러한 작업은, 흔히 비가시성에 대항하는 투쟁들과 연결되어 있는, 그리고 그러한 투쟁들(페미니스트 운동, 동성애자 운동, 원주민 운동 등등)에서부터 의식적으로 출발하는, 새로운 감수성을 연다. 감수성의 문제는 스코트에 의해 인용된 에티오피아 속담에 의해 훌륭하게 제시된다 : '위대한 영주가 지나갈 때, 현명한 농부는 머리를 깊이 조아리면서 조용히 방귀를 뀐다'.[149] 영주의 눈, 귀 그리고 코에, 농부의 방귀소리는 전혀 감지 될 수 없다. 그렇지만 농부 자신에게 그리고 다른 농부들에게, 그리고 영주에 대한 농부의 적대감으로부터 출발하는 사람들에게 그 방귀는 너무나 분명하다. 그것은 불복종의 숨겨진 세계의 일부이다. 그것은 오직 권력을 행사하는 사람들에게만, 그리고 훈련에

---

149) Scott의 책 (1990)의 첫 부분에서.

의해 혹은 편리를 위해 권력의 눈가리개를 받아들이는 사람들에게만 감추어져 있을 뿐이다.

억압당하며 저항하는 것은 어떤 **누구**일 뿐만 아니라 어떤 **무엇**이다. 그것은 억압당하는 사람들의 특수한 집단들(여성, 원주민, 농민, 공장 노동자 등등)일 뿐만 아니라 (그리고 아마도 특히) 우리 모두의 인격의 특수한 측면들(우리들의 자부심, 우리들의 섹슈얼리티, 우리들의 쾌활함, 우리들의 창조성)이다. 이론적 도전은, 거리에서 우리 옆에서 거닐고 있는, 버스에서 우리 옆에 앉아 있는 사람들을 바라볼 수 있는 것이다. 그리고 그들 내부에 억제되어 있는 화산을 바라보는 것이다. 자본주의 사회에 사는 것이 반드시 우리를 불복종적인 사람으로 만드는 것은 아니다. 그러나 그것은 필연적으로, 우리의 실존이 복종과 불복종 사이의 적대에 의해 찢겨져 있음을 의미한다. 자본주의에서 사는 것은, 우리가 자기분열되어 있음을 의미한다. 우리가 계급들 간의 적대의 한 편에 서 있을 뿐만 아니라 계급적대가 우리들 각각을 갈가리 찢어 놓음을 의미한다. 우리는 지금 반역적이지 않을지 모른다. 그러나 반역은, 마치 억제된 화산처럼, 가능한 미래를 향한 투영처럼, 아직 존재하지 않는 것의 현재적 실존처럼, 신경증처럼, 억압된 쾌락 원칙처럼, 비동일성처럼 우리 내부에 반드시 존재한다. 이 비동일성은, '당신들은 노동자들, 학생들, 남편들, 부인들, 멕시코인들, 아일랜드인들, 프랑스인들이다'라는 자본의 반복된 주장에 맞서 '우리는 아니다, 우리는 아니다, 우리는 아니다, 우리는 지금의 우리가 아니다. 그리고 우리는 우리가 지금 아닌 것(혹은 아직 아닌 것)이다'라고 말한다. 사빠띠스따들이, 자신들은 '보통 사람들, 말하자면, 반란들'[150]이라고 말할 때에 그들이 의미하는 바가 바로 이것이

---

150) 부사령관 마르꼬스는 1999년 8월 1일자 성명에서 이렇게 말하고 있다. '우리는 매우 평범한, 말하자면 반역적이고 비순응주의적이고 조화롭지 못한 몽상가들인 여자들, 남자들, 어린아이

다. 존엄성이라는 말로 그들이 가리켜 말하고자 하는 것이 바로 그것이다. 그것은, 우리들 모두의 내부에 존재하는 반란이며 부정된 우리의 인간성을 쟁취하기 위한 투쟁이고 현재의 우리가 겪는 인간성의 불구화에 대항하는 투쟁이다. 존엄성은 우리의 일상적 삶의 구석구석을 채우는 강렬하게 살아 있는 투쟁이다. 존엄성의 투쟁은 일반적으로 공공연하게 비종속적이기보다는 불복종적이다. 어떤 의미에서 보면 그것은 종종 정치적이거나 반자본주의적이기보다 사적인 것으로 보인다. 그러나 존엄성을 위한 불복종적 투쟁은 희망의 물질적 지층이다. 그것은 정치적으로도, 그리고 이론적으로도 출발의 지점이다.

아마 어떤 사람도, 세 권으로 된 『희망의 원리』에서, 꿈, 동화, 음악, 그림, 정치적·사회적 유토피아, 건축, 철학, 종교 등등 속에 존재하는 더 나은 미래, 아직-아닌-것의 현재적 실존을 향한 투영의 복수적 형식들을 추적한 에른스트 블로흐만큼 억압된 꿈의 힘과 편재성에 예민하지는 못했을 것이다. 우리 모두 속에 존재하는 현재에 대한 부정의 현존에 관한 모든 증언, 근본적으로 다른 세계를 향한 밀침, 똑바로 서서 걷기 위한 투쟁.

반권력은 비종속적인 사람들의 공공연하고 가시적인 투쟁들에만, 즉 '좌파'의 세계에만 존재하는 것은 아니다. 그것은 우리 모두의 일상적인 좌절 속에, 권력 앞에서 우리의 존엄성을 유지하기 위한 일상적 투쟁 속에, 우리의 삶에 대한 통제를 유지하거나 혹은 되찾기 위한 일상의 투쟁 속에 문제적으로, 모순적이게 (그렇다고 좌파의 세계가 덜 문제적이거나 덜 모순적인 것은 아니다) 존재한다. 반권력은 우리가 늘 맺는 관계들 속에, 사랑의 관계들, 우애의 관계들, 동지애의 관계들, 공동체의 관계들, 협력의 관계들 속에

들, 그리고 노인들이다.' (*La Jornada*, 4 August 1999)

존재한다. 그러한 관계들이, 우리가 살고 있는 사회의 성격 때문에, 권력에 의해 횡단된다는 것은 분명하다. 하지만 사랑, 우애, 동지애의 요소들은 우리가 그런 관계들을 상호인정의 기초 위에, 서로의 존엄성에 대한 상호인정의 기초 위에 확립할 목적으로, 권력에 맞서 수행하는 끊임없는 투쟁 속에 존재한다.

저항의 비가시성은 지배의 근절 불가능한 한 측면이다. 지배는 언제나 저항이 극복되었다는 것을 의미하는 것이 아니라 저항이 (적어도 그것의 일부가) 지하에 비가시적인 형태로 존재함을 의미한다. 억압은 언제나 피억압자들의 비가시성을 암시한다. 왜냐하면 하나의 집단이 가시적으로 되는 것이 가시성의 일반적 문제점을 극복하지는 못하기 때문이다. 비가시적인 사람들이 가시적으로 되는 한에서, 짓눌렸던 화산이 공공연하게 전투성으로 폭발되는 한에서, 그것은 이미 그 자신의 한계들에, 그리고 그 한계들을 극복할 필요에 직면한다. 자본주의에 대한 저항을 단지 공공연한 전투성의 맥락 속에서만 사고하는 것은 화산에서 솟아 나오는 연기만을 보는 것일 뿐이다.

존엄성(반권력)은 인간이 살고 있는 어디에든지 존재한다. 억압은 대립물을, 인간으로 살고자 하는 투쟁을 함의한다. 질병, 교육 제도, 성, 아이들, 우애, 가난 등 우리의 일상생활의 모든 것에는, 어떤 일을 그것이 무엇이건 존엄성을 갖고서 하려는 투쟁이, 그 일을 정의롭게 하려는 투쟁이 존재한다. 물론 무엇이 올바른가에 대한 우리의 생각은 권력에 의해 침투된다. 하지만 그 침투는 모순적이다. 우리는 물론 상처 입은 주체성들이지만, 파괴된 주체성들은 아니다. 옳게 행하기 위한, 도덕적으로 살기 위한 투쟁은 대부분의 시간 동안 대부분의 사람들을 사로잡고 있는 것이다. 물론 그 도덕성은 사적 소유와 같은 문제들이나 사람들 간의 관계의 성격과 같은 문제들을 일반적으로 회피하는 개인화되고 비도덕적인 도덕성이다. 다시 말해 그것은 '나에게 가까운 사람들에게는 옳게 행하고 그 나머지 세계는 어떻게 되든지 내버려 두는' 것으로 자신을 정의하는 도덕성이며, '나와 가까운 사람들'(가족, 국가, 여성들, 남성들, 백인들, 흑인들, 상류층, '우리와 같은 사람들')과 세상의 나머지 부분들, 즉 나의 특수한 도덕적 울타리를 넘어 살고 있는 사람들을 구분하면서 사적으로 됨으로써, 동일화하는 도덕성이다. 그러나 여전히 '옳게 행하기 위한' 나날의 투쟁 속에는 인정하면서 동시에 인정받으려는 투쟁이 있고, 동일화할 뿐만 아니라 지향력을 해방시키려는 투쟁이 있고, 지배력에 굴복할 뿐만 아니라 비인간화에 맞선 분노를, (비록 파편화되었다 하더라도) 공유된 저항을, 최소한 비종속을 표현하는 투쟁이 있다. 이것을 반권력으로 간주하는 것은 아주 잘못된 것이라는 이의가 제기될지 모른다. 그것이 파편화되고 개인화되는 한에서, 그러한 '도덕성'은 그 기능상에서 지배력을 재생산할 것이라는 이유 때문에 말이다. 상호연결의 의식이 존재하지 않는다면, 그리고 정치적 (계급)의식이 존재하지 않는다면, 그러한 사적인 도덕성은 자본에게 전적으로 무해하고, 혹은 실질적으로 질서와 선한 행동을 위한 기초를 제공함으로써 자본의 재생산에 능동적으로 기여한다고 주장될 수 도 있을 것이다. 아마도 그럴 수 있을 것이다. 그러나 비종속의 모든 형태, 즉 '우리는 자본이 필요로 하는 대상화된 기계들 이상이다'라고 말하는 모든 과정은 잔여를 남긴다. 아무리 개인화되었다 할지라도, 무엇이 바른가라는 관념은 저항의 '숨겨진 사본'의 일부이며, 모든 억압적 사회에 존재하는 저항의 기층의 일부이다. 에티오피아 농부의 방귀는 지나가는 영주가 말에서 내리도록 타격하지 못한다. 그러나 그것은, 비록 일반적으로는 보이지 않지만, 민감한 사회적 긴장의 순간들에는 타오를 수 있는 부정성의 기층의 일부이다. 이러한 부정성의 기층은 사회적 화산들이 구성되는 질료이다. 얼굴도 없고 목소리도 없으며 종종 '좌파'들에 의해 경멸되어진 이러한 비분절적인 비종속의 층은 반권력의 물질성, 즉 희망의 기초이다.

두 번째 요점은, 반권력은 편재하며 또 그것이 권력의 추동력이기도 하다는 것이다.

이러한 점은 맑스주의적 전통에서나 좌파적인 사고 일반에서 두드러지게 강조되어 오지 않았다. 대체로 맑스주의는 자본에 대한 분석과 발전에 초점을 맞추었고, 좌파적 사고 일반은 일반적으로 억압을 강조했으며, 자본주의의 사악함에 맞서 분노를 자극하기를 선호했다. 피억압자들을 단지 억압의 희생자들로만 다루는 경향이 있었다. 이러한 강조는 우리로 하여금 성난 행동으로 나서도록 자극할 수는 있다. 하지만, 그것은, 억압당하는 희생자들이, 우리 같은 구원자들의 계몽적 개입을 통하지 않고서, 어떻게 자기 자신을 해방시킬 수 있는가 하는 문제를 완전히 보류하는 경향이 있다.

맑스주의적 전통 내에서, 투쟁보다는 지배에 두어진 이러한 강조는 1960년대 이래로 이탈리아에서 처음으로 발전한 조류(이것은 '자율주의적 맑스주의', '노동자주의' 등으로 다양하게 불려졌다)에 의해 가장 명확하게 공격받아왔다. 그 점은 1964년에 처음 출간된 마리오 뜨론띠의 논문, 「영국의 레닌」에서 예리하게 정식화되었다. 그 논문은 '자율적' 맑스주의의 접근법을 형성하는 데에 큰 기여를 했다. "우리는 자본주의적 발전을 일차적인 것으로 그리고 노동자들을 이차적인 것으로 놓는 개념을 가지고 너무 많이 작업해 왔다. 이것은 실수이다. 이제 우리는 그 문제를 역전시켜야만 하고 극성((極性)을 뒤집어야만 한다. 그리고 처음부터 다시 시작해야만 한다. 그 시작은 노동계급의 계급투쟁이다"(1979, p. 1).

뜨론띠는 직접적으로 극성의 역전을 한 걸음 더 전진시킨다. 노동계급의 투쟁에서부터 시작하는 것은 노동계급의 관점을 택할 뿐만 아니라, 전통적 맑스주의 접근법을 완전히 뒤집으면서, 노동계급의 투쟁을 자본주의적 발전을 결정하는 것으로 간주하는 것을 의미한다. "사회적으로 발전된 자본의 수준에서, 자본주의적 발전은 노동계급의 투쟁에 종속된다. 전자는 후자를 뒤따르고, 후자는 자본 자신의 재생산의 정치적 메커니즘들이 조율되어야 하는 속도를 정한다"(1979, p. 1).

이것은 물리에(Moulier)가 "노동자주의의 … 맑스주의에 대한 코페르니쿠스적 역전"이라고 지칭하는 것의 핵심이다. 에이서 로사(Asor Rosa)에 따르면, 이것은 "노동계급을 자본의 역동적인 원동력으로 만들고 자본을 노동계급의 기능으로 만드는 정식으로, … 그러한 위치가 정치적으로 함의하는 관점의 역전의 중요성이라는 관념을 제공하는 정식으로 요약될 수 있다"(Moulier 1989, p. 20에서 인용됨). 전통적 접근법의 역전이 갖는 매력은 명백하다. 하지만 어떻게 노동계급이 자본주의의 '역동적 동력'으로 이해될 수 있는가? 같은 논문에서 뜨론띠 자신이 말하듯이 '이것은 수사적 명제가 아니다. 또한 우리의 자신감을 회복시키기 위하여 고안된 것도 아니다. … 긴급한 실천적 필요가 과학적 이론을 위한 충분한 근거일 수는 없다'(1979, p. 1).[151]

맑스주의에 대한 자율적인 재해석은 1960년대 이탈리아에서 있었던 공장투쟁의 급증에 뿌리를 두고 있다. 그것은 통상 '맑스주의 경제학자들'에 의해 소홀히 다루어져온 부분을, 즉 공장에서 노동과정의 발전을 다룬 『자본론』 제1권의 상세한 분석을 특별히 강조하면서 『자본론』을 다시 읽도록 이끌었다. 이 논의 속에서 맑스는, 자본이 끊임없이 '노동의 다루기 힘든

---

[151] 좀더 최근의 정식화로는 Hardt and Negri (2000) p. 208을 보라: '프롤레타리아 투쟁들은 (실제적이고, 존재론적인 조건들 속에서) 자본주의적 발전의 동력을 구성한다. 프롤레타리아 투쟁들은 자본으로 하여금 보다 높은 수준의 테크놀로지를 채택하도록 강제하며 이를 통해 지배관계를 변형시킨다. 제조업에서부터 대규모 산업으로, 금융자본으로부터 초국적 재구조화와 시장의 지구화로. 그것은 언제나 자본주의적 발전의 형상을 결정하는 조직된 노동력의 주동행위들이다.'

손'[152])과 투쟁하지 않을 수 없도록 강제됨을 보여주었으며 공장조직과 기술혁신에서의 변화를 규정하는 것이 이러한 투쟁임을 보여주었다. 이처럼 맑스에게 있어서, 자동화는 '반발적이지만 탄력적인 자연적 장벽, 즉 인간에 의해 주어지는 저항을 최소화시키려는 열망에 의해 작동된다.' (1965, p. 403) 따라서, '오직 자본에게 노동계급의 반란에 맞서는 무기들을 제공하기 위해 1830년 이래로 만들어진 발명들의 역사를 쓰는 것이 충분히 가능한 것이다'. (1965, p. 436)

자율주의적 분석들은, 무엇보다도 공장에서의 투쟁들을 초점에 놓음으로써, 경영진에 의해 도입된 모든 조직적 혁신들과 기술적인 혁신들이 어떻게 노동자들의 비종속의 힘을 극복하기 위해 계획된 대응으로 이해될 수 있는가를 보여준다. 그리하여 노동의 비종속은 자본의 추동력으로 이해될 수 있다.

이것은 투쟁의 역사를 분석하는 방법을 제공한다. 노동자들은 투쟁의 형태를 발전시킨다. 경영진은 질서를 재부과하기 위해 조직화의 새로운 형태 혹은 새로운 기계류를 도입한다. 이것이 이번에는 비종속의 새로운 형태들, 투쟁의 새로운 형태들 등등을 낳는다. 우리는 이 투쟁들이 일정한 구성을 갖고 있다고 말할 수 있다. 어떤 시점에서의 자본은, 불변자본(기계류와 원료에 의해 대표되는 자본 부분)과 가변자본(임금에 상응하는 자본 부분) 사이의 관계에 의존하는, 일정한 기술적 구성과 가치구성에 의해 특징 지워진다는 맑스의 생각과의 유추를 통해 자율주의자들은 어떤 특정한 순간에 있어서 노동과 자본의 관계를 밝히기 위해 계급 구성(class composition)이라는

---

152) 맑스는 Andrew Ure를 다음과 같이 인용한다. '이런 발명(자동 방적기)은, 자본이 과학을 자신에게 복무하도록 편입시키면 노동의 다루기 힘든 손이 항상 온순함을 배우게 될 것이라는 이미 제시된 위대한 원리를 확인시킨다.' (1965, p. 437).

개념을 발전시켰다. 그래서 투쟁의 운동은 계급 구성의 운동으로 이해될 수 있다. 어떤 특정한 시기의 투쟁 형태들은 노동계급의 구성의 표현들이다. 경영진이 질서를 회복하기 위해 변화를 도입할 때, 그들은 계급의 탈구성을 달성하는 것을 목표로 삼는다. 그리고 이 탈구성이 이제 투쟁의 새로운 형태들의 발전을, 혹은 계급의 재구성을 낳는다. 그래서 투쟁의 역사는 구성, 탈구성 그리고 재구성의 운동으로 서술될 수 있다.

  그 개념은 특정 공장이나 특정 산업에서의 투쟁들과 관련해서 뿐만 아니라 자본주의 전체에서 투쟁의 역동성을 이해하는 방법으로 발전된다. 그리하여, 일차대전까지의 시기에 노동계급 투쟁은 숙련 노동자가 생산 내부에서 차지하는 특수한 지위에 의해 특징 지워졌다고 주장된다. 이것은 노동계급 운동에 조직화의 특수한 형태(숙련 기반의 노동조합주의)와 (노동의 존엄성이라는 관념에 기초한) 특수한 이데올로기를 부여했다. 이를 탈구성하기 위한 경영진의 대응은 테일러리즘의 도입이었는데, 그것은 숙련 노동자를 탈숙련화 하고 또 그[153]로부터 노동과정에 대한 통제권을 빼앗기 위해 계획된 것이었다. 이것은 다시 노동계급의 재구성을 낳는데, 그것은 투쟁의 새로운 형태들과 조직화의 새로운 형태들(일반적 노동조합들)을 그리고 새로운 이데올로기(노동 거부)를 지닌 대중 노동자이다. 자본에 의한 탈구성하는 대응은, 몇몇 자율주의 이론가들(특히, 네그리)에 의해, 공장 경영의 수준에서가 아니라 국가 수준에서 지금 진행 중인 것으로 간주된다. 이 과정은 성장하는 노동의 힘을 인정함과 동시에 그것을 (사회민주주의를 통해서는) 질서 유지 속으로, 그리고 (수요 관리를 통해서는) 자본주의의 동학 속으로 통합하는 방법들, 즉 케인즈주의와 복지국가(그것은 종종 포드주의

---

153) 계급 구성의 개념은 성별적 함축을 갖는다.

라 일컬어진다)의 발전을 수반하고 있다는 것이다. 네그리의 분석에서, 이는 자본의 사회화를, '사회 공장'으로의 사회 변형을, 그리고 '사회적 노동자'라는 새로운 계급 구성의 출현을 낳는다. 이 새로운 구성의 힘은 자본의 사회 경영의 모든 측면들과 싸우기 위해 공장을 훨씬 넘어서 나아가는 1960년대 말과 1970년대의 투쟁들에서 표현된다. 자본에게 경영의 케인즈주의적-포드주의 형태를 포기하도록 강제하고 공격의 새로운 형태들(신자유주의 혹은 오늘날 하트와 네그리가 '제국'으로 지칭하는 것)을 발전시키도록 강제하는 것은 이 투쟁들의 힘이다.154)

이처럼 계급 구성은 우리를 공장 투쟁에 대한 분석 너머로 인도하며 자본주의 발전을 이해하기 위한 핵심 개념이 된다. 그래서 물리에는 그 개념을 다음과 같이 광의로 설명한다. "우리는 '계급 구성'의 개념이 '사회 계급'에 대한 너무나 정태적이고 학술적이며 대개는 반동적인 개념을 대체하려는 개념임을 기억해야만 한다. 계급 구성은 자본의 기술적 구성과 임금 노동의 기술적 구성으로 구성되며 생산력의 발전상태를, 그리고 사회적 협력과 분업의 수준을 가리킨다. 그러나 분석의 이 수준은 그것의 최종 심급인 정치적 구성으로부터 분리될 수 없다. 우리는 그 속에서 필요들, 욕구들, 상상력들의 집단적 주체성을 특징지으며, 정치적 문화적 그리고 공동체적 조직화의 형태들로의 그것들의 객관적 전환을 특징짓는 모든 것을 발견할 수 있다. (1989, pp 40~41, n. 47)155)

---

154) 그 주장에 대한 최근의 재진술로는 Hardt and Negri (2000, p. 409)를 참조하라.
155) 또 Witheford (1994, p. 90)을 보라: "(양측의 내적인 통일성, 자원들과 의지의 계측기인) '계급 구성'의 개념은 노동의 기술적이며 사회적인 분할에 의해서 뿐만 아니라 문화적 환경, 조직적인 형태들 그리고 정치적 방향에 의해 결정된다. 노동계급의 유대가 성장함에 따라, 자본은 자신의 적대자의 조직을 '탈구성'하기 위하여 경제적 권력, 기술적 권력, 국가 권력을 적절히 배치하는 공격적인 재구조화들로 대응해야만 한다. 그러나 자본이 잉여가치의 원천인 집단적 노동에 의존하고 있기 때문에 그것은 자신의 적을 완전히 파멸시킬 수 없다. 비록 그것이 성공

계급 구성의 개념은 우리를, 자본주의에 대한 저항이 도처에 존재한다는 단순한 관찰을 확연히 넘어서도록 인도한다. 그것은 발전하고 있는 이 저항의 힘에 대해 말할 수 있는 기초를, 투쟁의 현재적 형식들의 특유성과 힘을 이해하기 위한 기초를 제시한다. 그것은, 우리가 우리의 절규를 단지 억압의 항존하는 특징으로 뿐만 아니라 특수한 역사적 공명을 갖는 절규로 볼 수 있는 방법을 제시한다.

하지만 여기에는, 지금까지 서술된 자율주의적 접근법과 이 책에서 전개된 접근법 사이의 분기(分岐)를 암시하는 하나의 문제가 있다. 확실히 애초의 충동은 아주 동일하다. 시작은 노동계급의 투쟁이라는 뜨론띠의 주장과 출발점은 절규라는 이 책에서의 주장은 본래적 충동에서 완전히 동일하다. 하지만 '계급 구성' 개념이 투쟁의 운동을 분석하기 위한 범주로서 뿐만 아니라 자본주의의 한 시기를 특징짓는 방법으로서 사용되어질 때 분명히 드러나는 하나의 구별이 있다.

그 분기의 첫 번째 징후는 기호들의 역전이다. 절규로부터 출발함으로써, 우리는 여기서 반자본주의적 이론은 부정적인 이론으로 이해되어져야만 함을 즉 투쟁의 운동은 부정적 운동임을 주장했다. 그러나 대부분의 자율주의적 이론은 투쟁의 운동을 긍정적인 운동으로 표현한다. 자율주의적 이론에 의해 취해진 양극의 역전은 긍정적인 것을 자본의 편으로부터 자본에 대항하는 투쟁의 편으로 이동시킨다. 정통 맑스주의 이론에서 자본은 자본주의적 발전의 긍정적 주체이다. 자율주의 이론에서 노동계급은 긍정적인 주체

적일지라도 각각의 공격은 노동력의 '재구성'을 그리고 새로운 역량들, 전략들 그리고 조직적 형태들을 가진 노동의 상이한 층들에 의한 새로운 저항들의 출현들을 수반한다. 노동계급은 한 번 '만들어지고' 끝나는 것이 아니라, 노동계급 재구성 및 자본주의적 재구조화와 더불어 늘 확장하는 갈등의 '이중 나선' 안에서 서로를 추격하고 있는 끊임없는 변형의 동학 속에서 반복적으로 재생된다(Negri 1980, p. 174)." 또 Cleaver (1992)를 참조하라.

가 된다. 계급 구성과 계급 재구성이라는 긍정적 개념들이 노동계급의 편에 두어져 있는 반면 탈구성이라는 부정적 개념이 자본의 편에 두어져 있는 이유가 그것이다. 양극의 역전 속에서, 동일성은 자본의 편에서 노동의 편으로 움직이지만 그것은 폭발되지 않고 심지어 도전 받지도 않는다. 이것은 잘못된 것이다. 자본주의에서 주체성은 처음에는 **부정적인 것** 즉, 주체성의 부정에 대항하는 운동이다. 양극의 참으로 발본적인 역전은 주체성을 자본으로부터 노동계급으로 옮기는 것 뿐만 아니라 주체성을 긍정적인 것 대신에 부정적인 것으로, 반노동-반계급의 부정적 주체성으로 이해하는 것을 포함한다. 태초에 절규가 있었다고 하는 것은 절규가 부정성 속에서 그 자신을 소진시키기 때문이 아니다. 오히려 그것은, 우리가 존엄성의 관계들을 구축할 수 있는 유일한 방법이 존엄성을 부정하는 관계들의 부정을 통하는 길 뿐이기 때문이다. 그러므로 우리의 운동은 무엇보다도 먼저 부정적인 운동, 즉 동일성에 대항하는 운동이다. 탈구성하는 것은 우리이다. 우리는 파괴자들이다. 구성하기 위해, 동일성을 창출하기 위해, (언제나 환상적이지만 그것의 실존에는 본질적인) 안정성을 창출하기 위해, 우리의 부정성을 가두고 부정하기 위해 끊임없이 애쓰는 것은 자본이다. 우리는 '운동의 원천이다, 우리는 주체이다'라고 말하는 것에서 자율주의적 이론은 옳다. 그러나 우리의 운동은 부정적인 것이며 계급화를 거부하는 것이다. 치아빠스에서의 사빠띠스따 봉기나 브라질에서의 땅 없는 사람들의 운동(MST)을 시애틀의 인터넷 노동자들의 투쟁과 결합한 것은 공동의 긍정적 계급 구성이 아니라 오히려 자본주의에 대항하는 그들의 부정적 운동의 공동체이다.

'계급 구성'을 긍정적으로 개념화하는 것은 그 개념을 투쟁의 운동을 이해하는 수단으로 간주하는 것으로부터, 발전의 시기를 구분하는 방식으로, 즉 어떻게 자본주의가 '존재'하는가를 서술하는 방식으로 사용하는 것으로의 미끄러짐을 위한 기초를 제공한다. 특수한 투쟁들을 노동에 대한 자본의 의존의 전반적 운동의 맥락 속에서 분석하기(이것은 총체성에 관한 루카치의 관점이 아니라 분명히 총체성을 향한 그의 **열망**이다)보다, 특수한 투쟁들(예컨대 1970년대 초 피아뜨의 투쟁들)로부터 투영하여 그 투쟁들을 자본주의 발전의 특정 단계에 전형적인 것으로 간주하는 하나의 경향이 있다. 이러한 경우에 '계급 구성'의 개념은 모든 투쟁들이 분류되어 들어가야만 하는 이상적인 유형 혹은 패러다임, 즉 하나의 표제를 구성하기 위해 사용된다. 그리하여 이탈리아 자동차 공장들에서의 투쟁들은 노동에 대한 자본의 의존의 일반적인 운동 속에서 그것들이 차지하는 위치에 따라 이해되기보다는 다른 투쟁들을 재는 척도로 된다. 이러한 절차는 (반드시 그렇지는 않지만) 생경한 일반화로, 매우 다른 조건들로부터 발생하는 투쟁들이 강제로 끼워 맞춰져야만 하는 프로크루테스의 침대와 같은 범주들의 구축으로 쉽사리 나아간다.

 같은 이야기가 다른 말로 설명될 수도 있다. 자율주의적 접근법의 커다란 장점은 노동계급 투쟁의 힘에 의해 자본주의적 지배의 운동이 추동되고 있는 것으로 보는 시각, 즉 자본을 '노동계급의 기능 작용'으로 보는 시각을 강조한다는 데에 있다. 그렇지만, 이러한 주장이 이해될 수 있는 두 가지 가능한 방식이 존재한다. 상대적으로 약한 해석은, 자본의 역사가 노동계급 투쟁에 대한 **반작용**의 역사이기 때문에, 자본은 노동계급의 기능 작용으로 이해될 수 있다고 말할 것이다. 우리가, 전쟁에서 방어하는 군대의 운동을 공격하는 군대의 운동의 기능 작용으로 볼 수 있는 것과 매한가지로, 혹은 경찰의 발전을 범죄자들의 활동들의 기능 작용으로 볼 수 있는 것과 매한가지로 말이다. 강한 해석은, 자본은 노동계급의 **생산물**에 불과하며 따라서 자본의 재생산을 위해 매순간 그것이 노동계급에 의존한다는 단순한 이유 때문에, 자본이 노동계급의 기능 작용이라고 말할 것이다. 첫 번째 경우에, 노동계급과 자본의 관계는 대립의 관계로, 즉 **외적** 관계로 간주된다. 두 번째 경우에, 그 관계는 다른 극에 의해 대립하는 하나의 극이 산출되는 것으로, 즉 **내적** 관계로 간주된다.

노동계급과 자본의 관계가 내적 관계로 간주되면, 투쟁은 필연적으로 부정적이다. 그것은 우리를 에워싸는 것에 대항하는 투쟁, 즉 우리를 에워싸는 것 속에서 그에 대항하는 투쟁이며, 내부에서 그것 너머로 투사하되 부정의 입장에서 투사하는 투쟁이다. 그것은 단지 외부의 적(자본)에 대항하는 투쟁일 뿐 아니라 우리들 자신에 대항하는 투쟁이다. 왜냐하면 자본의 내부에 있는 우리들의 실존이란 자본이 우리 안에 있음을 의미하기 때문이다. 그렇지만, 노동계급과 자본의 관계가 외적인 어떤 것으로 간주된다면, 우리의 투쟁은 긍정적인 어떤 것으로 간주될 것이다. 우리가 자본의 외부에 서 있다면, 문제는 우리의 긍정적 힘, 즉 우리의 자율성을 어떻게 증가시킬 것인가 하는 것이 된다. 그러나 그것은, 투쟁의 주체가 긍정적임을 그리고 그 적이 외부적인 어떤 것임을 함의한다. 따라서 그것이 보다 더 발본적인 입장인 것처럼 보일지 모르지만, 실제로 이 접근법은 혁명적 투쟁의 의미를 제한한다. 긍정적 접근법에서 투쟁은 우리 외부에 있는 것을 변형하는 것이다. 반면 부정적 접근법에서 투쟁은 우리 자신을 포함하여 모든 것을 변형하는 것이다.

이러한 요소들(외적 해석과 내적 해석)은 모두 자율주의적 전통 속에 존재한다. 그렇지만, 많은 경우에 우세한 것은 외적인, 즉 '반작용적인' 해석이다.[156] 따라서 자본주의적 발전의 동학은 노동계급 운동의 힘에 대한 반

---

[156] 또 다른 해석, 다시 말해 자본이 노동의 산물이기 때문에 자본을 노동에 의존적인 것으로 이해하는 것 역시 자율주의적 토론의 일부에서 나타난다. 예를 들어 Tronti의 후기 논문에 나오는 다음 단락을 보라. "자본의 조건들이 노동자들의 수중에 있다면, 노동력의 살아있는 활동이 없이는 자본의 어떠한 생동적 삶도 없다면, 자본이 이미 태생에서부터 생산적 노동의 결과라면, 노동자들의 절합이 없이는 어떠한 자본주의 사회도 존재하지 않는다면, 바꿔 말해 계급

작용 혹은 반응으로 이해된다. 자본의 발전은 공공연한 반란의 순간에 드러나는 노동계급 운동의 힘에 대한 자본의 방어적 대응으로 이해되는 것이다. 예를 들어, 네그리의 분석(1988)에서 케인즈주의는 1917년 혁명에 대한 대응인데, 이것은 자본이 노동계급 운동을 승인하고 또 통합함으로써만 생존할 수 있음을 분명히 보여주었다. 그러한 분석들은 종종 매우 시사적이지만, 여기에서 제시되고 있는 것은 자본주의 발전이 반작용의 과정으로 이해된다는 것, 즉 노동과 자본의 관계가 외적 관계로 이해된다는 것이다.

노동과 자본 사이의 극성의 역전은, 비록 그것이 출발점으로서는 본질적이라 할지라도, 이 경우들에서는 그 극성을 상이한 형식으로 재생산하는 것으로 귀결된다. 전통적 맑스주의의 분석은 자본의 논리적 발전을 강조하고, 계급투쟁을 하나의 '그러나 또한'의 역할로 격하시킨다. 자율주의 이론은 계급투쟁을 종속적 역할로부터는 해방시키지만, 그것이 자본과 노동의 관계를 반작용의 관계로 간주하는 한, 여전히 그것을 자본의 외적인 논리에 대면하고 있는 상태로 내버려둔다. 차이가 있다면 그것은 자본의 논리를 '경제적' 법칙들과 경향들로 이해하지 않고, 적을 물리치는 정치적 투쟁의 맥락에서 이해한다는 점이다. (네그리와 같은) 일부 자율주의자들의 분석 속에서 자본주의 발전에 대한 맑스주의 경제학의 해석에서 핵심 범주인 가치법칙이 어떻게 불필요한 것으로 간주되고 있는가(Negri 1988b)를 이해하는 것은 쉽다. 노동계급 운동의 힘에 직면하여, 자본은 통합된 세계 자본주의로 발전하는데(Guattari and Negri 1990), 그것의 유일한 논리는 권력 유지의 논리이다. 아마도 불가피한 것이겠지만, 노동-자본 관계에 대한 반작용

관계없이는 어떠한 사회적 관계도 존재하지 않는다면, 그리고 노동계급 없이는 어떠한 계급 관계도 존재하지 않는다면 … 우리는, 자본주의적 계급이 그것의 태생에서부터 사실상 노동계급에 종속되어 있다는 결론에 다다를 수 있다." (1979, p. 10)

적 이해는 자본주의에 대한 거울 이미지 관점으로 귀착된다. 노동계급 운동의 힘이 점점 더 커질수록 자본가 계급의 대응은 그만큼 일괴암적이고 전체주의적으로 된다. 자율주의적 이론은 맑스주의 이론의 투쟁 이론으로서의 성격을 재단언하는 것에서 결정적이었지만, 투쟁에 대한 맑스 이론의 실제적 힘은 자본과 노동 사이의 극성의 역전에 있는 것이 아니라 그것의 해체에 있다. 본펠드가 지적하듯이, '자율주의적' 관점들에 내재하는 난점은 '노동'을 일차적인 것으로 간주하는 데 있는 것이 아니라, 이 개념을 노동의 발본적 용해로 발전시키지 않는다는 데 있다.' (1994, p. 44)

자율주의 이론의 긍정화는 네그리에 의해 가장 체계적으로 발전되었다. 『야만적 별종』(Negri 1991)에서 네그리는 투쟁 이론에 긍정적 기초를 제공하기 위하여 스피노자에 대한 연구로 나아갔다. 이 연구에서 그는, 스피노자에 관한 그의 논의를 통해서 사회적 발전은 혹은 더 정확하게 말해 '사회 형태들의 계보학'은 '변증법적 과정이 아니다. 그것은 부정성을 다음과 같은 의미에서만, 즉 과정의 동력이 아니라 적, 파괴해야 할 대상, 점령해야 되는 공간이라는 의미에서만 함의한다(1991, p. 162)'고 주장한다. 과정의 동력은 긍정적이다. 그것은 '해방을 향한 존재의 지속적인 밀침'(1991, p. 162)이다. 그의 관심은 혁명적 힘(다중의 잠재력)의 개념을 긍정적인, 비변증법적인, 존재론적인 개념으로 발전시키는 것이다. 자율성은 은연중에, 권력(지배자들의 권력)을 부단히 새로운 지형에로 밀치고 있는, 다중의 잠재력의 현존하는 긍정적 욕동으로 이해된다.

주체를 긍정적인 것으로 다루는 것은 매력적이지만 그것은 불가피하게 하나의 허구이다. 우리를 비인간화시키는 세계 속에서, 우리가 인간으로 존재할 수 있는 유일한 방법은 부정적으로, 즉 우리들의 비인간화에 대항하여 투쟁하는 것뿐이다. 주체를 (잠재적으로 자율적인 것이라고 이해하기보다) 긍정적으로 자율적인 것으로 이해하는 것은 자신이 이미 자유롭다고 상상하고 있는 독방 속의 죄수와 같은 것이다. 이것은 매력적이고 고무적인 관념이지만 하나의 허구, 즉 쉽게 또 다른 허구에로, 총체적으로 허구적인 세계의 구축에로 이르는 허구이다.

투쟁 개념의 긍정화의 함의들은 (하트와의 공저로) 가장 최근에 발간된 네그리의 주요 저작인 『제국』(Hardt and Negri 2000)에서 가장 분명하게 발전된다. 여기에서 그들은 다중의 잠재력이 자본을 밀쳐낸 현재적 지형을 분석한다. 제국은 지배의 새로운 패러다임으로 간주된다. '제국주의와는 대조적으로 제국은 권력의 어떠한 영토적 중심도 확립하지 않으며, 고정된 경계들이나 장벽들에 의존하지 않는다. 제국은 그것의 열려지고 확장하는 경계들 내부로 전 지구적 영역을 점차적으로 통합하는 지배의 탈중심적이며 탈영토화하는 장치이다. 제국은 조율하는 명령 네트워크들을 통해 혼성적 동일성들, 유연한 위계질서들 그리고 복수적 교환들을 관리한다. 세계에 대한 제국주의적 지도의 뚜렷한 민족적 색채들은 제국적인 지구적 무지개 속에서 합쳐지고 뒤섞인다.' (2000, pp. xii~xiii) 주권의 변화가, '근대적 주권의 패러다임에서 제국적 주권의 패러다임으로의 보편적 이행'이 있다. 후자에서, 주권을 민족국가 속에 혹은 어떤 특수한 장소 속에 영토적으로 위치시키는 것은 더 이상 가능하지 않다. 심지어 미국조차도, 비록 그것이 권력 네트워크 속에서 특별히 중요한 역할을 수행할지라도, 이전의 제국주의 권력들이 그랬던 것과 같은 방식으로 권력의 장소인 것은 아니다. 이것의 하나의 함의는, 혁명적 변형을 국가 권력의 장악으로 사고하는 것은 더 이상 의미가 없다는 것일 수 있다.[157]

---

157) 하트와 네그리는 이 점을 매우 분명하게 표명하지는 않지만, 그 점은 분명히 그들의 접근법 속에 함축되어 있는 것으로 보인다. 예를 들어 p. 307을 보라. '어떤 자율적인 정치적 영역의 몰락은, 혁명이 민족적 정치 체제 내에 출현할 수 있거나 혹은 사회적 공간이 국가의 도구들을

이 새로운 패러다임 속에는 더 이상 어떠한 지배의 장소도 존재하지 않으며, 따라서 어떤 내부나 어떤 외부도 존재하지 않으며, 어떤 외재적 입장도 있을 수 없다. 제국은 모든 것을 포괄하는 지배체제이며, 네그리가 초기에 '사회적 공장'[158] 혹은 '통합된 세계 자본주의(IWC)'[159]라고 특징지었던 것의 최근의 재정식화이다. 이것은 저항 혹은 변화의 모든 가능성이 제거되었음을 의미하지 않는다. 반대로, 하트와 네그리는 제국이 다중의 투쟁들에 대한 반작용으로 이해되어야 한다고 주장한다. '자본주의적 형태들의 역사는 항상 필연적으로 **반작용적** 역사이다.' (2000, p. 268) 따라서, '다중은 우리들 사회적 세계의 실제적인 생산력인 반면, 제국은 오직 다중의 생명력에 기생하며 살아가는 단순한 포획의 장치이다. 맑스가 말하곤 했듯이, 그것은 산 노동의 피를 빨아먹음으로써만 생존하는 축적된 죽은 노동의 **흡혈귀** 체제와 같다.' (2000, p. 62)

제국 내부에서, 추동력은 계속적으로 다중이다. 제국은, '비물질적인 노동'의 발전을, 무엇보다도 정보 경제의 서비스 부문의 발전에 특징적인 지적 의사소통적 감응적 노동을 자신의 물질적 기초로 삼는다. 이 비물질적 노동에서 중요한 것은, 그것이 얼마만큼 내재적으로 그리고 직접적으로 협력적인가, 그리하여 새로운 주체성을 창출하는가 하는 것이다. '살아있는 비물질적 노동에 대한 착취의 직접적으로 사회적인 차원은, 사회적인 것을 정의하는 모든 관계적 요소들에 노동을 스며들게 할 뿐만 아니라 노동하는 실천들 전체를 통하여 비종속과 반란의 잠재력을 발전시키는 비판적 요소

사용해서 변형될 수 있을 그러한 어떤 독립적 공간의 몰락을 동시에 지시한다. 따라서 대항권력이라는 전통적 이념과 근대적 주권에 대항하는 저항의 이념은 일반적으로 점점 더 불가능하게 된다.'

158) 예를 들어, Negri (1980)을 참조하라.
159) 예를 들어, Guattari and Negri (1990)을 참조하라.

들을 활성화시킨다.' (2000, p. 29) 이러한 노동 유형의 내재적으로 협력적인 성격은 '소유권을 무효로 만들며' (2000, p. 410) 절대적 민주주의와 코뮨주의적 사회의 기초를 창출한다.

확실히 네그리와 하트의 주장은, 두 가지 중요한 점에서 이 책에서의 주장과 유사한 방향으로 나아간다. 첫 번째로, 그들은 사회적 발전을 조형하는 힘으로 저항 투쟁(우리가 그것을 다중의 힘이라 부르든 반권력이라 부르든)의 중심성을 강조한다. 그리고 두 번째로, 그들은 혁명에 초점을 맞추는 것은 중요하지만, 그 혁명은 국가 권력을 장악하는 것으로 사고될 수 없다고 주장한다.

그들의 주장은 매우 풍부하며 시사적이지만 그들의 접근법은 이 책이 채택한 접근법과는 실제로 많이 다르다. 이것은 우리를 딜레마 속에 빠뜨린다. 우리는 방법이 중요하지 않다고, 동일한 결론에 도달하는 많은 다른 방식들이 있다고 말할 수 있는가? 그러나 우리가 저 입장을 채택한다면, 물신주의와 비판에 관한 앞서의 수많은 주장들은 무의미해진다. 다른 한편으로 우리가, 방법은 자본주의적 지배에 대항하는 투쟁의 일부이기 때문에 방법이 중요하다고 말한다면, 하트와 네그리의 주장에 대해 우리는 무엇을 말할 수 있는가?

그 문제를 좀더 자세히 살펴보자.

접근법의 차이는 패러다임의 문제 속에 집중되어 있는 것으로 간주될 수 있다. 계급투쟁에 대한, 그리고 계급 구성에 대한 네그리의 긍정적 개념이 초점을 맞추는 것은 '패러다임' 개념이다. 하트와 네그리의 주장은 하나의 지배 패러다임에서 또 다른 패러다임으로의 이행에 초점을 맞춘다. 이 이행은 주로 제국주의에서 제국으로의 이행으로 설명된다. 하지만 이것은 또 근대성에서 탈근대성으로, 훈육에서 통제로, 포드주의에서 포스트포드주의로, 산업 경제에서 정보 경제로의 이동으로 다양하게 묘사된다. 여기에서 우리의 관심을 끄는 것은 그 명칭이 무엇이냐가 아니라, 하나의 지배 패러다임에서 또 다른 패러다임으로의 교체로, 즉 하나의 질서 체제에서 다른 질서 체제로의 교체로 자본주의가 이해될 수 있다는 가정이다. '세계 경찰 미국은 제국주의적 이익에 따라 움직이는 것이 아니라 제국적 이익에 따라 움직인다. 이런 의미에서 걸프전은 실제로, 조지 부시가 주장한 것처럼, 새로운 세계질서의 탄생을 알린다.' (2000, p. 180)

하트와 네그리가 물론 이러한 패러다임적 접근법에 머물러 있는 것은 아니다. 한 패러다임에서 다른 패러다임으로의 이행이라는 개념에 크게 의존하면서 최근 몇 년 사이에 커다란 영향력을 행사한 또 다른 접근법은 조절학파이다. 그 학파는 자본주의를 포드주의적 조절 양식에서 포스트포드주의적 조절 양식으로의 이동이라는 맥락에서 분석한다. 이 패러다임적 접근법은 세계에서 일어나는 현재적 변화들을 이해하기 위한 방법으로서 분명한 매력을 갖고 있다. 그것은 외관상 공통점이 없는 수많은 현상들을 하나의 응집적인 총체로 결합시킬 수 있게 한다. 그것은 우리로 하여금, 실톱으로 잘라낸 수많은 조각들을 끼워 맞추어 매우 풍부하고 만족스러운 그림을 그릴 수 있게 한다. 이것은 매우 고무적이다. 왜냐하면 그것은 이전에는 분명하지 않았던 일련의 상응들의 총체를 제시해주기 때문이다. 그 접근법은 또 대학의 연구자들에게 매우 매력적인 것이다. 왜냐하면 그것은 다듬어지지 않은 가장자리들이 전혀 없도록 완성될 수 있는 연구 프로젝트들의 세계 전체를 제시해 주기 때문이다.

그러나 패러다임적 접근법의 문제는, 그것이 구성으로부터 실존을 분리시킨다는 것이다. 그것은 지속의 관념에 의거한다. 사회는 일정한 기간 **동안** 상대적으로 안정적인 것으로, 그리고 이 기간에 우리가 일정하게 견고한 변수들을 식별할 수 있는 것으로 그려진다. 하나의 패러다임은 우리가 '세계는 그러한 것**이다**'라고 말할 수 있는 공간을 창출한다. 하나의 패러다임은 동일화한다. 동일화는 사유를 위해 필요하다고 주장될 수 있을지 모른다. 그럴 수 있다. 하지만 동일화가 그 자신의 부정을 함유하지 않으면, 그리하여 그것이 그 자신의 모순들(우리들)에 의해 찢겨져 나온 파편적이고 순간적인 하나의 계기에 불과하면, 질서의 세계가, 다시 말해 사물화하는 안정성의 세계가 창출된다. 하나의 패러다임은 질서정연한 상응의 세계를 그린다. 출발점인 부정적 충동은 긍정적 과학으로 역전된다. 노동 계급의 거부(Tronti 1979b)는 질서의 세계 속에 삽입된다. 비록 하트와 네그리가, 질서는 무질서에 대한 대응으로 이해되어야 한다고 주장하지만, 사실상 그들이, 패러다임적 접근법이 함축하는 질서의 우월성을 피하기란 어렵다. 그 책의 제목이 함축하듯이, 그들의 이야기는 무질서를 통해서가 아니라 질서에 대한 설명을 통해 전개된다. 비록 그들이, 거부는 지배의 추동력이라고 주장하지만, 거부는 사실상 종속적 위치로 떨어진다. 저자들이, '제국에 대해 폭넓게 검토한 지금, 우리는 다중과 그것의 잠재적인 정치적 힘에 직접적으로 초점을 맞춰야 한다'고 말하는 것은 그 책의 끝부분(2000 p. 393)에서이다.

패러다임적 접근법은 분류를 극단으로까지 끌고 간다. 새로운 것을 포획하여 그것을 분류하고, 그것에 꼬리표를 붙여서 패러다임적 질서에 부합되게끔 만들려는 열망이 존재한다. 구질서의 사망을 선언하고 새로운 질서를 선포하려는 부적절한 조급함이 존재한다. '왕은 죽었다. 왕이여 영원하라!' 어떤 통치 체계가 위기에 처하자마자 곧바로 새로운 통치 체계가 선포된다. '이 지점에서 훈육적 체계는 완전히 진부한 것으로 되고 따라서 버려져야 한다. 자본은 노동력의 새로운 질에 대한 부정적 반영과 전도를 완수해야만 한다. 자본은 다시 한번 명령할 수 있도록 자신을 조절해야 한다.' (2000, p. 276) 새로운 명령에로의 조절은 기획으로 간주될 뿐만 아니라 현실로 가정된다. 이것이 새로운 패러다임의 실체이다, 이것이 제국이다.

모든 것을 조화롭게 맞아 들어가는 것으로 만들려는 욕망, 새로운 패러다임을 이미 확립된 것으로 보려는 욕망은 종종 쉽사리 매우 비현실적으로 보이는 과장에 이르게 된다. 그리하여 '자율적 운동은 다중에게 고유한 자리를 지정하는 것이다. 여권이나 법적 서류들은 국경을 넘나드는 우리의 운동을 규제하는 데 점점 더 곤란을 느끼게 될 것이다.' (2000, p. 397) 또는, '생체정치적 생산의 영역에 구멍을 뚫는 시간기록 시계들은 없다. 프롤레타리아는 모든 곳에서 하루 종일 그것의 보편성을 생산한다.'

패러다임적 접근법은 차츰 기능주의로 변화한다. 조화로운 것들의 세계에서 모든 것은 기능적이다. 모든 것은 일관성 있는 전체의 유지에 기여한다. 그러므로 네그리와 하트에게 있어서 (네그리의 초기에서처럼)[160] 위기는 파열의 계기라기보다는 자본주의 갱생의 힘, '창조적 파괴'이다. 그러므로 '전체로서의 근대성에 있어서도 그렇듯이, 자본에게 위기는 그것의 종말이 아니라 그것의 경향과 작동양식을 가리키는 정상적 조건이다.'(2000, p. 222) 또는, '근대 주권의 위기는 (사람들이 1929년의 주식시장 붕괴를 위기라고 부르곤 하듯이) 일시적이거나 예외적인 것이 아니라, 오히려 근대성의 평균수준이다. 이와 유사하게 부패는 제국주의적 주권의 탈선이 아니라 그것의 본질 그리고 작동양식이다.' (2000, p. 202) 비록 그 책의 기획이 매우 명백히 파열을 위한 것이라 하더라도, 실제로 채택된 방식은 파열의 가능성을 흡수해 버리고, 운동을 사진 속으로 통합하는 것처럼 보인다. 패러다임적 접근법은 불가피하게 시간의 결빙을 수반한다.

기능주의는 주권과 국가에 대한 이해에까지 확장된다. 저자들은 국가에 대한 맑스의 견해를 기능주의적인 것으로 해석한다. 그들은 국가를 자본가

---

160) Holloway (1992, p. 164)에서의 논의를 참조하라.

들의 이해를 관리하는 위원회로 보는 맑스와 엥겔스의 견해를 언급하면서 다음과 같이 논평한다. '이러한 진술로 맑스와 엥겔스는 다음을 의도한 것이다. 비록 국가의 활동이 때때로 개별 자본가들의 직접적인 이해와 모순된다 하더라도, 그것은 항상 집합적 자본가, 즉 전체로서의 사회적 자본이라는 집단적 주체의 장기적 이해에 입각해 있다.' (2000, p. 304)[161] 따라서 근대 국가들의 체계는 '위기들에 맞서 전체 사회적 자본의 이해를 보장하는 데' 성공했다. (p. 306) 반면 이 탈근대적 '제국'의 시대에 '정부와 정치는 초국적 명령 체계에 완전히 통합되게 된다.' (p. 307) 정치적인 것과 경제적인 것은 폐쇄적인 체계, '통합된 세계 자본주의'를 형성하게 된다.

하트와 네그리가 그들의 접근법 속에서 매우 명백하게 반변증법적이고 반인간주의적이라는 사실은 이러한 패러다임적 접근법과 전적으로 부합한다. 헤겔은, 전복적 운동을 그 사상의 중심으로 삼은 철학자로 여겨지기보다는 계속해서 질서의 철학자로서 내쫓긴다. 변증법은 부정의 운동으로보다는 오히려 종합의 논리로써 이해된다.[162] 이것은 저자들이 인간, 동물 그리고 기계 사이의 연속성을 강조하는 것과 잘 부합한다. 저자들은 그들 자신이 1960년대에 푸코와 알튀세에게 매우 중요한 기획이었던 반인간주의를 수행하고 있다고 생각하며, '인간, 동물 그리고 기계 사이에 우리가 설정한 장벽을 부수자'(2000, p. 91)는 해러웨이의 주장을 동의하면서 인용한다. 포스트모더니즘은 우리에게 '우리의 탈인간적 신체와 정신을 인식하고, 유인원이자 사이보그인 현재의 우리로 우리 자신을 바라볼 수 있는' 기회를 제공한다. (2000, p. 92) 새로운 패러다임에서 '상호 작용적이고 인공 두뇌적인

---

[161] 이러한 해석의 기능주의에 대한 비판으로는 Hirsch (1978), 그리고 Holloway and Picciotto (1978b)를 참조하라.
[162] 변증법을 종합의 관점에서 이해하는 것에 대한 비판으로는 Adorno (1990)을 참조하라.

기계들은 우리의 신체와 정신에 통합된 새로운 인공 보철물이 되고, 우리의 신체와 정신 자체를 재규정하는 렌즈가 된다. 가상공간의 인류학은 진실로 새로운 인간 조건에 대한 인식이다.' (2000 p. 291) 확실히, 이러한 접근법의 문제는, 개미도 기계도 반란을 일으키지 않는다는 것에 있다. 반란에 근거한 이론은 인간성의 고유한 특질을 인식하는 것 외에는 거의 선택권을 갖고 있지 않다.

그들의 일반적 기획을 고려할 때, 하트와 네그리가 계급투쟁으로서의 자본 개념을 갖고 있지 않다는 것은 놀라운 일로 보인다. 그것은, 그들이 계급투쟁에 중요성을 부여하지 않는다는 것이 아니라 오히려 그들이 자본을 계급투쟁으로 이해하지 않는다는 것이다. 다시 말해, 그들에게는 자본을 경제적 범주로 다루려는 경향이 존재한다. 그들이 그렇게도 올바르게 공격하는 맑스주의적 정통교리의 가정들이 (다른 점들에서와 마찬가지로) 재생산된다. 자본은 행위결과를 전유하여 그 전유물로 하여금 행위에 맞서도록 하는 투쟁으로 이해되는 것처럼 보이지 않는다. 그러므로 패러다임의 이행을 계급투쟁에 대한 대응으로 이해해야 한다는 그들의 주장의 명백한 모순 속에서, 그들은 '자본 자체의 발전에 주목하는 것' **외에**, 우리는 '**또한** 계급투쟁의 관점에서 그 계보를 이해해야 한다'(2000, p. 234, 강조는 인용자)고 단언함으로써, 자본과 계급투쟁의 발전이 두 개의 분리된 과정이라는 사실을 암시한다. '자본 자체의 발전'에 대한 실제적인 분석은 자본과 노동 간의 적대의 관점보다는 과소소비론의 관점에서 이루어진다. 자본주의적 발전의 장애물들은 모두 '생산자로서의 노동자와 소비자로서의 노동자 사이의 불균등한 관계에 의해 규정된 단 하나의 장애물로부터 흘러나온다.' (2000, p. 222) 제국주의에서 제국으로의 운동을 설명하기 위하여, 그들은, 자본주의는 오직 비자본주의 영역의 식민지화를 통해서만 살아남을 수 있다는 로자 룩셈부르크의 과소소비론을 따른다. '이 지점에서 우리는 **자본주의적 팽창**

의 근본모순을 인식할 수 있다. 잉여가치를 실현하려는 욕망을 충족시킬 자신의 외부, 즉 비자본주의적 환경에 자본이 의존한다는 것은, 그 실현된 잉여가치를 자본화하려는 욕망을 충족시킬 비자본주의적 환경의 내부화와 충돌한다.' (2000, p. 227, 나의 강조.) 저자들에 따르면, 자본은 비자본주의적 영역에 대한 형식적 포섭으로부터 자본주의적 세계에 대한 실질적 포섭으로 전환함으로써 비자본주의적 세계의 고갈에 대한 해법을 발견한다. 제국주의로부터 제국으로의 이행에 대한 이러한 설명이 있은 연후에야 비로소, '우리는 **또한** 계급투쟁의 관점에서 그 계보(학)를 이해해야 한다'(2000, p. 234, 나의 강조)[163]고 지적된다.

계급투쟁과 자본을 분리된 것으로 이해하고, '자본주의적 확장의 근본모순'을 노동의 종속에 대한 자본의 의존이 아닌 다른 어떤 것으로 본 결과, 노동의 비종속이 (특히 자본주의의 위기 속에서) 자본의 허약함을 구성하는 방식을 이해하는 것이 불가능해진다. 이 책에는, 네그리의 모든 분석에서와 마찬가지로, 거인들의 충돌이 존재한다. 강력하고 일괴암적인 자본('제국')이 강력하고 일괴암적인 '다중'과 맞서는 것이다. 각 측의 힘은 상대에게 침투하는 것처럼 보이지 않는다. 자본주의적 적대의 두 측 사이의 관계는 외재적인 것으로 다뤄진다. 실제로 그것은 저자들이 자본의 대립물은 묘사하기 위해, 노동에 대한 자본의 의존 관계의 모든 흔적을 잃어버리는 심각한 손실을 지닌 단어인 '다중'이라는 용어를 선택한 것을 통해 알 수 있다.

네그리를 모든 자율주의적 저자들의 대표격으로 여기는 것(혹은 자율주의를 동질적인 '학파'로 분류하고자 하는 것)은 매우 옳지 않을 것이다. 네그리가 이끌어 내고 그 극단까지 밀고 나가는 것은 많은 자율주의 저작들

---

163) 계급투쟁을 '그러나 또한'의 상태로 환원하는 히르쉬의 방법론에 대한 비판으로는 Bonefeld (1991)을 참조하라.

에 존재하고 있는 계급투쟁에 대한 긍정적 이해이다. 그리고 그렇게 함으로써 그는 그것의 문제들을 명백히 드러낸다. 최초의 자율주의적 충동이 (겉모습들에도 불구하고) 그것의 급진적 결론에 이르는 것을 막고 있는 것은 그 충동의 긍정화이다.

정치적으로, 노동 계급 운동의 힘에 대한 강조는 명백한 호소력을 지니고 있다. 그럼에도 불구하고 노동과 자본을 외부적인 관계에 있는 것으로 이해하는 것은 양쪽의 힘에 대한 역설적인 (그리고 낭만적인) 과장에 이르게 된다. 노동과 자본의 관계의 내재적 본성을 탐구하는 데 대한 실패는 자율주의적 분석들로 하여금 노동이 자본주의적 형태들 **내부에** 존재하는 정도에 대해 과소평가하도록 이끌었다. 노동이 자본주의적 형태들 내부에 존재한다는 사실은, 후에 좀더 풍부히 논의될 것처럼, 노동의 자본에의 종속과 자본의 내부적 허약함 모두를 의미한다. 그러므로 노동과 자본의 관계의 내재적 성격을 간과하는 것은 노동의 자본 내부에로의 봉합을 과소평가하고 (그러므로 자본에 대항하는 노동의 힘을 과대평가하고) 자본 안에서의 내재적 모순으로서의 노동의 힘을 과소평가함(그러므로 노동에 대항하는 자본의 힘을 과대평가함)을 의미한다. 만약 권력과 반권력의 상호침투성이 무시된다면, 만약 물신주의라는 논점이 잊혀진다면, 그렇게 되면 우리에게는 순수한 두 주체만이 남게 된다. 우리는 '모든 충동에 대한 이성적 통제 속에 있는 강력한 자아, 즉 근대 합리주의의 모든 전통 속에서, 특히 라이프니츠와 스피노자로부터 (이들은 여기에서 최소한의 동의점을 발견했다) 가르침 받은 종류의 주체'[164]와 남게 된다. 자본의 편에는 완벽한 주체인 제

---

164) (칸트에 관한) Adorno (1990) p. 294의 일절: '분명히 그는 지성적 성격을, 자신의 모든 충동들에 대해 합리적으로 통제하고 있는 강한 자아라고 생각했다. 이 자아는 근대 합리주의 전통 전체에서 가르쳐져 온 자아이며, 특히 라이프니츠와 스피노자에 의해 가르쳐진 자아였다. 적어

국이 서 있고, 노동계급의 편에는 투사가 서 있다. 자율주의 — 이것은 그것의 매력이자 약점이다 — 는 투사의 매개되지 않은 관점에서 바라본 세계에 대한 이론화이다. 적절하게도, 제국에 대한 하트와 네그리의 논의는 투사에 대한 찬가로 끝을 맺는다. '투사는 다중의 삶을 가장 훌륭하게 표현하는 사람, 즉 생체정치적 생산과 제국에 대항하는 투쟁의 담지자이다.' (2000, p. 411) 그리고 저자들이 책의 마지막 문단에서 제시하는 코뮨주의적 전투성의 예는 '순수한 주체'의 완벽한 구현이다: 아시리아의 성 프란체스코![165] 그것은 아마도 헌신적 투사에게는 매력적인 이미지일 테지만, 일상적 물신화의 더럽혀진 불순물들의 진흙탕 속에서 살고 있음에도 불구하고, 더 정확하게 말하면 바로 그렇게 살고 있기 때문에 혁명을 위해 투쟁하는 우리의 경험과는 절망적일 정도로 동떨어진 것이다.

반권력의 힘을 이해하기 위해서는 투사의 형상을 넘어서 나아가야 한다. 우리가 책의 출발점으로 삼았던 절규는 투사의 절규가 아니라, 모든 억압받는 이들의 절규이다. 공공연한 전투성의 힘을 넘어서, 종속되기를 거부하는 모든 이들의 힘, 자본주의적 기계가 되기를 거부하는 모든 이들의 힘을 묻는 데로 나아가야 한다. 오직 저항의 편재성에 근거할 때만이, 혁명은 가능성이 된다.

도 여기에서 이들은 서로 동의할 수 있는 지점을 발견했다.' 네그리의 이론은 매우 명시적으로 스피노자에 기초를 두고 있다. (Negri 1991)
165) 코뮤니스트들은 아마도, 앗시리아의 성 프란체스코보다 우리들 모두의 내부에 있는 부정하는 악마인 메피스토텔레스를 주목해야할지 모른다.

제10장
반권력의 물질적 실재성과 자본의 위기

1

앞장에서 우리는 반권력이 현재적이며, 권력의 추동력이라고 주장했다. 이제 우리는 반권력의 물질성을 이해함에 있어서 한 걸음 더 나가야 한다.

반권력의 실재성을 이해함에 있어서 세 번째 요점은 자본이 자신의 실존을 전적으로 노동에 의존한다는 것, 즉 인간 행위의 가치생산적 노동으로의 전형(轉形)에 의존한다는 것이다.

이것은 분명히 저항 사상에 대한 맑스의 특유한 기여이며, 이 점이 맑스주의로 하여금 급진 사상의 다른 형식들을 넘어서도록 만든다. 사회에 대한 급진적 부정은 일반적으로 외적 부정으로, '그들에-대항하는-우리'로서 출발한다. 남성들에 대항하는 여성들, 백인들에 대항하는 흑인들, 부자에 대항하는 빈자, 제국에 대항하는 다중. 우리의 부정성은 외적인, 그리고 잠재적으로 외적인 대립 속에서 그들의 긍정성과 마주친다. 부자들이 우리를 억압하며, 우리가 그들을 미워하고 그들에 대항하여 싸운다는 것은 명백하다. 하지만 그러한 접근법은 우리들의 힘이나 그들의 취약성에 대해 우리에게 어떠한 것도 이야기해 주지 않는다. 일반적으로 급진적 이론은 억압의 허약성보다는, 억압에 그리고 억압에 대항하는 투쟁에 초점을 맞추는 경향이 있다. 예컨대 페미니스트 이론은 사회내의 성적 억압의 성격을 조명하는 데에 매우 강력한 것이었다. 그것이 발전시키지 못한 것은 저 억압의 허약성 혹은 역사성에 대한 이론이다.

급진적 이론의 이 '그들에-대항하는-우리'에 맞서 맑스는 이렇게 외친다. '하지만 "그들"이란 존재하지 않는다. 오직 우리만이 존재한다. 우리만이 오직 실재성이고 오직 창조적 힘이다. 우리 외에는 아무도 없다. 우리의 부정성 외에는 아무 것도 없다.'

여타의 다양한 급진 이론들로부터 맑스주의를 구분하는 그것의 핵심적 주장은 외부성을 해체하라는 주장이다. '그들에' 대항하는 그것의 공격의 핵심은 '그들이' 우리에게 의존하는 것을 보여주는 것이다. 왜냐하면, '그들은' 지속적으로 우리에 의해 창조되기 때문이다. 우리, 권력 없는 사람들이 모든 힘을 갖고 있다.

급진 이론이 갖고 있는 '우리에-대항하는-그들'이라는 논리의 외부성에 대한 비판은 어떤 심오한 이론적 논점이 아니라 사회의 혁명적 변형의 가능성에 대한 맑스주의적 이해의 핵심이다. 우리가 자본주의적 지배의 허약성을 이해할 수 있는 것은, '그들'이 우리에게 외적이지 **않다**는 것을, 자본이 노동에 외적이지 **않다**는 것을 이해하는 것을 통해서이다. '우리에-대항하는-그들'의 외부성을 넘어서는 것은 동시에 억압에 대한 급진 이론을 넘어 맑스주의의 관심사로 나아가는 것이다. 즉 억압의 **허약성**을 이해하고, 저 허약성을 우리의 절규의 힘으로 이해하는 것으로 나아가는 것이다.

우리는 권력이 반권력에 침투하는 수많은 방식들에 대해서, 우리 비종속의 소외된 성격에 관해서 지금까지 이야기해 왔다. 하지만 그 반대도 똑같이 사실이다. 물신주의는 양면적인 과정이다. 그것은 권력이 저항에 침투하는 것 뿐만 아니라, 저항이 권력에 침투하는 것도 가리킨다. 예를 들어, 화폐가 사회적 관계의 물화라고 말하는 것은, 사회적 관계의 적대가 '사물' 속으로, 화폐가 그 자신을 존재로 나타내는 그 '사물' 속으로 들어가는 것을 의미한다. 화폐를 사회적 관계의 규율화라고 말하는 것은 사회적 관계를 화폐의 전복이라고 말하는 것과 마찬가지이다. 만약 권력이 그것의 부정, 즉 반권력에 침투한다면, 반권력이 그것의 반명제인 권력에 침투한다는 것도 마찬가지로 사실(어쩌면 좀더 흥미 있는 것)이다.

2

반권력의 권력에의 침투는 위기 이론의 소재이다.

위기 이론이 자본주의에 대항하는 투쟁을 뒷받침하는데 중요한 것이라는 생각은 맑스주의적 전통의 중심적인 주장이 되어왔다. 맑스주의의 중요성은 자본주의로부터 코뮨주의로의 이행이 실질적으로 가능함을, 다시 말해 코뮨주의를 위한 투쟁이 자본주의의 물질적 모순에 기초하고 있음을, 그리고 이러한 모순들이 자본주의의 위기 속에 집중됨을 보여줌으로써 코뮨주의를 위한 투쟁을 뒷받침하는 것에 놓여 있다. 맑스주의자들은 우리가 우리의 투쟁 속에서 외롭지 않다는 것을 확인하기 위하여 늘 위기에 주목해왔다.

하지만 이 '우리는 외롭지 않다'를 이해하는 데는 두 가지 방법이 존재한다. 위기에 대한 정통적인 이해는 위기를 자본주의의 객관적 모순들의 표현으로 보는 것이다. 객관적 모순들은 우리의 편이고, 생산력도 우리의 편이고, 역사도 우리의 편이기 때문에 우리는 외롭지 않다는 것이다. 이러한 관점에서 보면, 우리의 투쟁은 자본주의 경제의 모순들의 객관적 발전에서 그것의 지지를 발견한다.[166] 이러한 모순들에 의해 촉발된 위기는 투쟁을 위한 기회의 문을 연다. 그것은 경제적 위기를 사회적 위기로 전환시킬 기회와 혁명적인 권력 장악을 위한 기초를 마련한다. 이러한 접근법의 문제는, 그것이 경제(혹은 역사, 혹은 생산력)를 숭배하는 경향이 있다는 것, 우리의 구세주가 될 힘을 인간 행위자 외부에 창조하는 경향이 있다는 것이다. 자본주의의 객관적 모순들의 표현으로서의 위기라는 이러한 생각은 위기와 혁명에서 권력 관계들의 해체를 보기보다 혁명을 권력의 장악으로 바라보는 관념을 보완한다.

'우리는 외롭지 않다'를 이해하는 다른 방식은 위기를 자본에 대한 우리의 저항력의 표현으로 바라보는 것이다. '객관적 모순'이란 없다. '우리와 우리'만이 자본주의의 모순이다. 역사는 자본주의적 발전법칙의 역사가 아니라 계급투쟁(계급화를 위한 투쟁과 계급화에 대항하는 투쟁)의 역사이다. 어떤 종류의 신도 존재하지 않으며, 화폐나 자본도 존재하지 않으며, 생산력도 역사도 존재하지 않는다. 우리는 유일한 창조자들이다. 우리는 유일하게 가능한 구원자들이다. 우리가 유일하게 유죄인 사람들이다. 그러므로 위기는 자본주의 모순들의 객관적 발전에 의해 우리에게 제시된 기회로서 이해될 수 있는 것이 아니라 우리 자신의 힘의 표현으로서 이해될 수 있는 것이다. 그리고 이것은 혁명을 권력의 장악으로 이해하지 않고, 위기의 실체로서 이미 존재하는 반권력의 발전으로서 이해하는 것을 가능하게 만든다.

모든 계급사회에는 지배자의 피지배자에 대한 의존성으로부터 기인하는 불안정성이 있다. 지배력의 모든 체제에는 '힘 있는 사람들'과 '힘없는 사람들' 사이의 상호의존 관계가 있다. 그것은 피지배자가 지배자에게 의존하는 일방적인 관계인 것처럼 보이지만, 사실상 지배자의 지배자로서의 실존 자체는 피지배자에게 의존한다. 착취에 기초한 모든 사회에서 특정한 불안정

---

166) 맑스주의 위기론의 세 가지 주요한 변이들(이윤율 저하경향, 불비례 이론과 그리고 과소소비론)의 찬성자들 사이에 객관적 모순들을 어떻게 이해할 것인가에 관한 기나긴 논쟁이 있다.

성은, 착취관계의 유지, 따라서 지배계급 위치의 유지가 피착취자들의 노동에 의존한다는 사실로부터 생겨난다. 모든 계급 사회에는 착취하는 계급과 착취당하는 계급간의 불균형이 존재한다. 각 계급이 다른 계급에게 의존한다는 것은 분명하지만, 착취당하는 계급은 피착취자로서의 자신의 신분의 재생산에 있어서만 착취하는 계급에게 의존하는 반면, 착취하는 계급은 자신의 실존 자체에서 피착취 계급의 노동에 의존한다.[167]

모든 계급 사회에 내재하는 사회적 불안정성은 사회의 상이한 형태들 속에서 상이한 형태들을 취한다. 자본주의적 위기의 개념은 자본주의가 특수한 불안정성에 의해 특징 지워지고, 그것은 주기적 격변 속에서 분출구를 발견한다는 생각에 기초를 두고 있다. 그러므로 피착취자들의 노동에 대한 지배계급의 일반적 의존성에서 유래하는 불안정성을 넘어서는 것이 필요하다. 이를 위해 우리는 이렇게 물어야 한다. 자본주의를 특히 불안정한 지배체제로 만드는 것, 즉 지배계급의 피지배계급의 노동에 대한 의존성의 특수한 자본주의적 형식은 무엇인가?

자본주의를 본래 불안정적으로 만드는 것, 즉 자본의 노동에 대한 의존관계에서는 무엇이 특유한가?

자유. 그 답은 명백하기도 하고 다소 혼란스럽기도 하다. 자본과 노동의 관계의 특유한 특징은 노동자의 자유이다. 자본주의를 그 이전의 계급사회들과 구별하는 것은 노동자의 자유이다.

물론 이 자유는 자유주의적 상상력이 애호하는 자유가 아니라 "이중적 의미"에서의 자유이다. "그의 화폐가 자본으로 전환하기 위하여 … 화폐 소유자는 시장에서 자유로운 노동자와 만나야만 한다. 그 자유 노동자는 이중

---

[167] 이것은 주인과 노예에 관한 유명한 장에 들어 있는 헤겔의 주장이다. Hegel (1977), pp. 111~119

의 의미에서 자유롭다. 자유인으로서 그는 그의 노동력을 그 자신의 상품으로 처분할 수 있으며, 다른 한편으로 그는 팔 수 있는 다른 어떤 상품도 갖고 있지 않고 그의 노동력의 실현을 위하여 필요한 모든 것을 결여하고 있다." (Marx 1965, p. 169) 자유에 대한 자유주의적 생각이 첫 번째 측면만을 보았음에 비해, 맑스주의자들은 자유주의적 이론과는 반대로 두 번째 측면, 즉 자본주의적 사회 속에서 자유의 '현실성'을, 노동자가 그녀의 노동력을 파는 것 외에는 선택의 여지가 없다는 사실을 강조하는 경향이 있었다. 하지만 두 번째 측면에 대한 배타적인 강조는 노동자의 이미지를 희생물로, 객체로 제시하며 자본에게 대항하는 반권력의 표현으로서의 자유의 중요성을 완전히 놓친다.

첫 번째 측면, 즉 '그의 노동력을 그 자신의 상품으로 처분할 수 있는' 노동자의 자유를 강조한다고 해서, 맑스주의의 자유주의화를 의미하는 것은 결코 아니다. 모든 계급 사회들이 비종속적인 노동자들의 종속에, 따라서 폭력에 의지한다는 것을 명심하는 것은 중요하다. 자본주의를 다른 계급사회들과 구별하는 것은 이러한 종속이 취하는 형태, 즉 그것이 자유를 통해 매개되고 있다는 사실이다.

맑스는 '왜 이 자유 노동자가 시장에서 [화폐의 소유주]와 대면하는가라는 질문'을 검토하지 않는다. 그러나 그는 다음과 같은 것을 주목한다. '하지만 한 가지는 분명하다. 자연이 한편에 화폐 또는 상품의 소유주를, 다른 편에 자신의 노동력 외에는 어떠한 것도 소유하지 않은 사람들을 생산하지는 않는다. 이런 관계는 어떤 자연적인 기초도 갖고 있지 않으며, 또 그것의 사회적 기초가 모든 역사적 시기에 공통적인 것도 아니다. 그것은 분명히 과거의 역사적 발전의 결과이다. … 이 특정한 역사적 조건이 세계사를 구성한다.' (Marx 1965, pp. 169~170)

만약 봉건주의와 자본주의가 지배 관계가 띠는 상이한 역사적 형태들로 간주된다면, 봉건주의로부터 자본주의로의 이행의 핵심은 농노들의 해방과 봉건 영주들의 인격적 권력의 해체, 그리고 시장에서 (그 또한 새롭게 창출된) 화폐 소유주와 대면하는 '자유로운 노동자'의 창출이다. '농노들의 해방'은 (자유주의적 설명에서 흔히 제시되는) 속박으로부터 자유로의 단순한 이행만은 아니다. '해방'은 오히려 지배 관계의 탈구이다.

봉건주의 하에서 지배 관계는 인격적인 것이었다. 농노는 특정한 영주에게 묶여 있었고, 영주는 상속받았거나 정복할 수 있었던 농노들을 착취하는 데 한정되었다. 계급 분할의 두 측은 서로 묶여 있었다. 농노는 특정한 영주와 특정한 장소에 묶여 있었고, 영주는 특정한 농노 집단에 묶여 있었다. 영주가 잔인하다 해도, 농노는 다른 영주에게 가서 일하겠다고 결정할 수 없었다. 농노가 게으르거나 미숙하거나 고분고분하지 않아도, 영주는 그들을 간단히 쫓아낼 수 없었다. 그것의 결과는 한편에서는 반란이었고, 다른 한편에서는 부 확장과 권력 확장의 다른 방식에 대한 추구였다. 봉건주의의 인격적 속박은 노동력을 가두고 착취하는 형태로서 부적절함이 입증되었다. 농노들은 도시로 도망쳤고, 봉건 영주들은 지배 관계의 화폐화를 받아들였다.

봉건주의로부터 자본주의로의 이행은 이와 같이 **계급 분할의 두 편 모두에서** 이루어진 해방운동이었다. 양편은 서로로부터 도망쳤다. 농노들은 (자유주의적 이론에 의해 강조되듯이) 영주들로부터 도망쳤고, 영주들은 그들의 화폐화된 부의 운동을 통하여 그들의 농노들로부터 도망쳤다. 양편은 지배형태로서는 부적절함이 입증된 지배 관계로부터 도망쳤다. 양편은 자유를 향해 도망쳤다.

자유로의 도주는 이처럼 봉건주의로부터 자본주의로의 이행에 중심적이다. 하지만 물론 여기에는 자유에 대한 두 가지의 상이하고 대립적인 이해방식(자유주의적 이론의 중심적 모순인 이원론)이 존재한다. 농노들의 도주는 영주에 대한 종속으로부터의 도주, 즉 이러저러한 이유로 인해 낡은 종속을 더 이상 받아들이지 않는 자들의 도주, 다시 말해 비종속적인 사람들의 도주였다. 영주들의 도주는 정확히 그 반대였다. 그들이 자신들의 부를 화폐로 전환시켰을 때, 그것은 종속의 부적합성으로부터의 도주, 비종속성으로부터의 도주였다. 한쪽에서는 비종속**의** 도주, 다른 한쪽에서는 비종속**으로부터의** 도주. 그 어느 쪽에서 보건, 계급 관계의 새로운 이동성, 즉 농노와 영주의 상호 도주의 추동력은 노동의 비종속이었다.

물론 노동의 비종속의 도주와 노동의 비종속으로부터의 도주, 즉 두 계급의 상호반발이 계급 관계를 해체하지는 못했다. 농노와 영주 양편 모두에게서 자유로의 도주는 상호의존의 끈의 재출현에 부딪혔다. 해방된 농노들은 그들이 일을 멈추는 것이 자유롭지 않다는 것을 발견했다. 그들이 생산수단들을 통제하지 못했기 때문에 그들은 주인이나 생산수단들을 통제하는 어떤 사람들을 위하여 일하지 않으면 안 되었다. 그들은 살아남기 위해 다시 그들 자신을 종속시켜야 했다. 하지만 이것이 낡은 관계로의 복귀는 아니었다. 그들은 더 이상 한 사람의 특정한 주인에게 묶여져 있지 않았을 뿐만 아니라 이동을 하는 데에도 자유로웠고, 한 주인을 떠나서 다른 주인에게 가서 일하는 데에도 자유로웠다. 봉건주의로부터 자본주의로의 이행은 지배관계들의 탈인격화, 탈구 혹은 용해를 포함했다. 착취 관계는 인격적 속박의 끈들의 해체에 의해 폐지되지 않았다. 그러나 그것은 형식에서의 근본적 변화를 경험했다. 농노를 한 특정한 주인에게 묶어 두었던 그 특수한 끈은 자본가 계급에 대한 이동적이며 유동적이고 탈구된 종속관계에 의해 해체되고 또 그것으로 대체 되었다. 비종속의 도주는 새로운 계급관계를 정의하는 것으로 진입했다.

사회의 다른 한편에서, 재산을 화폐로 전환한 이전의 영주들도, 자유가 그들이 상상했던 모든 것이 아니었음을 발견했다. 왜냐하면 그들도 여전히 착취에 의존하고 있었고, 따라서 피착취자들, 노동자들, 그들의 이전의 농노들의 종속에 의존하고 있었기 때문이다. 비종속으로부터의 도주는 자본가들로 변한 영주들에게는 어떠한 해결책도 아니었다. 왜냐하면 그들의 부의 확장이 노동의 종속에 의존하고 있었기 때문이다. 그들은 (게으름, 부적절한 숙련, 기타 그 어떤 이유에서건) 노동자들의 어떤 특수한 집단들에 대한 착취를 포기하거나 다른 집단의 노동자들에 대한 착취의 직접적 고리들을 확립하거나 단순히 비생산적 투자를 통해 노동에 대한 전 지구적 착취에 참여하는 데에서 자유롭다. 노동의 착취에 대한 그들의 특수한 관계가 어떤 형태를 띠든 간에, 그들의 부의 확장은 노동자들에 의해 생산된 부의 총체적 확장의 일부에 지나지 않았다. 그들의 이전의 농노들의 경우와 마찬가지로 자유로의 도주는 의존성의 새로운 형태로의 도주임이 밝혀진다. 종속으로부터 농노들의 도주가 그들을 종속의 새로운 형태로 이끈 것처럼, 비종속으로부터 영주들의 도주는 그들을 다시 비종속과 대면할 필요에로 이끈다. 하지만 그 관계는 변화해 왔다. 왜냐하면 자본의 비종속으로부터의 도주는 (예컨대 공장폐쇄나 파산의 항존하는 위협에서처럼) 종속을 부과하려는 그것의 투쟁에 중심적이기 때문이다. 비종속으로부터의 도주는 새로운 계급관계의 명확한 특징이 되었다.

이와 같이 노동의 비종속은 자본의 자본으로서의 구성이 회전하는 축이다. 자본주의를 이전의 계급사회들과 구별하는 것은 종속의 도주와 종속으로부터의 도주라는 두 계급의 원심적 상호반발이며 이것이 자본주의를 이전의 계급사회들로부터 구분 짓는다. 그리고 이것이, 자본주의가 여느 계급사회와 마찬가지로 기초하고 있는 노동 착취에 특유한 형태를 부여한다. 비종속의 불안정성은 노동과 자본의 운동으로서의 계급관계 속으로 진입한다.

출발부터 새로운 계급관계 즉, 자본가들과 노동자들(혹은, 그것이 탈인격화된 관계이기 때문에 좀더 정확히 말하면 자본과 노동)의 관계는 상호도주와 상호의존의 관계이다. 다시 말해 그것은 종속의-도주-그리고-종속으로부터의-도주이고, 재종속에의 의존이다. 자본은, 그것의 정의가 말해주듯이, 더 많은 부의 추구 속에서 비종속적인 노동으로부터 도망치지만 노동의 종속에 대한 그것의 의존으로부터 결코 벗어날 수 없다. 노동은 출발부터 자율성, 해방, 인간성의 추구 속에서 자본으로부터 도망치지만, 오직 그것을 파괴함으로써만 즉 노동생산물의 사적 소유를 파괴함으로써만 자본에의 의존과 종속으로부터 벗어날 수 있다. 자본과 노동의 관계는 이처럼 상호도주와 상호의존의 관계이지만, 그것이 대칭적인 것은 아니다. 노동은 이 관계로부터 벗어날 수 있지만 자본은 이 관계로부터 벗어날 수 없다. 자본은 노동이 자본에 의존하지 않는 방식으로 노동에 의존한다. 자본은 노동이 없으면 존재하기를 중지하고 노동은 자본이 없으면 실천적 창조성, 창조적 실천, 인간성으로 된다.

자본주의의 발생은 이처럼 탈인격화, 아니 나아가, 지배관계들의 탈구, 해체, 전위(轉位)를 수반한다. 인격적 속박의 끈의 해체는 지배관계를 폐지하는 것이 아니라 지배관계를 탈구시키는 것이다. 농노(지금의 노동자)와 영주(지금의 자본가) 양편은 지배와 투쟁의 관계의 적대적 극으로 남아 있지만 그 관계는 더 이상 예전과 같지 않다. 노동의 비종속은 불안정성, 이동성, 액체성, 흐름, 유동성, 끊임없는 도주로서 그 관계 속으로 진입했다.168)

---

168) 그러므로 계급 적대는 생산의 맥락 속에서만 이해될 수는 없으며, 유통과 생산의 통일의 맥락 속에서만 이해될 수 있다. 일차적인 것으로서 생산과 이차적인 것으로서 유통이라는 관점은 노동계급을 생산에 종사하는 사람들의 계급, 즉 산업 프롤레타리아트로 정의하는 방향으로 나아가는 경향이 있다. 자본이 생산과 유통의 통일(혹은 비종속-그리고-비종속으로부터의 도주와 종속의 부과의 통일)의 맥락 속에서 이해된다면, 상이한 그림이 나타난다. 자본의 삶은 먼저 종속을 시키는 것이고, 그 후에 종속과 분리될 수 없는 비종속으로부터 도망치는 것이다. 그것은 착취를 위해 노동을 빨아들이다가 맛이 없으면 뱉어버린다. 노동계급을 구성하는 적대

그 관계는 탈구되었다. 그것은 탈구된 형식 안에서 파열되고 재구성되었다. 계급관계의 탈구는 노동력이 봉쇄되는 형식이며 노동력이 지배계급의 지속적 착취에 내던져지는 형식이다. 계급관계의 탈구는 동시에 지배계급의 노동에 대한 의존성이 띠는 형식이다. 그것이 바로 자본주의적 자유의 의미이다.

계급관계 탈구의 관건(關鍵)은 그 관계가 화폐를 통해, 혹은 상품들의 교환을 통해 매개되는 것이다. 농노의 인격적 속박으로부터 자유는 그녀의 노동력의 상품화이며 노동력이 가치형식을 띠는 것이다. 노동자가 한 주인으로부터 다른 주인으로 이동할 수 있는 수단은 그녀의 노동력을 판매를 위해 제공하고, 그 대가로 노동력의 가치에 대한 화폐적 표현인 임금을 받음으로써이다. 자본가들이 노동력의 지구적 착취에 참가하는 수단은 그의 자본의 운동을 통해서, 즉 화폐형식 속에서이다. 가치 혹은 화폐는 자유주의적 이론이 자유라고 지칭한 것, 즉 사회적 관계들의 탈구와 분리할 수 없다.

착취/지배 관계의 탈구는 모든 사회적 관계들의 탈구를 가져온다. 노동력의 상품으로서의 실존은 사회 속에서 상품관계의 일반화를, 상품 교환을 통한, 즉 화폐를 통한 사회 관계들 일반의 매개를 함축한다.

계급관계의 탈구는 동시에 노동 그 자체의 탈구이다. 노동은, 창조적 활동성을 지시하는 일반적 개념이기를 멈추고, 자본가에게 노동력을 판매한 결과로 수행된 노동(자본가의 지시에 내 맡겨진 노동 과정)으로 정의되어진다. 실천적 활동성의 다른 형식들은 (일반적으로 노동하고 있는 어머니들

는 종속의 적대가 아니라, 종속/비종속의 적대이다. 노동계급은 종속적인 희생물이 아니라 자본이 그것으로부터 도망쳐야만 하며 또 그것을 종속시켜야만 하는 '비종속적인 것'이다. 자본이 빨아들인 후에 내뱉는 것으로 살아간다면, 노동계급은 정확히 '지상에서 빨려진 후에 내뱉어지는 맛없는 자들'이라고 묘사될 수 있다.

과 노동하지 않고 있는 어머니들 사이에 그어진 구별에서, 혹은 고용되지 않은 어떤 사람이 '노동하지 않고 있다'고 여겨지는 관념에서 표현되듯이) 비노동으로 간주된다. 이와 동일한 탈구는 또 노동자와 노동 내용 사이의 관계의 탈구를 의미한다. 농노가 노동의 하나의 특정한 유형 혹은 특정한 유형들을 수행하며 살았던 반면 자본주의적 노동자는 그녀의 노동력을 판매함으로써 살아간다. 노동력의 상품으로의 판매, 즉 화폐의 매개는 노동자와 수행된 노동 사이에 무차별의 관계를 도입한다. 계급관계들의 탈구는, 바꾸어 말하면, 노동의 추상화이기도 한 것이다.

노동의 추상화는 또 착취자와 착취의 내용 사이의 분리를 의미한다. 영주의 부가 그의 농노들이 수행한 특정 유형의 노동에 의존했던 반면, 화폐의 매개는 그의 피고용자들에 의해 어떤 유형의 노동이 수행되는가 하는 것을 자본가에게는 완전히 무차별한 문제로 만든다. 자본가의 부는 행해진 노동의 질에 의존하는 것이 아니라 가치의 양적 확장에 의존한다.

계급관계의 탈구는 또한 생산과 소비의 탈구이다. 농노들이 자신들이 소비한 것의 대부분을 생산한 반면, 자본주의적 노동자는 단지 주변적으로만 자신들의 소비를 위해 생산한다. 생산과 소비의 관계는 화폐를 통하여 매개된다. 화폐의 매개는 생산과 소비의 시공간적인 분리를 의미한다.

이와 마찬가지로, 화폐/가치를 통한 계급관계의 매개는 또 경제적이고 정치적인 탈구를 의미한다. 봉건적 관계에서 착취 관계와 지배 관계가, 경제적인 것과 정치적인 것이 무구별적이었던 반면, 자본 관계가 노동력의 판매와 소비를 통하여 매개된다는 사실은 착취(경제적인 것)와 착취의 과정에서 필요한 사회적 질서의 지속(정치적인 것) 사이의 분리를 의미한다. 이와 마찬가지로 자본 관계에는 영토성의 재정의, 즉 자본과 노동의 이동성에 의해 특징 지워지는 착취의 비영토적 과정과, 민족국가(및 그 시민들)에 대한 정의를 통해 이루어지는 강제의 영토적 조직화 사이의 분리가 존재한다.

이 목록은 무한히 나열될 수 있다. 계급관계의 탈구는 사회 관계들의 보편적 분열, 즉 사물들을 통한 관계들의 굴절을 의미한다. 달리 말하면 이 탈구는 물신주의이다. 물신주의는 정말로 양면적인 과정이다. 앞에서 우리는 물신주의를 권력이 저항 속으로 침투하는 것으로 이해했다. 이제 우리는 그것이, 저항이 권력 속으로 침투하는 것이기도 함을 이해한다. 우리 모두에게 너무도 깊이 침투하는 자본주의적 사회 관계들의 특유한 물신주의는 동시에 자유가 지배의 형식 속으로 침투하는 것이기도 하다.

여기서 우리의 흥미를 끄는 질문은, 이런 계급관계의 탈구(혹은 물신화)가 어떻게 세계 속으로 새로운 불안정성을 도입하는가 하는 것이다. 만약 자본주의와 계급지배의 이전의 형식들 사이의 변별적 특징이 계급관계의 탈구('자유', '물신주의')라면, 자본주의의 특유하게 위기에 찬 성격은 이런 탈구의 맥락에서 설명되어져야만 한다.

가장 명백한 것은, 사회적 관계들의 탈구가 세계 속으로 새로운 혼돈을 도입한다는 것이다. 그것은 그 밖의 어떠한 것과도 쉽게 어울리지 않는 혼돈스럽고 탈구적인 세계를 창조한다. 자신의 노동력을 팔려고 하는 사람들과 그것을 사기를 원하는 사람들 사이에는 어떠한 필연적인 대응도 없다. 생산과 소비 사이에는 어떠한 필연적인 대응도 없다. 정치적인 것과 경제적인 것 사이에는 어떠한 필연적인 대응도 없다. 그것이 정확하게 탈구('자유')가 의미하는 것이다. 비상응의 세계가 태어난다.[169] 그 세계 속에서 질서는 무질서를 통해 구축되며 사회적 연관들은 사회적 탈연관을 통해서 구축된다. 봉건주의의 질서 정연한 세계는 붕괴되었고 인격적 속박의 끈들은

---

[169] 사회를 사회적 현상들 간의 상응의 체계로서 보는 사회 이론들(조절주의 이론, 네그리의 이론)은 자본주의의 이러한 측면에 맹목적이다. 이러한 노선에 따라 조절이론을 비판한 것으로는 Bonefeld (1991)을 참조하라.

노동력을 봉쇄하고 착취하기에 부적절한 것임이 입증되었다. 계급 지배는 유지되었지만 계급관계의 탈구를 통해서만 그렇게 되었다. 노동력은 봉쇄되었지만, 끔찍한 희생을 치르고 나서야 그렇게 되었다. 노동력을 정복하는 대가는 사회의 심장 속으로 혼돈을 도입하는 것이다. 우리가 이전에 권력의 반권력으로의 침투로 이해했던 그 물신주의는 동시에 권력의 기능 작용의 바로 그 핵심 속으로 반권력이 침입하는 것이기도 하다. 자본 속에서-그것에-대항하는 지향력의 실존은 가치라고 하는 통제 불가능한 힘의 형태를 취한다.

 이것은 거꾸로 뒤집힌 것처럼 보인다. 우리는 가치를 이러한 술어들로 사고하는 것에 익숙지 않다. 가치를 질서확립적인 것('가치법칙')으로, 자율적인 생산자들의 사회에 존재하는 사회적 끈으로 생각하는 것이 좀더 일반적인 것이다. 이것은 옳다. 하지만 그러한 강조가 자유주의적 이론에 대한 비판 위에 서 있을 때에만 그러하다. '가치법칙'의 개념은 사실상 다음과 같은 것을 말한다. '분명히 자율적인 생산자들은, 그 외관에도 불구하고, 은밀하게 작동하는 사회적 관계들에 의해 함께 연결되어 있다. 만약 다른 한편에서, 우리가 파편화된 개인주의라는 외관에서 출발하지 않고, 노동의 비종속이 종속의 정의 속으로 역사적으로 침입하는 것에서 출발한다면, 가치는 이 침입에 의해 봉건주의의 더욱 응집적인 지배에 가해진 파편화를 표현한다. 가치법칙은 동시에 가치의 무법칙성이기도 하다. 가치는 종속 자체 속에서 비종속의-그리고-비종속으로부터의 모순적인 도주의 현존에 대한 정치적·경제적 표현이다. 마치 자유가 자유주의적 정치이론 속에서 그 도주의 현존에 대한 범주적 표현인 것처럼 말이다. 자유, 가치 그리고 이동성은 계급관계들의 동일한 탈구의 분리 불가능한 표현들이다.

 그러므로 가치범주는 비종속의 힘을 표현하며, 행위의 노동으로의 봉쇄를, 그리고 그 봉쇄의 끔찍한 비용을 표현한다. 노동가치론은 무엇보다도 자본주의하에서 노동의 배타적이고 모든 것을 구성하는 힘을 공공연하게 가리킨다. 그러므로 그것은 동시에 계급이론이기도 하다. (Clarke 1982 참조) 만약 노동이 모든 것을 구성한다면, 갈등은 오직 노동에 대한 통제나 노동의 착취의 맥락 속에서만 이해될 수 있다.

두 번째로, 가치 이론은 행위의 종속을, 즉 인간의 창조적 행위가 자본주의 속에서 추상적 노동의, 가치 생산의 탈인간화하는 과정으로 환원된다는 사실을 가리킨다. 맑스가 말했듯이 "노동은 그 생산물의 가치에 의해 재현되고 노동 시간은 그것의 가치량에 의해 재현된다." "이러한 공식들은 … 생산 과정이 인간에 의해 통제되기보다 인간을 지배하는 사회 상태에 속해 있다는 사실을 명백하게 새기고 다닌다." (1965, pp. 80~81) 행위의 생산물이 가치형태를 취한다는 사실은 행위력의 봉쇄의 표현이다. 농노들의 노동이 영주에 대한 종속으로부터 해방 되었을 때, 그것은 자유로운 창조적 활동성으로 된 것이 아니라 가치생산의 요건에 의해 속박된다. 이전의 농노는 영주의 인격적 속박으로부터는 벗어나게 되었지만, 가치의 절합을 통해 자본에 의한 착취에 묶인다.

세 번째로, 가치는 지배하고 착취하는 계급에게 행위를 봉쇄하는 비용을 알려준다. 노동 정복의 이러한 형태는 사회 관계들이 '생산자들의 등 뒤에서' 확립됨을, 사회가 어떠한 사회적 통제에도 종속되지 않음을 분명히 보여준다. 자본주의에서 지배계급은, 그들이 지배계급이라고 불릴 수 있다면, 가치의 혼돈을 봉쇄하기 위해 (그리고 그 혼돈으로부터 이득을 취하기 위해) 노력한다는 의미에서만 지배할 뿐이다. 가치는 혼돈으로서, 사회 관계들의 탈구로서, 행위의 (그 말의 모든 의미들에서) 균열된 사회성으로서 지배한다. 가치는 무질서로, 모순으로 봉쇄된 행위력의 표현이다.[170]

사회직 통제의 이런 상실은, 『자본론』에서는, 사회 관계들의 전위(轉位)되고 탈구되고 전도된 형태들의 연속적 도출을 통하여 표현된다. 사회 관계들 각각의 형식은 연결 뿐만 아니라 분리, 탈구, 전위를 표현한다. 사회 관계들의 점진적인 물신화의 각 단계는 『자본론』에서 서술된 사회를 더욱 불투명하게 할 뿐만 아니라, 각각의 단계가 사회를 더욱더 전위시키고 더욱더 무질서에 굴복하기 쉽게 만든다. 매번 논의는 한 형식으로부터 다른 형식으로 이동하는데 그 요점은 각 형식의 (예컨대, 가치와 구별되는 형식으로서의 가격이) 특수한 실존이 어떠한 필연적인 상응도 없다는 것을, 각각의 형식이 전위를, 즉 예측불가능성의 도입을 수반한다는 것을 의미한다는 것이다. 맑스는 상품과 화폐의 관계에 대해서 다음과 같이 말한다. "상품들은 화폐와 사랑에 빠져 있다. 하지만 '진실한 사랑의 과정은 결코 순탄하지 않다.'" (Marx 1965, p. 107) 각각의 단계에서, 사회 관계들의 각 형식의 도출은 불확실한 사랑의 이야기다. 사회 관계들의 파편화에 저항하여 맑스는 그들의 내적 통일을 추적하고, 내적 통일(노동)이 파편화된 형식들을 띠는 과정을 추적한다. 맑스의 논의에서 중요한 것은 내적 통일 뿐만 아니라 노동이 띠는 형식들의 실제적인 파편화, 전위이다. 맑스주의는 너무나 자주, 자본주의적 지배의 기어가 서로 완벽하게 맞물려 있다고 가정하는 기능주의로 환원된다. 맑스의 분석으로부터 이보다 더 멀리 떨어진 것은 없을 것이다. 자본주의는 결정적으로 비상응의 사회이다. 그러한 사회 속에서는 사물들이 기능적으로 함께 어울리지 못하며 가치법칙은 가치의 무법칙과 분리될 수 없다. 자본주의는 계급지배의 탈구-속에서의-유지, 즉 노동력의 묶인 해방에 기초한 사회이다.

사회의 탈구는 사회적 해체의 가능성, 위기의 가능성이다. 위기는 단지

---

170) 가치론의 이 결정적 측면은 가치를 단순히 맑스주의적 경제학의 범주로 다루는 사람들에 의해 간과되며, 어쩌면 보다 놀랍게도, 정통 맑스주의에 대한 그들의 비판에도 불구하고 '자본주의의 발전 법칙'과 투쟁 사이의 이원론을 유지하는 사람들에 의해서도 간과된다.

사회적 탈구의 극단적인 표현일 뿐이다. 다시 말해 위기는 노동과 자본의, 생산과 소비의, 노동력 및 다른 상품들의 판매와 구매의, 정치적인 것과 경제적인 것의 비상응의 극단적인 표현이다. (여전히 한계가 있는) 그러한 의미에서, 자본주의의 위기구속적 성격은 이미 계급관계의 탈구 속에 주어져 있다.

3

만약 위기가 사회 관계들의 탈구의 극단적인 표현이라면, 위기를 향한 경향(혹은 위기의 '불가피성')에 관한 어떠한 이론도 왜 사회 관계들의 탈구가 극단적 형식들을 취해야만 하는가를 물음으로써 시작해야만 한다. 위기가 자본주의에서 단순히 전염적인 것(사회 관계들의 전염적 전위)으로 이해되지 않고 탈구의 주기적 강화로 이해된다면, 지금까지의 논의를 넘어서, 위기의 어떤 불가피성도 없는 사회에서 어떻게 우리가 위기를 향한 경향을 자본주의의 허약성을 이해할 열쇠로 여전히 이야기할 수 있는가라고 물을 필요가 있다.

문제는 위기를 경제적 현상으로서 뿐만 아니라 사회 관계들의 위기로 이해하는 것이다. 문제는 위기를 계급적대의 주기적인 격화나 혹은 격화된 사회적 변화의 주기적인 격화로 (따라서 사회운동에 대한 모든 이해에 중심적인 것으로) 바라보는 것만이 아니다. 이것은 중요하다. 하지만 논의의 이 지점에서의 쟁점은 어떻게 외부적인, 혹은 객관적 힘에 의지하지 않고 위기로의 (아니 심지어는 위기의 불가피성으로의) 경향을 이야기하는 것이 가능한가 하는 것이다.

위기에 대한 모든 비결정론적 이론은 위기로의 경향을 투쟁의 역동성 속에 위치시켜야만 한다. 그러한 위기 이론 속에는 자본주의를 거듭 재발하는 위기로 이끄는 것, 즉 자본주의 속에서의 투쟁의 관계에 관한 그 무엇이, 자본과 노동의 관계에 관한 그 무엇이 들어 있어야만 한다. 이것은 위기를 투쟁의 혹은 전투성의 파도의 결과로 (신리카도주의적 분석이나 자율주의적 분석이 서로 다른 방식으로 그렇게 하는 것처럼)[171] 바라보는 것이 문제가 아니라 위기의 경향을 계급적대의 형식 안에 포섭된 것으로 바라보는 문제이다.

위에서 계급적대의 자본주의적 형태의 변별적인 특징은 (자유, 가치, 이동성 등등으로 표현된) 계급관계의 탈구였다고, 이런 탈구는 사회 관계들의 모든 측면에서 표현된다고 주장되었다. 이제 만약 위기가 극단적으로 표현되는 이 사회적 탈구로 이해된다면, 그것은 이미 다음과 같은 문제를 제기하는 것이다. 위기를 극단적 형태들로 향하게 만드는 계급관계들의 탈구는 무엇인가?

지금까지 사회 관계들의 탈구는 자본주의와 계급사회 이전의 형식들 사이의 구분이라는 맥락 속에서 검토되었다. 그 탈구가 자본주의의 여명에서 완성되기라도 했던 것처럼 말이다. 그렇지만 자본주의와 같은 적대적인 사회에서는 존재의 상태란 없으며, 다만 운동의 과정만이 있을 뿐이다. 그러므로 탈구는 계급관계들의 상태에 대한 묘사가 아니라, 투쟁의 역동성이다. 탈구는 농노들의 봉건영주로부터의 해방이나 영주들의 그들의 농노들로부터 해방을 지시할 뿐만 아니라, 노동자들이 자본에 대한 자신의 의존성에 맞서 싸우고 자본이 노동에 대한 자신의 의존성에 맞서 싸우듯이, 지금도 지속되고 있는 적대의 원심적 역동성으로 간주될 수 있다. 위기를 향한 자

---

[171] 임금 투쟁의 역할을 강조하는 신리카도주의적 설명에 관해서는 Glyn and Sutcliffe (1972)를 보라. 계급투쟁 일반을 강조하는 자율주의적 설명에 관해서는 Cleaver and Bell (1982)를 보라.

본주의의 경향의 핵심은 투쟁의 원심적 역동성이다. 노동과 자본 양자는 그 것들의 상호적 의존으로부터 자신들을 해방시키기 위해 끊임없이 싸운다. 저것이 자본주의의 특유한 허약성의 원천이다.

자본에 맞서는 투쟁의 원심적 성격은 상대적으로 이해하기 쉽다. 분명히 우리의 투쟁은 자본으로부터 달아나기 위한 끊임없는 투쟁, 공간을 위한 투쟁, 자율성을 위한 투쟁, 속박의 끈을 느슨하게 하고 지배의 탈구를 강화하기 위한 투쟁이다. 이것은 헤아릴 수 없이 많은 형태를 취한다. 자명종을 벽에 던지기, '일터'에 지각하기, 꾀병이나 결근의 여러 형태들, 사보타지, 휴식시간을 늘리기 위한 투쟁, 노동시간을 단축하고 휴가를 늘리기 위한 투쟁, 더 나은 연금 쟁취, 모든 종류의 파업들 등등. 수많은 사람들이 희망을 품고 자본으로부터 도주하듯이, 이민은 특별하게 중요하고 명백한 도주의 한 형태이다.172) 임금을 둘러싼 투쟁도 자본으로부터의 더 큰 자율성을 위한 투쟁으로 간주될 수 있다. 왜냐하면, 노동의 강화가 종종 더 높은 임금을 위한 협상의 부분임에도 불구하고, 화폐가 그것의 자본주의적 의미에서의 '자유'와, 즉 외부적 명령에 상대적으로 덜 종속된 삶으로 이끌 수 있는 능력과 동일시되기 때문이다. 자본으로부터 달아나기 위한 투쟁은 분명히 고용 현장에 국한되지 않는다. 건강이나 주거를 둘러싼 투쟁들, 핵권력에 맞서는 투쟁들, 먹고사는 것의 반자본주의적 형태를 확립하기 위한 시도들 모두는 가치의 지배로부터 달아나기 위한 시도들이다. 노동에 의한 투쟁(나아가서 노동에 **대항하는** 투쟁)은, 집단적 반란으로 이해되건 기회들에 대한 개별적 이용으로 이해되건 간에, 자본으로부터의 자율성을 위한 끊임없는

---

172) Hardt and Negri (2000, p. 212)를 보라: '이동성과 대중 노동자 유목주의는 언제나 자유를 위한 거부와 추구를, 착취의 끔찍한 조건들에 대항하는 저항, 자유를 위한 그리고 삶의 새로운 조건들을 위한 추구를 표현한다.'

투쟁이다. 자율성을 위한 투쟁은 지배의 거부이며, 고용 현장에서 뿐만 아니라 사회 전체에서 이러저러한 형태들로 울려 퍼지는 '아니다'이다. (Tronti 1946 참조)[173]

자본의 투쟁 역시 자율성을 위한 것인가 하는 점은 아마도 덜 분명할 것이다. 아마도 그 반대의 것이 진실인 것처럼 보인다. 자본의 투쟁은 행위의 자율성에 대립된다. 우리가 자본주의적 지배의 끈을 느슨하게 하려고 애쓰는 반면 자본가는 그것을 단단히 조이려고 애쓴다. 우리가 비종속을 확장하기 위해 애쓰는 반면 자본가는 종속시켜야만 한다. 우리가 벗어나려 애쓰는 반면 자본가는 봉쇄해야만 한다. 우리가 늦게 도착하기 위해 애쓰는 반면 자본가는 시계를 강요한다. 자본의 투쟁은 사회의 탈구에 끊임없이 대립되는 것처럼 보인다. 그러므로 탈구의 극단적인 표현들(즉 위기들)은 우연성의 문제이고 탈구와 접합간의 투쟁의 특수한 결과에 전적으로 의존한다.

하지만 문제는 그렇게 간단치 않다. 확실히 자본의 생존은 노동을 착취하는 것에 의존한다. 하지만, 자본주의에 변별적인 것은 착취의 형태, 즉 화폐를 통한 착취관계의 매개(가치, 자유, 이동성)이다. 노동을 묶기 위한 자본의 투쟁은 사회 관계의 탈구를 통하여 매개된다. 자본이 노동에게 자신의 규율을 부과하는 형태는 노동으로부터의 실질적 혹은 위협적 도주를 통한다. 예컨대 지각하는 노동자는 해고에 직면하게 된다. 채찍이나 교수대에 직면하는 것은 아니지만 그녀로부터 자본의 멀어짐에 직면하는 것이다. 파

---

[173] Hardt and Negri (2000)은 올바르게도 제국에 대항하는 투쟁들에 대한 그들의 논의에서 도주(유목주의, 도망, 탈주)에 커다란 중요성을 부여한다. 다중의 탈영토화하는 욕망은 자본주의적 발전의 전체 과정을 움직이는 동력이다. 그러므로 자본은 그것을 봉쇄하기 위해 끊임없는 시도를 해야만 한다. (2000, p. 124) 그 뒤에 그들은 '훈육적 시대에는 사보타지가 저항의 기본적 관념이었던 반면에, 제국적 통제의 시대에는 도망이 저항의 기본적 관념일 수 있다'(2000, p. 212)고 주장한다. 하지만, 그들은 도주가 자본의 개념 속에 주어져 있다는 것을, 그리고 그 도주는 상호적인 도주(노동자들의 도주와 자본의 도주)임을 보지 못한다.

업을 계속하거나 자본에게 필요한 속도로 일하지 않는 노동력은 일반적으로 기관총은 아니지만 공장의 폐쇄나 자본의 화폐로의 전환에 직면한다. 비종속의 손을 드는 노동자들은 해고에 그리고 기계류에 의한 대체에 직면한다. 자본이 가변자본으로부터 화폐를 거쳐 불변자본으로 도주하는 것이다. 자본의 관점에서 볼 때 자본주의의 좋은 점은 자본이 어떤 특수한 집단의 노동자들의 종속에 묶이는 것이 아니라 노동 일반의 종속에 묶이는 것이다. 만약, 어떤 집단의 노동자들이 불만스러우면 자본은 그들을 뻗어 버릴 수 있고 그것 자체가 화폐로 바뀌어서 좀더 종속적인('유연한') 노동자들을 찾아 떠날 수 있다. 자본은 본래 유동적인 지배형태이다.174)

자본주의의 역설은 노동자들과 자본이 그들 자신을 노동으로부터 해방시키기 위하여 서로 다른 방식으로 끊임없이 싸운다는 것이다. 자본과 노동의 적대의 특유한 형태 안에는 원심력이 존재한다. 적대적 관계의 두 극점들은 서로 싸운다. 인간성과 자본 사이에는 (매우 분명하면서도 중요한) 상호반발이 존재한다. 만약 우리가 자본주의의 탈구된 끈을 이해하기 위해 개를 긴 끈에 묶어서 걷고 있는 개주인의 경우를 사례로 생각해 보면, 자본주의의 특유성은 개주인과 개 모두가 서로로부터 도망치려는 경향이 있다는 것이다.

그 유추를 조금 더 진행시키면, 위기는 개주인과 개가 반대 방향으로 달릴 때 나타나는 것이 아니라, 관계의 통일성이 그 묶인 끈을 통해 자신을 주장할 때 나타나는 것이다. 개와 개주인은 그들이 서로 붙어있다는 점을

---

174) 자본의 이동성이라는 생각이 자본의 '국제화', '지구화'에 대한 최근의 많은 논의에서 사용되는 방식은 종속과 비종속의 분리, 구조와 투쟁의 분리의 한 예이다. 자본은 기본적으로 한 장소('미국 자본', '영국 자본')에 자리를 잡고 있는 것으로 가정된다. 노동은, 모든 설명에서, 오직 희생물로서만 나타난다.

잊어버렸을 수도 있지만, 그러나 그것은 결국 그들의 의지에서는 독립적으로 자신을 주장한다. 자본의 경우도 마찬가지다. 노동과 자본이 아무리 그들의 상호관계에 관해 잊어버리기를 원한다 해도, 그 관계는 결국 그 자신을 주장한다. 자본은 객관화된 노동 이외에는 아무 것도 아니라는 사실이, 그 관계가 취할 수 있는 모든 형태들 배후에 놓여있다.

사회적 탈구의 과정이 스스로 위기를 구성하지는 않는다. 히피족들은 현실 세계에서 손을 뗄 수 있고 노동자들은 일터에 지각할 수 있고 학생들은 맑스 연구에 자신의 시간을 쓸 수 있으며 자본은 금융 투기나 마약 거래로 돌아설 수 있다. 자본의 생산 (즉, 행위의 객관화) 그 자체가 위협받지 않는 한에서, 그 모든 것들은 그다지 중요하지 않다.175) 사회 관계들의 탈구는 자본의 재생산이 사회적 실천의 특수한 유형(잉여가치의 생산)에 의존한다는 것을 의미한다. 사회 관계들의 잠재적인 통일성이 자신을 주장하는 때는, 사회 관계들의 탈구가 (화폐를 통해 이윤으로 표현되는) 잉여가치의 생산을 위협할 때이다.

이러한 의미에서, 이윤율 하락의 경향에 대한 맑스의 분석에 기초한 위기 이론들은 과소소비 이론이나 불비례 이론보다는 좀더 적절한 것으로 간주될 수 있다. 후자의 이론들이 사회 관계의 극단적인 탈구(생산과 소비간의 혹은 생산의 상이한 부문간의 상응의 결여)의 표현들에 초점을 맞추는 곳에서, 그것들은 계급간의 관계를, 비상응의 원천인 '자유로운' 상호반발의 관계를 직접적으로 언급하지 않는다. 반면, 이 상호반발의 모순은 이윤율 하락의 경향에 대한 맑스 이론의 핵심이다.

산 노동으로부터의 자율성을 위한 자본의 투쟁의 결정적 형태는 산 노동

---

175) '탈근대 경제'에서 잉여가치의 생산은 과거지사로 보일 수 있다. 돈으로 돈을 번다는 생각은 언제나 자본의 꿈이었다.

의 죽은 노동으로, 과거 노동으로, 즉 기계류로의 대체이다. 잉여가치 생산을 극대화하기 위한 투쟁에서 '자본은 노동자들의 비종속과 씨름하도록', '노동의 고집 센 손'(1965, p. 437)과 싸우도록 끊임없이 강제된다'(Marx 1965, p. 367). 노동의 비종속에 대한 자본의 대응은, 산 노동으로부터 그것 자체를 격리시키고 비종속적 노동자를 고분고분한 기계로 대체하며 질서(맑스는 '아크라이트가 질서를 창출했다'고 말하는 유어(Ure)를 인용한다)를 부여하는 데에 기계를 사용하는 것이다. 물론 노동자를 기계로 대체하는 것이 필연적으로 비종속에 대한 직접적 대응은 아니다. 화폐를 통해서 매개되면 그것은 종속을 유지하는 비용에 대한 대응의 형식을 취할 수도 있다. 즉, 그것이 단순히 비용절약으로 간주될 수도 있는 것이다. 그 어느 것이든 결과는 마찬가지다. 산 노동에 의해서만 생산될 수 있는 잉여가치를 최대화하기 위한 자본의 투쟁은 산 노동으로부터 도주, 산 노동의 축출이나 죽은 노동으로의 대체의 형태를 취한다.

(자본주의에 특유한) 노동으로부터의 도주는 (모든 계급사회들에 공통된) 노동에 대한 지배자들의 의존성과 갈등하게 된다. 역설적으로 노동으로부터의 자본의 도주는 노동에 대한 그것의 의존성을 강화한다. 노동으로부터 자본의 도주는 그 지배의 물질적 기초(가치)의 재생산이 점점 적은 수의 노동자들의 착취에 의존한다는 것을 의미한다. (이것은 맑스가 자본의 상승하는 유기적 구성이라고 말한 것이다.) 자본이 그 자신을 재생산하기 위해서는 끊임없이 강화하는 노동 착취가 있어야만하며, 그리고 이제 그것은 인간성의 끊임없는 종속을 전제한다. 만약 착취의 강화가 노동으로부터 자본의 도주의 효과를 상쇄하는 데에 충분치 않다면, 자본의 재생산의 결과는 이윤율 하락으로 나타날 것이다. 이윤율 하락 경향에서 표현되는 것은 바로 노동으로부터의 자본의 도주와 노동에 대한 그것의 의존성 사이의 자본주의에 특유한 모순이다. 위기는 노동에 의존하고 있는, 즉 자신이 부정하는 행

위에 의존하고 있는 자본과 대면한다. 이런 의미에서, 위기는 물신주의의 지속불가능성의 표현에 불과하다.

지금까지 우리는 위기를 절규의 힘에 의해, 즉 노동으로부터의 도주의 힘에 의해 설명해왔다. 그러나 우리는 절규를 좌절된 지향력의 외침이라고 보았다. 위기를 지향력의 힘의 표현으로서, 따라서 다른 유형의 사회를 만들기 위한 기초를 창조하는 것으로서 보는 것이 가능할까?

정통 맑스주의는 확실히 위기를 생산력과 생산관계 사이의 갈등으로 묘사하면서, 위기에 대한 더욱더 긍정적인 해석을 한다. 생산력의 발전은 코뮨주의 사회의 건설을 위한 긍정적 기초를 창조하는 것으로, 그리고 점차 자신의 자본주의적 외피와의 갈등 속으로 들어가는 것으로 이해된다. 그러한 긍정적인 주장을 유지하는 것은 가능한가?

'생산력들'은, 그것들이 어떤 사회적 진공 속에 존재한다 할지라도, 긍정적으로 발전할 수 없음은 분명하다. 우리가 정통적 전통으로부터 생겨나는 모든 기계론적이고 실증주의적인 함축을 잊어버린다면, '생산력'이라는 말은 단지 인간의 지향력의 발전을 지칭할 뿐이다. 공중을 나는 인간의 역량은, 말하자면, 레오나르도 다빈치의 시대보다 지금이 훨씬 더 크다. 그것은 인간의 지향력의 발전 때문이거나, 혹은 당신이 그렇게 말하고자 한다면, 생산력의 발전 때문이다. 그러나 그러한 지향력의 어떤 중립적인 발전도 결코 존재하지 않음은 분명하다. 지향력은 언제나 자신의 자본주의적 형태, 즉 지배력 속에서 그리고 그에 맞서 존재한다. 사용가치는 가치 속에서 그리고 그에 맞서 존재한다. 우리의 사회적 행위와, 우리 행위의 사회성이 가치를 통해 매개된다는 사실 사이에는 '속에서-그리고-맞서'(in-and-against)의 긴장이 늘 존재한다. 그것은 다른 방식일 수 없다. 그런 점에서 생산력(우리의 지향력)의 발전과 자본주의적 외피 사이에는 매 순간마다 충돌이 존재한다. 그러므로 자기결정하는 사회에 의해 단순히 취해질 수 있는, 우리의 행위할-힘의 어떤 긍정적 발전도 존재하지 않는다.

　이와 동시에, 우리가 위기로의 경향 속에서 표현된 자본의 모순적 성격의 핵심으로 간주해온 노동-으로부터의-도주가 반드시 (아니 실제로, 만약 우리가 자살의 경우를 제쳐놓는다면, 일반적으로) 행위로부터의 도주가 아님을 이해하는 것이 중요하다. 자기 아이들과 시간을 보내고 싶어서 아프다는 말을 하려고 전화를 거는 노동자는 행위의 한 형식에 다른 것들에 비한 우선권을 부여하기 위해 싸우고 있는 것이다. 심지어 침대에 누워서 '나는 어제 일하러 가지 않았어, 오늘도 가지 않을 거야. 고통을 위해 살지 말고 기쁨을 위해 살자'고 말하고 있는 여성을 그린 포스터조차도 자본주의에 대항하는 투쟁을 부정적인 투쟁으로서 뿐만 아니라 사회적 행위의 다른 유형(고통을 위해 살지 말고 기쁨을 위해 살자)을 위한 투쟁으로서 보여준다. 사람들이 행위의 대안적 방식을 위해 싸우는 일에 관여하는 것에는 더욱 미묘한 방식들도 존재한다. 학생들을 가르치기 위해 노력하고 있는 교사들처럼, 환자를 돕기 위해 노력하고 있는 간호사들처럼, 훌륭한 생산물을 디자인하기 위해 노력하는 디자이너들처럼, 좋은 상품을 생산하기 위해 애쓰는 생산자들처럼, 그들이 단지 자신들의 일을 잘하기 위하여 애쓸 때조차도 사람들은 가치에 대항하여 사용가치를 발전시키고 행위의 사회성을 해방시키기 위해 싸우고 있는 것이다. 그래서 가치(수익성에 기여하라는 압력 혹은 가치의 무수한 관료주의적 모방들 중의 하나를 만족시키라는 압력)는 방해물로, 저항해야할 그 무엇으로 간주된다. 자본의 관점에 보면, 가치보다 사용가치에 초점을 맞추는 것은 결근이나 사보타지와 마찬가지로 비종속의 한 형식이다.

　자본주의 속에서 사회 조직의 다른 유형을 위한 기초가 발전되지만, 그것은 우리가 생산하는 기계들이나 물건들 속에 있는 것이 아니라 자신의 자본주의적 형태와의 끊임없는 긴장 속에 발전하는 사회적 행위 안에 놓여 있다. 어떠한 것도 자본주의적 사회 관계 외부에 존재하지 않기 때문에, 위기를 자본주의적 사회 관계들과 그 밖의 어떤 것 사이의 모순으로 사고하는 것은 분명히 잘못된 것이다. 모순은 오직 행위의 사회적 관계들에 내재하는 모순일 수 있을 뿐이다. 위기 속에서 드러나는 것은 내재적 모순이다. 행위와 그것의 자본주의적 형태간의 모순, 다시 말해, 노동으로부터 행위로의 도주이다.

4

위기는 갈등의 강화를 수반한다. 인간성과 자본의 이러한 상호반발은 필연적으로 자본으로 하여금 끊임없이 노동의 착취를 강화하도록 강요할 필요성을 부과함과 동시에 자본으로 하여금 그렇게 하는 것을 어렵게 만든다. 위기는, 행위의 비종속 혹은 불복종이 자본주의적 재생산에 필요한 착취의 강화를, 자본의 수익성이 영향을 받을 정도로, 방해할 때에 존재한다고 말할 수 있다. 위기의 과정을 통해 자본은, 수익성을 회복할 수 있는 방식으로 노동과의 관계를 재조직하려 애쓴다. 이것은, 맑스가 이윤율 하락의 경향에 대한 상쇄경향들이라고 부른 것의 작동을 포함하는데, 착취율의 증가, 제거되지 않으면 사회적 총 잉여가치의 분배에 참여하게 될 많은 개별 자본들의 제거, 불변자본의 요소를 값싸게 함으로써 산 노동이 차지하는 비례적 부분을 어느 정도로 복구하는 것, 그리고 잉여가치의 비생산적 사용을 줄이는 것 등이 그것이다. 이것은 노동과정 그 자체의 재조직화를 포함할 뿐만 아니라 착취과정에 영향을 주는 모든 조건들, 즉 사회전체의 재조직화를 포함한다. 이런 '상쇄경향들의 작동'은 일반적으로 파산, 실업, 임금삭감, 노동조합 권리들의 박탈, 아직 고용되어있는 사람들의 노동의 강화, 자본들

간의 경쟁의 격화, 국가들 간의 갈등의 강화, 교육과 건강 그리고 사회복지에 대한 국가지출의 삭감, 남녀노소 및 부모자식 관계의 결과적인 변화, 또 우리 자신의 상이한 측면들 간의 관계의 변화 등등을 수반한다.

위기의 전 과정은 노동과 자본 사이의 직접적 대치를, 삶의 비종속 및 불복종과 자본 사이의 직접적 대치를 수반한다. 이러한 대치는 자본에게 위험을 의미한다. 그 대치는 더 큰 종속으로 나아가는 것이 아니라 공공연한 불복종과 자본의 곤란의 강화로 이끈다. 대치의 위험은, 위기가 함축하고 있는 강화된 경쟁과 갈등에서 패배할 위험을 무릅쓰는 특수한 자본이나 특수한 국가들의 관점에서 볼 때는 더욱더 분명하다. 달리 말해, 전체로서의 자본은, 그리고 또 특수한 자본들과 특수한 국가들은 비종속의 힘들과의 대치를 회피하거나 변경하는 것에 관심을 가질 수 있는 것이다. 개와 그 주인의 비유로 돌아가 보면, 위기는 그들의 상호반발 속에서 개의 목과 주인의 손 사이로 끈이 끼어들어 죄이는 그 지점으로 간주될 수 있다. 개와 주인이 이전의 과정을 지속할 수 없다는 것은 분명하다. 그러나 여전히 결과와 관련해서 사전에 결정되어진 것은 아무 것도 없다. 만약 개가 충분히 강하고 단호하거나 충분한 힘을 모았다면, 묶인 끈을 풀어 버리거나 주인을 발밑에 쓰러뜨려 버릴 것이다. 이와 반대로 주인이 개를 끌고 갈 충분한 힘과 기술을 가지고 있을 수 있다. 개를 종속시키기 위한 싸움에서 주인은 몰래 준비한 중요한 속임수를 갖고 있다. 끈을 늦출 수 있는 것이다. 이것은 개의 힘에 대한 승인이자 동시에 개를 지치게 하여 복종시키려는 계략이다. 개가 충분히 지치고 약해지면, 주인은 필요할 경우 개를 때려서 따르게 할 수도 있고 끈을 죄일 수도 있다.

끈을 늦추는 것, 즉 갈등을 이겨내기 위한 갈등의 회피는 신용확장이다. 위기(따라서 반권력의 물질성)는 신용확장의 역할에 대해 논하지 않고는 이해 될 수 없다.

이윤이 하락함에 따라 곤경에 처한 회사들은 돈을 차용함으로써 살아남으려고 한다. 경제적·사회적 문제를 지닌 정부들은 차용을 통해 주민들과의 대치를 회피하려고 한다. 노동자들 또한 돈을 차용함으로써 시작된 위기의 효과들을 완화시키려고 한다. 증가한 대출 수요는, 생산에서 비종속에 의해 야기된 문제들과 결합되면서, 자신들의 돈을 생산에 투자하기보다 그것을 대부하는 것을 자본에게 더 매력적인 것으로 만든다. 위기의 시작은 신용과 부채의 팽창을 야기한다. 축적은 더욱더 의제(擬制)적으로 된다. 가치의 화폐적 재현은, 실제로 생산된 가치로부터 더욱 분리된다. 자본주의는 점점 더 의제적으로 되고 점점 더 가장(假裝)적으로 된다. 노동자들은 자신들의 수입이 실제보다 더 큰 것처럼 가장하고, 자본가들은 자신들의 사업이 수익성 있는 것처럼 가장하고, 은행들은 채무자가 재정적으로 건전한 듯이 가장한다. 모두가 실제의 경우보다 더 큰 잉여가치의 생산이 있는 것처럼 가장한다. 모두가 노동의 더 큰 종속이, 삶의 자본에의 실제보다 더 큰 종속이 있는 것처럼 가장한다. 신용과 부채의 확장으로 우리의 모든 사고 범주들은 더욱 의제적이 되고 더욱 가장적으로 된다. 신용의 확장은 가정법의 폭발적인 힘을, 다른 사회에 대한 갈망을 특유하고 물신적인 방식으로 표현한다.

그렇지만 일반적으로 신용의 확장은, 비종속과의 대치를 회피한 결과로 나타나는, 생산된 잉여가치의 상대적 감소가 그 허구를 유지하는 것을 불가능하게 만드는 지점에까지 이른다. 채무자들은 상환의 불이행을 시작하고 (은행과 같은) 채권자들은 망하기 시작하고 위기는 그것에 포함된 모든 사회적 대치들과 함께 충만한 강도에 도달한다. 의제적 자본의 거대한 파괴가, 그리고 의제적 기대들 및 다수 민중들의 생활수준의 거대한 파괴가 있다. 그러한 가장된 세계의 파멸은, 예를 들어, 1929년의 주식시장 붕괴에서 찾아볼 수 있다.

하지만, 계속 대부를 할 수 있고 신용붕괴를 회피할 수 있도록 신용 확장을 유지할 어떤 '최종심급의 대부자'가 존재한다면, 위기의 고전적 과정은 수정될 것이다. 그러면 신용은 더욱더 유연하게 될 것이다. 가장된 세계는 더욱더 환상적이게 될 것이다. 끈은 개와 주인에게 자유의 환상을 주면서 무한하게 확장될 수 있는 것처럼 보일 것이다.

5

1929년의 붕괴가 위기 형태의 변화를 보여준 이래 70년 이상이 지났다. 신용은 더욱더 탄력적이게 되었고, 최종심급의 대부자의 역할은 더욱더 두드러지게 되었다. 신용과 부채의 끊임없는 팽창은 이제 자본주의 발전의 핵심적 부분이 되었다.176)

자본주의의 재생산이 지금 부채의 끊임없는 확장에 의존하는 정도는 삶을 노동으로 적절하게 종속시킬 수 없는 자본의 무능력에 대한 가장 명확한 지표이다. 삶의 비종속은 만성적인 금융 불안정성의 모습으로 자본의 핵심 속으로 진입했다.

이 점은, 루즈벨트가 좀더 유연한 경제적 사회적 정책들을 채택하라는 사회적 압력들에 대처하기 위하여 금본위제도를 폐지했을 때인 1933년에, 미국의 정치가 버나드 바루크(Bernard Baruch)에 의해 명료하게 표현되었다. '그것은 군중 지배 이외의 다른 것으로는 설명될 수 있다. 아마도 이 나라는 아직 그것을 모르고 있을지 모르지만, 나는 우리가 프랑스 혁명보다 더욱 격렬한 혁명의 와중에 있음을 발견할 수 있다고 생각한다. 군중들이 정

---

176) 이 절의 주장에 관해서는, Bonefeld and Holloway (1995) 그리고 Bonnet (2000)를 보라.

부의 자리를 찬탈했으며 부를 찬탈하려고 하고 있다. 법과 질서에 대한 존경심은 사라졌다.'[177] 군중들은 자본의 핵심부로 진입했다. 정부는 통화 안정성을 침식할 정책들을 채택함으로써 사회적 불만에 굴복했다.

그것은 전후 복구를 둘러싼 전간(戰間) 시기 논쟁의 핵심이며 금본위제 폐지의 핵심이다. 케인즈와 그와 비슷한 심성의 사람들은, 국가의 새롭고 확장된 역할을, 그리고 좀더 유연한 화폐정책들을 받아들임으로써 자본주의적 지배를 (무엇보다 1917년 10월과 결부된 혁명적 활동성의 고조 속에서 드러난) 노동의 새로운 힘[178]을 병합하는 방향으로 순응시킬 필요가 있다고 주장한 반면, 그들의 적대자들은 그렇게 하는 것이 화폐의 장기적 안정성을, 곧 자본주의를 침식할 것이라고 주장했다. 물론 바루크와 그의 동료들(케인즈주의자들은 그들을 '구세계 당'이라 불렀다)은 옳았지만, 단기적으로 그들은 그 논쟁에서 패했다. 군중들은 화폐의 핵심부로 진입했으며, 통화의 안정성은 침식됐다.

발전의 이러한 유형으로부터 자본에게 제기되는 문제들은 1960년대와 1970년대 초에 분명해 졌다. 신용의 끊임없는 확장은 무엇보다 시장 훈육의 약화를, 가치법칙에 의해 강제되는 사회적 훈육의 약화를 함축한다. 위기를 연기하거나 수정함으로써, 그것은 비효율적인 자본의 생존을 가능하게 했으며, 자본의 관점에서는 더 나쁜 것인데, 비효율적이고 비종속적인 노동자들의 생존도 가능하게 했다. 그것은 또 상품시장으로부터 금융시장의 자율화를 의미한다. 신용이 신용을 부양한다. 대부 상환이나 이자 상환의 불이행을 피하기 위해 채무자들은 더욱 많이 차용할 필요가 있다. 승인된 신용 가운데 점차 더 많은 비율이 재순환하는 신용, 다시 말해 단지 대부들을 (아

---

177) Schlesinger (1959) p. 220에서 인용.
178) Negri (1988b)를 참조하라.

니 흔히, 대부들의 이자를) 상환하는 목적에만 허가되는 신용이다. 신용의 구조가 더욱 정교해 질수록, 그것을 유지하기는 더욱 어려울 뿐만 아니라 회복하기도 더욱 어려워진다. 대규모의 '신용 붕괴'(의제자본의 파괴)는 대규모의 사회적 곤경을 야기할 뿐만 아니라, 은행제도의 존재를, 그리고 그와 더불어 현존하는 자본주의의 구조를 위협하곤 한다.

1920년대와 1930년대에 케인즈주의의 적대자들에 의해 제기되었던 비판들이 1970년대에 다시 강력하게 제기 되어, 자본주의의 전후 발전의 가정들에 대한 통화주의적 공격의 기초를 형성하였다. 케인즈주의에 대한 통화주의적 비판은 자본주의 발전의 의제적 성격(그들은 그것을 '가짜 돈'이라 불렀다)을, 그리고 시장의 수정이 촉진했던 사회적 비훈육을 공격했다. 통화주의적 처방은 근본적으로 루즈벨트-케인즈주의의 실수를 뒤집는 것이고 군중을 화폐 바깥으로 내던지는 것이었다. 바루크의 주장은 이제 민주주의를 (그리고 국가의 역할을) 제한할 필요에 관한 주장의 형태로 되풀이되었다. 통화 안정의 침식은 '민주주의의 경제적 결과들'[179]이라는 맥락에서 논의되었다. 좀더 최근에 그 주장은 중앙은행들이 정부의 (그리고 형식적 민주주의의) 영향으로부터 더욱더 독립하는 것을 옹호하는 형태를 취해왔다.[180] 그 어느 경우든 자본의 투쟁은 군중들을 화폐의 바깥으로 내몰려는 것이었다. 매번 그것은 실패했다. 왜냐하면 부채의 확장과 위기의 회피를 통한 노동 통합이 너무 큰 비율을 차지해서, 자본주의에게 금융적 안정성을 가져다주기 위해 필요한 조치들이 자본주의 그 자체의 존재를 위협할 만큼 강렬한 것이었기 때문이었다.

1979년에서 1982년 사이에, 화폐공급의 긴축(즉 신용확장의 제한)을 통

---

[179] 이러한 제목을 단 Samuel Brittan의 책을 보라: Brittan (1977).
[180] 이에 관해서는 예를 들어 Bonefeld and Burnham (1998)을 참조하라.

해 시장훈육을 부과하려한 미국과 영국 그리고 그 밖의 정부들의 시도는 심각한 사회적 곤경과 경제적 파괴를 야기했을 뿐만 아니라 국제적 은행제도를 파괴할 뻔했다. 미국에서 취해진 금리 인상에 의한 신용 제한은 채무를 갚아야 하거나 심지어 이자를 갚아야 하는 (멕시코, 아르헨티나, 그리고 브라질 정부와 같은) 몇몇 거대한 채무국들이 매우 어렵게 되는 상황을 창출했다. 1982년에 멕시코 정부가 채무를 이행하지 않겠다고 위협했을 때, 그리하여 1980년대의 이른바 '부채 위기'를 촉진했을 때, 신용의 확장을 제거하려는 시도가 채무자들 뿐만 아니라 채권자들(이 경우에는 세계의 주요 은행들)의 생존을 위협함이 명백해 졌다.

긴축적 통화정책을 통해 의제 자본의 대량 파괴를 촉진하려는 시도는 이행 불가능함이 입증되었다. 자본의 재생산은 새롭고 거대한 신용 확장을 요구했다. 자본에게 있어 문제는, 이러한 신용 확장이 노동 착취를 위해 필요한 훈육을 침식하지 않게 하면서 어떻게 자본의 재생산을 위해 필요한 신용을 제공할 것인가 하는 것이었다. 이를 위해 시도된 해결책이 이른바 1980년대의 '공급중시' 경제학이었다. 그것은 신용의 전례 없는 확장과 노동 훈육 조치들을 결합하는 것이었다.181) 그러한 발전에 수반된 위험은 1980년대 중반에 이 '부두교식 경제학(voodoo economics)'에 대한 수많은 비평가들에 의해 알려졌다.182) 그 비평가들은 부채의 확장이 수반하는 불안정성을 지적함에 있어 올바르긴 하였지만, 그들이 경고했던 1987년의 주식시장 붕괴는 단지 악화된 위기를 피하기 위해 신용을 확장해야할 압력을 증가시켰을 뿐이었다. 정부들의 대응은 전과 동일했는데, 그것은 신용의 확장, 그리고 어떤 대가를 치르고서라도 의제적 자본의 대량 파괴를 피하려는

---

181) 이에 관한 논의로는 Bonefeld (1995)와 Bonefeld and Holloway (1995a)를 참조하라.
182) 예를 들면, Kaufman (1986), Congdon (1988), Magadoff and Sweezy (1987) 등을 참조하라.

조치들의 도입이었다.[183)]

  1990년대 초의 경기침체에 대한 대응은 동일한 케인즈주의적 대응이었다. 특히 미국과 일본 정부 측에서의 대응이 그러하였는데, 그것은 은행 대출을 자극하기 위하여 금리를 인하하고 신용을 통해 화폐를 창출하는 것이었다. 그러나 이 경우에, 미국에서 (연방준비제도에 의해 책정된 3% 이자율로)[184)] 대출된 많은 화폐는 미국에 투자되지 않고 국제금융시장에, 특히 높은 수익을 얻을 수 있는 곳인 이른바 신흥시장들에 투자되었다. 가장 중요한 신흥시장은 멕시코였는데, 화폐형태의 자본유입이 축적과정의 실제와 그 현상간의 거대한 심연을 여는 데 기여했다. 그 심연은 1994년 12월에 페소화의 평가절하로 나타났다.[185)]

  부채 확장을 통한 위기의 항구적 지연의 결과는 생산적 축적과 통화적 축적 사이의 끊임없이 증가하는 분리였다. 화폐는 그것이 나타내는 가치보다 훨씬 빠른 비율로 확장되어 왔다. 바꾸어 말하면, 지난 20년간에 걸쳐 진행되어온 생산과정의 매우 실질적인 재구조화에도 불구하고, 자본주의의

---

183) Bonefeld, Brown and Burnham (1995) pp. 66~68를 보라: '그 붕괴는 증권시장의 해체를 가져오지 않았다. 그것은 이자율의 하락, 화폐 공급에 대한 통제의 완화 그리고 은행들과 다른 금융기관들을 위한 재정적 지원 등을 포함한 거대한 리플레이션(통화 재팽창) 일괄정책에 의해 저지되었다. 리플레이션 정책들은 신용 지지 호황을 유지하도록 도와주었다.' Samuel Brittan의 조언은 이를 잘 보여준다: '어떤 불황이 위협적일때, 우리는 하늘에서 현금을 뿌려줄 헬리콥터를 필요로 한다. 이것은 좀더 쉬운 대부 정책들을, 그리고 그것이 충분하지 않다면 낮은 세금과 높은 정부 지출의 일정한 혼합을 의미한다' … '1980년대 말경에 미국에서의 은행 대부는 두 배 이상으로 늘었고, 일본에서는 은행 대부가 1980년대 초의 3배 수준이었다.' (Harman 1993, p. 15)
184) 이에 관한 논의로는 예를 들어, Grant (1996)을 참조하라.
185) Grant (1996)은 미국에서의 투기적 호황이 왜 경기침체를 가져오지 않았는지 의아해 한다. 그 답은 확실히, '멕시코' 위기가 미국의 거품 붕괴의 일부였다는 것이다. 이후의 동아시아, 러시아, 브라질 등의 위기들이 그러했듯이 말이다. 멕시코 위기에 대한 논의로는 Holloway (2000)을 참조하라.

생존은 부채의 끊임없는 확장에 기초한다. 많은 통계들이 기본적으로는 똑같은 이야기를 하는 데 이용될 수 있다. 예를 들어, 케인즈주의에 대한 통화주의적 공격의 중심적 주제였던 공공부채는 계속해서 확장되고 있다. OECD는, 회원국들의 순 공적부채가 1978년 국내 총생산의 21%에서 1994년에는 42%로 증가한 것으로 추산한다.[186] 유럽 정부들의 순 부채는 1980년 국내총생산의 25% 이하에서 1994에는 55% 이상으로 늘어났다.[187] IMF가 G7 회원국들을 대상으로 한 통계에 따르면, 국내 총생산 대비 국내 신용은 1955년 44.48%에서 1994년에는 104.54%까지 상승했다. (정부 예산적자에 대한 융자와 밀접히 연결되어있는) 세계 증권시장은 1986년에서 1997년 사이에 규모 면에서 세 배가 되었다.[188] 세계 화폐거래의 성장은 세계무역의 성장보다 훨씬 더 빨랐다. 런던 유로 달러 시장의 연간 거래는 1979년에 세계무역 가치의 6배였지만, 1986경에는 세계무역가치의 약 25배였고, 세계의 가장 큰 경제의 18배였다. 일조 달러보다 훨씬 많은 돈이 세계 환전시장에서 매일 환전된다. 그리고 이 수치는 1990년대 초 이래로 매년 약 30%씩 증가해 왔다. 1980년대 말엽과 1990년대에는 담보(부채에서의 새로운 자산형태의 발전, 특히 이른바 '파생상품들')를 통한 부채의 확장에서 거대한 증가가 보였다. 파생상품 시장은 1986년부터 1994년까지 해마다 140%의

---

186) *Financial Times*, 1994년 10월 31일.
187) *Financial Times*, 1995년 1월 16일. 그리고 Walter (1993) p. 215를 보라: '1976년과 1987년 중반 사이에 미국의 총 부채는 2조 5천억 달러에서 거의 8조 달러까지 상승했다. 그리고 국내 총생산대비 총 부채율은 136%에서 178%까지 상승했다. … 일본에서 사적 부문의 부채의존도는 최근에 크게 상승했다. 비금융 기업들의 부채의존도는 1975년 국내 총생산의 94%에서 1990년에는 국내 총생산의 135%까지 상승한 반면에 가계들의 부채의존도는 같은 기간에 걸쳐 가처분 소득의 45%에서 96%까지 상승했다. 1985년과 1997년 사이에 미국 가계의 총 부채는 60%를 약간 상회하는 수준에서 거의 85%까지 상승했다.' (*Financial Times*, 1998년 1월 2일.)
188) Warburton (1999) p. 3. '세계증권시장은 1970년 1조 달러 미만에서 1997년에는 23조 달러 이상으로 성장했다.'

비율로 성장했다. 월 스트리트에서는 주당(株當) 수익률은 높은 수준에 달했다.189)

실물적 축적과 화폐적 축적 사이의 분리는 오늘날 자본주의의 불안정성, 격변성, 취약성, 예측불가능성을 이해하는 데 결정적이다. 자본주의의 재정적 구조 전체가 너무나 심하게 신용과 대부에 기초하고 있기 때문에, (멕시코와 같은) 주요 채무국에 의한 어떤 채무 불이행이나 채무 불이행의 어떤 위협도 금융시장의 대격변을 야기할 수 있다. 페소화를 지원하기 위한 국제적 일괄정책이 1995년부터 긴급하게 채택되었는데, 그것은 멕시코 정부가 부채 상환을 중지할 수 있으리라는 두려움과 연결되어 있었다. 좀더 일반적으로, 의제 자본을 해체하지 않고 유지함으로써 지탱되는 금융시장의 자동화는 효력이 의심스러운 더욱 세련된 금융적 수단들을 창출할 가능성을 함의한다. 그것은 또 세계 금융시장에서 훨씬 더 많은 양의 화폐의 점점 빠른 운동을 함의한다. 그리하여 그것은 개별국가들과 세계자본 사이의 관계에서 급격한 변화를 함의한다.

이 모든 것이 세계 금융시장의 붕괴가 임박해 있음을 의미하는 것은 아니다. 그러나 그것은, 심지어 급격한 축적의 시기에조차도, 만성적인 금융적 불안정성이 현대 자본주의의 핵심적 특징이 되고 있음을 의미하며, 세계 금융 붕괴의 가능성이 자본주의의 구조적 특성이 되었음을 의미한다.190)

이것은 오늘날 위기를 이해함에 있어 두 가지 매우 중요한 결론을 가져

---

189) 1990년대의 부채 확장과 금융 붕괴의 위험들에 관한 상세한 논의로는 Warburton (1999)를 참조하라. 그리고 또 Bonnet (2000), 특히 1장을 참조하라.
190) Lipietz는 그 문제를, '위기가 시작된 이래 나를 사로잡아온 이미지, 즉 벼랑 끝으로 가서 허공 위를 계속 걷는 만화 주인공의 이미지'라는 식으로 인상적으로 제기한다. '이것은 나에게 세계경제의 위치를 설명해주는 것처럼 보인다. 세계경제는 전후 성장이 기초해온 현실적 토대가 … 신용 아래에서 부서지는 동안 "신용 위에서" 계속 작동한다.' (Lipietz 1985, pp. 5~7)

온다. 첫째, 정치적 수단들에 의해 위기를 관리하려는 시도가 새로운 중요성을 획득한다는 것을 의미한다. 일국적으로 뿐만 아니라 국제적으로도, 비종속과의 대면은 선택적으로 관리된다. 불량 채무에 직면한 은행관리자처럼, 국가들 뿐만 아니라 IMF, 세계은행, G7과 같은 국제기구들도 채무자들을 차별한다. 채무국들이, 그들의 위치 때문에 그리고 공공연한 강압이 가져올 수 있는 결과들 때문에, 다소간 관대하게 다뤄지기도 한다. 그 어느 경우든, 부채는 사회적 훈육 즉 자본의 논리에의 종속을 부과하는 수단들로 사용된다. 하지만 그것이 늘 성공적인 것은 아니다.[191]

부채 관리의 이런 과정을 조작하고 지원하는 사람들이 모두 시장을 찬양함에도 불구하고, 부채 관리는 시장의 자유로운 작동과는 매우 거리가 멀다. 오히려 그 반대가 사실이다. 시장의 자유로운 작동이 자본주의의 생존을 불가능하게 할 수 있을 정도의 사회적 대치를, 또 그러한 정도의 비종속의 파도를 야기하곤 하기 때문에, 오늘날의 세계에서 그토록 중요한 역할을 하는 부채 관리가 생겨나는 것이다. 부채 관리자들이 (그들이 생각하기에) 사회적으로 또 정치적으로 필요한 조치들만을 취함에 따라, 시장의 자유로운 작동을 대체한 것은 비종속과의 관리된 대면이다. 그 결과는 유예되고 연장되고 파편화된 위기이다. 그 속에서 총체적인 대결은 회피된다. 그 속에서 위기의 완전한 함축들은 특정한 나라들과 지역들에서만 감지되는 반면, 다른 나라들은 이른바 번영을 계속해서 향유한다. 위기의 영향은 언제나 불균등하다. 그래서 일부 자본가들 혹은 일부 국가들은 위기가 포함하는 갈등의 강화로부터 이득을 얻는다. 그러나 이러한 불균형은 분명히 채무 관

---

[191] 예를 들면, 멕시코의 대학들에서 우리는 국제적인 부채가 사회적 훈육을 부과하는데 사용되는 방식을, 그리고 그러한 훈육 부과 행동의 결과가 사회적 비종속의 새로운 파고를 야기하게 되는 방법을 매우 직접적으로 경험했다.

리가 수행하는 역할로 인해 강화되는 것이다. '골디락 경제(Goldilocks economy, 너무 뜨겁거나 너무 차갑지 않고 딱 알맞은 정도의 경제라는 뜻으로 1990년대 중후반의 미국경제를 일컫는 말-역자)'나 '신경제'에 따르면, 일부 지역에서 생활수준의 급격한 하락은 위기 문제가 해결되었다고 하는 다른 지역들에서도 동반된다.

자본의 입장에서 볼 때, 위기에 대한 이러한 관리의 핵심에는 하나의 문제가 있다. 거기에는 부채 확장과의, 따라서 자본이 제거할 필요가 있는 비종속이나 불복종과의 부분적 대면만이 있다. 어느 정도의 안정성을 가지고 발전을 이루기 위해, 자본은 더욱더 많은 잉여가치를 생산할 필요가 있고 노동을 좀더 효과적으로 착취할 필요가 있으며 자본으로 하여금 그렇게 하지 못하도록 막는 비종속이나 불복종을 제거할 필요가 있다. 부채의 계속적 확장은 자본이 그렇게 하는 것에 성공하지 못하고 있다는 것을 암시한다. 부분적 대면에도 불구하고, 부채에 대한 자본주의의 의존성은 계속해서 커 간다. 어떤 면에서 이것은 채무관리의 과정 그 자체에 의해 실질적으로 자극된다. 거대 채무자들(대규모의 국가들, 대규모의 회사들, 대규모의 은행들)은 채무관리의 과정을 통하여 자신들이 '실패하기에는 너무 거대하다는 것'을, 그래서 국가들과 국제기구들이 그러한 붕괴가 수반하게 될 사회적 경제적 결과들 때문에 그들이 붕괴하도록 내버려 둘 수 없다는 것을 알게 된다. 결과적으로 그들은, 자신들이 아무리 '무책임하게' 처신한다 할지라도, 이윤을 극대화하기 위해 갖은 방식을 사용하는 과정에서 자신들이 아무리 많은 빚을 지게 된다 할지라도, 국가나 국제적 기관들에 의해 구제될 것이라는 것을 안다. 시장의 훈육을 부과하려는 시도가 역으로 시장의 훈육을 침식하는 것이다. 이것이 현재의 위기관리의 핵심에 있는 이른바 '도덕적 해이'의 문제이다.

둘째로 위기는, 그것이 관리되고 있기 때문에, 더욱더 예측 불가능하게 된다. '위기의 관리'가 '위기는 통제 하에 있다'는 것을 의미한다고 생각한다면 그것은 매우 잘못된 것이다. 맑스의 시대에 위기의 발생은 어느 정도 예견 가능한 패턴을 따랐던 반면, 오늘날은 그렇지 못하다. 신용의 확장, 그리고 그것과 분리 불가능한 자본의 화폐형태의 상대적 중요성의 증가는 자본 운동의 속도와 양이 거대하게 증가하고 있음을 의미한다. 신용의 확장과 관리는 자본의 예측 불가능성이 극복되고 있음을 의미하기보다 오히려 위기가 점점 더 화폐의 빠르고 불안정한 운동을 통하여 매개되어 가고 있음을 의미한다. 1982년의 부채위기, 1987년의 증권시장 붕괴, 1980년대 말과 1990년대 초에 있었던 저축 및 대부 그리고 정크본드 위기들과 여러 스캔들, 그리고 1994년에서 1995년 사이의 멕시코 데킬라 위기, 1997년과 1998년 사이의 동남 아시아 위기, 1998년의 루블화 위기, 1998년과 1999년 사이의 브라질의 삼바(samba) 위기, 2000년 아르헨티나의 탱고(tango) 위기 등, 지난 20여 년간에 걸쳐 세계를 강타한 일련의 금융위기들은 바로 그것의 결과였다. 이 각각의 경우에 관리자들은, 일반적으로 그 위기를 겪는 사람들에게 엄청난 결과들을 가져다주는 위기의 충격을 제한하는 것에 성공했다. 하지만 각각의 경우에 '체제적 위기'의, 즉 세계금융 위기의 위험이 있었던 것도 사실이다.

실물적 축적과 화폐적 축적 사이의 분리가 크면 클수록, 이미 달성된 바의 삶의 실질적 종속과 자본의 탐욕이 요구하는 종속 사이의 격차는 그만큼 더 커진다. 자본은 살아남기 위하여 더욱 많은 종속을 요구하게 된다. '무릎 꿇어, 무릎 꿇어! 엎드리란 말이야! 네가 갖고 있는 마지막 한 방울의 존엄성까지 팔아!'라는 말은 현대 자본의 슬로건이다. 삶의 모든 면을 더욱 더 강렬하게 자본에 종속시키려는 충동은 신자유주의의 본질이다. 신자유주의는 종속의 강화와 재조직화로 위기를 해결하려는 시도이다. 주체와 객체의 분리(주체의 비인간화)는 화폐를 통한 명령의 확장에 의해 더욱 심해진다. 18세기의 자본이 토지의 종획(즉, 민중의 토지로부터의 분리)을 통해 자신의 지배를 확립한 것처럼, 지금의 자본은 사회활동의 더욱더 많은 영역들의 종획을 통해 자신의 위기를 극복하려고 애쓰고 있으며, 이전에 종속이 단지 간접적이었을 뿐인 곳에 화폐의 지배를 부과하고 있다. 토지의 상품화, 보건과 교육의 점증된 상품화, 소프트웨어와 유전자를 포함하는 데까지 재산의 개념을 확장하기, 사회복지 규정이 있었던 나라에서 그것의 삭감, 직장에서의 스트레스 증가. 이 모든 것은 종속을 확장하고 강화하려는 조치들이다. 그리고 그러한 조치들은 새로운 영역들에 표시를 하고, '이 영역들은 지금 자본 및 화폐의 직접적인 지배에 종속되어 있다'고 말한다. 18세기의 종획들이, 전에는 단지 자기자신의 일을 돌보는 것이었던 행동이 이제 자본에-대항하는-행동으로, 즉 법과 빈곤에 의해 처벌되어야 할 행동으로 되었음을 의미한 것과 마찬가지로, 오늘날의 종획들은, 전에는 정상적인 것으로 간주되었던 행동들이 이제 자본에 대한 위협으로 등장하기 시작했음을 의미한다. 예컨대, 자신들의 전통적인 삶의 형태를 유지하려는 치아빠스 원주민들의 욕구는 유전적 발전을 포함하는 것으로까지 재산 개념을 확장하는 것과 갈등하게 된다. 학생들이나 교수들이 대학에서 플라톤이나 아리스토텔레스 같은 주제를 연구하는 것은 더욱 어려워진다. 그런 종류의 연구는, 지적인 연구를 자신의 필요에 맞게끔 더욱더 종속시키려는 자본의 충동과 양립 가능한 것으로 생각되지 않기 때문이다. 아이들과 놀거나 생일을 축하하는 것과 같은 단순한 즐거움은 노동에서의 스트레스 강화에 직면하여 점점 유지하기 어렵게 된다. 우리는, 자본이 우리의 삶을 더욱더 자신의 명령에 (가치법칙의 작용에) 종속시키라고 말하는 것을 다양한 방식으로 듣는다. 종속의 부족은 더욱더 갈등의 요점으로 되고, 빈곤이나 그보다 더 나쁜 것에 의해 처벌되어야할 그 무엇으로 된다. '무릎 꿇어, 무릎 꿇어, 무릎 꿇어!' 자본은 외친다.[192] 아무리 외쳐도, 그것으로는 충분치 않다.

1930년대에 폴 마틱(Paul Mattick)은 자본주의의 '항구적 위기'에 대해 말했다.[193] 우리는 이와 유사한 상황에, 즉 해결되지 않고 연장된 위기 속에 있는 것처럼 보이곤 한다.

마틱의 말은 너무 낙관적이었다. 실제로 1930년대의 위기는 항구적이지 않았으며, 그것은 약 삼천만 명에 달하는 사람들의 학살을 통해서 해결되었다. 그것은 섬뜩한 것이다.

그러나 위기와 관련해서 사전에 결정된 것이라곤 아무 것도 없다. 우리는 거리에 있는, 시골에 있는, 공장에 있는, 사무실에 있는, 가정에 있는 위기, 즉 절규하는 우리이다. 우리는, '아니다'!라고 말하는, '이제는 그만! 당신들의 어리석은 권력놀음은 이제는 그만, 당신의 어리석은 착취는 이제는 그만, 바보 같은 병정 놀이는 이제는 그만!' 이라고 외치는 비종속적이고 불복종적인 사람들이다. 착취하지 않는, 착취하기를 원치 않는 우리, 권력을 갖고 있지 않고 권력을 갖기를 원치 않는 우리, 여전히 인간적이라고 생각되는 삶을 살고 싶은 우리, 얼굴도 없고 목소리도 없는 우리, 바로 이 우리가 자본주의의 위기이다. 위기 이론은 공포의 이론일 뿐만 아니라 희망의 이론이기도 하다.

---

192) Peláez and Holloway (1995)를 참조하라.
193) Mattick (1978, 이 책의 초판은 1934년에 출판되었다)을 참조하라.

제11장
혁명?

1

 만약 위기가 사회적 관계들의 극단적인 탈구를 표현한다면, 무엇보다도 혁명은 위기의 강화로 이해되어져야만 한다.
 이것은 위기에 관한 뚜렷이 구별되는 두 가지 해석의 기각을 함축하고 있다. 첫째로, 그것은 혁명을 위한 **기회**로서의 위기라는 전통적인 개념을 기각한다. 이것은 서로 다른 많은 관점의 맑스주의자들이 공유했던 개념이다. 자본주의의 커다란 위기가 왔을 때에, 이 위기가 혁명이 가능하게 되는 계기가 될 수 있을 것이라는 주장이 그것이다. 경제 위기는 계급투쟁의 강화에 이를 것이며, 이 위기가 유능한 혁명 조직에 의해 지도되면 혁명에 이를 수 있다는 것이다. 이러한 접근법은 위기를 계급투쟁 그 자체로, 즉 계급투쟁의 전환점으로, 자본과 반노동(인간성)의 상호 반발이 자본으로 하여금 자신의 명령을 재구조화하게 하거나 그렇지 못하면 통제력을 상실하도록 강제하는 전환점으로 이해하기보다는 위기를 경제 위기로, 계급투쟁과는 구별되는 그 무엇으로 이해한다.
 두 번째로, 이 접근법은 자본의 위기가 그것의 재구조화와 등치될 수 있다는 관점을 거부한다. 이러한 관점은 위기를 자본에게 기능적인 존재로,

즉 비능률적인 자본들을 파괴하고 노동자들에게 규율을 부과하는 (슘페터의 표현을 빌면) '창조적인 파괴'로 본다.194) 이러한 관점에서 보면, 하나의 경제 모델의 위기 또는 지배 패러다임의 위기는 자동적으로 새로운 모델이나 패러다임의 확립에 이른다. 내가 여기에서 주장하고자 하는 것은, 위기란 본질적으로 열려있다는 것이다. 위기는 실제로 자본의 재구조화로, 그리고 지배의 새로운 양식의 확립으로 나아갈 수 있지만, 그렇지 못할 수도 있다. 위기를 재구조화와 동일시하는 것은 세계의 변혁 가능성을 닫는 것, 즉 자본의 결정적인 파열의 가능성을 제거하는 것이다. 위기를 재구조화와 동일시하는 것 역시 위기에서 재구조화로의 자본의 이행이 항상 포함해온 투쟁의 세계 전체를 보지 못하는 것이다.

오히려 위기는 자본주의의 사회적 관계들의 해체이다. 자본이 그것들을 재구성하는 데에 성공하리라고 미리 가정될 수는 결코 없다. 위기는 자본에게는 목숨을 건 도약을 포함한다. 자본이 안전하게 착륙하리란 보증은 전혀 없는 것이다. 우리의 투쟁은 자본의 재구조화에 대항하는 것이고, 우리의 투쟁은 자본주의의 해체를 강화하는 것이다.

2

위기를 움직이는 힘은 자유를 향한 충동, 자본과 반노동의 서로 반대 방향으로의 도주, 자본과 인간성의 상호 반발이다. 혁명의 첫 번째 계기는 순수하게 부정적이다.

---

194) 이러한 관점은 Negri (1988c), Hardt and Negri (2000) 그리고 대다수의 조절 이론의 지지자들에 의해 공유된다.

자본의 측면에서 볼 때, 자유를 향한 충동은 구역질나게 하는 노동자들을 토해 내는 것, 화폐로부터 화폐를 만들어 내는 연금술사적 꿈에 대한 만족을 모르는 추구, 신용과 부채의 무한하고 끊임없는 폭력을 포함한다.

반자본의 측면에서 볼 때, 도주는 무엇보다도 부정적이다. 지배의 거부, 지배 수단들(예를 들면, 기계류)의 파괴와 사보타지, 지배로부터의 도주, 유목주의, 대탈주, 도망이다[195]. 민중들은 '아니다'라고 말하는 수많은 방법들을 가지고 있다. 추동력은 비종속, 즉 자본에 대한 공공연하고 전투적인 거부 뿐만 아니라 불복종, 즉 상대적으로 인식하기가 어렵고 식별하기 어려운 순응하기 싫어함이다. 종종 '아니다'는 너무 개인적으로 표현되어서 (머리칼을 녹색으로 염색하는 것, 자살하는 것, 미치기 등) 어떤 정치적 반향도 가질 수 없는 것처럼 보인다. 종종 '아니다'는 폭력적이거나 야만적이다(문명파괴주의, 불량배 기질, 테러리즘). 자본주의의 부패가 너무나 강렬해서 대항 절규를, 해방적 잠재력을 거의 갖지 않는 '아니다'를, 너무나 공허해서 절규의 대상을 재생산할 뿐인 '아니다'를 불러일으키는 것이다. 자본주의의 현재적 발전은 너무나 테러리즘적이어서 그것은 테러리즘적인 반응을 불러일으킨다. 그리고 그 발전은 너무나 반인간적이어서 그것은 똑같이 반인간적인 반응을 불러일으킨다. 이러한 반응들은, 충분히 이해할 수 있는 것이지만, 그것들이 파괴하려는 권력 관계를 단순히 재생산할 뿐이다. 그러나 바로 그것들이, 즉 하나의 조직양식으로서의 자본주의에 대한 숙고된 거부가 아니며 자본주의에 대한 대안들의 전투적 건설도 아닌 바로 그것들이 우리의 출발점이다. 그것들은 더 늦게 온다(혹은 더 늦게 올지도 모른다). 그럼에도 불구하고 출발점은 이 절규, 위험스러우며 종종 야만적이기도

---

195) Hardt and Negri (2000) 210ff에서 '유목주의, 탈주, 도망'에 관한 논의를 참조하라.

한196) '아니다'이다.

3

자본주의의 생존은 도주하고 있는 사람들을 다시 포획하는 것에 달려 있다. 노동자들은 노동해야만 하며 가치를 생산해야만 한다. 자본은 그들을 착취해야만 한다. 그것이 없이는 어떠한 자본주의도 존재할 수 없을 것이다. 그것이 없이는 전체로서의 자본은 불행한 필(Peel) 씨와 같은 입장에 놓이게 될 것이다.

'필 씨는 … 5만 파운드에 이르는 생산수단과 생계수단을 영국에서 서부 호주의 스완 강까지 가지고 갔다. 게다가 그는 남자, 여자 그리고 아동으로 구성된 삼천 명의 노동계급을 그곳으로 데리고 가는 선견지명을 가지고 있었다. 목적지에 도착하자마자 "필 씨는 침대를 정리해 줄 혹은 강에서 물을 길어 올 단 한 명의 하인도 없는 상태에 놓여졌다." 모든 것을 공급했으나 영국의 생산양식을 스완 강으로 가져가지 못한 불행한 필 씨!' (Marx 1965, p. 766)

필 씨는 노동자들이 도망을 쳤다는 바로 그 이유 때문에 자본가이기를 중지하였다(그리고 그의 돈이 자본이기를 중지하였다). 그 시기의 서부 호주에는 그들로 하여금 자신들의 노동력을 자본에게 팔도록 강제하는 조건들은 존재하지 않았다. 왜냐하면 거기에는 이용 가능한 땅이 있었고 노동자

---

196) Hardt and Negri (2000) 215ff는 Benjamin의 새로운 야만인들에 관한 개념을 논의한다. '새로운 야만인들은 긍정적 폭력을 사용하여 파괴하며, 그들 자신의 구체적인 실존을 통해 삶의 새로운 경로들을 추적한다(215).' 적어도 어떤 경우들에서는 그러할지도 모르지만, 우리들은 파괴는 완전히 부정적이라는 가정에서 시작한다.

들은 행위의 수단들로부터 분리되어 있지 않았기 때문이다. 필 씨의 자본 수출은 결국 공허로의 도주임이 입증되었다. 그 자신을 노동과 재결합시킬 수 없었던 그의 무능력은, 그가 더 이상 지배할 수 없게 되었음을 의미했다.

도주 중의 노동자들의 재포획은 노동자들의 자유가 갖는 이중적 성격에 달려있다. 그들은 자신들의 노동력을 파는 데 자유로울 뿐만 아니라 행위의 수단들에 대한 접근권도 갖고 있지 않다. 필 씨가 봉착한 문제에 대한 대답은, 여느 곳에서와 마찬가지로 서부 호주에서도, 울타리치기를 통해 노동자들을 행위 수단들로부터 분리시키는 것이다. 사람들은 그들이 좋아하는 것을 행할 자유를 빼앗겨야만 했다. 자유는 점차로 울타리 쳐지고 가두어진다. 자유는 차츰 경계 안으로 둘러싸여진다. 이것은 소유권의 확립에 의해, 즉 토지와 여타 생존수단들 및 행위 수단들의 전유에 의해 달성되었다. 그리하여 마침내 사람들은 필 씨 같은 이들에 의해서 착취당하기를 자유롭게 선택하는 것 외에는 다른 방법이 없게 되었다.

소유권은 자유가 지배와 조화되는 수단이다.

울타리치기는 자유와 양립 가능한 강제의 형식이다. 다른 사람들의 소유가 아닌 한에서 당신은 당신이 원하는 어디에서나 살 수 있다. 다른 사람들의 소유권을 이용하는 것이 아닌 한에서 당신은 당신이 원하는 무엇이든 할 수 있다. 모든 것이 타인들의 소유라서 당신이 행위 수단들에 전혀 접근할 수 없다면, 물론 당신은 살아남기 위해 당신의 노동력을 그들에게 팔겠다고 자유롭게 가서 제안할 수 있다. 이것이, 행위 수단들의 소유자들이 당신의 노동력을 사야만 함을 의미하는 것은 아니다. 왜냐하면 당연하게도 그들은 그들이 원하는 방식대로 그들의 소유권을 사용할 자유를 갖고 있기 때문이다. 소유권은 소유권이 없는 사람들의 도주를 제한한다. 그러나 소유권을 가진 사람들의 도주에 대해서는 결코 제한하지 않는다. 아마도, 노동자들이 (혹은 그들의 후손들이) 결국 필 씨에게 (혹은 그의 후손들에게) 굽

실거리며 돌아와 일자리를 달라고 요청할 때, 그들은 그가 이미 그것을 자본으로 전환시키는 데에 문제가 더 적은 또 다른 부문에 투자해 버렸음을 발견할 수도 있을 것이다.

 노동으로부터 도주하는 사람들을 다시 포획하기 위한 기본적 공식은 소유권이다. 노동하기를 원치 않는 사람들은 그들이 하고 싶은 대로 할 완전한 자유를 갖고 있다. 하지만 행위의 수단들이 소유권에 의해 울타리 쳐져 있기 때문에, 노동하기를 원치 않는 사람들은 태도를 바꾸어 자신들의 노동력(그들의 유일한 소유물)을 행위 수단들의 소유자들에게 팔지 않는 한, 즉 자신들이 도망쳐 나왔던 노동으로 복귀하지 않는 한 굶어 죽기 쉽다. 그들은 가두어져 있기 때문에 도둑질을 함으로써 그곳으로부터 도주하려고 시도할 수 있지만, 사법체계의 작용에 의해 훨씬 더 단단히 가두어지는 위험을 맞이하게 된다. 몇몇 나라들에서는 사회보장 제도 혹은 공공보조 제도에 몸을 의탁함으로써 도주하려고 시도할 수 있다. 그런데 대체로 이것은 굶주리던 사람들을 거리에서 비명횡사하도록 만든다. 그리고 이 제도들은 점점 더 도주했던 사람들을 노동시장으로 복귀하도록 설계된다. 노동하기를 원치 않는 사람들은 돈을 빌리는 것을 통해 도주하려고 시도할 수 있다. 그러나 자신의 노동력을 시장에서 팔 소유물로 사용하고 있지 않은 사람들에게 돈을 빌려주려는 대부자는 거의 없다. 그리고 비록 그들이 돈을 빌리는 데에 실제로 성공한다 하더라도 빚 수금 대행업자들이 곧 몰려와 문을 두드릴 것이다. 어떤 경우에는 도망친 사람들이 그들 자신의 기업을 세우거나 혹은 심지어 협동조합을 만든다. 하지만 이들이 살아남는 극히 드문 경우에도, 그들은 자신들을 시장규율에 종속시킴으로써, 그들 자신을 자신들이 도망쳤던 행동 형태들 속으로 통합시킴으로써 겨우 살아남는다. 소유제도는 어떠한 탈출구도 없는 미로와 같다. 모든 도주로는 재포획으로 이른다. 곧 그 미로의 벽들이 함정에 빠진 그 사람을 포위할 것이다. 외적 제한들은 내적인 정의들, 자기정의들, 동일화, 역할들의 가정, 범주들의 채택으로 되는데 이것들은 그 벽들의 실존을 너무나 당연한 것으로 받아들인 나머지 이제 그 벽들은 보이지도 않게 된다.[197] 그러나 결코 완전히 보이지 않게 되는 것은 아니다.

자본은 이와 동일한 방식으로 가두어지지 않는다. 오히려 소유는 자본이 이동하는 통행증이다. 소유는 화폐로 전환될 수 있고 화폐는 손쉽게 이동할 수 있다. 자본의 도주불가능성은 시장의 운동을 통해, 다양한 투자 기회들의 상대적 유인을 통해 매개된 주기적 위기로 실현된다. 불복종적 노동으로부터 도주하고 있는 자본으로 하여금 그러한 노동과 대면하여 착취의 과제를 감연히 수행하도록 강제하는 것은 무엇보다도 위기이며, 자본에게 위협을 가하는 시장 유형의 변화이다. 노동과의 대면은 반노동과의 대면이며 노동으로부터 도주하고 있는 노동과의 대면이다. 그 대면은 자유롭게 착취될 것을 선택한 노동자들에 대한 더욱더 강도 높은 착취를, 그리고 만약 울타리 처지지 않은 채 남아 있었다면 노동자들의 탈주와 비종속을 고무했었을 모든 생활수단들 및 행위수단들에 대한 더욱더 전면적인 울타리치기를 수반한다. 따라서 현대자본주의의 충동은 다음 두 가지이다. 하나는 새로운 테크놀로지들의 도입과 새로운 노동실행들의 도입을 통한 노동의 강화이며 또 하나는 더욱더 많은 영역들(유전자, 소프트웨어, 토지)을 울타리치려는 소유의 동시적 확장이다. 자본이 민중에 의해 더 많이 격퇴되면 될수록 자본은 민중을 더욱더 그들의 이미지에 따라 재형성하도록 강요된다. 자본이 비종속으로부터 더욱더 미친 듯이 도망칠수록(달리 말하면 '지구화'), 그것

---

197) 울타리치기의 내면화(이것은 여기에서 물신주의의 맥락 속에서 논의되어 왔다)는 Foucault에 의해 훈육 사회에서 통제 사회로의 이행으로 논의되며, 푸코와 하트/네그리 모두에 의해 생-권력(bio-power)으로 논의된다.

은 더욱더 난폭하게 종속시켜야만 한다.

자본은 더욱더 혐오감을 일으키는 것으로 된다. 그것은 더욱더 우리를 도망치지 않을 수 없도록 내몬다. 그러나 도주는, 만약 그것이 도주 이상의 것이 되지 못한다면, 가망 없어 보인다. 거부의 절규는 그와 동시에 행위의 재긍정이어야만 하며 지향력의 해방이어야만 한다.

4

자본과 단절하기 위해서는 도주하는 것만으로는 충분치 않다. 부정성, 즉 자본에 대한 우리의 거부는 이론적으로 그리고 정치적으로 아주 중요한 출발점이다. 그러나 단순한 거부는 자본에 의해 쉽게 재포획된다. 왜냐하면 그것은 생산수단들, 행위수단들, 생활수단들에 대한 자본의 통제에 대항하는 것일 뿐이기 때문이다. 절규의 힘이 성장하기 위해서는 행위의 회복, 즉 지향력의 발전이 있어야만 한다. 그것은 행위 수단들의 재전유를 의미한다.[198] 우리는 혁명을 사회 관계의 탈구의 강화 이상의 것으로 이해해야만 한다.

지향력은 이미 절규 속에 내재해 있다. 도주는 단순한 도주에 그치지 않는다. '아니다'는 단순한 '아니다'에 그치지 않는다. 최소한, 절규는 현존하는 나를 넘어서는 무아의 경지이다. 그것은 존재하는 것에 대한 거부 속에서, 현존하는 것 대신에 존재할 수 있는 것에 대한 어떤 생각을 투영한다.

---

[198] Hardt and Negri (2000) p. 203을 보라: '이러한 거부는 확실히 해방 정치의 시작이지만, 그것은 단지 시작일 뿐이다. 거부 그 자체는 공허하다 … 우리의 도주선, 우리의 탈주는 구성되어져야만 하며 실질적 대안을 창조해야만 한다. 단순한 거부를 넘어서 혹은 그 거부의 일부로서 우리는 또한 새로운 삶의 양식과 무엇보다도 새로운 공동체를 구축할 필요가 있다.'

투쟁들은 단순한 대항투쟁에 그치지 않는다. 공유된 투쟁의 경험은, 이미 자본주의의 사회 관계와는 질적으로 다른, 사람들 사이의 관계의 발전을 포함한다. 파업, 또는 이와 유사한 투쟁들 속에 가담한 사람에게 있어서 투쟁의 가장 중요한 성과는 종종 당면한 요구들의 실현이 아니라 투쟁 공동체의 발전, 사회 관계의 자본주의적 형태들에 대한 그것의 저항에 의해 특징지워지는 집단적 행위라는 사실을 뒷받침하는 증거는 많이 있다.199) 야만은, 사회주의와 야만 사이의 고전적 이분법이 암시하는 것만큼 부정적인 것이 아니다. 투쟁은 사회적 행위의 재긍정, 즉 지향력의 회복을 의미한다.

그러나 지향력의 회복 또는 행위의 재긍정은 행위수단들에 대한 자본의 독점에 의해 여전히 제한된다. 행위수단들은 재전유 되어야만 한다. 그런데 그것은 무엇을 의미하는가?

노동계급에 의한 생산수단의 전유는 항상 코뮨주의로의 이행을 위한 프로그램들의 중심적 요소였다. 주류 코뮨주의 전통 속에서 이것은 국가에 의한 거대 공장 국가의 전유로서, 최소한 경제의 '관제 고지들'에 대한 국가소유로서 이해되어왔다. 소련과 여타의 '코뮨주의' 나라들의 실제 속에서 '코뮨주의'는 행위 자체를 변형시키거나 행위자들 자신의 책임을 다하기 위해 거의 아무 것도 하지 않았다. 이 책에서 나는 '생산 수단'이라는 용어를 가급적 피했다. 왜냐하면 그 용어가 이 주류 코뮨주의 전통으로부터 분리하기 어려운 이미지들을 불러일으키기 때문이다. 그러나 문제는 남아있다. 행위수단들이 자본에 의해 통제된다면 자본으로부터의 어떤 도주도 생존의 필요에, 즉 우리가 행위수단들을 통제하지 못하는 세계 속에서 행위를 할 필요에 대립한다. 행위수단들이 자본의 수중에 있는 한, 행위는 파열될 것

---

199) 예를 들어, Stratman(n.d.)의 상세한 논의를 참조하라.

이며, 그 자신에 대립할 것이다. 수탈자들이 실제로 수탈되어야만 한다.[200]

그러나 소유라는 용어 속에서 생각을 하는 것은 여전히 물신화된 용어 속에서 문제를 제기하는 것이다. 소유란 분리의 적극적 과정을 기술하면서 동시에 그것을 은폐하기 위하여 사용되는 명사이다. 자본주의적 지배의 실체는 사람과 사물 사이의 확립된 관계가 아니라 오히려 행위수단들로부터 우리를 분리시키는 적극적 과정들이다. 우리가 보기에, 이러한 분리가 지속적으로 반복된다는 의미의 동사(분리하다)를 명사(분리)로 바꾸지는 못한다. 그것이 습관적 '분리하기'로 된다는 사실이 어떤 의미에서도 그것을 정상적인 것으로 만들지 못한다는 것은, 남편이 자기의 부인을 습관적으로 구타하는 것이 그것을 정상적으로 만들지 못하는 것과, 혹은 '구타한다'는 동사를 명사로, 기정사실로 바꾸지 못하는 것과 마찬가지이다. 소유를 명사로, 즉 사물로 사고하는 것은 지배의 조건들을 수용하는 것이다. 그리고 또 우리는 생산수단들로부터 출발할 수 없다. 왜냐하면 생산과 행위 사이의 구별은 그 자체가 분리의 결과이기 때문이다. 그리고 또 우리는 행위수단들로부터 출발할 수도 없다. 왜냐하면 행위로부터 행위수단들의 분리 자체가 행위의 파열의 결과이기 때문이다. 문제는 생산수단이 자본가의 소유라는 점이 아니다. 아니 오히려, 생산수단이 자본가의 소유라고 말하는 것은 자본이 매일 활발하게 우리의 행위를 깨뜨리고, 우리로부터 우리의 행위결과를 빼앗고, 우리 행위의 전제조건인 행위의 사회적 흐름을 깨뜨린다는 사실을 숨기는 완곡어법일 뿐이다. 그렇다면 우리의 투쟁은 생산수단의 소유를 우리들의 것으로 만들기 위한 투쟁이 아니라 소유와 생산수단 모두를 해체시키는 것

---

[200] Marx (1965) p. 763을 보라: 생산수단의 집중과 노동의 사회화는 결국 그것들이 자신들의 자본주의적 외피와 양립불가능한 지점에 이른다. 이 외피는 조각조각 부서진다. 자본주의적 사적 소유의 조종(弔鐘)이 울린다. 수탈자들이 수탈된다.

이다. 행위의 흐름의 의식적이고 상호신뢰적인 사회성을 회복하거나, 더 나아가 창조하는 것이다. 자본은 물신화에 의해, 행위와 행위자로부터 행위결과를 소외시키는 것에 의해, 그리고 '행위 되어진 이것은 사물이고 그것은 나의 것이다'라고 말하는 것에 의해 지배한다. 수탈자를 수탈하는 것은 사물들의 재장악으로 이해될 수 없으며, 오히려 행위결과의 물성의 해체로, 즉 행위의 사회적 흐름 속으로 그것을 (재)통합하는 것으로 이해되어질 수 있다.

자본은 분리의 운동이고 물신화의 운동이며 운동을 부정하는 운동이다. 혁명은 분리에 대항하는 운동이고 물신화에 대항하는 운동이며 운동의 부정에 대항하는 운동이다. 자본은 행위의 사회적 흐름의 부정이고 코뮨주의는 행위가 그 자신의 부정에 대항하는 사회적 운동이다. 자본주의 아래에서 행위는 부정된 존재의 양태 속에 실존한다. 행위는 행위된 사물로서, 사회적 관계들의 확립된 형태들로서, 자본, 화폐, 국가, 과거 행위의 악몽 같은 도착(倒錯)들로 실존한다. 죽은 노동은 산 행위를 지배하고 그것을 산 노동이라는 그로테스크한 형태로 도착시킨다. 이것은, 용어상의 폭발적 모순이다. 삶이 개방성, 창조성을 의미하는 반면에 노동은 폐쇄성, 미리-정해짐(pre-definition)을 의미한다. 코뮨주의는 이러한 모순의 운동이고, 노동에 대항하는 삶의 운동이다. 코뮨주의는 부정된 존재의 양태 속에 실존하는 것의 운동이다.[201]

행위의 운동은 그것의 사회성의 부정에 대항하는 운동이다. 기억은 이것의 중요한 부분이며 집합적 운동의 경험의, 그리고 그것의 파편화에 대항하

---

[201] '우리에게 있어서 코뮨주의는 확립되어야만 하는 **사물들의 상태**가 아니며, 실재가 그 자신을 맞추어야만 [할] 어떤 **이상**도 아니다. 우리는 현존하는 사물들의 상태를 폐지하는 **실제적 운동**을 코뮨주의라고 부른다.' (Marx and Engels 1976, p. 49)

는 경험의 공동체적 결합이다.202) 행위의 사회성의 운동은 조직의 사회적 혹은 공동체적 형식들을 함축한다. 루카치가 지적하듯이(1971, p. 80), '노동자들의 평의회는 사물화의 정치적·경제적 패배를 뜻한다.' 그러나, 그것은 역으로 노동자 평의회나 소비에트를 고정된 모델로서 사물화하는 문제일 수는 없다. 투쟁의 각 국면은 공동체적 조직화의 그 나름의 형태들을 분출시킨다. 예컨대, 인터넷이 집합적 투쟁의 형성에 있어 새로운 패턴을 창조할 기회를 제공하고 있음은 분명하다.203) 중요한 것은, 행위의 사회성을 바느질하고 다시 바느질하고 덧대 깁는 것이며 가치와는 다른 기초 위에서 저 행위를 절합할 사회적 형식을 창조하는 것이다.

코뮨주의 운동은 반(反)영웅적이다. 영웅들은 공동체로부터 돌출하며, 행동의 공동체적 힘을 그들 자신에게로 끌어당긴다. 혁명적 전통은 영웅들로 가득 차 있다. 그들은, 육체적 고난과 위험, 심지어 때로는 고문과 죽음에 직면하면서도, 혁명을 위해 그들 자신을 희생시켜온 사람들이며 세상을 변화시키는 일에 헌신하기 위하여 부인, 아이, 친구를 포기한 사람들(이들 대부분이 청년이었음이 인정되어야 한다)이다. 어느 누구도 그러한 인물들의 중요성을 부정하진 않겠지만, 영웅적 혁명 혹은 혁명적 영웅의 관념에는 매우 모순된 어떤 것이 있다. 혁명의 목적은 평범한 일상생활의 변형이고, 혁명이 발생해야만 하는 것도 분명히 평범한 일상생활로부터이다. 코뮨주의 혁명의 이상은 우리가 지도되지 않고 우리 모두가 책임을 맡는 그러한 사회를 창출하는 것이다. 그러므로 우리의 사상과 우리의 전통은 영웅들이 아니라 비지도자들에 의해 움직여야만 한다. 확실히 '투사들'의 작업은 조직화의 모든 형태에서 아주 결정적이지만 전투성은 혁명적 사상의 중추일 수

---

202) 이에 관해서는 Tischler (2000)을 참조하라.
203) Cleaver (1988)을 참조하라.

는 없다. 우리가, 한 사람의 혁명가로 사는 것이 매우 일상적이고 평범한 일이라는 가정에서 출발할 때에만, 비록 매우 모순적이고 물신화되고 억압된 방식 속에서이지만(그러나 혁명적 전통의 영웅들 역시 다양한 방식으로 모순적이고 물신화되고 또 억압되었다), 우리 모두가 혁명가라는 가정에서 출발할 때에만 혁명은 상상 가능한 것이 된다. 자본주의 사회에서의 삶의 통합적 구성부분인 절규, '아니다', 거부, 바로 이것들이야말로 혁명적 운동의 원천이다. 사회 관계들의 상품교환으로의 환원에 직면하여 우애, 사랑, 동료애, 공동체적 일체감을 직조하는 것, 바로 그것이 코뮨주의의 실제적 운동이다. 비종속적인 사람들은 혁명의 반(反)영웅들이다. 이것은 수동적이어야 한다는 호소가 결코 아니다. 오히려 이것은, 우리는 평범하며-그래서-반역적이라는 사빠띠스따의 이념을 혁명적 조직화의 중심 원리로 받아들이는 것이다.

혁명은 '억압되었던 자들의 복귀'이다. '억압되었던 자들의 복귀는 분명히 문명의 금기시되고 은폐된 역사를 구성한다.' (Marcuse 1988. p. 16) 마르쿠제는 여기서 현실 원칙에 대항하는 쾌락 원칙의 운동에 대하여 말하고 있지만 그 논점은 보편적 타당성을 지니고 있다. 우리가 말한 코뮨주의는 부정되고 있는 양상으로 실존하는 것의 운동이다. 그러므로 코뮨주의는 억압되었던 자들의 복귀, 즉 물신주의에 대항하는 반란이다. 전투성에서 이론화를 시작하는 것은 부정되고 있는 양태 속에, 즉 은폐된 억압의 상태 속에 실존하는 것보다 분명한 징후들에 초점을 맞추는, 프로이드 이전의 심리학과 같은 그 무엇이었다. 부정된 자들의 힘에서부터, 그리고 부정의 과정에 대항하는 반란에서부터 시작하는 것이야말로, 분명히, 물신주의 이론의 정치적 중요성이다.

부정되고 있는 양태 속에 실존하는 것은 '그것이 실존한다'는 기획에 불과한 것이 아니다. 그것은, 자본이 의지하고 있는 창조성으로 실존한다. 그것은 자본주의적 흡혈귀의 유일한 영양분인, 살아있는 피로서 실존한다. 그것은 부정으로, 비동일성으로 실존한다. 그것은, 프로이트의 이론에서 억압된 자들이 신경증의 실체인 것과 똑같은 방식으로, 즉 증오로, 지배로부터의 도주로, 자본주의 위기의 실체로 실존한다. 그것은 부채 폭발의 추동력으로 실존한다. 그것은 사적 소유(사회성의 부정)가 의지하는 사회성으로, 사적 소유라는 껍질에 의해 은폐된 생산의 강렬한 사회성으로 존재하지만, 그러나 그것은 사적 소유권을 더욱더 기괴한 것으로 만든다. 그것은 반물신화의 운동으로, 물신화된 형태들의 위기로 실존한다. 그러므로 그것은 노동운동 자체의 위기로서, 그것의 조직화 형식들의 위기로서, 그것이 수용한 이념들의 위기로서 실존한다. 그것은 노동계급의 동일성의 위기로서 실존한다. 이 책도 의심할 바 없이 그 위기의 표현이다. 부정되고 있는 양태 속에 실존하는 그 위기의 힘은 모든 동일성의, 즉 자본의 동일성과 노동의 동일성의 위기이다. 그 자체로 그것은 환영될 수 있다. 우리의 투쟁은 새로운 동일성이나 새로운 합성을 확립하기 위한 것이 아니라 반동일성을 강화시키기 위한 것이다. 동일성의 위기는 확실성들로부터의 해방(자본의 확실성으로부터의 해방이자 동시에 노동의 확실성으로부터의 해방)이다. 맑스주의의 위기는 교조주의로부터 맑스주의의 해방이다. 혁명적인 주체의 위기는 지식으로부터 주체의 해방이다. 부정되고 있는 양태 속에 실존하는 것은 폐쇄되고 미리 결정된 세계 안에서-맞서며-넘어서는 창조적 불확실성으로 실존한다.

5

혁명적 정치(아니 오히려 반정치)는 부정되는 것을 그것의 모든 무한한 풍부함 속에서 명시적으로 긍정하는 것이다. '존엄'은 사빠띠스따들이 이러한 긍정을 말하기 위해 사용하는 단어이다. 사빠띠스따들이204) 이 단어를 통해 뜻하는 것은, 인간의 존엄과 존엄들의 상호 승인에 기초한 사회를 창조하려는 목표 뿐만 아니라 부정되고 있는 형태 속에, 그리고 그 자신의 부정에 대항하는 투쟁 속에 이미 실존하는 인간적 존엄성을 조직과 행동의 지도원리로서 지금 승인하는 것이다. 존엄은 억압당해온 사람들의, 억압당해온 것의 자기주장이며 지향력을 그 모든 다양성 속에서 그리고 그 모든 통일성 속에서 긍정하는 것이다. 존엄의 운동은 억압에 대항하는 투쟁들의 거대한 다양성을 포함한다. 그것들 중 많은 것 혹은 대부분의 것은 투쟁처럼 보이지도 않는다. 그러나 이것은 미시 정치적 접근법을 함축하는 것이 아니다. 왜냐하면 투쟁들의 혼돈에 찬 이 풍부함이 지향력을 해방하기 위한, 즉 인간의 행위를 자본으로부터 해방하기 위한 유일한 투쟁이기 때문이다. 그것은 정치라기보다는 반정치이다. 왜냐하면 그것은, '정치'라는 용어가 국가를 향하는 그것의 모든 지향성 속에서 그리고 공과 사의 구분 속에서 함축하는, 행위의 파편화에 대항하며 그것을 넘어서 움직이기 때문이다.

부정되고 있는 형태 속에 실존하는 것의 투쟁은 필연적으로 부정적인 동시에 긍정적이며, 절규인 동시에 행위이다. 긍정은 그것 자신의 부정에 대항해서만 발생할 수 있기 때문에 부정적이며, 비록 부정되고 있는 형태 속에서이지만 실존하는 것의 자기주장이기 때문에 긍정적이다. 그러므로 반정치는 '우리 나름의 것'을 긍정적으로 행위하는 것의 문제일 수만은 없다. 왜냐하면 '우리 나름의 것'은 필연적으로 부정적이며 대항적이기 때문이다. 그러나 그것은 또한 부정적일 수만은 없다. 순전히 부정적인 행동들은, 카

---

204) 그리고 사빠띠스따 이전에 Ernst bloch (1961)가.

타르시스적일 수는 있지만, 자본주의 지배가 기초하고 있는 분리를 극복하기 위하여 아무 것도 하지 못한다. 그 분리를 극복하기 위해서 행동들은, 어떤 식으로든, 저 너머를 가리켜야만 하며, 행위의 대안적 방법들을 주장해야만 한다. 노동을 거부할 뿐만 아니라 (무료 교통이나 다른 종류의 보건을 제공함으로써) 행위의 대안적 방식을 가리키는 파업들, 그리고 대학을 폐쇄하는 것 뿐만 아니라 공부의 다른 경험을 제안하는 대학의 사위들, 그리고 건물들을 사회 센터들로, 즉 다른 종류의 정치적 행동을 위한 센터들로 바꾸는 건물 점거들, 그리고 정부를 무너뜨리려고 할 뿐만 아니라 사회적 삶의 경험을 변형시키려 하는 혁명적 투쟁들 등이 그 사례들이다.

단지 부정적일 뿐인 행동은 필연적으로 자본 고유의 어법 위에서 자본과 관계한다. 자본의 어법 위에서는 우리가 승리할 때조차도 우리는 늘 패배할 것이다. 예를 들어 무장 투쟁이 갖는 문제는, 적을 패배시키기 위하여 적의 방법을 채택할 필요가 있다는 것을 그것이 처음부터 받아들인다는 점이다. 그러나 군사적 승리라고 하는 있을 법하지 않은 일이 벌어졌을 때조차도, 승리한 것은 자본주의적 사회 관계들이다. 그러나 우리들이 무장하지 않고서 어떻게 무장강도(자본)로부터 우리 자신을 지킬 것인가? 투쟁의 문제는 자본으로부터 다른 차원으로 계속 이동하는 것이다. 즉 그것은, 자본 자신의 어법 위에서 자본과 관계하는 것이 아니라 자본이 존재 할 수 없는 양식을 향해 계속 나아가는 것이다. 동일성을 깨뜨리고 시간의 균질화를 깨뜨리는 것이다. 이것은 투쟁을, 끊임없이 갱신되는 실험의 과정으로, 창조적인 것으로, 전통의 차가운 손을 부정하는 것으로, 자본주의가 부과하는 흡수적 동일화를 넘어서 끊임없이 한 걸음을 옮기는 것으로 이해하는 것을 의미한다. 혁명적 조직화를 위한 비법(秘法)은 전혀 있을 수 없다. 왜냐하면 혁명적 조직화는 반(反)비법이기 때문이다.

이것은 혁명에 대한 비도구적 개념을 함축한다. 정통적 맑스주의 전통,

아주 분명하게 말해 레닌주의 전통은 혁명을 도구적으로, 즉 목적을 달성하기 위한 수단으로 사고한다. 이러한 접근법의 문제점은, 바로 무한한 풍부성을 **위한** 투쟁이기 때문에 중요한, 투쟁의 무한한 풍부성을 권력 장악이라는 단일한 목적에 종속시킨다는 것이다. 그렇게 함에 있어서, 그것은 필연적으로 지배력(많은 투쟁들을 하나의 대문자 투쟁에 종속시키기)을 재생산하며 자신이 추구한 파열보다 오히려 연속성을 보증한다. 도구주의는 자본의 어법 위에서 자본과 관계함을 의미하며 우리들의 세계가 혁명 이후에나 생겨날 수 있다는 것을 받아들임을 의미한다. 그러나 자본의 어법은 단지 주어진 어떤 것이 아니며 분리의 적극적 과정이다. 예를 들어, 행위의 분리에 대항하는 투쟁이 국가를 통해 펼쳐질 수 있다고 사고하는 것은 불합리하다. 왜냐하면 사회적 관계들의 형태로서의 국가의 실존 자체가 행위의 적극적 분리이기 때문이다. 국가를 통해 투쟁하는 것은 당신들 스스로를 패배시키는 적극적인 과정 속에 말려드는 것이다.

그렇다면, 우리들은 물신화의 과정을, 행위의 파괴를, 행위와 행위결과의 분리를 어떻게 저지할 것인가? 조직 건설의 지속적 과정이라는 맥락 속에서 이 문제를 사고하는 것은 분명히 잘못이다. 분명히 대항적 자기조직화의 실천들이 축적되어야 하지만 이것은 선형적 축적으로 사고되어서는 안 되며 선형성의 누적적 파괴로 사고되어야만 한다.[205] 연속성보다는 오히려 불연속성들을 생각하라. 하늘 위에서 번쩍이면서 사회 관계들의 자본주의적 형태들을 뚫고 들어가는, 그러면서 그것들이 무엇을 위해 존재하는지를

---

[205] 코뮨주의 운동은 선형적인 진보가 아니라, '힘들고 고되고 위험스러운 여행, 하나의 고난, 탈선, 길 잃기, 숨은 고국 찾기이다. 이것은 비극적 중단으로 가득 차있으며, 거칠고 사나운 도약들, 분출들, 쓸쓸한 약속들로 들끓고 폭발하며, 단속적으로 빛의 의식을 짊어지는 것이다.' (Bloch 1964, vol. 2, p. 29)

보여주고 있는 번개의 섬광들을 생각하라.206) 번개의 섬광들은 이 사회 관계들이 우리의 행위를 파괴하기 위하여 그리고 우리들을 파괴하기 위하여 매일 반복되면서 결코-재-결정되지-않는 투쟁이며, 비정상적인 것을 정상적인 것으로 보이게 만들고 피할 수 있는 것을 피할 수 없는 것처럼 만드는 나날이 반복되는 투쟁임을 보여준다. 조직화의 정치보다는 사건들의 반정치에 대해 사고하라. 아니 오히려, 존재의 관점에서가 아니라 행위의 관점에서 조직화를 사고하라. 사건들은 자생적으로 일어나지 않는다. 당들과 마찬가지로 그것들은 작업과 준비를 요구한다. 여기에서, 헌신적인 '투사들'의 작업이 결정적이다. 그러나 목표는 투사들의 카스트(즉, 단일한 조직)를 재생산하고 확장하는 것이 아니라 '역사의 연속성을 단숨에 부숴 여는 것'(Benjamin, 1973, p. 264)이다. 조직화의 정치에서 사건들의 정치로의 전환은 이미 일어나고 있는 중이다. 1968년 5월은 말할 것도 없고, 동유럽 정권들의 붕괴도 그러했다. 더 최근에 사빠띠스따 반란의 발전은 그것의 조직적 형식성에도 불구하고 사건들을 통한 운동이었고,207) 지구적 신자유주의에 반대하는 시위운동의 물결(시애틀, 다보스, 워싱턴, 프라하, 등등)은 명백하게 사건 중심적이다. 그것들의 최상의 상태에서, 그러한 사건들은 물신주의에 대항하는 섬광들이며 불복종적인 사람들의 축제들이고, 피억압자들의 카니발이며 쾌락 원리의 폭발이고, '영원한 지금'(nunc stans)208)의 계시들이다. 왜냐하면, 혁명은 구성과 실존의 명백한 통합이며209) 있음과 없음의 분

---

206) Benjamin (1973)을 참조하라.
207) Holloway and Peláez (1998)을 참조하라.
208) 성취(fulfillment)의 계기의 현실화로서의 코뮨주의라는 생각에 대해서는 Bloch (1964)를 참조하라. 이것은 Benjamin의 Jetzteit(지금시간) 개념과 밀접하게 연관되어 있다. Benjamin (1973, p. 263)을 참조하라.
209) 혁명은 단일한 사건이나 존재의 상태일 수 없으며 오히려 끊임없이 갱신되어야만 하는 무한한 과정이거나 사건이다. 정통적 전통(소련, 쿠바)은 혁명을, 확정된 이후-혁명(post-revolution)

리의 극복이며, 산 행위에 대한 죽은 노동의 지배의 종말, 동일성의 해체이기 때문이다.210)

그렇다면, 우리는 어떻게 권력 장악 없이 세상을 바꿀 수 있는가? 책은 끝나가지만, 시작에서와 마찬가지로 우리는 그것을 알지 못한다. 레닌주의자들은 알고 있거나 아니면 알고 있곤 했다. 그러나 우리들은 알지 못한다. 혁명적 변화는 그 어느 때보다도 매우 절박하다. 그러나 우리는 혁명이 무엇을 의미하는지 알지 못한다. 이 질문을 받으면 우리는 헛기침을 하고 중얼거리며 화제를 바꾸려고 애쓰는 경향이 있다. 부분적으로는, 우리의 알지-못함은 역사적으로 패한 사람들의 알지-못함이다. 지난 세기의 혁명가들의 앎은 패배했다. 그러나 그것은 단순한 패배 이상이다. 우리의 알지-못함은 또한, 알지-못함이 혁명적 과정의 일부임을 이해하는 사람들의 알지-못함이다. 우리들은 모든 확실성을 잃어버렸지만, 불확실성이 열려있음은 혁명에 핵심적이다. 사빠띠스따는 '물으면서 우리는 걷는다'고 말한다. 우리가 그 길을 알지 못하기 때문만이 아니라 (우리는 그 길을 모른다) 길을 묻는 것이 혁명적 과정 자체의 일부이기 때문에 우리는 묻는다.

이것은 결말이 없는 책이다. 이것은 하나의 정의(定義)이되 동시에 그 자신을 부정하기도 하는 정의이다. 그것은 질문이며 토론에의 초대이다.

이것은 행복한 결말을 갖지 않는 책이다. 이 책의 아무 것도 우리가 살고 있는 사회의 공포들을 바꾸지 못했다. 내가 이것을 쓰기 시작한 이래로 얼마나 많은 아이들이 헛되이 죽어 갔는가? 당신들이 이것을 읽기 시작한 이

을 낳는 하나의 사건으로 보았으나 그것은 재앙적 결과들을 가져왔다.
210) Gunn (1987a, p. 91)은 Bloch에 관해 이렇게 말한다. '맑스주의 내의 다른 어떠한 문필가도 혁명적 변형과정에서 기둥을 그토록 경외스러울 정도의 높이로 세우지는 못했다.' 그러나 다른 길은 없다. 그렇지 않은가?

래로 얼마나 많은 아이들이 헛되이 죽어 갔는가? 만약에 이 책이 절규를 약화시키거나 둔화시키는 어떤 것을, 혹은 절규가 사라지게 개념화하는 어떤 것을 행했다면 이것은 실패한 것이다. 나의 목표는 절규를 강화시키는 것이었으며 그것을 더욱 귀에 거슬리게 만드는 것이었다. 절규는 계속된다.

이것은 (아직?) 갖지 않은 책이다, 어떤 행복한 …

역자 후기

지난 해 3월 존 홀러웨이로부터 두권으로 제본된 *Change the World Without Taking Power*의 원고를 받은 지 1년 2개월이 지났다. 한국어판이 세계 최초로 발간될지 모른다는 예상은 빗나갔다. 영어판이 2002년 4월 Pluto Press에서 출판되었으며 스페인어판과 독일어판이 준비되고 있다고 한다. 번역 작업이 예상보다 늦어진 것은 그 사이에 이루어진 두 권의 집필서 발간 작업(『지구제국』, 『21세기 스파르타쿠스』) 때문만은 아니다. 우리의 집단적 번역 작업은 개인 번역 작업에 비해 훨씬 더 많은 단위 시간이 투여되는 것이었다.

1

아마도 지금까지 시도된 적이 없었을 것으로 추측되는 이 번역 방법의 가능성과 한계를 확인해 두기 위해 여기에 이 번역 실험의 과정에 관한 간단한 보고서를 작성해 두고 싶다.

원고가 도착한 직후인 지난 해 4월에 이 책의 번역에 참여하기를 원하는 사람들로 번역집단이 꾸려졌고 구성원들은 매주 토요일에 다중문화공간 <왑>에서 모여 각자가 작업해온 번역물들을 집단적으로 수정하고 수정결과를 인터넷에 올려 나갔다. 모임에서 이루어진 것은 원문의 한 문장, 한 문장을 강독하면서 번역된 문장과 대조, 교열하는 일이었다. 이 과정에서 번역 참여자들의 번역 능력은 점차 향상되어 처음에는 하루 4쪽을 넘기지 못하던 강독교열이 번역의 후반부에 이르러서는 하루 10쪽을 넘어섰다.

초고 원고는 2001년 12월 말에 마무리되었다. 이 책을 협동번역한 번역집단 @Theoria에는 박재봉, 신은주, 윤영광, 이승준, 이종호 등이 함께 하였으며 초기 번역작업에는 신승철, 정철수, 한병준 등도 참여했다. 이제 문제는 이처럼 다양한 사람들의 협동 하에 이루어진 이 번역초고를 하나의 통일성 있는 작품으로 완성하는 것이었다.

지난 5개월여에 걸친 재교, 삼교 작업은 저작의 총체성을 발견하는 과정이었으며 이를 통해 그간의 부분작업들이 갖는 해석적 한계와 오류를 수정하고 용어에 일관성과 통일성을 부여하며 표기, 호흡 등에서의 다양성을 유기적으로 연결시키는 과정이었다. 그러나 이 과정이 초고와 초교 작업처럼 협동적으로 이루어질 수 있는 것은 아니었다. 이 작업은 전체에 대한 고려보다는 상대적으로 부분에 대한 집중이 요구되었던 초고 및 초교 작업과는 달리 항상 전체를 염두에 두면서 부분을 바라보는 긴장감을, 그리고 작업의 연속성과 통일성을 요구하는 것이었다. 나는 2002년 1월을 거치면서 우리의 번역집단이 이 과제에 부적절함을 깨달을 수 있었다. 왜냐하면 이것은 '외국어 번역에 대한 관심과 능력'과는 완전히 별개의 것인 '한국어와 출판에 대한 관심과 능력'을 요구하는 것이었기 때문이다.

번역집단이 새로운 번역작업(『제국 논쟁』)을 진행하는 동안 나는 2월과 3월에 걸쳐 원문과 초교본을 대조하며 재교를 보았다. 우리가 이 책의 번역에 착수한 2001년 4월 이후에 홀러웨이가 수정한 내용(새로운 원고파일은 2001년 10월에 도착하였다)을 보강하여 번역할 수 있었던 것도 이 때이다. 재교를 거치고 난 후에야 이 책이 비로소 하나의 총체성을 갖는 사유체계로 다가왔다. 5월에 나는 3주에 걸쳐 주로 번역본만을 정독하면서 홀러웨이의 고유한 생각이 좀더 분명히 표현될 수 있도록 문장을 다듬었고 이제서야 어느 정도 만족할 수 있는 최종본에 도달할 수 있었다.

2

그 결과 나는 월드컵 태풍으로부터 멀리 떨어져 있게 되었다. 올림픽과 월드컵을 용어상에서 혼동한 것도, 월드컵은 축구만을 놓고 벌이는 국제경기라는 사실을 뒤늦게 알게 된 것도, 시합성적들을 사후에 들을 수 있게 된 것도 모두 이러한 사정 때문이었다. 물론 이렇게 말하는 것은 정확하지 않다. 이 책의 번역 때문에 내가 월드컵에 무심하게 된 것이 아니다. 정확하게 말하면 월드컵의 정치학보다는 홀러웨이의 정치학에 더 이끌렸다고 해야 할 것이다. 올림픽의 정치학은 대한축구협회 회장이자 FIFA 부회장인 정몽준의 다음과 같은 말 속에 잘 요약되어 있다. "2002년 월드컵은 이러한 경제적 이익은 물론, 한국의 국제적 위상 제고에도 크게 기여할 것이다. 그러나 월드컵을 통해 우리가 획득할 수 있는 가장 중요한 것은 앞서 스페인이나 프랑스의 예에서 보듯이 지역감정이나 계층간의 갈등을 해소하는 일이다. 월드컵을 통해 우리 국민 모두가 하나의 목표, 하나의 마음으로 단결한다면 이러한 해묵은 숙제도 해결될 수 있으리라 본다(『Emerge』, 2000년 4월)."

다중을 하나의 목표, 하나의 마음을 가진 '국민'으로 단결시키는 것! 이것이 월드컵의 일관된 정치학이다. 1926년 프랑스를 비롯한 유럽이 월드컵의 개최를 분주히 제안할 수밖에 없었던 것은 1917년에 러시아에서 불어온 프롤레타리아 불복종성의 바람을 잠재우고 그것의 국제주의적 지향에 대응해야할 필요성이 절실했기 때문이다. 1930년대 이후 생산에서의 테일러주의, 분배에서의 포드주의, 조절에서의 케인즈주의 외에 우리는 스포츠 문화에서의 월드컵주의(월드컵 1회 대회는 1930년 7월에 우루과이 몬테비데오에서 열렸다)를 목격하게 되는데 이것이 근대정치의 국가주의적 건축물의 한 축임은 분명하다.

홀러웨이의 정치학은 바로 국가주의에 기초한 국제정치로서의 월드컵(World-cup) 정치에 대한 반대를 함축한다. 『블루』지와의 최근 인터뷰에서 그는 자본의 국가주의에 대항하는 저항의 국제주의에 관해 언급하면서 '일국적 투쟁들의 협력을 의미하는 국제주의는 민족주의의 보완물이며 쉽게 민족주의적 입장으로 바뀌는 경향이 있는 반면, 계급투쟁의 새로운 지구적 형식들은 국제적이기보다 반국가적인데 이것을 국제주의로부터 구분할 필요가 있다'고 설명한다. 그의 시각에서 볼 때 국민은 존재하지 않는다. 실재하는 것은 '국민화'라고 부를 수 있는 과정, 운동, 계급투쟁이며 다중을 국민으로 재생산하는 월드컵은 다중의 정치적 활력을 국가의 수중으로 수거하는 의회주의적 선거와 더불어 국민화의 다양한 장치들 중의 하나이다. 그래서 지금 마치 총력전을 벌이듯 거리, 신문, 방송, 인터넷, 주점 등 모든 공간을 뒤덮고 있는 '16강 코리아', '필승 코리아'라는 스텍터클적 구호는 다중들의 다양한 욕구들을 단일한 국민의 범주 속에 봉합하면서, 그리고 노동자, 빈민, 이주민, 장애인, 여성 등에게 '아름다운 한국'을 위해 갖은 희생을 받아들이도록 강요하면서 그 어떤 계급적 저항행동도 억제/자제하도록 만드는 억압적 권력으로 작용한다. *Change the World Without Taking Power*의 한국어판 『권력으로 세상을 바꿀 수 있는가』는 월드컵에서 선거로 이어질 이 국민화 정치에 대한 하나의 대안적 관점을 제시한다.

저자 존 홀러웨이는 1947년에 아일랜드의 더블린에서 태어나 가족과 함께 영국 중부로 이주했다. 그는 스코틀랜드 에딘버러 대학에서 오랫동안 정치학을 가르쳤으며 1991년에 멕시코로 이주하여 1993년부터 민중자율대학 인문사회과학연구소에서 사회학을 가르치면서 사빠띠스따 운동의 정치적 함의에 대해 연구하고 있다. 이 책에서 그는 사빠띠스따 봉기 이후의 다양한 사회적 투쟁들에서, 특히 씨애틀 이후의 지구화에 대항하는 투쟁들에서 등장하고 있는 좌파 정치학의 새로운 경향을 정식화하고자 한다.

그가 가장 먼저 주목하는 것은 극단화하고 있는 자본주의의 공포와 이로부터 비롯하는 절규의 심화이다. 1장에서 그는 "태초에 절규가 있었다"고 말하면서 이론적 반성의 출발점이 반대, 부정성, 투쟁임을 강조한다. 절규는 현존하는 것을 부정하는 순간에 있어야 할 세계를 투영한다는 의미에서 무아적(ec-static ; 나의 바깥에 서다)인데 부정적 사유의 두 가지 차원은 바로 절규의 이 무아성의 표현이다.

2장은 국가를 통한 변혁을 사유했던 지금까지의 좌파 정치학에 대한 강한 비판을 드러낸다. 1991년의 사회주의 붕괴가 보여준 것처럼 우선 국가를 통해서 발본적 변화를 달성하는 것이 불가능했다. 왜냐하면 국가는 자본주의적 사회 관계의 총체성 속에 통합되었기 때문이다. 둘째로 국가를 통해 저항 정치학을 구축하려는 시도는 그것이 아무리 혁명적이고자 노력한다고 할지라도 결국 저항 내부에 국가를 재생산하는 것으로 귀착되었다. 왜 그렇게 되는 것일까?

3장이 이 질문에 대한 해답을 제공한다. 자본주의 사회 속에서 power는 모순적인 회로를 따라 흐른다. 행위할 수 있는 인간의 능력인 지향력(power-to)이 다른 사람들에게 뭔가를 하도록 명령할 수 있는 능력으로서의 지배력(power-over)으로 끊임없이 변형되기 때문이다. 그리하여 행위의 사회적 흐름은 파열되며 행위결과는 행위에 대립하는 것으로 뒤바뀐다. 이렇게 행위가 자기자신에게 대립하는 것으로 바뀜으로써 사회는 다원적으로 파열되고 푸코가 '권력의 다원성'이라고 부른 바의 현상이 나타나는 것이다. 이렇게 지향력이 지배력으로 역전되는 조건은, 맑스가 충분히 논증한 바 있듯이, 행위수단이 행위자 자신에 의해서가 아니라 자본에 의해 통제되고 있는 적대적 현실이다.

4장에서 홀러웨이는 (이 역사적 조건에 대한 탐구로 들어가기보다) 지향력의 지배력으로의 이 역전을 맑스주의 전통이 무시해온 물신주의 비판이라는 이론적 문맥 속에서 탐구한다. 이것은 초기 맑스의 소외론, 『자본론』 1장 4절의 물신주의론, 게오르그 루카치의 사물화론, 아도르노의 동일화론으로 이어진 전통을 부각시키면서 동일성에 대한 비판을 혁명 이론의 초점으로 가져오는 것이다. 그러면서 그는 이 물신주의 이론 전통이 직면했던 딜레마를 회피하지 않고 대면한다. '물신주의가 함의하는 인간의 비인간화는 발본적인 사회 변화를 그 어느 때보다도 절박한 것으로 만드는 한편, 바로 그 비인간화가 사회의 자기해방의 가능성을 박탈한다'는 것, 이것이 홀러웨이가 '혁명의 절박한 불가능성'이라고 부르는 딜레마이다. 20세기 비판이론 전통에 비관주의의 깊은 각인을 남긴 이 딜레마를 그는 어떻게 넘어서는가?

물신주의로부터 물신화를 구분 짓는 5장은 바로 이 문제의 해결에 할애된다. 물신주의를 완성된 사실이 아니라 물신화로 재정의하는 것, 다시 말해 물신주의를 저항의 운동, 반물신화의 운동을 필연적으로 포함하는 하나의 운동으로 이해하는 것. 이것은 가치, 자본, 권력, 국가 등 사유의 모든 범주들을 과정으로, 투쟁으로 이해하는 것을 함의한다.

6장에서는 물신화의 과정 속에 필연적으로 포함되는 반물신화의 운동을 다루면서 비판을 그것의 일부로 제시한다. 여기서 비판은 존엄하게 살기 위한 일상적 투쟁의 일부로, 부정되고 있는 형태 속에 실존하는 행위를 해방하기 위한 투쟁으로, 동일성에 대한 공격으로 정의된다. 그것은 현상의 배면으로 나아가려는 분석적 운동, 그리고 비판된 현상의 기원 또는 발생을 추적하는 발생론적 운동 양자를 통해 주체로부터 분리되어 있는 객체를 전유하고 재통합하는 반권력의 운동이다.

  7장은 바로 이 부정적 비판이야말로 진정한 의미에서의 과학이라는 입장에서 엥겔스 이후 20세기 초의 고전적 논쟁들과 맑스주의 경제학, 맑스주의 정치학, 맑스주의 사회학 등 다양한 분과학문들로 전화한 최근의 맑스주의 이론의 발전들 모두를 비판한다. 여기에서 비판의 핵심은 과학적 맑스주의의 이 전통이 물신주의 문제에 맹목적이며 과학에 대한 긍정적 개념화 혹은 동일성에 대한 사유에 기초하고 있다는 것이다. 그것은 주체로부터 분리된 객체, 인간의 의지로부터 독립된 객관적 과정으로서의 역사, 자본주의의 객관적 운동법칙을 규명하는 데에 스스로를 한정한다. 로자나 레닌에게서처럼 능동적 요인을 강조하는 경우에도 그것은 객관적 운동을 보완하는 차원에 머무른다. 주체성이 배제된 상태에서, 그것의 절규와 무관하게 과학이 구축될 수 있다는 생각의 조직적 표현은 프롤레타리아로부터 독립된 과학적 사회주의의 담지자로서의 전위정당이라는 구상으로 나타났다. 그리고 그것은 오늘날 사회 외부에서 '사회에 대한 이론'으로 정립된 다양한 맑스주의적 분과학문들로 재생산되고 있으며 이들에 의해 자본주의 사회는 (갈등과 투쟁을 통해서가 아니라) 부드럽게 재생산될 수 있는 사회로 잘못 묘사된다는 것이 홀러웨이의 생각이다.

  맑스주의의 기능주의/구조주의로의 이러한 전화에 직면하여 간절히 요구되는 것은 발본적 변혁의 주체는 누구인가라는 문제이다. 8장에서 홀러웨이는, 물신주의를 완성된 사실로서보다 물신화라는 과정으로 이해할 필요를 강조했던 것과 마찬가지로, 노동자 계급이라는 범주를 계급화의 과정으로서 이해할 필요를 강조한다. 노동자 계급은 계급화되는 사람들이면서 계급화에 대항하는 계급이기 때문에 계급을 정의하는 것이 문제가 아니라 계급에 대한 반정의적 개념(노동자 계급은 반계급이다)이 필요하다는 것이 그의 주장이다.

9장에서 홀러웨이는 혁명의 실재성을, 즉 반권력, 반계급의 물질적 실재성을 논한다. 그러나 그것은 전통적 맑스주의와는 달리 프롤레타리아의 실재성을 논하는 것이 아니다. 그는 블로흐를 따라 권력에 대항하는 투쟁의 편재성을, 아직아님의 현재적 실존을 주장한다. 그리고 그는 자율주의 이론에 따라 반권력이 권력의 추동력임을 주장한다. '계급 구성의 개념은 우리를, 자본주의에 대한 저항이 도처에 존재한다는 단순한 관찰을 확연히 넘어서도록 인도한다. 그것은 발전하고 있는 이 저항의 힘에 대해 말할 수 있는 기초를, 투쟁의 현재적 형식들의 특유성과 힘을 이해하기 위한 기초를 제시한다. 그것은, 우리가 우리의 절규를 단지 억압의 항존하는 특징으로 뿐만 아니라 특수한 역사적 공명을 갖는 절규로 볼 수 있는 방법을 제시한다'(이 책, 252쪽).

그러나 홀러웨이는 자율주의 속에서 계급 구성 개념이 투쟁의 운동을 분석하기 위한 범주로부터 시대구분의 방법으로 쉽게 전화한다고 비판한다. 그것은 투쟁에 대한 긍정적 개념화와 연결되어 있다는 것이 그의 생각이다. 정통 맑스주의에서 자본이 자본주의 발전의 긍정적 주체였음에 반해 자율주의 이론에서는 노동계급이 긍정적 주체로 된다. 이렇게 동일성이 자본의 편에서 노동의 편으로 움직이지만 그것은 폭발되지도 도전 받지도 않는다는 것이 홀러웨이의 생각이다. 이것은 지금까지의 자율주의 이론과 운동이 역동일시의 동일화, 즉 거울 이미지들(자본 구성에 대항하여 계급 구성, 가치화에 대항하여 자기가치화, 권력에 대항하여 대항 권력)에 사로잡혀 오지 않았는가 묻고 있는 자율주의 내부의 자기비판과 공명하는 것이다. 홀러웨이는 이 비판으로부터 출발하여 자율주의의 계급 구성 개념이 자본과 노동의 관계를 외적 관계로 파악한다는 생각을 피력하면서 자본과 노동의 관계는 외적 관계가 아니라 내적 관계라는 생각을 제시한다. 그것은 자율주의 내부에 공존하는 '자본의 역사는 노동계급의 투쟁에 대한 반작용의 역사'라는 생각과 '자본은 노동계급의 생산물'이라는 생각 가운데에서 후자를 편드는 것으로 나타난다.

10장에서 그가 자본의 위기를 '노동의 자본에 대항하는 투쟁'을 통해서보다는 '자본의 노동에 대한 의존성'을 통해서 설명하려 하는 것은 그의 입장에서 보면 일관된 것이다. 그리하여 신용팽창에 기초한 자본주의의 현재적 위기는 자본이 노동에 대한 의존성을 극복할 수 없는 무능력의 고백으로 정당하게 설명된다.

우리 시대의 혁명의 의미를 다룬 11장은 '혁명의 절박한 불가능성'이라는 비판이론의 딜레마에서 멀리 떨어져 있지 않다. '혁명적 변화는 그 어느 때보다도 매우 절박하다. 그러나 우리는 혁명이 무엇을 의미하는지 알지 못한다'(이 책, 327쪽). 그러나 이것은 결코 무지의 산물이 아니다. 홀러웨이에 따르면 알지못함은 우리 시대의 역사적 상황의 표현임과 동시에 혁명적 과정 그 자체의 필수적 구성부분이다. 그에게 혁명은 대답이 아니라 질문일 뿐이다.

4

이것은 분명히 '물으면서 우리는 걷는다'는 사빠띠스따의 잠언의 중요한 일부이다. 혁명은 분명히 질문이다. 그래서 나는 홀러웨이를 따라 혁명은 질문이라고 힘주어 말하고 싶다. 그런데 혁명은 대답일 수는 없는가? 분명히 혁명은 어떤 확정된 대답, 정해진 목표를 따라 가는 것이 아니다. 그러나 혁명은 그때그때의 실천적 질문에 대한 대답을 회피할 수 없다. 왜냐하면 알지못함, 질문, 불확실성이 혁명적 과정 그 자체의 필수적 구성부분인 것과 마찬가지로 과정 속에서 주어지고 과정으로 돌아가는 앎, 대답, 확실성도 혁명적 과정 그 자체의 필수적 구성부분이기 때문이다.

구조에서 행위로, 긍정에서 부정으로, 앎에서 알지못함으로, 대답에서 질문으로의 홀러웨이의 구부림은 지난 백여 년 이상 동안 맑스주의의 객관주의적 행진과 그것의 비극적 결과를 생각하면 아무리 강조해도 지나치지 않은 것이다. 그러나 이 구부림에도 댓가는 따르고 있는 것으로 보인다. 물신주의를 완성된 사실이 아니라 물신화의 과정으로 이해하고자 한 홀러웨이의 방법론이 갖는 강력한 힘은 구조를 행위의 관점에서 바라볼 수 있게 한다. 이것은 "부르주아적 관계들이 사회 일반의 폐기할 수 없는 자연법칙들로 슬그머니 변조"(칼 맑스,『정치경제학 비판 요강』1권, 백의, 55쪽)되는 것에 대한 엄중한 비판이다. 그러나 부르주아적 관계들은 지향력의 지배력으로의 전화를 낳을 뿐만 아니라 지향력과 지배력의 분할과 대립을 낳는다. 지배력은 지향력의 '생산물'이지만 그것이 지향력에 '반작용'할 만큼 자립화하는 데에 부르주아 사회의 특이성이 있다. 대상, 현실, 감각을 인간의 감성적 활동으로 파악하고자 했던 맑스와 인간은 자신들의 사회적 생산에서 "일정한, 필연적인, 그들의 의사와는 무관한" 여러 관계를 맺는다고 한 맑스 사이에서 우리가 선택을 해야 하는 것일까? 나는 역사에 대한 비판적 실천적 접근이 환경, 구조, 외부성, 사물성의 실재성 혹은 이들의 반작용 능력에 대한 부정이나 그것들의 행위로의 환원을 통해서만 가능하다고 생각하지는 않는다. 생산된 것(생산물)은 반작용의 힘을 가질 수 있으며 반작용의 힘을 갖는다고 해서 그것이 행위에 의해 새롭게 갱신, 재구성될 수 없는 것이 아니다. 인간은 스스로 선택한 환경이 아니고 과거(과거의 행위결과)로부터 물려받은 환경에서라 할지라도 그것을 바꾸면서 역사를 스스로 만들어 갈 수 있다.

  반작용에 대한 승인이 (재)생산의 불가능성을 뜻하는 것이 아니듯이 존재함에 대한 승인이 변화불가능성에 대한 승인과 등치될 수 있는 것은 아니다. 홀러웨이는 행위수단이 자본의 통제 하에 놓여 있다는 중요한 사실을 분명히 지적하면서도 이것을 자신의 사유체계의 핵심적 계기로 배치하지는 않는다. 그 결과 지향력의 지배력으로의 역전은 지향력과 지배력의 실재하는 적대관계 속에서보다는 행위의 자기모순으로 설명되는 경향이 있다. 정당하게도 그는 자본주의 전 과정에 걸친 시초축적의 지속성을 강조한다. 하지만 발전된 자본주의의 축적은 원시적 축적으로 환원되고 그것과 동일한 것으로 설명된다. 발전된 자본주의 속에서도 행위수단으로부터 행위자의 분리가 지속되는 것은 분명하다. 하지만 발전된 자본주의에서의 그것은 원시적 축적기의 그것보다 직접적 행위에 덜 의존하며 구조화된 관계의 기능과 효과에 더 많이 의존하지 않는가? 폭력보다는 반작용적 개혁(재형식화)이 더 중요한 지배의 수단으로 등장하는 것은 이 때문이 아닌가?

  자본주의가 발전할수록 자본의 노동에 대한 의존성은 더욱 심화된다. 위기가 이 의존성에 근거하고 있다는 홀러웨이의 주장은 정당하다. 그러나 이것은 위기의 근거에 대한 설명일 뿐 위기의 실현에 대한 설명은 아니다. 위기는 노동이 자본으로부터 독립하려고 할 때, 더 정확하게는 노동이 자본의 한 계기(가변자본)일 것을 거부하고 자신의 행위적 힘(활력)의 자립성을 주장할 때 나타난다. 그리고 이때 홀러웨이가 혁명의 과정으로 보는 '자본과 노동의 탈구'도 강화된다. 노동이기를 거부하는 노동은 단순한 부정성만이 아니며 인간적 활동성(삶)으로의 재탄생을 지향한다. 혁명이 (가치, 화폐, 자본, 국가, 권력 등등의) 자본관계들로부터의 탈주를 포함하면서도 그것과는 달리 자본관계 속에 내재해 있는 활력의 재전유와 전복적 재가공을 포함하는 것은 이 때문이다. 홀러웨이가 강조하는 무아성(ecstasy), 너머-투영, 존재해야 할 것 등은 이 구성적 과정을 지칭한다.

그렇다면 지향력과 지배력은, 노동과 자본은 서로 내적 관계에 있는가? 이 양자가 내적 관계에 있다는 홀러웨이의 주장은 지배력을 지향력과 행위로부터 분리된 객관적 실재로 정의하는 경향을 보여온 정통 맑스주의에 대한 정확하고 강력한 비판을 함의한다. 지배력의 취약성, 자본의 취약성은 그것들이 지향력의 혹은 노동의 생산물임을 보여줌으로써 분명히 드러난다. 하지만 좀더 생각해 보자. 정통 맑스주의에서 지배력과 지향력, 자본과 노동은 외적 관계로서보다는 오히려 (후자의 전자에 대한) 종속의 관계로 사고되지 않았는가? 사회의 역사가 자본의 자기운동으로 설명될 뿐 아니라 이행까지도 자본 운동의 자기모순에 의한 파국으로 설명된 것. 양자를 종속적 관계로 파악하는 것은 양자가 이미 내적 관계에 있음을 가정하는 것이 아닌가? 홀러웨이는 종속관계의 위치를 자본 우위에서 노동 우위로, 지배력 우위에서 지향력 우위로, 행위결과 우위에서 행위 우위로 전치시킴으로써 정통 맑스주의의 객관주의를 전도시킨다. 하지만 양자의 내적 관계의 개념은 그에게서 유지, 강화된다. 그가 위기의 핵심을 '자본의 노동에 대한 의존성(종속성)'에서 찾는 것은 그러므로 일관된 것이다.

지향력과 지배력은, 노동과 자본은 확실히 내적 관계를 맺고 있다. 하지만 그것은 양자의 본연의 관계양식이라기보다 행위수단들을 행위자로부터 분리시키는 지배력과 자본의 투쟁의 산물이 아닌가? 네그리와 하트가 근대 자본주의적 주권을 외부를 내부화하는 과정으로 설명하면서 제국을 자본의 외부가 사라진 시대의 주권 형태라고 말함과 아울러 '내부로부터 외부를 구성하기'를 탐색하는 것은 이 때문이다. 사유 속에서 아무리 지향력과 노동의 우위성을 표상하더라도 양자가 내적 관계에 머물러 있는 한 그것은 실제로는 지향력의 지배력에의, 노동의 자본에의 종속으로 기운다. 지향력 혹은 노동의 활력은 자본 관계 외부에서만, 자본에서 독립적일 때에만 종속

관계를 벗어날 수 있다. 그러나 이것은 노동이 지배력 혹은 자본과 외적 관계에 있음을 주장하는 문제가 아니다. 문제는 노동이 자신을 내부화함으로써만 존립할 수 있는 자본관계를 폐지하는 것이다. 이것은 우리에게 끊임없는 딜레마로 다가오면서 다양한 쟁점들을 낳는 구조와 행위, 객체와 주체, 지배력과 지향력의 분리가 양자의 관계 재정립을 통해서가 아니라 이들을 매개하는 자본 관계의 폐지를 통해서, 따라서 그 관계의 일부인 노동 자신의 폐지를 통해서, 그리고 인간들 사이의 직접적 관계의 만회를 통해서 비로소 지양될 수 있을 것임을 의미한다. 이것은 추론에서는 다를지언정 '혁명은 구성과 실존의 명백한 통합이며 있음과 없음의 분리의 극복이며, 산 행위에 대한 죽은 노동의 지배의 종말, 동일성의 해체'(이 책, 327쪽)라는 홀러웨이의 생각과 애초의 충동에서 뿐만 아니라 그 지향에서까지 완전히 일치하는 것이다.

홀러웨이는 오랫동안 '열린 맑스주의'(open marxism) 조류 속에서 작업해 왔다. 계간 *Capital & Class*, (이제는 폐간된) *Common Sense*, 그리고 부정기간행물 *Open Marxism* 등을 통해 전개되어온 '열린 맑스주의' 조류는 초기 맑스의 소외론과 『자본론』의 물신주의 비판에 근거하여 엥겔스에 기반한 정통 맑스주의 조류를 비판하면서 초기 루카치, 코르쉬, 루빈, 파슈카니스, 호르크하이머, 아도르노, 벤야민, 마르쿠제 등으로 이어져온 비판이론 전통을 현대적으로 계승한다. 1990년대 이후 이 조류는 폴란차스, 제솝 등에 의해 대표되는 구조주의적 맑스주의 전통에 대한 비판에서 네그리, 하트, 클리버 등에 의해 대표되는 자율주의적 맑스주의 경향과 보조를 같이하면서도 위에서 살펴 본 몇 가지 점들 외에 '변증법인가 유물론인가'(혹은 '방법론인가 존재론인가')를 둘러싸고서도 자율주의적 맑스주의 경향과 쟁점을 구성하고 있다. 이 쟁점들을 우리의 사유와 실천의 방해물로 생각하고 회피해 버릴 것인가 아니면 그것들을 우리의 사유와 실천을 혁신할 문제공간으로 생각하면서 창조적으로 대면할 것인가는 전적으로 우리 모두의 몫이다.

5

끝으로, 쉽지 않았던 그러면서도 유익했던 번역 작업을 1년 이상 함께 해온 <왑> 번역집단 @*Theoria* 참여자들과 출간의 기쁨을 함께 나누고 싶다. 내가 수배중에 필명으로 번역출간한 『신자유주의와 화폐의 정치』(1998)의 기고자이자 공동편집자였던 존 홀러웨이와 3년이 지나 본명으로 다시 이루어진 교류는 그의 후의가 아니었다면 아마 불가능했을 것이다. 그는 원고를 보내면서 한국에서 벌어지고 있는 투쟁에 자신이 참여할 수 있으리라는 희망 이외에는 어떤 것도 바라지 않았다. 그는 『신자유주의와 화폐의 정치』에서 노동계급의 불복종성으로부터 금융자본의 도주의 맥락에서 IMF 위기를 볼 수 있는 관점을 열어 주었는데, 이제 이 책 『권력으로 세상을 바꿀 수 있는가』에서는 선거를 통한 국가 재구성이 낡은 사회를 고수하려는 우파는 물론이고 사회변혁을 위해 움직이는 좌파에게까지 핵심적 의제로 수용되고 있는 지금 국가를 통하지 않는 변혁의 길을 사고할 수 있도록 도와준다. 내가 홀러웨이에게 깊은 감사를 전하고 싶은 것은 무엇보다도 이 때문이다.

2002년 6월 6일
조정환

참고문헌

Acanda Jorge Luis (2000), Sociedad Civil y Estado, paper presented to the conference on El marxismo: una Mirada desde la Izquierda, Havana.
Adorno Theodor W. (1967), *Prisms: Cultural Criticism and Society* (London: Neville Spearman)
Adorno Theodor W. (1978), Subject-Object, in Arato and Gebhardt (1978), pp. 497~511
Adorno Theodor W. (1990), *Negative Dialectics* (London: Routledge)
Arato Andrew and Gebhardt Eike (1978), *The Essential Frankfurt School Reader* (Oxford: Basil Blackwell)
Ashe Fidelma (1999), The Subject, in Ashe et al. (1999), pp. 88~110
Ashe Fidelma et al. (1999), *Contemporary Social and Political Theory: An Introduction* (Buckingham: Open University Press)
Backhaus Hans-Georg (1992), Between Philosophy and Science: Marxian Social Economy as Critical Theory, in Bonefeld et al (1992a), pp. 54~92
Benjamin Walter (1931), Linke Melancholie, *Die Gesellschaft*, VIII
Benjamin Walter (1973), Theses on the Philosophy of History, in *Illuminations*, (New York: Schocken Books)
Bernstein Eduard (1961), *Evolutionary Socialism* (New York: Schocken)
Best Steven and Kellner Douglas, *Postmodern Theory: Critical Interrogations* (London: Macmillan)
Blake William (1973), *William Blake* (Introduced and edited by J. Bronowski) (Harmondsworth: Penguin)

Bloch Ernst (1961), *Naturrecht und menschliche Würde* (Frankfurt: Suhrkamp)

Bloch Ernst (1964), *Tübinger Einleitung in die Philosophie* (2 Bde) (Frankfurt: Suhrkamp)

Bloch Ernst (1986), *The Principle of Hope* (3 vols) (Oxford: Basil Blackwell)

Bonefeld Werner (1987), Marxism and the concept of Mediation, *Common Sense* no. 2

Bonefeld Werner (1988), Class Struggle and the Permanence of Primitive Accumulation, *Common Sense* no. 6, pp. 54~65

Bonefeld Werner (1991), The Reformulation of State Theory, in Bonefeld and Holloway (1991), pp. 35~68

Bonefeld Werner (1992), 'Social Constitution and the Form of the Capitalist State', in Bonefeld, Gunn and Psychopedis (1992a), pp. 93~132

Bonefeld Werner (1994), Human Practice and Perversion: Between Autonomy and Structure, *Common Sense* no. 15, pp. 43~52

Bonefeld Werner (1995), Capital as Subject and the Existence of Labour, in Bonefeld, Gunn, Holloway and Psychopedis (1995), pp. 182~212

Bonefeld Werner (2001), Clase y Constitución, *Bajo el Volcán* no. 2, pp. 139~165

Bonefeld Werner and Burnham Peter (1998), 'Counter-Inflationary Credibility in Britain, 1990~1994', *Review of Radical Political Economics*, vol. 30, no. 1, pp. 32~52.

Bonefeld Werner, Brown Alice and Purnham Peter (1995), *A Major Crisis?* (Aldershot: Dartmouth)

Bonefeld Werner, Gunn Richard and Psychopedis Kosmas (1992), Introduction, in Bonefeld et al. (1992a)

Bonefeld Werner, Gunn Richard and Psychopedis Kosmas (eds) (1992a), *Open Marxism, Volume I: Dialectics and History* (London: Pluto)

Bonefeld Werner, Gunn Richard and Psychopedis Kosmas (eds) (1992b), *Open Marxism, Volume II: Theory and Practice* (London: Pluto)

Bonefeld Werner, Gunn Richard, Holloway John and Psychopedis Kosmas (eds) (1995), *Open Marxism, Volume III: Emancipating Marx*

(London: Pluto)

Bonefeld Werner and Holloway John (eds) (1991), *Post-Fordism and Social Form* (London: Macmillan)

Bonefeld Werner and Holloway John (eds) (1995), *Global Capital, National State and the Politics of Money* (London: Macmillan)

Bonefeld Werner and Psychopedis Kosmas (eds) (2000), *The Politics of Change* (London: Palgrave)

Bonnet Alberto (2000), *Dinero y capital-dinero en la globalización* (Buenos Aires: Tesis de Maestría, Universidad de Buenos Aires)

Braunmül Claudia von (1978), "On the Analysis of the Bourgeois Nation State within the World Market Context", in Holloway and Picciotto (1978), pp. 160~177.

Brittan Samuel (1977), *The Economic Consequences of Democracy* (Harmondsworth: Penguin)

Bublitz Ute (1998), *Reconciliation and Rejection* (London: Universal Texts)

Camus Albert (1971), *The Rebel* (Harmondsworth: Penguin)

Clarke Simon (1982), *Marx, Marginalism and Modern Sociology* (London: Macmillan)

Clarke Simon (ed) (1991), *The State Debate* (London: Macmillan)

Clarke Simon (2001), 'Class Struggle and the Working Class: the Problem of Commodity Fetishism', in Dinerstein and Neary (2001)

Cleaver Harry (1992), 'The Inversion of Class Perspective in Marxian Theory: From Valorisation to Self-Valorisation', in Bonefeld Gunn and Psychopedis (1992b), pp. 106~145

Cleaver Harry (1998), The Zapatistas and the Electronic Fabric of Struggle, in Holloway and Peláez (1998), pp. 81~103

Cleaver Harry and Bell Peter (1982), Marxs Crisis Theory as a Theory of Class Struggle, *Research in Political Economy* Vol. 5

Congdon Tim (1988), *The Debt Threat* (Oxford: Blackwell)

Cunow Heinrich (1898~99), Zur Zusammensbruchstheorie, *Die Neue Zeit*, Jg. XVIII, Bd 1, p. 430

Dalla Costa Mariarosa (1995), Capitalism and Reproduction, in Bonefeld et al. (1995) pp. 7~16

De Angelis Massimo (1996), "Social Relations, Commodity-Fetishism And Marxs Critique Of Political Economy", *Review of Radical Political Economics*, Vol. 28(4) pp. 1~29

Debord Guy (1995), *The Society of the Spectacle* (New York: Zone Books)

Del Barco Oscar (1980), *Esbozo de una Critica a la Teoría y Prática Leninistas* (Puebla: Universidad Autónoma de Puebla)

Dinerstein Ana And Neary Michael,*The Labour Debate* (London: Ashgate)

Ejército Zapatista de Liberación Nacional (1994), *La Palabra de los Armados de Verdad y Fuego* (Mexico City: Fuenteovejuna)

Engels Friedrich (1968), *Socialism: Utopian and Scientific* (Moscow: Progress)

Foucault Michel (1973), *The Order of Things* (New York: Vintage Books)

Foucault Michel (1975), *Discipline and Punish* (London: Allen Lane Penguin)

Foucault Michel (1980), *The History of Sexuality. Volume 1: An Introduction* (New York: Vintage Books).

Gerstenberger Heide (1990), *Die subjektlose Gewalt: Theorie der Entstehung bügerlicher Staatsgewalt* (Münster: Westfälisches Dampfboot)

Glyn Andrew and Sutcliffe Bob (1972), *British Capitalism, Workers and the Profits Squeeze* (Harmondsworth: Penguin)

Goethe Johann Wolfgang (1969), *Faust*, I. Teil (Stuttgart: Reclam)

Gramsci Antonio (1971), *Selections from the Prison Notebooks* (edited and translated by Quintin Hoare and Geoffrey Nowell Smith) (London: Lawrence and Wishart)

Grant James (1996), *The Trouble with Prosperity* (New York: Times Books)

Guattari Félix and Negri Antonio (1990), *Communists Like Us* (New York: Semiotext(e))

Gunn Richard (1987a), 'Ernst Bloch's "The Principle of Hope"', *New Edinburgh Review* no. 76, pp. 90~98

Gunn Richard (1987b), Marxism and Mediation, *Common Sense* no. 2

Gunn Richard (1987c), Notes on "Class", *Common Sense* no. 2

Gunn Richard (1991), Marxism, Metatheory and Critique, in Bonefeld and Holloway (1991) pp. 193~209

Gunn Richard (1992), Against Historical Materialism: Marxism as a First-order Discourse, in Bonefeld, Gunn and Psychopedis (1992b), pp. 1~45
Hardt Michael and Negri Antonio (2000), *Empire* (Cambridge, Mass.: Harvard University Press)
Harman Chris (1993), Where is Capitalism Going?, *International Socialism* no. 58, pp. 3~57
Hegel Georg W.F. (1967), *Philosophy of Right* (Oxford: Oxford University Press)
Hegel Georg W.F. (1977), *Phenomenology of Spirit* (Oxford: Oxford University Press)
Hirsch Joachim (1978), The State Apparatus and Social Reproduction: Elements of a Theory of the Bourgeois State, in Holloway and Picciotto (1978), pp. 57~107
Hobbes Thomas (1991), *The Leviathan* (Cambridge: Cambridge University Press)
Holloway John (1991a), "Capital *is* Class Struggle (And Bears are not Cuddly)", in Bonefeld and Holloway (1991)
Holloway John (1991b), The State and Everyday Struggle, in Clarke (1991), pp. 225~259
Holloway John (1991c), The Great Bear: Post-Fordism and Class Struggle. A Comment on Bonefeld and Jessop, in Bonefeld and Holloway (1991), pp. 92~102
Holloway John (1992), 'Crisis, Fetishism, Class Decomposition', in Bonefeld, Gunn y and Psychopedis (1992), pp. 145~169.
Holloway John (1995a), From Scream of Refusal to Scream of Power: The Centrality of Work, in Bonefeld, Gunn, Holloway and Psychopedis (1995), pp. 155~181
Holloway John (1995b), Global Capital and the National State, in Bonefeld and Holloway (1995), pp. 116~140
Holloway John (1996), La resonancia del zapatismo, *Chiapas* no. 3, pp. 43~54
Holloway John (1998), Dignitys Revolt in Holloway and Peláez (1998), pp.

159~198

Holloway John (2000), Zapata in Wall Street, in Bonefeld and Psychopedis (2000), pp. 173~195

Holloway John and Peláez Eloína (eds) (1998), *Zapatista! Reinventing Revolution in Mexico* (London: Pluto)

Holloway John and Picciotto Sol (eds) (1977), Capital, Crisis and the State, *Capital & Class* no. 2, pp. 76~101

Holloway John and Picciotto Sol (eds) (1978a), *The State and Capital: A Marxist Debate* (London: Edward Arnold)

Holloway John and Picciotto Sol (1978b), Introduction: Towards a Materialist Theory of the State, in Holloway and Picciotto (1978a), pp. 1~31

Horkheimer Max (1972), Traditional and Critical Theory, in Horkheimer M., *Critical Theory: Selected Essays* (New York, Seabury Press) pp. 188~243

Horkheimer Max (1978a), On the Problem of Truth, in Arato and Gebhardt (1978) pp. 407~443

Horkheimer Max (1978b), The End of Reason, in Arato and Gebhardt (1978) pp. 26~48

Horkheimer Max (1993), *Critique of Instrumental Reason* (New York: Continuum)

Horkheimer Max and Adorno Theodor W. (1972), *Dialectic of Enlightenment* (New York: Herder and Herder)

Howard M.C and King J.E. (1989), *A History of Marxian Economics, Vol. I, 1883~1929* (London: Macmillan)

Howard M.C and King J.E. (1992), *A History of Marxian Economics, Vol. II, 1929~1990* (London: Macmillan)

International Monetary Fund (1995), *International Capital Markets: Developments, Prospects and Policy Issues* (Washington: IMF)

Jay Martin (1984a), *Adorno* (London: Fontana)

Jay Martin (1984b), *Marxism and Totality* (Berkeley: University of California Press)

Jessop Bob (1991), Polar Bears and Class Struggle: Much less than a Self-Criticism, in Bonefeld and Holloway (1991) pp. 145~169

Johnson Linton Kwesi (1975), *Dread Beat and Blood* (London: Bogle LOuverture Publications)
Kaufman Henry (1986), *Interest Rates, the Markets and the New Financial World* (London: Tauris)
Kohan Néstor (1998), *Marx en su (Tercer) Mundo: Hacia un Socialismo no Colonizado* (Buenos Aires: Biblos)
Lafargue Paul (1999), *The Right to be Lazy* (Ardmore Pa.: Fifth Season Press)
Lenin Vladimir Illich (1966), *Essential Works of Lenin* (New York: Bantam)
Lipietz Alain (1985), *The Enchanted World* (London: Verso)
Lukács Georg (1971), *History and Class Consciousness* (Cambridge, Mass.: MIT Press)
Luxemburg Rosa (1973), *Reform or Revolution* (New York: Pathfinder)
Machiavelli Nicolo (1995), *The Prince* (London: Penguin)
MacKenzie Iain (1999), Power, in Ashe et al. (1999), pp. 69~87
Magdoff Harry and Sweezy Paul (1987), *Stagnation and the Financial Explosion* (New York: Monthly Review Press)
Marcos, Subcomandante Insurgente (1998), Siete Piezas Sueltas del Rompecabezas Mundial, *Chiapas*, no. 5, pp. 117~143
Marcuse Herbert (1968), *One Dimensional Man* (London: Sphere)
Marcuse Herbert (1998), *Eros and Civilization* (London: Routledge)
Marramao Giacomo (1978), Teoría del Derrumbe y Capitalismo Organizado en las Discusiones del Extremismo Histórico, *Cuadernos del Pasado y Presente*, no. 78, pp. 7~50
Martínez José Manuel (2000), *Tres tesis sobre la Fetichización del Marxismo Contemporaneo* (Rosario: Tesis de doctorado, Universidad Nacional de Rosario)
Marx Karl (1965), *Capital*, Vol. I (Moscow: Progress)
Marx Karl (1972a), *Capital*, Vol. III (London: Lawrence and Wishart)
Marx Karl (1972b), *Theories of Surplus Value*, Part III (London: Lawrence & Wishart)
Marx Karl (1973), *Grundrisse* (Harmondsworth: Penguin)
Marx Karl and Engels Friedrich (1962), *Selected Works in Two Volumes*,

Vol. I (Moscow: Progress)

Marx Karl and Engels Friedrich (1975), *Marx Engels Collected Works*, Vol. 3 (London: Lawrence and Wishart)

Marx Karl and Engels Friedrich (1976), *Marx Engels Collected Works*, Vol. 5 (London: Lawrence and Wishart)

Mattick Paul (1978), Sobre la Teoría Marxiana de la Acumulación y del Derrumbe, *Cuadernos del Pasado y Presente*, no. 78, pp. 86~106

Moulier Yann (1989), Introduction, in Negri (1989), pp. 1~44

Negri Antonio (1980), *Del Obrero-Masa al Obrero Social* (Barcelona: Anagrama)

Negri Antonio (1988a), *Revolution Retrieved: Selected Writings on Marx, Keynes, Capitalist Crisis and New Social Subjects 1967~83* (London: Red Notes)

Negri Antonio (1988b), Keynes and the Capitalist Theory of the State, in Negri (1988a), pp. 5~42

Negri Antonio (1988c), Marx on Cycle and Crisis, in Negri (1988a), pp. 43~90

Negri Antonio (1989), *The Politics of Subversion* (Cambridge: Polity)

Negri Antonio (1991), *The Savage Anomaly* (Minneapolis: University of Minnesota Press)

Negri Antonio (1999), *Insurgencies: Constituent Power and the Modern State* (Minneapolis: University of Minnesota Press)

Pannekoek Anton (1977), The Theory of the Collapse of Capitalism, *Capital and Class* no. 1, pp. 59~82

Pashukanis Evgeny (1978), *Law and Marxism: A General Theory* (London: Ink Links)

Peláez Eloína and Holloway John (1995), Learning to Bow: Post-Fordism and Technological Determinism, in Bonefeld and Holloway (1995), pp. 135~144

Piper Watty (1978), *The Little Engine that Could* (New York: Putnam)

Poulantzas Nicos (1973), *Political Power and Social Classes* (London: New Left Books)

Red Notes (1979), *Working Class Autonomy and the Crisis: Italian Marxist*

Texts of the Theory and Practice of a Class Movement: 1964~79 (London: Red Notes)

REDaktion (Hg) (1997), *Chiapas und die Internationale der Hoffnung* (Köln: ISP)

Rubin Isaak Illich (1973), *Essays on Marxs Theory of Value* (Montreal: Black Rose Books)

Rushdie Salman (1998), *The Satanic Verses* (London: Vintage)

Schlesinger Arthur (1959), *The Age of Roosevelt: the Crisis of the Old Order, 1919~1933* (Cambridge, Mass.: The Riverside Pess)

Schmitt Carl (1987), *Der Begriff des Politischen* (Berlin: Duncker & Humblot)

Scott James (1990), *Domination and the Arts of Resistance* (New Haven: Yale University Press)

Serrano Marcela (1995), *Antigua Vida Mía* (México: Alfaguara)

Smith Cyril (1996), *Marx at the Milennium* (London: Pluto)

Sohn-Rethel Alfred (1978), *Intellectual and Manual Labour* (London: Macmillan)

Stratman David (n.d), *We Can Change the World* (Boston: New Democracy Books)

Tavor Bannet Eve (1989), *Structuralism and the Logic of Dissent* (London: Macmillan)

Thompson Edward P. (1967), Time, Work-Discipline and Industrial Capitalism, *Past and Present* no. 38, pp.56~96

Tischler Sergio (2000), Memoria y Sujeto. Una Aproximación desde la Política, *Bajo el Volcán* no. 1, pp. 11~24

Tronti Mario (1979a), Lenin in England, in Red Notes (1979), pp. 1~6

Tronti Mario (1979b), The Strategy of the Refusal, in Red Notes (1979), pp. 7~21

Walter Andrew (1993), *World Power and World Money* (London: Harvester Wheatsheaf)

Warburton Peter (1999), *Debt and Delusion* (London: Allen Lane/ The Penguin Press)

Williams Raymond (1976), *Keywords* (Glasgow: Fontana)

Winocur Marcos (2001), La Izquierda que tanto Amé, el Viento se la Llevó, *Bajo El Volcán* No. 3

Witheford Nick (1994), Autonomist Marxism and the Information Society, *Capital and Class* no. 52, pp. 85~125

찾아보기

ㄱ

가변자본 206, 249, 289
계급 223, 228, 249~254, 260, 352
계급사회 197, 272~274, 277, 286, 291
계급의식 57, 96, 125, 133, 136, 137, 139, 188, 198, 201, 224
계급투쟁 31, 34, 74, 79, 94, 95, 160, 161, 195~197, 199~202, 205, 207, 210, 211, 216, 217, 220~222, 226, 228, 229, 239, 247, 256, 260, 265~267, 272, 286, 309
계급화 106, 107, 109, 219~223, 227, 228, 231, 253, 272
공산당 125, 136, 166
구조주의 68, 124, 149, 150, 204, 207
국가권력 25, 26, 28, 29, 31~35, 40, 251
권력 1, 5, 6, 7, 24, 28, 29, 31~43, 51, 54, 55, 65~75, 77, 78, 80, 81, 88, 90, 92, 95, 120~126, 138, 143, 146, 147, 153, 155, 165, 166, 178, 179, 186, 192, 196, 197, 201, 203, 213, 233, 236, 239, 240~245, 247, 251, 256~258, 260, 267, 269~272, 275, 281, 282, 308, 311, 325, 327
근대성 58, 260, 263
급진민주주의 71, 73

ㄴ

네그리, 안또니오 44, 72, 73, 92, 189, 250, 251, 256~266, 268, 281
노동가치론 65, 283
노동계급 15, 29, 70, 74, 93, 94, 105, 118, 134, 148, 166, 195, 198, 199, 201, 202, 205, 210, 211, 216~218, 220~224, 232, 247~257, 268, 278, 279, 312, 317, 322
노동력 84, 86, 93, 134, 151, 155, 224, 248, 252, 255, 262, 274, 275, 279, 280~282, 284, 285, 289, 312~314
노동자주의 247, 248
노동조합주의 250

ㄷ

다중 73, 257~260, 262, 263, 266, 268, 269, 288
대리주의 166
대중 40, 133, 191, 198, 199, 202, 203, 224, 250, 287
대항권력 66, 259
대항하는-절규 230, 231, 233~236
도주 275~278, 282, 287~289, 291~294, 310~317, 322

도주불가능성 315
도주선 316
동성애자 74, 217, 242
동일성 20, 70, 74, 92, 96, 97, 99~111, 114,
 118, 120~124, 127, 131, 132, 159~161,
 164, 165, 169~172, 185, 213, 216, 221,
 232, 241, 242, 253, 258, 322, 324, 327,
 357
동일성주의자 103, 105, 108, 110, 115,
 116, 120, 170, 171, 180, 218, 223
동일화 94, 114~117, 119~123, 132, 154,
 156, 160, 163~165, 170, 223, 246,
 262, 315, 324

ㄹ

라이프니츠 267
라파르그, 폴 46
레닌 31, 35, 125, 187, 193, 198, 199, 201,
 203, 204, 212, 217, 218, 247
레닌주의 66, 133, 200, 202, 203, 209, 325,
 327
루빈 126, 180
루즈벨트 297, 299
루카치 57, 88, 96, 125, 133, 135~141,
 143, 158, 188, 254, 320
룩셈부르크, 로자 26, 31, 35, 187, 194~
 197, 214, 265
리카도 178, 179, 209, 210

ㅁ

마르쿠제 116, 321
마키아벨리 20, 73
마틱, 폴 308
맑스 23, 45, 46, 54, 60, 65, 72, 77~79,
 81, 83, 84, 86~89, 91, 92, 96, 101,
 106, 117, 119, 121, 126, 130, 159, 162,
 163, 168, 169, 173~180, 183, 186,
 187, 189, 193, 198, 199, 201, 205, 206,
 208~210, 212, 217, 219, 224~226,
 230, 248, 249, 257, 259, 263, 264, 269,
 270, 274, 283, 284, 290, 291, 294, 306
맑스주의 7, 22, 23, 26, 29, 31, 63, 70, 71,
 77, 88, 92~94, 102, 104, 118, 125,
 126, 138, 141, 145, 148, 153, 158, 160,
 162, 166, 185~187, 189~195, 197~
 200, 202, 204~214, 237, 247, 248,
 252, 256, 257, 265, 269~272, 274,
 284, 292, 309, 322, 324, 327
무상교육 10
무정부주의 26, 41
물리에, 얀 248
물신성 96
물신주의 7, 77, 78, 84, 86, 88, 90~92, 95,
 119, 125, 126, 129~132, 133, 135,
 137, 141~145, 148, 157~163, 166,
 167, 182, 185, 186, 191, 201, 203, 212,
 213, 222, 224, 260, 267, 270, 281, 282,
 292, 315, 321, 326

물신화 7, 74, 85~87, 89, 90, 119, 120,
   126, 129, 130~134, 137, 143~146,
   148, 149, 156, 157, 159, 160, 166~
   168, 181, 182, 201, 202, 213, 214, 216,
   219, 220, 224, 225, 228, 229, 235, 268,
   281, 284, 318, 319, 321, 322, 325
민족주의 32, 33, 108, 109, 155, 156
민주주의 28, 73, 111, 155, 156, 157, 167,
   168, 196, 260, 299
민중 35, 40, 41, 81, 82, 90, 98, 101, 107,
   120, 147, 155, 216, 307, 311, 315

ㅂ

바루크, 버나드 297, 299
반(反)물신주의 91, 144
반계급화 223
반권력 7, 36, 40~42, 66~69, 71, 157,
   174, 176, 179, 183, 239~241, 244,
   246, 247, 260, 267~272, 274, 282, 295
반노동 309
반동일성 165, 322
반동일성주의 108, 109, 163
반란 12, 34, 40, 56, 64, 65, 70, 75, 94,
   146, 153, 158, 189, 230~232, 235,
   241, 243, 244, 249, 256, 259, 265, 275,
   287, 321, 326
반란자 217
반물신주의 7, 143, 144, 168, 169, 224
반물신화 144, 156, 167, 223, 322

반변증법 264
반사물화 139
반자본주의 33, 197, 244, 252, 287
반정치 322, 323, 326
반제국주의 33
베른슈타인 26, 194, 196, 198
변증법 21, 44, 119, 127, 134, 137, 138,
   140, 158, 164, 187~189, 233, 257, 264
부정성 9, 12, 13, 16, 22~24, 34, 43~45,
   47, 57, 71, 73, 44, 185, 186, 201, 209,
   212, 215, 232, 234, 246, 252, 253, 255,
   257, 262, 269, 270, 316
부정 11, 16, 22, 32, 44, 46, 52, 74, 108,
   109, 185, 186, 231, 233, 252, 253, 255,
   257, 293, 310~312, 317, 323, 324
분과 78, 105, 112, 120, 149, 171, 206~
   210
분류 110, 120, 121, 154, 170, 171, 217,
   218, 254, 262, 266
불변자본 206, 289, 294
블로흐, 에른스트 73, 144, 244
비권력 34
비동일성 20, 21, 127, 164, 189, 221, 231,
   232, 234, 235, 241~243, 322
비물신화 146, 167, 213, 224
비정부조직 40
비종속 228, 230, 231, 244, 246, 249, 259,
   266, 270, 274, 277, 278, 282, 288, 289,
   291, 293~297, 304, 305, 308, 311, 315
비코, 지암밧띠스따 174
비행위 45, 61, 81

ㅅ

사물화 92, 96, 98, 104, 111, 112, 115, 117, 119, 123, 131~137, 139~141, 154, 158, 185, 213, 214, 262, 320
사빠띠스따 33, 40, 41, 94, 107, 109, 165, 168, 203, 217, 221, 229, 236, 241~243, 253, 321, 323, 326, 327
상품물신주의 126
상품형태 87, 179
소외 54, 61, 63, 64, 78~81, 84, 89, 101, 115, 116, 119, 124, 133, 144, 146, 181, 183, 220, 225, 227, 270, 319
스파르타쿠스 2
스피노자 257, 267, 268
시초축적 146, 219
신리카도주의 286
신자유주의 147, 306, 326

ㅇ

아도르노 24, 68, 98, 119, 123, 132, 142~144, 159, 213
아직-아님 20, 64, 73, 234, 235
엥겔스 113, 137, 138, 140, 186~190, 192~194, 199, 201~206, 212, 213, 264
여성 15, 52, 69, 105, 107, 108, 163, 164, 241, 242, 246, 269, 293
우리임 51, 61, 167
울타리치기 313, 315
원주민 107, 108, 163, 164, 203, 221, 222, 241~243, 307
유목주의 287, 311
유물론 44, 88, 138, 177, 186, 188, 189, 193, 198
이윤율 205~207, 290, 291, 294
인간성 28, 40, 47, 52, 60, 61, 79, 80, 91, 111, 116, 127, 135, 175, 179, 219, 221, 222, 225, 228, 234, 235, 237, 244, 265, 278, 289, 291, 294, 310
잉여가치 83, 228, 291

ㅈ

자기소외 79, 84, 175, 177, 178, 181, 182, 224
자율 4, 31, 40, 68, 100, 150, 153, 227, 247, 248, 257, 258, 263, 282
자율성 31, 41, 58, 62, 113, 149, 207, 255, 257, 278, 287, 288, 291
자율의회 240
자율주의 166, 237, 247, 249, 250, 252, 253~257, 266~268, 286
자율화 29, 298
재구조화 99, 251, 252, 302, 309, 310
재현 83, 178, 188, 283, 296
전위당 34, 198, 201
전투성 40, 245, 268, 286, 320, 321
절규 5, 9, 12~15, 17~25, 35, 43~49, 51, 52, 56, 64~66, 69~71, 73, 88, 102,

112, 115~118, 121~123, 125, 143, 145, 146, 165, 169, 180, 182~184, 214, 215, 218, 223, 224, 230, 231, 233~235, 240, 252, 253, 268, 270, 292, 308, 311, 316, 321, 323, 328, 352
절규 행위 48, 51
제국 251, 258~262, 264~269, 288
제국주의 155, 258, 260, 261, 263, 265, 266
존엄 20, 38~40, 101, 104, 108, 127, 168, 169, 236, 237, 244, 245, 250, 253, 306, 323
존재함 49, 96, 97, 99, 112, 118, 120, 148, 159, 187, 234, 245
종속 27, 35, 56, 57, 63, 69, 70, 83, 96~99, 113, 116, 117, 123, 140, 153, 193, 203, 212, 216, 220, 225, 227, 228, 230, 231, 248, 256, 262, 266~268, 274, 277, 278, 282, 288, 289, 291, 295~297, 304, 306, 307, 314, 316, 325
좌파 28, 37, 124, 155, 183, 218, 244, 246, 247
주권 28, 33, 153, 258, 259, 263
주체성 3, 13, 22, 48, 49, 54, 55, 57, 58, 60, 65, 67, 68, 89, 105, 117, 118, 130, 134, 135, 167, 175, 181~183, 189, 195, 204, 212, 215, 219, 223, 231, 240, 245, 251, 253, 259
지구화 30, 154, 248, 315
지배력 53~56, 59, 60, 62~67, 71~75, 77, 80, 86, 95, 103, 115, 120, 121, 123,

124, 127, 153, 154, 156, 224, 233, 235, 236, 246, 272, 292, 325
지향력 52~55, 59, 60, 63~67, 72~75, 77, 79, 80, 83, 115, 127, 153, 156, 157, 174, 179, 180, 183, 231, 233~236, 246, 282, 292, 316, 317, 323

ㅊ

창조성 83, 175, 182, 183, 219, 225, 228, 235, 243, 278, 319, 321
총체성 95, 133, 134, 136~140, 150, 151, 158, 176, 210, 254

ㅋ

카우츠키 187, 199, 200, 204
케인즈 250, 251, 256, 298, 299, 301, 302
코뮨주의 27, 48, 64, 66, 93, 165, 191~193, 198, 202, 221, 233, 260, 268, 271, 292, 317, 319~321, 325, 326
키메라 127, 233

ㅌ

탈구조주의자 118
탈근대성 260
탈물신화 135, 136, 180, 220
탈종속 304
탈주체화 54, 103, 222, 223, 227, 228

테러리즘 311

ㅍ

파슈카니스, 에브게니 126
판네쾨크 168, 187, 191, 193, 198
페미니스트 217, 218, 241, 270
포드주의 250, 260, 261
포스트포드주의 260, 261
포이에르바하 45, 177~179, 209
폭력 17, 23~25, 39, 74, 91, 120, 124, 147, 155, 156, 160~162, 170, 219, 220, 274, 311, 312
푸코 21, 48, 69, 71~75, 92, 118, 120, 122, 264, 315
프롤레타리아 88, 122, 125, 133~141, 194, 195, 197, 199~203, 217, 226, 230, 231, 239, 240, 248, 263, 278

ㅎ

하트, 마이클 251, 258~265, 268, 315
행위 43~46, 48~66, 69~74, 77, 78, 80~83, 85~87, 90~93, 95~101, 104, 106, 107, 111, 113~115, 117, 119~123, 127, 131, 144, 158, 159, 164, 167~169, 173, 175, 177, 180~182, 186, 203, 215, 219, 225~229, 269, 282, 283, 288, 290, 292~294, 313, 314, 316~319, 320, 323~326
행위결과 15, 43~53, 55~65, 69~74, 77, 79, 81~87, 90~93, 95~100, 101, 106, 107, 111, 113, 114, 115, 117, 119, 120~123, 127, 131, 144, 159~164, 169, 172~174, 178, 181, 182, 203, 215, 225~229, 265, 283, 292~294, 317~320, 323, 325~327, 357
행위능력 129, 147
행위수단 315~318
행위자 31, 48, 50, 51, 53~63, 65, 71, 79, 83, 85, 92, 93, 95, 101, 106, 113~115, 117, 119, 123, 164, 181, 219, 272, 317, 319
화폐형태 87, 90, 145, 179, 301, 306
환멸 37, 39, 124, 240
활동 14, 33, 40, 41, 49, 50, 61, 76, 79, 92, 99, 105, 113, 122, 157, 170, 181, 187, 217, 219, 221, 227, 228, 254, 255, 264
활동성 50, 52, 54, 55, 79, 80, 83, 212, 225, 227, 279, 280, 283, 298
희망 4, 6, 17, 19, 21, 23, 27, 37, 43, 65, 71, 88, 99, 116, 124~127, 144, 155, 158, 172, 232, 236, 239, 244, 246, 287, 308

갈무리신서

1. 오늘의 세계경제: 위기와 전망
   크리스 하먼 지음 / 이원영 편역

2. 동유럽에서의 계급투쟁: 1945~1983
   크리스 하먼 지음 / 김형주 옮김

3. 오늘날의 노동자계급
   알렉스 캘리니코스·크리스 하먼 지음 / 이원영 옮김

5. 서유럽 사회주의의 역사: 1944~1985
   이안 버첼 지음 / 배일룡·서창현 옮김

6. 현대자본주의와 민족문제
   알렉스 캘리니코스 외 지음 / 배일룡 편역

7. 소련의 해체와 그 이후의 동유럽
   크리스 하먼·마이크 헤인즈 지음 / 이원영 편역

8. 현대 철학의 두 가지 전통과 마르크스주의
   알렉스 캘리니코스 지음 / 정남영 옮김

9. 현대 프랑스 철학의 성격 논쟁
   알렉스 캘리니코스 외 지음 / 이원영 편역·해제

10. 자유의 새로운 공간
    펠릭스 가따리·안토니오 네그리 지음 / 이원영 옮김

11. 안토니오 그람시의 단층들
    페리 앤더슨·칼 보그 외 지음 / 김현우·신진욱·허준석 편역

12. 배반당한 혁명
    레온 뜨로츠키 지음 / 김성훈 옮김

13. 들뢰즈의 철학사상
    마이클 하트 지음 / 이성민·서창현 옮김

14. 포스트모더니즘 이후의 정치와 문화
    마이클 라이언 지음 / 나병철·이경훈 옮김

15. 디오니소스의 노동·I
    안토니오 네그리·마이클 하트 지음 / 이원영 옮김

갈무리신서

16. **디오니소스의 노동 · II**
    안토니오 네그리 · 마이클 하트 지음 / 이원영 옮김

17. **이딸리아 자율주의 정치철학 · 1**
    쎄르지오 볼로냐 · 안또니오 네그리 외 지음 / 이원영 편역

19. **사빠띠스따**
    해리 클리버 지음 / 이원영 · 서창현 옮김

20. **신자유주의와 화폐의 정치**
    워너 본펠드 · 존 홀러웨이 편저 / 이원영 옮김

21. **정보시대의 노동전략: 슘페터 추종자의 자본전략을 넘어서**
    이상락 지음

22. **미래로 돌아가다**
    안또니오 네그리 · 펠릭스 가따리 지음 / 조정환 편역

23. **안토니오 그람시 옥중수고 이전**
    리처드 벨라미 엮음 / 김현우 · 장석준 옮김

24. **리얼리즘과 그 너머: 디킨즈 소설 연구**
    정남영 지음

25. **들뢰즈의 극장에서 그것을 보다**
    이택광 지음

26. **지구 제국**
    조정환 지음

27. **21세기 스파르타쿠스**
    조정환 지음

31. **풀뿌리는 느리게 질주한다**
    시민자치정책센터 지음

32. **권력으로 세상을 바꿀 수 있는가**(신간)
    존 홀러웨이 지음 / 조정환 옮김